区域技术创新的
形成机理与运行机制研究

邵云飞　唐小我　詹　坤　等　著

科 学 出 版 社
北　京

内容简介

创新是经济发展与增长的主要动力。本书在区域技术创新研究现状的基础上，综合运用技术创新系统及相关理论，对区域技术创新的形成机理与运行机制展开研究。本书共分为三篇，第一篇对技术创新与经济增长的内生机制与动态关系进行系统探究；第二篇对区域技术创新与区域技术创新能力进行解构和剖析，提出区域技术创新能力的形成机理模型，并进行实证检验；第三篇对区域创新网络与技术创新效率进行探讨，从知识流动、创新环境及投入与产出等角度，研究区域技术创新网络对技术创新效率的影响。

本书适合创新管理、战略管理、产业经济学、区域经济学等经济与管理专业的师生与科研工作者参考阅读，也可作为EMBA、MBA和企业培训的参考用书，还可供企业管理者、政府经济管理部门和产业规划部门的工作人员学习与借鉴。

图书在版编目(CIP)数据

区域技术创新的形成机理与运行机制研究 / 邵云飞等著. —北京:科学出版社, 2021.3

ISBN 978-7-03-062341-6

Ⅰ. ①区… Ⅱ. ①邵… Ⅲ. ①区域经济-技术革新-研究-中国 Ⅳ. ①F127

中国版本图书馆CIP数据核字 (2019) 第207153号

责任编辑：张　展　陈丽华 / 责任校对：彭　映
责任印制：罗　科 / 封面设计：墨创文化

科学出版社 出版
北京东黄城根北街16号
邮政编码：100717
http://www.sciencep.com

成都锦瑞印刷有限责任公司印刷
科学出版社发行　各地新华书店经销

*

2021年3月第　一　版　开本：787×1092　1/16
2021年3月第一次印刷　印张：16 1/4
字数：385 000

定价：169.00元

（如有印装质量问题，我社负责调换）

《区域技术创新的形成机理与运行机制研究》
撰稿者名单

邵云飞　唐小我　詹　坤

王思梦　孔维嘉

前　言

创新是引领发展的第一动力，是建设现代化经济体系的战略支撑。以技术创新为导向的发展模式已成为推动创新系统永葆竞争优势、经济持续增长的动力源泉。区域技术创新系统兴起于20世纪90年代初，作为国家创新系统研究的一个重要内容被提出，是国内外研究的热点和前沿问题，经过这些年学者们的努力，其基本理论已经形成。区域技术创新系统又称为区域技术创新体系或区域技术创新网络，其以系统的、动态演化的观点将制度、文化、组织等因素，结合约瑟夫·熊彼特的“创新研究在市场机制中起主导作用”的理论，以解释区域进行系统性创新的能力和潜力，从而建立区域学习创新、地方环境和区域经济增长之间的有机联系，组成了一个分析区域创新和区域经济发展的有效理论框架。

然而，区域技术创新系统研究内容相对集中于区域技术创新单一主体的要素，区域技术创新系统的概念、特征，系统构成和功能分析，区域创新战略，某个具体区域的技术创新系统构建以及运行模式等方面。专门针对区域技术创新能力及效率方面的研究相对较少。以往对区域技术创新能力及效率的研究更多是从微观层面对企业技术创新能力及效率进行研究。同时，区域技术创新能力、区域技术创新效率作为区域创新系统的一个研究方面，是区域技术创新系统功能发挥程度的反映。一个地区能否在市场竞争中取得优势，很大程度上取决于其区域技术创新的能力。所以，如何全面提高技术创新能力已成为地区参与竞争的核心战略问题。因此，本书选择一个交叉点，对区域技术创新形成机理与运行机制进行研究。本书主要分为三篇。

第一篇，技术创新与经济增长。当前，中国经济发展正处于转型期，要实现经济增长由要素驱动型向创新推动型的改变，就需要正确认清中国特色经济增长的动态特征、技术创新等生产要素的变化趋势以及技术创新与经济增长之间的作用机理。

基于以上观点，第一章至第三章对我国技术创新和经济增长的动态发展特征及其相互之间的关系进行深入的探讨。首先，从我国技术创新与长期经济增长的基本现象出发，将技术创新分为技术创新投入行为和技术创新产出行为两个阶段，采用自回归、协整、状态空间模型等计量方法，结合MATLAB、SPSS、EViews数值计算和计量统计工具，深入研究我国技术创新的成长轨迹和分布滞后性、经济增长的生长函数趋势及自回归移动平均过程；其次，基于技术创新和经济增长的动态发展特征阐述两者之间的作用机理；最后，以相关二手数据为样本，通过实证研究论证我国技术创新与经济增长之间的协整关系与因果关系，进一步构建脉冲响应函数与状态空间模型，估计我国技术创新与经济增长关系的动态变化过程。

第二篇，区域技术创新与区域技术创新能力。区域技术创新能力作为区域技术创新系统研究的一个方面，是区域技术创新系统结构优化与功能发挥程度的反映。同时，区域技术创新能力也是区域经济发展强大的推动力，是区域经济增长和竞争的决定性因素。然而，区域技术创新能力的形成机理是进行区域技术创新能力评价的基础；区域技术创新能力的评价是制订知识经济下区域发展战略的重要前提，也是监测和评价地区知识创新工程实施状况的监视器，更是政府对创新工程建设和各个区域进行宏观调控与管理的重要依据。

基于以上观点，第四章至第八章基于企业技术创新能力含义与结构的讨论，首先对区域技术创新能力的内涵进行界定，提出了“以人力资本集聚为核心”的新观点；揭示了区域技术创新能力的一些本质特征，并对区域技术创新能力的结构进行分析，给出了区域技术创新能力系统构成图。在对区域技术创新能力形成的组织行为分析的基础上，探讨区域技术创新能力的形成条件，在此基础上提出区域技术创新能力形成的机理模型。接着，基于内生经济增长模型，对区域技术创新能力的相关因素进行分析。然后，对区域技术创新能力结构进行分解，构建了评价区域技术创新能力的指标体系。最后，基于多元统计方法对我国 31 个省、自治区、直辖市的区域技术创新能力进行综合分析和比较，进一步研究各类别的特征，分析原因并提出政策建议。

第三篇，区域创新网络与技术创新效率。在知识经济环境下，技术创新环境和技术创新活动越来越复杂，技术创新的难度和风险也在加大，技术创新模式发生了根本性变化。网络式创新是经历了技术推动模式、需求拉动模式、交互模式、综合模式后的第五代创新模式，也是未来创新研究的主导方向。当前，区域创新网络、创新环境对区域创新绩效的影响及对区域创新效率的评价成为学术界研究的焦点，但整理相关文献发现，目前国内对于区域创新网络、创新环境及区域创新效率的研究成果比较少。

基于以上观点，第九章至第十三章基于区域创新环境、复杂网络、区域技术创新效率等理论和方法，分别从投入与产出角度对区域创新网络、创新环境及区域创新效率进行理论与实证研究。从投入与产出的角度探讨知识流动视角下区域创新网络结构对创新绩效的影响。从网络创新产出的角度，归纳与总结区域创新环境的构成及其对网络创新的影响，运用多元回归分析方法分析影响创新网络创新绩效的区域创新环境显著因素。从投入的角度，利用投入 DEA（data envelopment analysis，数据包络分析）方法对我国区域医药制造业创新网络创新效率进行剖析，并利用 Malmquist 指数比较分析我国区域医药制造业创新网络生产率的动态变化情况。

本书研究团队始终围绕“创新管理”领域坚持不懈地进行研究，在多年研究积累基础上撰写本书。本书在研究过程中得到国家自然科学基金面上项目“突破性创新价值共创的机理研究：跨界、演化与商业逻辑转换（71872027）”“新一代信息技术产业‘联盟组合’与创新能力研究：涌现、构型与治理（71572028）”和科技部科技基础性工作专项项目“四川省创新方法推广应用与示范（2017IM010700）”的资助。

本书的撰写工作由邵云飞、唐小我、詹坤、王思梦、孔维嘉等完成。在编撰过程中，电子科技大学经济管理学院研究生孔祥和、杜晓明、杨雪程等也参与了部分资料整理、文献核查及核对的工作，在此对他们表示由衷的感谢。

目　　录

第三篇 区域创新网络与技术创新效率

第一篇　技术创新与经济增长

第一章　技术创新的价值

1.1　创新引领发展

创新是引领发展的第一动力，是建设现代化经济体系的战略支撑。党的十九大报告指出："加快建设创新型国家，要瞄准世界科技前沿，强化基础研究，实现前瞻性基础研究、引领性原创成果重大突破"（刘坤，2017），并强调创新的价值和重要作用。而区域技术创新作为国家创新系统的一个重要组成部分，对国民经济的增长产生深远影响。当前，世界各国都进入一个后危机时代的新常态，中国也不例外。经济的深度调整与痛苦转型相互交织、彼此作用，新科技革命的曙光正冉冉升起，新旧生产力和生产关系的演变催生着经济新形态、新质态的艰难嬗变。新一代信息技术和互联网技术与制造技术的深度融合，一方面推动了企业由传统的封闭式创新向开放式创新生态系统的转变，能促进社会经济的包容性增长，并且可造福更多人；另一方面，推动了生产组织方式的变革、资源配置方式的革命，以及产业组织方式的改变，产生了新的业态和产业形态。例如，平台经济、企业的网络化、扁平化成为新的趋势。在信息时代革命背景下，尤其是移动互联网和智能硬件的普及，新技术革命日新月异，新商业模式瞬息万变，创新所需时间和产品的生命周期大大缩短，在创新的过程中"没有最快、只有更快"。而传统的发展红利已日渐式微，成本上升、利润下降、资金紧缺、市场萎缩已成困扰企业生存发展的"魔咒"。在经济转型过程中，用什么样的方式来解决中国制造所面临的问题？是否能够利用突破性技术创新打破现有的低增长瓶颈，把握技术变革带来的机遇与挑战？

当前，创新驱动发展已经成为我国加快推动经济发展方式转变的战略举措，居于国家发展全局的核心位置。"创新"成为中国经济发展不可回避的关键词。中国的科技创新整体上呈现出以下特征：①面向国家重大需求，如航天工程、北斗卫星导航系统等；②紧密结合经济主战场，中国作为全球最大的消费市场，经济是中国创新发展的巨大优势，如石墨烯电池、新能源汽车等；③面向世界科技前沿，以依靠科技为基础前沿创新，如量子通信卫星、太赫兹技术等。"坚持创新在我国现代化建设全局中的核心地位"已经成为"十四五"规划的重大理念、重大战略。2016 年，通用电气公司（General Electric Company，GE）发布的"全球创新风向标"显示，中国成为全球四大最具创新性的国家之一。以华为、大疆、腾讯等为代表的中国企业在国际舞台上表现抢眼，在某些领域，中国企业从创新的跟随者，逐渐成为创新的引领者，走到了创新的前沿。中国的科技创新已经步入以跟踪为主转向跟踪和并跑、领跑并存的新阶段，正从量的积累向质的飞跃、从点的突破向系统能力提升转变。中国企业对创新活动热情高涨，站在创新浪潮前沿的中国企业家们同样雄心勃勃，他们认为创新不仅是创造新产品，更是创造新市场，乃至颠覆既有商业模式，实现突破性飞跃发展。

经济的增长和发展要靠价值创造来实现。我国改革开放 40 余年来，经济高速发展，综合国力大大增强，在国际上的影响力也越来越强。这无疑是我国在生产、消费、投资等经济活动中所创造的价值体现，其中，生产要素的投入必不可少。目前，世界各国生产要素的投入侧重点不相同，其经济发展选择的道路也就不相同。例如，英国主要通过工业革命，强调自由贸易，对技术进步的投资较大，在 19 世纪成为世界经济的领导者。美国前总统布什曾说，维持美国经济繁荣的基本因素有两个：一是企业家的进取精神；二是技术创新，美国经济的发展也充分印证了这一点。日本则主要通过模仿外国技术、限制进口、保护国内工业，大力发展本国的制造业和电子业，强调技术的传播和学习，最后成功地发展了本国经济。日本社会人士普遍认为，日本经济的振兴和发展应该归功于全国性的创新体制和实践。而我国目前仍然主要通过投资传统的人力、资金等生产资料发展经济，因此经济增长模式的局限性较大，经济增长结构较为单调，且各个区域之间经济增长极不平衡。纵观国外发达国家经济增长的方式，我国急需在技术创新方面加大力度。随着人类社会的发展，经济技术的进步，技术创新的巨大潜在发展空间越来越受到人们的重视，经济增长方式从粗放型向集约型转变，技术创新与经济增长之间的关系也越来越密切。

许多学者也强调技术创新对经济增长的推动作用。政治经济学家约瑟夫•熊彼特将创新作为经济增长和发展的主要动力，强调了技术创新与经济增长的关系，认为创新实现的过程实际就是经济增长的过程，技术创新是解释经济周期的关键因素，并且通常是经济增长的动力。从经济增长的三次革命来看，也都围绕着技术创新因素对经济增长的推动而发展和演变。

第一个提出创新概念的是约瑟夫•熊彼特，他在 1912 年的《经济发展理论》一书中指出创新是产生一种新的生产函数，而新的生产函数的建立是在生产系统中通过引入生产要素或生产条件的新组合而建立的，一般包括五种情况：①引入一种新的产品；②引入一种新的生产方法；③开发新的市场；④获得新的原材料来源；⑤获得新的半成品供应源。也就是说，利用自然资源或社会要素对旧的事物进行加工创造或替代。因而，创新的实质是突破常规的思维定式，在新思想的驱动与支配下，通过产生新的产品，或者开发已有产品新的性能、设计新的造型，以应对瞬息万变、竞争激烈的市场，可以看出，创新的核心是突出“新”。

从社会学生产劳动的角度来讲，创新是人类对于实践的扩展性发现和创造的结果，创新在人类历史长河中首先表现为个人行为，随着社会合作、双赢思想的兴起，创新在不同方面成为一种团体共同的行为。个人独立实践的行为在技术进步、科学发现和创新方面发挥了重要的社会作用，创新可以促进整个社会生产力的进步。社会创新是社会人在社会关系当中的创新发展，社会关系中固有的属性、范围的发现和创新促进了人类自我解放意识的形成和实践。人类自我意识、自我解放的行为是真正的社会创新，形成一个整体的社会革命的创新。社会革命的创新路径依赖解放生产力，是对于劳动内在的自我解放的能力，技术工人素质和劳动工具的总体进展，最终表现为所有劳动者的社会生产力提高，人类能更好地生存与发展。

从唯物主义实践的角度讲，创新是人的实践活动行为，其作用主体是人，通过对物质世界及经济社会的再创造，创造新的关系，形成新的物质形式。实践行为是创新的基础，从认识论来讲，创新是自我意识的发展，自我意识的发展必将促进自我行为的发展，促进自我人生的发展。从认知角度看，创新是对世界更广泛、更深入的观察和思考；从实践角度看，就是要把创新行为融入日常生活，在工作和学习的每一个细节处显现。

在人类发展史上，创新行为在很长一段时间内只是企业家、研发人员或者科学技术人员的行为，从 20 世纪六七十年代起，由于社会体系的构建，人们越来越认识到创新不是单方面的活动，而是由多主体、多机构参与的系统行为，直到 20 世纪 80 年代，社会经济发展，市场竞争日益激烈，人们对创新发展的需求越来越强烈，在此情况下，国家创新系统的概念和理论被学者们提出。当下正处于知识经济时代，知识经济的兴起推动经济社会的发展，国家之间的竞争其实是经济实力的竞争，在这种情况下，最重要的发展战略就成为构建和完善国家创新体系。从社会历史发展进程来看，创新要实现社会化，必然是创新行为实现社会化，人类社会从低级到高级、从简单到复杂、从原始到现代的演变，就是一个不断创新实践的过程。为何不同的国家发展的速度有快有慢、发展的阶段有先有后、发展的水平有高有低呢？其中一个主要的原因就是创新行为这个因素对经济增长的贡献是不同的。

1.2 技术创新对经济增长的推动作用

学者们从不同学科、不同角度对技术创新问题进行了探索和研究，取得了大量的研究成果，现有的研究成果是我们进一步研究的基础。

约瑟夫·熊彼特早在 20 世纪初就注意到创新在经济发展中的重要作用，他的创新思想首先反映在《经济发展理论》这本书中，该书的中文版于 1991 年问世。约瑟夫·熊彼特认为“创新”是指企业家将“生产要素和生产条件的一种从未有过的新‘组合’引入生产系统以获得‘超额利润’的过程”(约瑟夫·熊彼特，1991)。不同国家、不同学科领域的学者们都对技术创新的概念有过论述，如 Mansfield(1984，1988)、Freemen(1982)、森谷正规(1985)等。工业社会的发展创造出一个广阔的、被经济需求所约束的技术领域，这些技术领域进而又通过利益驱动来限定科学活动的方向。正如 Rosenberg(1982)所指出的：“工业化过程不可避免地使科学越来越成为一种依赖技术的内生活动。”技术往往决定着科学的资源配置。科学、技术和经济之间这种复杂的交互作用，使得发明与创新、研究与创新往往构成互为因果的作用链环。这样，无论是从逻辑上，还是从时序上，对研究、发明与创新进行严格区分是不可能的。为此，Kline 和 Rosenberg(1986)提出的“创新链环模型”是对这种交互网络的较好刻画。1985 年，缪塞尔对 300 多篇有关技术创新文献进行了研究，发现“约有 3/4 的论文在技术创新界定上接近以下表述：即当一种新思想和非连续的技术活动经过一段时间后，发展到实际和成功应用的程序，就是技术创新”。在此基础上，缪塞尔对技术创新做了重新定义，即“技术创新是以其构思新颖性和成功实现为特征的有意义的非连续性事件”。傅家骥(1998)、吴贵生(2000)等也对技术创新进行了定义。本书认为，技术创新就是新技术成果商业化的全过程，既包括新发明、新创造的研究和形成过程，也包括新发明的应用和实施过程，还包括新技术的商品化、产业化的扩散过程。

目前，国内外对技术创新的研究从微观层面上来讲，无论是对技术创新提供和技术创新采纳的研究，还是对技术创新投融资的研究，其成果都比较深入和丰富，如 Childs 等(1998)从投资项目的相关性，Smith 和 Triantis(2001)从战略收购，Moretto(2000)从网络外部连带性，Groot 等(2003)从政府补贴，Cottrel 和 Sick(2001)从先动优势，Murto 和 Keppo(2002)从“赢者通吃”，Paxson 和 Pinto(2003)、Murto(2007)从投资项目含有多种不确定因素，Huisman 等(2003)从混合策略，Boyer 等(2004)从价格竞争，Kauffman 和 Li(2005)从技术不兼容等方面，研究了企业的技术创新投资决策问题。Smit 和 Trigeorgis(2012)用实物期权结合博弈理论分析企业的战略投资。其他学者如高健(1999)、范柏乃(2004)、徐维祥等(2005)分别对技术创新影响因素、技术创新政策等方面进行了研究。黄鲁成(2000b)、邵云飞(2006)从技术创新研究的意义及技术创新理论的含义入手，综述了我国技术创新理论研究与实践活动的历程，以及我国技术创新研究的主要特征，分析了我国技术创新模式的特点，并结合我国的实际，提出了知识经济时代我国创新模式的选择等。徐宁和徐向艺(2012)从高管激励契约(控制权激励)、蒋伏心等(2013)从环境规制等方面研究了这些因素对技术创新的影响；肖文和林高榜(2014)从政府的财政政策支持和企业的销售与研发管理、韩先锋等(2014)从信息化角度研究了这些因素对技术创新效率的影响；唐未兵等(2014)从技术引进角度分析了技术创新对经济增长方式转变的作用。

在经济全球化和一体化的大背景下，全球的要素、资源和分工在不同层次上发生了很大的变化。目前，经济区域化和个性化的发展趋势越来越明显，并具有独特的发展规律和特征。传统的区域发展理论受到严重挑战，跳出梯度转移和自然资源的约束，以创新要素积聚为核心的区域创新理论已经成为区域经济发展的关键。因此，本书主要研究区域层面上的技术创新，即对区域技术创新能力进行研究，本书研究工作是在国家创新系统理论及区域技术创新系统理论框架下展开的。

第二章　技术创新行为与经济增长的理论研究

2.1　技术创新行为与经济增长的关系

当人们在研究“经济为什么会持续增长”时，就必然会涉及技术创新。早期古典经济学创始人亚当•斯密(Adam Smith)(1983)意识到技术变化对经济增长的意义，他认为决定国民财富增长的主要因素有两方面：一是生产性劳动占全部劳动的比例；二是由劳动分工引起的劳动生产率的提高。卡尔• 马克思认为技术变化对经济的发展有着非常重要的作用，近代技术创新对经济发展起决定性作用，技术创新引起的产业革命，给工业经济的发展注入了强大的生命力(马克思和恩格斯，1975)。保罗• 萨缪尔森(Paul A.Samuelson)和威廉•诺德豪斯(William D.Nordhaus)(1992)更是将技术进步放在资本的核心地位，强调了技术进步在经济发展中的重要作用。第一个提出创新理论的是约瑟夫•熊彼特，他也曾经论述过技术创新促进经济增长的原理，认为技术创新的出现造成了对生产资料和银行信用的扩大需求，引起经济高涨，因为经济领域不会只存在单一的技术创新，而是总会并存多种的技术创新。Peretto(1999)研究的是在垄断经济环境下，技术进步受到市场力量的影响，市场的竞争状况与企业的R&D(research and development，研发)活动会受到较为严重的影响，技术创新通过市场结构影响经济增长。第二次世界大战后，R.哈罗德和E.多马在凯恩斯理论之上，建立了哈罗德-多马模型(Harrod-Domar model)，通过引入人口、资本、技术等长期变量，在连续的时间内分析这些变量和其他变量在经济增长中的作用和相互关系(Aghion and Howitt，1992；Andergassen and Nardini，2002)，突破了凯恩斯的短期经济增长的局限。虽然古典经济增长理论对技术创新和经济增长的贡献有了一定的认识，但由于当时生产力的局限，经济能力和技术发展水平低下，技术创新未成为经济增长的主要推动力。Solow(1957)继承和发展了约瑟夫•熊彼特的技术创新理论，在哈罗德-多马模型的基础上，放宽了固定不变的资本产出率以及劳动产出率的假设条件，将外生的技术创新因素纳入分析模型并提出了经济增长模型，该模型表明经济增长主要取决于技术创新因素。索洛模型第一次将技术创新作为单独因素，区分了由要素数量增加的增长效应和由要素技术水平提高的水平效应，两种效应的相互区别比较完整地解释了经济增长的原因，因此索洛被誉为新古典经济增长理论的创始人。随着科学技术的进一步发展，20世纪80年代中期以来，经济增长理论的研究又出现了新的热潮，以Romer (1990)、Rivera-Batiz和Romer(1991)为代表，他们认为经济增长不是“从天上掉下来的”，不是由外部力量而是经济体系的内部力量推动的，是系统内有意识的投资活动所产生的。他们通过研究重新阐释了经济增长的动力源泉，决定经济实现持续增长的因素是内生的技术进步，正是有技术创新因素的存在，经济才会持续增长，由此形成了新经济增长理论，又称内生经济增长理论。新经济增长理论的核心是收益递增，技术进步作为经济增长的重要因素之一，虽较早被经济学家所重视，然而对其进行定量研究仅有半个世纪左右的历史。

国外学者们对技术创新与经济增长关系的定量研究也很多。1942 年，经济学家 Tinbergen(1942)第一次使用生产函数，使科技进步的研究与生产函数密切联系起来，他应用时间序列测定科技进步，指出劳动生产率的提高不仅来自资本替代劳动，更重要的是提高资本和劳动组合的效率。因此，时间因素决定生产函数的变化，学者们在 Tinbergen 的研究基础上，运用生产函数来度量科技进步已经成为当时研究的热点。1957 年，Solow 提出了索洛模型，并将劳动、资本与技术对经济增长的贡献通过定量方法从模型中分离出来，认为技术进步是由经济体系内人力、财力、物力的投资活动所产生的，模型当中增长率的剩余部分是无法被具体因素解释的，索洛将那些部分归功于技术进步，即技术进步是外生变量，不是平白无故产生的(Arrow，1962a)。Denison(1974)提出了增长因素分析法，对投入要素尤其是劳动投入做了更为细致的分类，研究不同类型的投入对经济增长的贡献。Jorgenson 和 Griliches(1967)，Jorgenson 和 Nishimizu(1978)把经济增长分解为数量增长和质量增长，当投入的要素为资本和劳动两种时，将技术进步从索洛余值中分离出来，根据投入质量和价格变化对投入数据进行修改，采用超越对数生产函数模型在部门和总量方面进行了生产率的度量。Hiau 和 Chen (2005)详细探讨了政府研发、教育支出两个因素的变动对经济的影响，研究表明当政府研发支出增加后，经济体系产出增加。Morales(2004)研究研发行为对经济增长的贡献后发现，宏观经济数据中的研发数据均出现内生化，对经济增长有一定贡献。国外学者利用经济增长理论模型，在技术创新因素对经济增长的实证测算方面也做了大量的研究，代表人物有 Denison 和 Solow 两位学者。20 世纪五六十年代，Denison 在《美国经济增长趋势》一文中测算指出，发达国家仅知识进步对经济增长的贡献就占到 30%左右，其中，主要发达国家的该比例更高。1950～1962 年，美国知识进步对其经济增长的贡献度已达到 31.2%，法国已达到 32.1%。Beveren(2007)分析了 1929～1982 年，资本和技术进步因素对美国经济增长的影响效应，研究发现在人均国民收入增长中，技术进步的作用对经济的增长影响作用较大，而资本只起到很小的作用。1957 年，索洛推算出 1909～1949 年美国制造业总产出中有 87.5%应得益于技术创新因素。尽管在索洛模型中，技术创新作为外生变量，但突破资本积累是经济增长的最重要因素，索洛作为该理论的先驱者，其理论(Solow，1956)在当时的经济社会发展中具有很大的代表性。伴随着内外环境的改善，经济增长方式的逐步转变，科技和高效的资本投入在经济增长中的作用增加，技术进步的影响在美国经济增长中的作用得到广泛的科学研究与实践应用。

傅家骥(1998)、许庆瑞(2000)等学者认为技术创新强调商业化应用和获取经济效益。李垣和汪应洛(1994)指出技术创新是创新者借助技术的发明与发现，主要行为活动是对生产要素和生产条件进行新变革，使成果取得商业上的成功应用，实现商业化的过程。邵云飞和谭劲松(2006)深入探讨了区域技术创新能力的形成机理，阐述了区域技术创新能力形成的条件，分析区域技术创新能力的系统结构，并构建反映区域相应的系统结构要素的模型和具体的指标体系，应用模糊数学方法进行实证分析，结果表明构建的要素和机理模型可以解释目前中国区域技术创新能力的状况。陈英(2004)研究指出从技术创新的最终作用效果来看，技术创新包括两类创新过程：一是改变生产效率的生产过程创新；二是改变产品本身的产品创新。对于经济增长来说，这两种技术创新的作用不同，主要在于经济结构的合理性，是否建立在经济可能性的基础上构建经济结构，使其充分发挥优势互补功能。王瑾(2003)也深入探讨了区域技术创新促进经济增长的作用机理，认为区域技术创新在经济增长过程中发挥着主导作用。吴传清和刘方池(2003)探讨了区域技术创新对经济增长的影响，研究指出区域技术创新可以推进区域经济的制度和环境创新。姚立中(2003)着重分析了资本与技术两个因素对中国经济增长的影响，认为技术进步也对我国经济增长具有正向的作用机制，同时也认为资本因素是拉动我国经济增长的主要因素。廖志高和徐玖平(2007)、徐玖平和陈学志(2001)、陈子凤和官建成(2009)、聂荣等(2006)及方世建(2001)等学者对技术创新的扩散以及引起的经济效应也做了深入的探讨和研究。还有一些学者以技术创新为核心，以价值增长为目标，整合战略、市场、组织、制度环境等要素，提出了以技术创新为核心，以价值增值为目标的全面创新管理理论，在业界引起了广泛的关注和研究(许庆瑞，2000；喻子达和李垣，2006；喻子达　等，2006；郑刚　等，2008)。

同时，学者们针对技术创新和经济增长之间的关系也做了大量的研究。杨亚平和成达建(2004)运用柯布-道格拉斯生产函数模型，结合索洛模型对深圳经济发展进行测算，重点分析技术进步率和技术变化对经济贡献的情况，研究指出技术进步已成为经济发展的主要动力，深圳高新技术产业快速发展的重要原因就是在于极大限度地发挥了技术进步的作用。胡国良和张丽(2004)利用索洛模型探讨影响新疆经济增长的主导因素，对新疆经济增长因素进行分析，新疆的经济增长是资本推动型，并提出了推动新疆国民经济持续健康发展的几点措施和对策。汪红等(2004)利用柯布-道格拉斯生产函数，以阜新1987～2001年的经济增长相关数据为样本，通过构建劳动、资本和技术进步三大生产要素的测度模型，对阜新经济增长的影响因素进行了深入的实证分析，并提出促进该区域经济持续增长的指导政策及建议。顾韦见和朱金生(2003)也根据C-D生产函数，以武汉市1990～2001年相关数据为样本，利用计量分析工具和方法对经济增长的影响因素进行了实证检验和分析，结果表明武汉市劳动力和技术进步因素对产出增长的贡献率较小，经济增长主要由投资拉动造成，由此结论得到的政策建议是武汉市应继续加大投资力度，进一步调整和升级产业结构，提高产品的技术含量和员工的素质，发挥技术创新转变经济增长方式的重要功能，以真正做到使经济增长方式从追求数量扩张向注重质量和效率转变。刘爱芹(2009)在探讨技术创新与区域经济发展理论的基础上，综合评价了山东省各地区的技术创新能力，应用因子分析和聚类分析法测算了技术创新对经济发展的贡献以及具体的贡献额度，探讨了山东省技术创新与经济发展的协整关系，在此基础上提出以技术创新为导向，促进经济发展和转变经济增长模式的对策建议。邵云飞和唐小我(2003a、2005)在深入探讨我国区域技术创新能力的形成机理及其作用基础上，借助 SPSS 统计软件，利用聚类分析和主成分分析等量化研究方法，实证检验了我国各区域的技术创新对经济增长的影响效应。

综观以上国内外研究情况，对于技术创新与经济增长关系的研究主要涉及两大模块：一是强调技术创新对经济增长的作用机理，从理论上分析两者之间的相互关系；二是通过实证研究技术创新对经济增长的效应，以及经济增长反作用于技术创新。已有的研究也在不同程度上说明了我国的技术创新和经济增长之间的关系，但大多数研究在构建技术创新测度指标时，未能从投入和产出角度来区分指标，从技术创新与经济增长动态特征现象出发的研究较少，并且对技术创新的演化轨迹研究鲜见。从实践来看，技术创新的投入行为对经济的增长存在滞后效应，而技术创新产出行为对经济增长的作用基本是同期的，因此区别对待技术创新的投入和产出行为，并对投入行为和产出行为之间的深层次的作用关系进行研究，探讨其对经济增长的贡献很有必要，也能更全面、深刻、准确地说明两者之间的深层次的作用机理与相互关系。

综合以上观点，本书认为，技术创新就是在创新思想意识和政策的指导与支配下，国家在技术创新活动方面所进行的人力、物力、财力等投资行为，以构建和完善国家创新体系，并以经济增长为目标的实践活动，其行为范畴属于宏观层次的国家创新系统。其中，各种要素在国家经济活动中投入到最终的经济增长过程分为两个阶段：第一阶段为技术创新投入要素到技术创新产出阶段，称为技术创新投入行为阶段；第二阶段为技术创新产出到经济增长阶段，称为技术创新产出行为阶段。由于技术创新的投入行为与技术创新的产出行为表现出分布滞后性，对经济增长的贡献度大不相同，因此分段研究能更深入、准确反映技术创新与经济增长之间的关系。

2.2 技术创新行为与经济增长的测度

为了深入地探讨技术创新与经济增长之间的深层次关系和机理，本章首先准确、全面地构建技术创新和经济增长的测度指标，在此基础上分析各自的动态发展特征，依据动态发展特征从理论上分析两者之间的相互机理关系。本章研究的数据均来自中华人民共和国国家统计局网站的《中国统计年鉴》。

同时，能否准确、客观地掌握技术创新状况，关键是要构建测评技术创新的指标体系，该指标体系的设置关系研究结果的准确性，也关系技术创新发展的方向和模式，影响我国经济的增长。因此，构建评测的指标体系应该遵循以下原则。

(1)准确性。构建的指标要能全面地反映技术创新的实际情况，要能代表技术创新的特色。由于技术创新的内涵和外延较为宽泛，测度指标的选取应尽可能精而少，并能够将技术创新包括在内。

(2)科学性。指标体系的设计是一项复杂的系统工程，必须建立在科学的基础之上，立足于我国的技术创新实际，理论上能站得住，同时又能反映客观实际情况。指标从宏观到微观，层层深入，各指标之间既相互独立，又相互联系，共同构成一个有机整体。

(3)实用性。实用性主要包括两方面：一是指标要能在现有的资料中可搜集，并尽可能是量化的指标；二是该指标要能在实践操作中可行。因为指标体系不光是为了科学理论研究，国家也可根据指标体系来制定相关政策和评定工作。

国内外学者对技术创新的测度也做了大量的研究。国外学者一致认为研发投入和专利活动是作为衡量技术创新投入产出的指标。大多学者将专利数据应用于分析技术进步和经济发展的关系，认为专利数据对技术创新分析具有重要作用，因此专利数据成为目前使用最普遍的指标(Arundel，2001；Cuddington and Moss，2001)。Westphal(1981)从组织行为的角度出发，将技术创新能力看作是组织、适应与创新的技术信息的获取能力的综合。Nelson(1993)利用R&D经费来源、R&D经费配置、大学的作用等指标来评估各国技术创新能力。Barton(1992)从技术系统的创造、管理、价值观等内容出发，认为技术创新能力是由企业内技术人员的技能以及构成所决定的，在此基础上可构建技术创新能力评价指标体系。

我国学者对技术创新的测度研究主要有如下成果。邵云飞 (2006)按照科学性、可行性、可靠性、客观性等原则，建立区域技术创新能力的三层评价指标体系，这套评价指标体系由4个一层指标、10个二层指标及38个三层指标构成。陈琪(2008)，刘顺忠和官建成(2002)分别从区域技术创新系统的视角对技术创新的测度进行系统的研究。古利平等(2006)从专利和研发资源的角度对技术创新的投入进行测评和研究。任翔(2001)以技术创新项目数量表示技术创新成果，以从事研究与开发人员、研究经费表示技术创新投入，研究投入与产出之间的关系。陈光和王永杰(1999)从科技部门研发机构、人员，大中型工业企业研发机构、人员，科技经营收入等指标研究了西部区域技术创新能力。殷尹和梁梁(2001)对区域技术创新的创新基础、创新经济和创新环境三大层次的影响因素进行了系统分析，构建了短期评估区域技术创新能力的指标。

由以上对技术创新测度的研究来看，大多学者从单一指标或者较为系统的区域技术创新体系的角度对其进行测评，而很少从投入和产出的角度对技术创新进行测评，并研究投入行为和产出行为直接的结构关系。其实，衡量技术创新主要涉及技术创新的两个过程：投入行为和产出行为。投入行为主要指进行技术创新所需要的财力、物力和人力。产出行为主要指技术创新的最终成果、一些科技发明和科学生产力等。因此很有必要从技术创新投入行为和产出行为的角度对技术创新进行测度及研究。

对于技术创新投入，学术界一致认为，R&D支出是从投入方面对技术创新的衡量，至少在理论上它是一个比较理想的衡量维度，包括资本投资、人力资源和物质资源投资。反映资本投资的指标有两个：一个是反映国家对科技活动支持的科技活动经费支出指标；另一个是体现科技活动核心的研发资金投资指标。这两项指标反映了国家在科技活动中的资金投入，是我国依靠科技活动发展技术创新的标志。反映人力资源投入的有两个指标：一个是社会科技活动人数；另一个是科学家与工程师人数。反映物力资源投入的是科技机构数量指标，因为科技机构是进行技术创新的场所。所以，本书的技术创新投入行为测度指标选取研发经费支出、科技活动经费支出、科技活动人数、科学家与工程师人数和科技机构数量五项数量指标。

对于技术创新产出行为，如果各种技术的开发周期与效率差不多，则资源的投入越多，技术创新产出也就越多。由于技术具有某种公共产品的性质，因此技术成果作为一种知识产权受到专利的保护，而专利是技术研究中主要产出成果的表现形式，因此用专利受理量衡量技术成果是较有理论依据的。除了以专利受理量来表示技术创新产出的成果，重大科技成果也是不可忽视的，重大科技成果主要从理论方面表示了技术创新的成绩。另外，对于技术创新所开发的新产品，最终要实现商业化，即在市场上流动才能得到认可。所以，分别用专利受理量、重大科技成果、技术市场成交量三个数值表示技术创新产出行为。

基于上述研究，结合中国技术创新正经历局部赶超到全面赶超的发展状况，本书构建的技术创新的测度指标如图 2-1 所示。

- 技术创新的测度
  - 技术创新投入行为
    - 研发经费支出
    - 科技活动经费支出
    - 科技活动人数
    - 科学家与工程师人数
    - 科技机构数量
  - 技术创新产出行为
    - 专利受理量
    - 重大科技成果
    - 技术市场成交量

图 2-1 技术创新的测度指标

经济增长通常是指在一定时期内，一国的人均产值和人均收入水平的不断提高，其中的一定时期可以是一年，也可以是一季度。经济增长是需要进行实际考量的，增长有快慢之分，经济的增长速度可以衡量一个国家或地区的经济实力。通常，经济增长速度用经济增长率表示，经济增长率反映了一个国家或地区在一定时期内的经济增长速度，投资金额、劳动量、生产力水平等因素决定经济增长的速度。反映一个国家或地区经济发展规模可以用现价计算的国内生产总值，用不变价格计算的国内生产总值可表征经济增长速度。经济增长一般是指在一定时期(通常为一年或者一季度)内，经济体系内所需要的商品与劳务的生产力的持续扩大，生产力的持续增长主要取决于一个国家或区域的生产力的扩展与改善，包括自然资源禀赋、资本数量累积与质量提升、人力资本水准提升及制度环境改善等。

当前，国内外对经济增长基本上采用相同的测量方式。一般来说，经济增长是一个国家或地区在一定时期内的实际产量或收入增长，通常用国内生产总值或国民收入增长来反映，理解为以国内生产总值或国民收入为特征的经济变化过程，通常指纯粹意义上的产量增加，包括两大方面：一是由于投资而增加的产出；二是由于提高生产效率增加的产量。经济增长通常是用国内生产总值的增加或增长速度衡量，国内生产总值是指在一定时期内，国家或地区生产的所有最终产品和服务的价值，反映的是国民经济各部门的增加值的总额，一般有价值形式的国内生产总值、收入形式的国内生产总值和产品形式的国内生产总值三种形式。从价值形态看，国内生产总值是一定时期内生产的所有商品和服务的价值总和，减去同期固定资产投资的所有货物和服务的价值总和之差的收入；从收入形式看，国内生产总值是所有常驻单位在一定时期内直接创造的收入，是一个总指标；从产品形式的角度看，国内生产总值是货物和服务的最终应用与进口之差。从事这方面研究的许多学者都认为国内生产总值是宏观经济中最受关注的经济数据，国内生产总值被认为是衡量国家经济发展的最重要指标之一，是衡量国家经济发展较适宜的指标。国内生产总值不仅可以反映一个国家的经济表现，更能反映一个国家的国力和财富，是衡量一个国家或地区的经济发展水平的综合指标，在国际上被广泛采用。

2.3　技术创新行为的动态特征分析

2.3.1　技术创新行为的分布滞后性

技术创新投入行为往往需要一定的时间才能出现技术创新的产出行为，特别是一些重大科技成果，投入后是需要时间来完成的，并且持续的时间也较为漫长。也就是说，技术创新的投入行为和产出行为存在着滞后性，这两种行为基本不会在同一时期同步出现，技术创新的产出行为不但受到本期投入行为的影响，更受到前面几期投入行为的影响。对于我国的技术创新，其投入行为在多少期内会影响产出行为，下面将对此问题展开研究。

由于本书对技术创新的测度涉及多个指标，并且指标的量纲也不统一，为了便于研究，本书利用主成分分析法，通过提取主成分将技术创新投入行为和产出行为进行降维，再应用两者的主成分得分函数值序列对投入行为和产出行为之间的动态过程进行研究。在SPSS统计软件中进行主成分分析条件的检验，检验结果如表2-1所示。

表2-1　技术创新投入行为KMO和Bartlett' s球形检验

	KMO取样适当性量数	0.833
Bartlett' s球形检验	近似卡方值	76.007
	自由度	10
	显著性	0.000

由表2-1可知，KMO为0.833（当KMO＜0.6时不太适合做主成分分析），显然此处适合做主成分分析。Bartlett' s球形检验的相伴概率为0.000，明显小于显著性水平0.001，因而此样本数据可以做主成分分析，提取的主成分分析结果如表2-2所示。

表 2-2 技术创新投入行为主成分

主成分	初始特征值			提取载荷平方和		
	总计	方差占比/%	累计/%	总计	方差占比/%	累计%
1	4.408	88.157	88.157	4.408	88.157	88.157
2	0.410	8.206	96.363	—	—	—
3	0.118	2.368	98.731	—	—	—
4	0.052	1.032	99.763	—	—	—
5	0.012	0.237	100.000	—	—	—

从表 2-2 可以看出，提取的第 1 个主成分已经解释了原始数据 88.157%的信息，该主成分的得分矩阵如表 2-3 所示。

表 2-3 技术创新投入行为主成分得分矩阵

	主成分 1
科技机构数量/个	−0.209
科技活动人数/万人	0.219
科学家与工程师人数/万人	0.218
科技活动经费支出/亿元	0.219
研发经费支出/亿元	0.200

从表 2-3 可以看出，主成分得分函数为

$$F_1 = -0.209w_1 + 0.219w_2 + 0.218w_3 + 0.219w_4 + 0.200w_5 \tag{2-1}$$

式中，w_i表示技术创新投入行为的测度指标，i为1～5。

同理，对技术创新产出行为测度指标数据也提取主成分，KMO 和 Bartlett' s 球形检验、提取主成分、主成分得分矩阵分别如表 2-4～表 2-6 所示。通过检验发现 KMO 值为 0.680，Bartlett' s 球形检验给出的相伴概率为 0.000，适合做主成分分析。提取的第一个主成分已经解释了原始数据的 88.369%的信息。通过主成分得分矩阵看出主成分得分函数为

$$F_2 = 0.336v_1 + 0.360v_2 + 0.367v_3 \tag{2-2}$$

式中，v_i表示技术创新产出行为的测度指标，i为1～3。

表 2-4 技术创新产出行为 KMO 和 Bartlett' s 检验

	KMO 取样适当性量数	0.680
Bartlett' s 球形检验	近似卡方值	49.479
	自由度	3.000
	显著性	0.000

表 2-5　技术创新产出行为提取主成分

主成分	初始特征值			提取载荷平方和		
	总计	方差占比/%	累计/%	总计	方差占比/%	累计/%
1	2.651	88.369	88.369	2.651	88.369	88.369
2	0.301	10.031	98.400	—	—	—
3	0.048	1.600	100.00	—	—	—

表 2-6　技术创新产出行为主成分得分矩阵

	主成分 1
重大科技成果/项	0.336
技术市场成交量/万元	0.360
专利受理量/项	0.367

在以上研究的基础上，本书利用主成分得分函数，计算原始样本数据的主成分得分序列，生成新的变量序列，作为我国技术创新投入行为和产出行为的测度数据。

设我国技术创新投入主成分得分序列为变量 x，技术创新产出主成分得分序列为变量 y，在 EViews 中使用 cross 命令，判断我国技术创新投入行为滞后期的长度、对我国技术创新产出行为的影响，判断结果如图 2-2 所示。

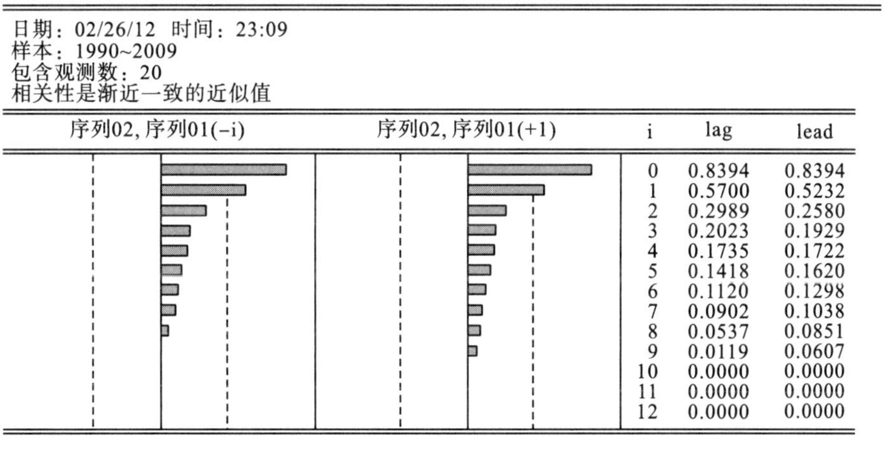

图 2-2　x 与 y 各期滞后值的相关系数

注：lag 为取出同一字段的前 N 行数据，lead 为取出同一字段的后 N 行数据

从图 2-2 可知，我国技术创新产出行为 y 与当期和前一期的技术创新投入行为 x 相关，因此有如下有限分布滞后模型：

$$y_t = \alpha + \beta_0 x_t + \beta_1 x_{t-1} + u_t \tag{2-3}$$

公式中 β_0 为短期乘数，β_1 为延迟乘数，u_t 为随机扰动项。利用最小二乘法估计以上模型，得到的回归结果如表 2-7 所示。

表 2-7 回归结果

因变量：序列 02

方法：最小二乘法

日期：02/27/12 时间：00:16

样本(调整后)：1991～2009

包含观测数：在调整后包含 19 个

变量	回归系数	标准误差	t	p
序列 01	0.112831	0.140026	0.805784	0.4315
序列 01(-1)	0.828999	0.141852	5.84412	0

可决系数	0.906407	被解释变量样本均值	0.066504
调整后可决系数	0.900901	被解释变量样本标准误差	0.98091
回归残差的标准误差	0.30879	赤池信息准则(AIC)	0.58699
残差平方和	1.620972	施瓦茨信息准则(SC)	0.686405
对数似然估计函数值	-3.576408	DW 检验值	1.142036

从表 2-8 可知，变量 x 即技术本期创新投入行为的估计系数不显著，而变量 x_{t-1} 即上期技术创新投入行为的估计结果在 0.05 水平下显著，究其原因，发现残差序列存在自相关，利用广义差分法消除自相关，得表 2-8 的估计结果，广义差分法用的工具变量为 $y_f(-1)$。

表 2-8 广义差分法估计结果

因变量：序列 02

方法：最小二乘法

日期：02/27/12 时间：00:40

样本(调整后)：1992～2009

包含观测数：在调整后包含 18 个

变量	回归系数	标准误差	t	p
序列 01	0.318797	0.131293	2.428146	0.0273
序列 02F(-1)	0.817961	0.170139	4.807599	0.0002

可决系数	0.886354	被解释变量样本均值	0.088943
调整后可决系数	0.879251	被解释变量样本标准误差	1.004318
回归残差的标准误差	0.34899	赤池信息准则(AIC)	0.836895
残差平方和	1.948709	施瓦茨信息准则(SC)	0.935825
对数似然估计函数值	-5.532052	DW 检验值	1.223552

从以上估计结果可以看出，变量的系数均在 0.05 水平下显著，且检验残差序列不存在自相关，拟合优度较好。

通过整理，可得我国技术创新产出行为 y 与技术创新投入行为 x 之间的有限分布滞后

模型为

$$y_t = 0.318797x_t + 0.0923x_{t-1} + 0.6780x_{t-2} \tag{2-4}$$

由此估计结果可以看出我国技术创新投入行为与产出行为存在分布滞后性，且前两期的技术创新投入行为对本期的技术创新产出行为影响较大，影响因子为 67.80%，而本期技术创新的投入对本期技术创新的产出影响效应较小，影响因子为 31.88%。可见我国技术创新的过程用时较长，技术创新投入行为发生后，平均用时 2 年的实践研发才会有较为可观的产出成果。而我国有些技术投入创新行为在当期会产生创新产出，这些创新属于小型的创新成果，会对经济增长产生贡献。而对于一些重大技术创新活动，创新的风险较大，人力和资金的投入也较大，在短期内对经济的影响具有很大的不确定性，同时科学研发与创新活动也需要周期，不能产生立竿见影的效果，因此两年后对经济的贡献效应才体现出来。这与我国的科学技术和经济发展状况的基本国情有关系，技术创新对经济增长的促进作用是滞后 2 年。

2.3.2　技术创新行为的成长轨迹

改革开放以来，技术创新的投入和产出行为都在不断增加，技术也在不断进步，那么我国的技术创新随时间的变化呈现出什么样的动态特征？本节就此问题在 2.3.1 节研究的基础上做进一步分析。

由 2.3.1 节研究的结论可知，设技术创新投入主成分得分函数为

$$F_{1t} = -0.209w_1 + 0.219w_2 + 0.218w_3 + 0.219w_4 + 0.200w_5 \tag{2-5}$$

式中，w_i 为技术创新投入行为的测度指标，i 为 1～5，方差贡献率为 88.157%，技术创新产出主成分得分函数为

$$F_{2t} = 0.336v_1 + 0.360v_2 + 0.367v_3 \tag{2-6}$$

式中，v_i 为技术创新产出行为的测度指标，i 为 1～3，方差贡献率为 88.369%。以方差贡献率计算权重，得到技术创新的得分函数，设技术创新得分函数为变量 F_t，即 $F_t = \frac{\alpha_1}{\alpha_1+\alpha_2}F_{1t} + \frac{\alpha_2}{\alpha_1+\alpha_2}F_{2t}$，其中 $\alpha_1 = 0.88157$，$\alpha_2 = 0.88369$，F_t 是关于时间 t 的函数，设 1990 年为基年 t_1，1991 年为第二年 t_2 …… 2009 年为 t_{20}，将技术创新的测度指标数据代入得分函数 F_t 中计算技术创新的得分，并绘制 F_t 的散点图，如图 2-3 所示。

从散点图中明显可以看出，技术创新是随时间变化的动态连续过程，并且是持续成长的过程，成长趋势呈指数函数形式，即服从生长函数趋势（$y = \mathrm{e}^{a+bt}$），为了更深入地研究这种变化趋势，探讨具体的动态成长轨迹，利用 SPSS 软件进行曲线估计，所得曲线如图 2-4 所示。

从以上估计结果可以看出，生长函数很好地估计了技术创新随时间变化的动态过程，估计结果如表 2-9 所示。

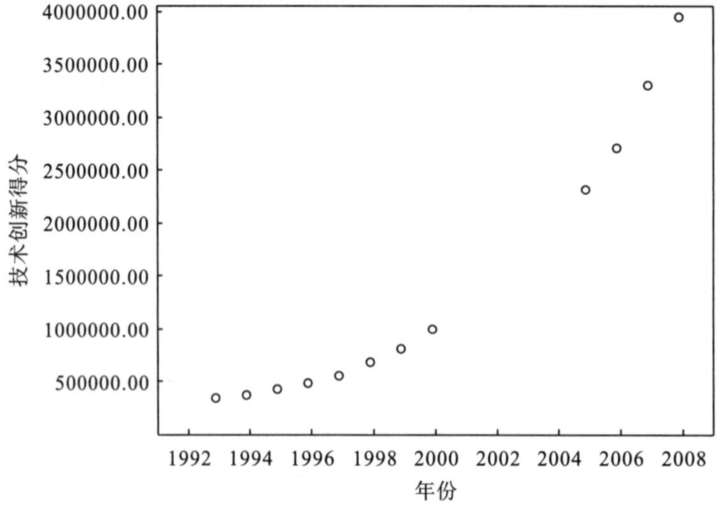

图 2-3 技术创新随时间变化散点图

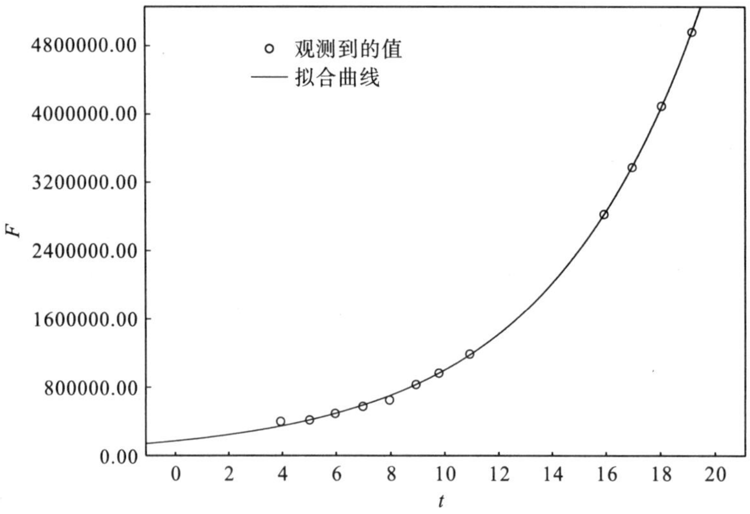

图 2-4 技术创新随时间变化估计图形

表 2-9 估计的模型参数

自变量：技术创新行为

方程	模型概述					参数估计	
	R^2	F	样本个数/个	变量个数/个	p	常数	$b1$
增长	0.779	3898.566	1	10	0.000	12.072	0.175

由前文估计模型参数结果可知，拟合优度 R^2 为 0.779，显著性为 0.000，明显小于显著性水平 0.001，所以拒绝原假设，认为参数估计有效。模型为

$$F_t = \mathrm{e}^{12.072+0.175t} \qquad (t=1,2,3,\cdots,20)\text{。} \tag{2-7}$$

以上研究说明技术创新也是随时间而变化的动态过程，成长轨迹服从生长函数变化特征，每年以 17.5%的增长率持续成长，增长基数也较大。这是我国改革开放以来科学技术

不断进步、技术创新投入和产出力度不断加大的结果，技术创新的累积效应突出。

2.4 经济增长的动态特征分析

2.4.1 经济增长的生长函数趋势

改革开放以来，我国经济取得了较快的发展，国内生产总值(GDP)由 1978 年的 3645.2 亿元增长到 2009 年的 340506.90 亿元，平均每年增长率达到 15.98%。人均 GDP 从 1978 年的 381.0 元增长到 2009 年的 25575.0 元，平均每年增长率达到 14.75%。全国人民的消费水平也大幅度上升，全体居民的消费水平从 1978 年的 184.0 元增长到 2009 年的 9098.0 元，平均每年增长率达到 13.6%。图 2-5 为 1978～2009 年我国 GDP 的变化趋势。从图中可以看出，我国经济增长总体处于上升趋势，1978～1990 年上升较为缓慢，1990～2009 年上升速度持续加快，并且经济增长与时间变化呈生长函数关系形式。

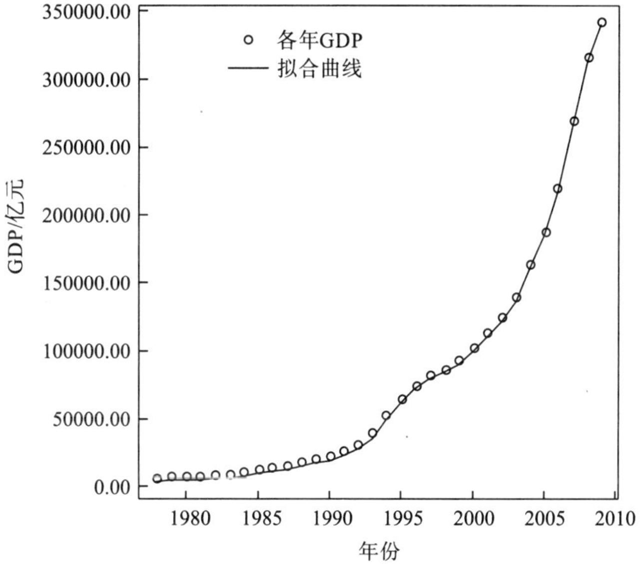

图 2-5 1978～2009 年我国 GDP 变化趋势

1990 年以前和以后这两个不同时间段里，经济增长率有所不同，为了全面、准确地分析我国经济增长随时间变化的趋势，应分段考虑 1978～1990 年 GDP 的增长特征和 1991～2009 年 GDP 的增长特征。

设我国 GDP 为G，时间为t，1978 年为基期，时间为$t_1=1$，1979 年为$t_2=2$……1990 年为$t_{13}=13$，以 1978～1990 年的 GDP 和时间t为样本数据，利用最小二乘估计方法，借助统计软件 SPSS 中的曲线估计，可绘制图 2-6。

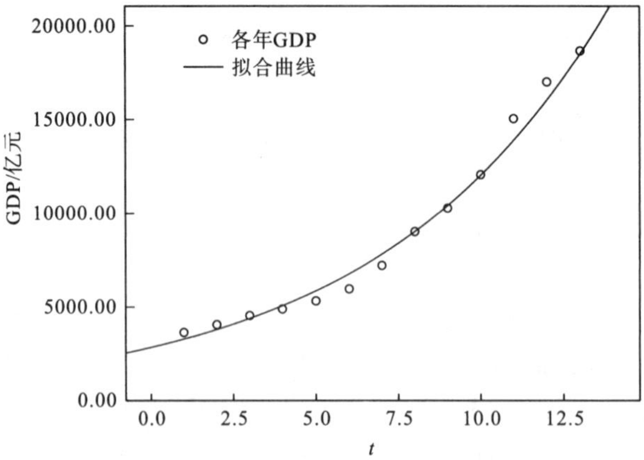

图 2-6 1978～1990 年我国 GDP 与时间变化估计图像

从图 2-6 中可以看出，生长函数能很好地估计我国 1978～1990 年经济增长的趋势，其估计值和样本数值之间较为接近，估计的具体生长函数如表 2-10 所示。

表 2-10 1978～1990 年我国 GDP 与时间变化估计函数

方程	模型概述					参数估计	
	R^2	F	样本个数/个	变量个数/个	p	常数	$b1$
增长	0.985	707.710	1	11	0.000	7.956	0.144

由估计结果可以看出，$R^2 = 0.985$，$p = 0.000$，拟合优度较高，且 p 小于 0.001，估计结果显著。1978～1990 年 GDP 的变化率($b1$)为 0.144，我国 GDP 指数与时间的函数关系为

$$G_t = \mathrm{e}^{7.956+0.144t} \qquad (t = 1,2,3,\cdots,13) \tag{2-8}$$

同样设我国 GDP 为 G，时间为 t，1991 年为基期，时间为 $t_1 = 1$，1992 年为 $t_2 = 2$……2009 年为 $t_{19} = 19$，以 1991～2009 年的 GDP 和时间 t 为样本数据，利用最小二乘估计方法，借助统计软件 SPSS 中的曲线估计，可绘制图 2-7。

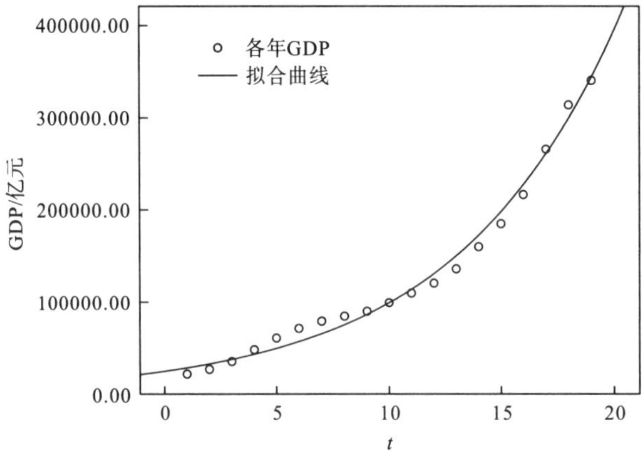

图 2-7 1991～2009 年我国 GDP 与时间变化估计图

从图 2-7 中可以看出，生长函数能很好地估计我国 1991～2009 年经济增长的动态变化发展趋势，其估计值和样本数值较为接近，估计的具体生长函数如表 2-11 所示。

表 2-11 1991～2009 年我国 GDP 与时间变化估计函数

方程	模型概述					参数估计	
	R^2	F	样本个数/个	变量个数/个	p	常数	$b1$
增长	0.973	614.628	1	17	0.000	10.120	0.138

由表 2-11 的估计结果可以看出，R^2 为 0.973，p 为 0.000，拟合优度较高，且 p 小于 0.001，估计结果显著。1991～2009 年 GDP 的变化率为 0.138，我国 GDP 指数与时间的函数关系为

$$G_t = e^{10.12+0.138t} \qquad (t = 1,2,3,\cdots,19) \tag{2-9}$$

根据此函数关系对我国 2010 年和 2011 年的 GDP 进行预测，分别为 395173 亿元和 453814 亿元。2010 年和 2011 年实际 GDP 指数分别为 397983 亿元和 471564 亿元，可见根据此函数关系对我国 1991 年以后的经济增长进行预测是比较可靠的，我国经济随时间变化呈现出生长函数形式的增长趋势。

以上对我国经济增长特征实证分析发现，1978～2009 年，我国经济增长随时间的变化总体满足生长函数增长趋势，并出现阶段性的特征。1978～1990 年，每年的经济增长平均速度达 474.43 亿元，增长率为 14.4%，增长的基数为 2852.6 亿元，1990 年之后每年的经济增长平均速度为 3934.4 亿元，增长率达到 13.8%，增长基数为 24835 亿元。这主要是由于我国在改革开放初期，经济处于薄弱地位，社会生产、科技水平等发展也有限，经济增长受到前期发展水平的影响较为严重，所以经济发展的局限性较强并且限制了进一步积累。但是我国在改革开放后，科技水平有所提高，社会生产、资源配置等方面也有了先进的资源，经济上积累了雄厚的基础，对后期的经济增长铺垫较多，厚积薄发。但是 1990 年以后，经济增长的速度较 1990 年以前稍低，这是因为我国在后一阶段加大了技术创新的投入，使经济增长模式发生转变，经济增长速度放缓，但是由于后期技术创新成果不断涌现，仍然拉动了我国经济持续增长。

2.4.2 经济增长的自回归移动平均过程

设 GDP 为 y，2009 年为 t 期，2009 年的 GDP 记为 y_t，2008 年为 $t-1$ 期，2008 年 GDP 记为 y_{t-1}……1991 年为 $t-18$ 期，1991 年 GDP 记为 y_{t-18}，利用 EViews5.0 软件，观察 y 的自相关系数和偏自相关系数(图 2-8)。

日期：03/13/12 时间：20:55
样本：1991~2009
包含观测数：19

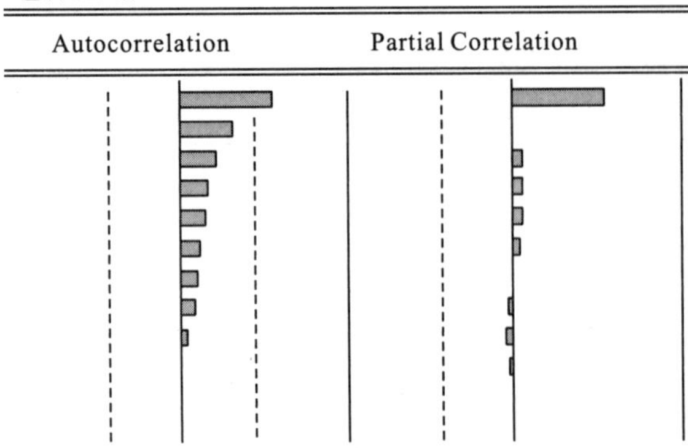

	AC	PAC	Q-Stat	Prob
1	0.560	0.560	6.9421	0.008
2	0.312	−0.002	9.2240	0.010
3	0.204	0.044	10.260	0.016
4	0.158	0.040	10.925	0.027
5	0.131	0.028	11.418	0.044
6	0.111	0.020	11.796	0.067
7	0.087	0.006	12.049	0.099
8	0.058	−0.010	12.170	0.144
9	0.020	−0.028	12.186	0.203
10	0.000	−0.011	12.186	0.273
11	0.000	0.004	12.186	0.350
12	0.000	−0.002	12.186	0.431

图 2-8 *y* 序列自相关和偏自相关系数

注：Autocorrelation (AC) 为自相关性；Partial Correlation (PAC) 为偏相关性；Q-Stat 为统计量；Prob 为相伴概率

序列自相关系数和偏自相关系数均在 1 阶截尾，建立 ARMA(1，1)模型，估计结果如表 2-12 所示。

表 2-12 回归结果

因变量：GDP
方法：最小二乘法
日期：03/13/12 时间：20:57
样本(调整后)：1992～2009
包含观察数：在调整后包含 18 个
10 次迭代后达到收敛 回溯：1991

变量	回归系数	标准误差	*t*	*p*
GDP(-1)	1.130832	0.018135	62.35587	0.0000
MA(1)	0.894901	0.054773	16.33834	0.0000

可决系数	0.995922	被解释变量样本均值	135666.4
调整后可决系数	0.995668	被解释变量样本标准误差	93851.86
回归残差的标准误差	6177.395	赤池信息准则(AIC)	20.39962
残差平方和	6.11E8	施瓦茨信息准则(SC)	20.49855
对数似然估计函数值	-181.5966	DW 检验值	1.147550

MA 倒根：-0.89

从以上回归结果可以看出，模型拟合优度较好，移动平均的特征根倒数也在单位元内，回归系数均在 0.01 水平下显著，回归方程的残差序列也是平稳序列，残差序列相关系数如表 2-13 所示，因此得到的回归模型为

$$y_t = 1.130832 y_{t-1} + u_t - 0.894901 u_{t-1} \tag{2-10}$$

表 2-13 残差序列相关系数

日期：03/13/12 时间：20:58
样本：1991~2009
包含观测数：19

Autocorrelation	Partial Correlation		AC	PAC	Q-stat	Prob
		1	0.203	0.203	0.8735	0.350
		2	0.052	0.012	0.9355	0.626
		3	−0.017	−0.032	0.9428	0.815
		4	−0.016	−0.007	0.9494	0.917
		5	−0.064	−0.060	1.0636	0.957
		6	−0.023	0.002	1.0793	0.982
		7	−0.024	−0.017	1.0979	0.993
		8	−0.022	−0.017	1.1149	0.997
		9	0.000	0.008	1.1149	0.999
		10	0.000	−0.005	1.1149	1.000
		11	0.000	−0.002	1.1149	1.000
		12	0.000	−0.002	1.1149	1.000

注：Auto correlation（AC）为自相关性；Partial correlation（PAC）为偏相关性；Q-stat 为统计量，Prob 为相伴概率。

从前文对我国经济增长的自回归移动平均过程的研究来看，我国经济增长存在很大的惯性。1990 年以后，我国经济发展严重受到上期经济发展的影响，上期对本期经济的影响为正效应，影响效应为上期经济量的 1.13 倍，即上期经济增长 1 个单位，本期经济增长 1.13 个单位。这说明我国改革开放后积累的雄厚资本对后期经济增长有很大的提升效益，经济增长积累基数将大大利好我国后期的经济持续增长。因此我国经济增长在很大程度上依赖这种由于各种生产要素的持续投入而形成的经济增长惯性。

2.5 技术创新行为与经济增长的动态特征分析

技术创新的成长轨迹和经济增长的生长函数服从指数发展趋势，即 $F_t = \mathrm{e}^{12.072+0.175t}$，$G_t = \mathrm{e}^{10.12+0.138t}$，两个时间序列变量存在某种关系，这两个序列的增长过程如图 2-9 所示。

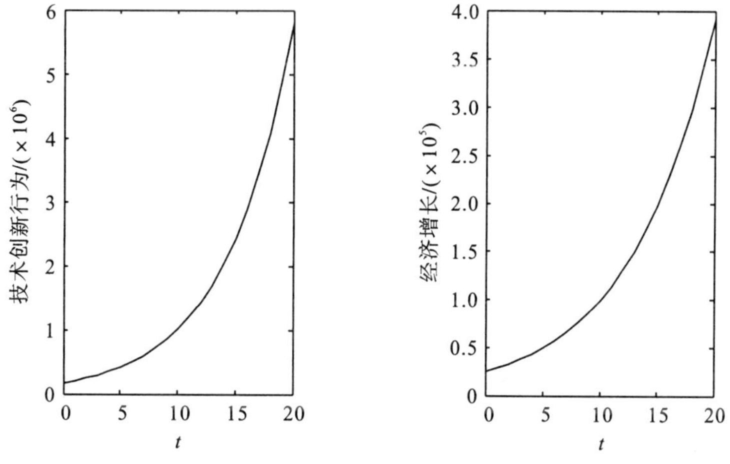

图 2-9 技术创新与经济增长趋势

由于变量取对数后不改变原来变量间的均衡趋势关系，并能使其趋势线性化，消除时间序列中存在的异方差现象，对 F_t 和 G_t 分别取自然对数变换，得到新的变量序列图像，如图 2-10 所示。

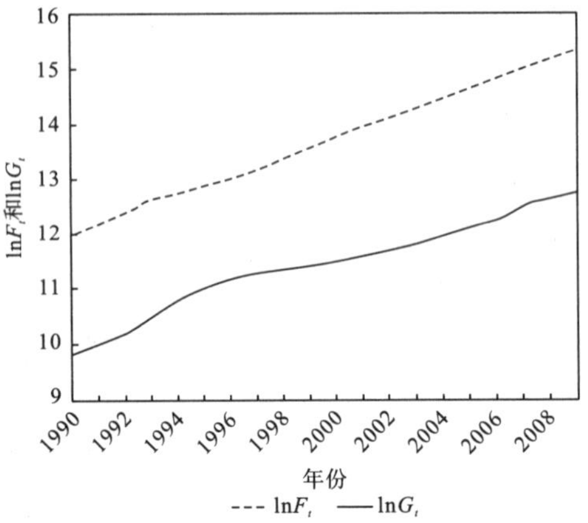

图 2-10 $\ln F_t$ 和 $\ln G_t$ 序列

从图 2-9 上可以看出，技术创新与经济增长长期受到某种力的作用而保持相对均衡增长的趋势。究竟是什么力量使这两个时间序列变量始终保持这种平稳的趋势？技术创新通过影响哪些因素作用于经济增长？技术创新与经济增长的深层次作用机理是什么？这种长期稳定均衡的增长状态是不是协整关系？这些问题都需要深入探讨。经济增长的三次革命告诉我们，技术创新对经济的长期增长具有推动力，并且可从数量方面测度技术创新对经济增长的贡献。要全面、深刻认识技术创新对经济增长的作用，不但要从计量经济学角度进行实证，更重要的是在理论上探究其作用机制，这样才能准确把握技术创新的投入产出行为，从理论上搞清楚技术创新对经济增长的实质作用。技术创新的直接效果是理论形式的技术成果或者技术上的突破，但理论形式的技术创新成果最终也会用于生产效率的提高、新工艺的改革、新产品的开发等方面的商业实践，完成从科技研究转化为生产力，生产出新的产品。技术创新产生的新产品，都必须经过商业化后才能产生真正的经济效应。

从产业经济结构的角度来看，技术创新通过改变产业经济结构带动经济增长。技术创新所生产出的新产品，对于消费者有更大的吸引力，因而会刺激消费以带动经济发展。同时也增加了供给者的销售收入，使得产品不断更新换代，改变和迎合消费者的习惯，市场占有率不断扩大，促使某些部门和行业发展，新技术和新产品不断涌现，随着新产品和新技术的推广及生产规模的扩大，进而促进新兴产业的兴起和发展。新产业的兴起，极大地带动了就业，使得产业内的技术工人、管理人员、科研人员和销售者等人力资本增强，劳动者的素质和技能进一步提高，进而推动企业等经济组织的综合实力，并且会有更多的人员流向新的产业，促进新产业的发展，拉动其他产业的活力，使各个产业之间协调发展，共同促进产业经济结构的整合效果，提高资源配置效率，提升经济综合生产力，推动经济的增长。因此，技术创新引起经济结构的变化进而会推动经济增长。

从经济增长模式的角度来看，技术创新通过转变经济增长模式推动经济增长。技术创新成果的经济化、科技化过程促进了人力资本的使用效率，使得劳动者的劳动效率和素质大大提高，管理能力和技术水平也大大提高，资源的合理配置降低了使用成本，竞争力增强，经济增长方式从粗放型转变为集约型，经济增长质量提高，以较低的成本获取较高的效应，实现经济增长的快速提高。单纯依靠粗放型经济增长模式，加大人力和资本的投入来实现经济增长是有缺陷的，不能很好地整合生产要素与运行效果。而以技术创新为主导的经济增长模式在生产资料的配置和运行方面达到了很好的效果，通过配置优质的生产资料和高水平的科技人员，为优化生产要素和整合运行方式打下了很好的基础，使得生产效率大大提高。因此技术创新引起的经济增长模式的转变会促进经济增长。

另外，产业经济结构的变换会对经济增长模式的转变产生作用，进而推动经济增长。经济结构的不同状态决定了经济增长的不同模式，当经济增长持续一定时间后，环境的变化使得原有经济的内部结构都会发生变化，由此造成原有经济结构的逐步失衡，打破了原有经济结构的平衡，这时如果经济结构得不到适时的调整和改变，则会导致经济结构失衡，经济增长效率低下。因此，扭转这种局势的方式是转变经济增长模式、增加技术创新、提高生产效率和资源配置效率及优化经济结构等，发展集约型经济。所以，经济结构的调整和变动，都意味着经济增长模式发生了变化，通过经济结构的调整和优化转变经济增长的模式，进而推动经济增长。

现代互联网等媒体迅速发展，技术创新的扩散和模仿速度也相当快。技术创新使得产品技术含量进一步增加，市场占有率提高带来了更多的经济效应，竞争力大大提高，这必然引起其他经济组织的效仿，技术扩散和模仿随之产生，并且从时空两个维度迅速向外传播，技术转移、人力资源、研究设施等充分流动，市场化进程加速，技术创新的环境氛围快速成长，技术创新很快传播开来。图 2-11 显示了技术创新的空间扩散过程，从图中可以明显地看出，当一项新的技术推向市场后，会在很短的时间内迅速向空间传播，一定时间后，传播速度趋于平缓，新技术的应用已经趋于饱和状态，然后又有新的技术产生，在市场上再次扩散和传播。这快速促进了经济组织整体的技术创新，加速推动了经济增长。

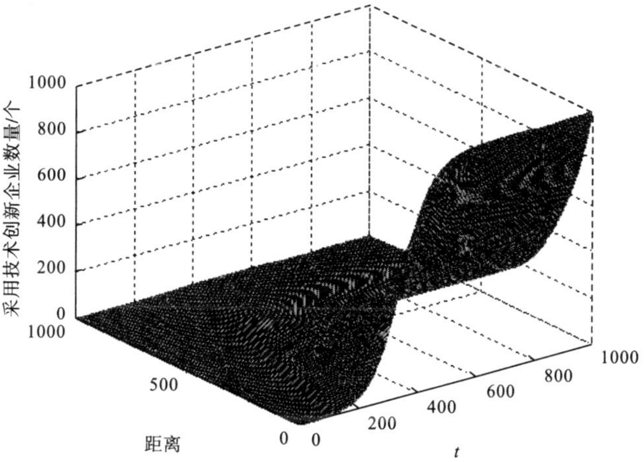

图 2-11　技术创新的空间扩散过程

反过来，经济增长也会促进技术创新。经济增长之后，会有更多的资金、引进更为先进的设备和更多的科技人员投入到技术创新当中，并且加强培训和激励机制，使劳动者的技能和素质进一步提高，提高部门和行业的生产率，推动产业经济的发展，拉动国民经济的增长，鼓励创新。这样，整个经济组织的技术创新就会日益高涨，技术创新的投入力度加大，研发实力增强，研发周期变短，促使技术创新产出行为效果显著增强，科学技术转化为生产力效果更加显著，技术创新对经济增长的推动效应进一步增强。经济增长模式发生改变，再次调整和优化经济结构，通过改变经济结构和经济发展模式来促进经济的增长，形成良性循环。因此从理论上来讲，技术创新与经济增长之间相互作用、相互促进、共同发展。技术创新与经济增长之间的作用机理如图 2-12 所示。

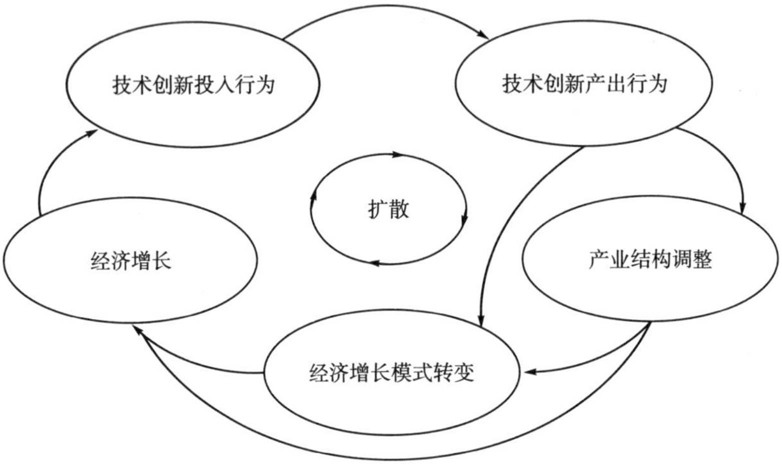

图 2-12　技术创新与经济增长的作用机理

第三章　技术创新行为与经济增长关系的实证研究

根据前文的理论分析可初步判定，技术创新与经济增长之间存在协整关系，在前文研究基础上，本章对技术创新和经济增长关系利用协整理论与方法进行实证研究。首先在搜集样本数据的基础上，进行序列平稳性的检验，为协整检验和因果检验做好铺垫，再应用误差修正模型对估计的结果进行修正，深入理解技术创新与经济增长的长期均衡状态和短期均衡状态；接着进行因果关系检验，说明技术创新与经济增长的双向因果关系；最后利用状态空间模型估计时变参数的技术创新与经济增长协整关系。

3.1　样本数据、单位根检验

时间序列数据大多是非平稳序列，转化为平稳序列的分析通常采用差分的处理方法。如果一个非平稳序列 X_t 必须经过 k 次差分之后变成平稳序列，则称该序列是 k 阶单整序列，记为 $X_t \sim I(k)$ 。由定义 $X_t \sim I(k)$ 不难看出， $I(0)$ 表示的是平稳序列。但是如果这个过程的均值和方差在时间过程上都是常数，并且在任何两个时期之间的协方差不依赖计算这个协方差的实际时间，而仅依赖这两个时期间的距离或滞后，则称它为平稳时间序列 Y_t（$t=0,1,2,\cdots,n$），并且具有如下性质。

均值：

$$E(Y_t)=\mu \tag{3-1}$$

方差：

$$\mathrm{var}(Y_t)=E(Y_t-\mu)^2=\sigma^2 \tag{3-2}$$

协方差：

$$\gamma_k=E[(Y_t-\mu)(Y_{t+k}-\mu)] \tag{3-3}$$

式中， γ_k 即滞后 k 期的协方差，是相隔 k 期的两值之间的协方差。如果 k =0，就得到 γ_0 ，即 Y 的方差；如果 k =1，就是相邻两值之间的协方差。如果一个时间序列数据不是平稳的，就称为非平稳时间序列数据，非平稳时间序列数据需要经过单位根检验，差分变换成平稳时间序列才能建模。

单位根检验（unit root test）一般采用 ADF（augmented Dickey-Fuller test，增广迪基-福勒检验）检验。ADF 检验的模型为包含序列 Y_t 的变化量的滞后项，表达式如下：

$$\Delta Y_t=a+bt+\delta Y_{t-1}+\alpha_i\sum_{i=1}^{m}\Delta Y_{t-i}+\varepsilon_i \tag{3-4}$$

式中， i =1，2，3…； Δ 表示差分项，差分阶数由实践来确定，平稳性检验可以有效缓解误差项的自相关问题，ADF 检验采用的是左侧检验法，假设检验的原假设为序列具有单位根。如果统计量大于临界值，则接受原假设，表示所考察的序列是非平稳的；反之则拒绝原假设，即序列不存在单位根，说明序列是平稳的。实际操作时计算上述模型中三种情况相应的τ统计量，与ADF检验的临界值逐个比较并做出判断，如果上述三种情况中有一种情形不存在单位根，就表明原模型是平稳序列；反之当三者都存在单位根时，表明所考察的序列一定是非平稳的，这时我们必须利用差分变换来考察变量的差分序列的平稳性。

按照上面单位根检验的理论，对技术创新和经济增长两个时间序列变量进行检验。技术创新的测度利用主成分得分序列F_t，F_t是以技术创新投入行为和产出行为方差贡献率为权重的各自主成分得分序列的加权时间序列，即$F_t=\dfrac{\alpha_1}{\alpha_1+\alpha_2}F_1+\dfrac{\alpha_2}{\alpha_1+\alpha_2}F_2$，其中$\alpha_1=0.88157$，$\alpha_2=0.88369$，$F_1$和$F_2$为技术创新投入行为和产出行为的主成分得分序列，但是F_t序列中有缺失值，可利用2.3.2节技术创新的成长轨迹的研究结论，技术创新成长过程满足函数：$F_t=\mathrm{e}^{12.072+0.175t}$，对缺失值进行估计。经济增长的测度利用1990～2009年的GDP数据，设为G_t。这样F_t和G_t都是样本容量为20的时间序列数据，时间$t=1,2,3,\cdots,20$。对变量F_t和G_t取对数变换，进行单位根检验，结果如表3-1和表3-2所示。

表3-1 技术创新$\ln F_t$序列单位根检验

零假设：D(序列01)有一个单位根
外生：常数
滞后阶数：3(自动基于SIC信息选择，最大滞后阶数：4)

		t	p
	ADF	−4.364194	0.0047
测试临界值	1%水平	−3.959148	
	5%水平	−3.081002	
	10%水平	−2.681330	

表3-2 经济增长$\ln G_t$序列单位根检验

零假设：D(序列02)有一个单位根
外生：常数
滞后阶数：3(自动基于SIC信息选择，最大滞后阶数：4)

		t	p
	ADF	−5.036557	0.0014
测试临界值	1%水平	−3.959148	
	5%水平	−3.081002	
	10%水平	−2.681330	

从技术创新测度序列$\ln F_t$和和经济增长测度序列$\ln G_t$单位根检验结果可知，$D(\ln F_t)$和$D(\ln G_t)$的检验相伴概率拒绝原假设，是平稳序列，所以$\ln F_t$和$\ln G_t$这两个序列均有一个单位根，经过一阶差分变换后为平稳序列，即$\ln F_t\sim I(1)$，$\ln G_t\sim I(1)$，满足协整检验的条件。

3.2 协整关系检验

对于两个非平稳序列，如果不存在协整关系，直接建立最小二乘估计模型就可能导致谬误回归问题。在实际研究中发现如果两个非平稳序列的某个线性组合可能是平稳序列，这种情况下把满足以下两个条件的序列称作协整序列，即序列存在协整关系：①如果 X_t、Y_t 是非平稳的，其一阶差分是平稳的；②存在一个非零常数 d，使得 $X_t - dY_t = u_t$（回归残差）是平稳序列。

X_t、Y_t 协整的一般定义是：如果两个时间序列是同阶单整的，即 $Y_t \sim I(k)$、$X_t \sim I(k)$，并且这两个时间序列的线性组合 $a_1Y_t + a_2X_t$ 是 $(k-l)$ 阶单整的，即：$a_1Y_t + a_2X_t \sim I(k-l)$ $(k \geqslant l \geqslant 0)$，则称 X_t、Y_t 是 (k,l) 阶协整的，记为：X_t、$Y_t \sim CI(k,l)$，构成两变量的线性组合的系数 (a_1, a_2) 称为协整向量。

协整可以刻画两个或多个序列之间长期的平稳均衡关系。单独对每一个序列来说可能是非平稳时间序列，但是这些时间序列的线性组合序列却可能是平稳的序列，组合之后的序列的均值、方差和协方差不随时间变化。Engle 和 Granger 提出多个非平稳时间序列的线性组合的原理及检验，假如存在这种平稳的线性组合，残差项是平稳的序列，那么这些非平稳的时间序列变量之间就具有协整关系。

检验协整的方法主要是 E-G (Engle-Granger) 两步法，设 Y_t（$t = 0,1,2,\cdots,n$）和 X_t（$t = 0,1,2,\cdots,n$）为两个时间序列变量，并且都是 $I(1)$。用 Y_t 对 X_t 做下列模型的回归，并获取回归的残差项：

$$Y_t = \alpha + \beta X_t + \varepsilon_t \tag{3-5}$$

如果残差项 $\varepsilon_t = Y_t - \alpha - \beta X_t$ 是 $I(0)$，也就是为平稳的，称 Y_t 和 X_t 是协整的。

通过观察式 (3-5) 可以发现，对残差项的估计要取决于协整参数 (cointegrating parameter)。因此，使用 DF (Dickey-Fuller test) 或 ADF (Augmented Dickey-Fuller test) 临界值并不完全合适。为了解决这个问题，恩格尔-格兰杰另行计算了协整检验的临界值，建立在此基础上的 DF 或 ADF 检验，称为恩格尔-格兰杰 (Engle-Granger，EG) 或者扩展的恩格尔-格兰杰检验 (AEG 检验)。如果残差为 $I(0)$，即是平稳的，则证明 Y_t 和 X_t 是协整的。

依照上述协整检验的理论与方法，从考察 $\ln F_t$ 和 $\ln G_t$ 序列图形可以看出，$\ln F_t$ 和 $\ln G_t$ 序列变化趋势基本一致，两变量之间可能存在协整关系，对技术创新和经济增长进行协整检验。利用两变量的 EG 因果关系检验，在 EViews 软件中估计协整回归方程，结果如表 3-3 所示。

由以上估计结果可以看出，可决系数约为 0.967332，p 为 0.0000，明显小于显著性水平 0.001，对残差序列进行单位根检验，结果如表 3-4 所示。

表 3-3 协整回归方程

因变量：序列 02

方法：最小二乘法

日期：02/27/12 时间：19:09

样本(调整后)：1990～2009

包含观察数：在调整后包含 20 个

变量	回归系数	标准误差	t	p
序列 01	0.835578	0.002522	331.3643	0.0000

可决系数	0.967332	被解释变量样本均值	11.42
调整后可决系数	0.967332	被解释变量样本标准误差	0.85493
回归残差的标准误差	0.154522	赤池信息准则(AIC)	−0.848251
残差平方和	0.453665	施瓦茨信息准则(SC)	−0.798465
对数似然估计函数值	9.482513	DW 检验值	0.244363

表 3-4 残差序列单位根检验

零假设：E 有一个单位根

外生：无

滞后阶数：1(自动基于 SIC 信息选择，最大滞后阶数：4)

		t	p
ADF		−2.71932	0.0096
测试临界值	1%水平	−2.699769	—
	5%水平	−1.961409	—
	10%水平	−1.60661	—

由以上残差检验结果可知，残差序列不存在单位根，因此估计的模型为

$$\ln G_t = 0.835578 \ln F_t + u_t \tag{3-6}$$

该模型是平稳模型，所以从 1990～2009 年总体看来，技术创新与经济增长之间存在协整关系，即技术创新与经济增长之间存在长期稳定的均衡关系，弹性系数为 0.8356，技术创新变化率每增加一个单位，经济增长的变化率将增加 0.8356 个单位。

3.3 误差修正模型

误差修正模型(error correction model，ECM)是一个有约束的向量自回归(vector autoregressive，VAR)模型，正是对模型的解释变量进行协整约束，才使得当非平稳序列

之间有协整关系时，利用误差修正模型可以考察一个大范围的短期动态偏离波动情况。在模型中由于向量误差修正模型的存在，会限制内生变量的长期波动行为。当出现偏离状态时，误差修正项使得内生变量收敛于它们的协整关系，在短期内拉回偏离长期均衡的部分，所以协整项被称为是误差修正项。下面考虑包含两个变量的协整方程，并且模型没有滞后差分项，设协整方程为

$$y_{2,t} = \beta \cdot y_{1,t} \tag{3-7}$$

并且 VEC (vector error correction，向量误差修正) 模型为

$$\Delta y_{1,t} = \gamma_1 (y_{2,t-1} - \beta \cdot y_{1,t-1}) + \varepsilon_{1,t} \tag{3-8}$$

$$\Delta y_{2,t} = \gamma_2 (y_{2,t-1} - \beta \cdot y_{1,t-1}) + \varepsilon_{2,t} \tag{3-9}$$

在这个模型中，等式右端的变量是误差修正项和随机扰动项，如果变量关系满足长期均衡，那么该模型中的一项为 0。但是如果序列 y_1、y_2 在上一期中偏离了长期均衡的稳定状态，则误差修正项就会存在，并且每个变量通过调整以恢复这种均衡稳定的关系，系数 γ_1、γ_2 代表调整速度。

当两个内生变量 $y_{1,t}$ 和 $y_{2,t}$ 序列不含趋势项，但是协整方程有截距时，VEC 模型的表示形式如下：

$$\Delta y_{1,t} = \gamma_1 (y_{2,t-1} - \mu - \beta \cdot y_{1,t-1}) + \varepsilon_{1,t} \tag{3-10}$$

$$\Delta y_{2,t} = \gamma_2 (y_{2,t-1} - \mu - \beta \cdot y_{1,t-1}) + \varepsilon_{2,t} \tag{3-11}$$

当两个内生变量 $y_{1,t}$ 和 $y_{2,t}$ 序列含有线性趋势项，并且协整方程有常数项截距时，VEC 模型的表示形式如下：

$$\Delta y_{1,t} = \delta_1 + \gamma_1 (y_{2,t-1} - \mu - \beta \cdot y_{1,t-1}) + \varepsilon_{1,t} \tag{3-12}$$

$$\Delta y_{2,t} = \delta_2 + \gamma_2 (y_{2,t-1} - \mu - \beta \cdot y_{1,t-1}) + \varepsilon_{2,t} \tag{3-13}$$

当协整方程中有线性趋势项，并且两个 VEC 方程中也有线性趋势项和截距项时，VEC 模型的表达形式如下：

$$\Delta y_{1,t} = \delta_1 + \gamma_1 (y_{2,t-1} - \mu - \rho_1 t - \beta \cdot y_{1,t-1}) + \varepsilon_{1,t} \tag{3-14}$$

$$\Delta y_{2,t} = \delta_2 + \gamma_2 (y_{2,t-1} - \mu - \rho_1 t - \beta \cdot y_{1,t-1}) + \varepsilon_{2,t} \tag{3-15}$$

最后，当协整方程存在线性趋势项和截距项，并且 VEC 模型也存在线性趋势项和截距项时，那么序列中便存在着隐含的二次趋势项，表达式如下：

$$\Delta y_{1,t} = \delta_1 + \rho_1 t + \gamma_1 (y_{2,t-1} - \mu - \zeta_1 t - \beta \cdot y_{1,t-1}) + \varepsilon_{1,t} \tag{3-16}$$

$$\Delta y_{2,t} = \delta_2 + \rho_2 t + \gamma_2 (y_{2,t-1} - \mu - \zeta_1 t - \beta \cdot y_{1,t-1}) + \varepsilon_{2,t} \tag{3-17}$$

协整检验是对两个变量的长期均衡状态的刻画，但两变量之间也不太可能一直处于长期均衡状态，也许在某段时间内存在短期的非均衡状态，表述这种关系的是误差修正模型，它是一种具有特定形式的计量经济学模型，是在长期均衡关系估计的基础上，以残差项作为非均衡误差项加入模型中。3.2 节已经估计了技术创新与经济增长的长期均衡关系，下面依据误差修正模型的原理方法，以协整模型的残差为误差修正项，估计的误差修正模型结果如表 3-5 所示。

表 3-5 ECM 模型回归结果

因变量：D(序列 02)

方法：最小二乘法

日期：03/13/12 时间：22:10

样本(调整后)：1992～2009

包含观察数：在调整后包含 18 个

变量	回归系数	标准误差	t	p
D(序列 01)	0.19675	0.096708	2.034477	0.06
D(序列 02(-1))	0.777998	0.101385	7.673676	0
E(-1)	-0.197009	0.057306	-3.437864	0.0037

可决系数	0.769747	被解释变量样本均值	0.152778
调整后可决系数	0.739046	被解释变量样本标准误差	0.071522
回归残差的标准误差	0.036536	赤池信息准则(AIC)	-3.63003
残差平方和	0.020023	施瓦茨信息准则(SC)	-3.481635
对数似然估计函数值	35.67027	DW 检验值	1.298097

标准格式的 ECM 模型回归结果如下：

$$\Delta\ln G_t = 0.196750\Delta\ln F_t + 0.777998\Delta\ln G_{t-1} - 0.197009e_{t-1} \quad (3\text{-}18)$$

模型拟合度较好，$\Delta\ln G_{t-1}$、e_{t-1} 回归系数通过 t 检验，变量的符号与长期均衡关系的符号一致，误差修正系数为负，符号为反向修正机制，符合符号误差修正的初衷，并且 AIC 和 SC 较小，满足检验的条件，模型的 DW 检验值也满足假设检验的条件，残差序列不存在自相关，拟合效果如图 3-1 所示。

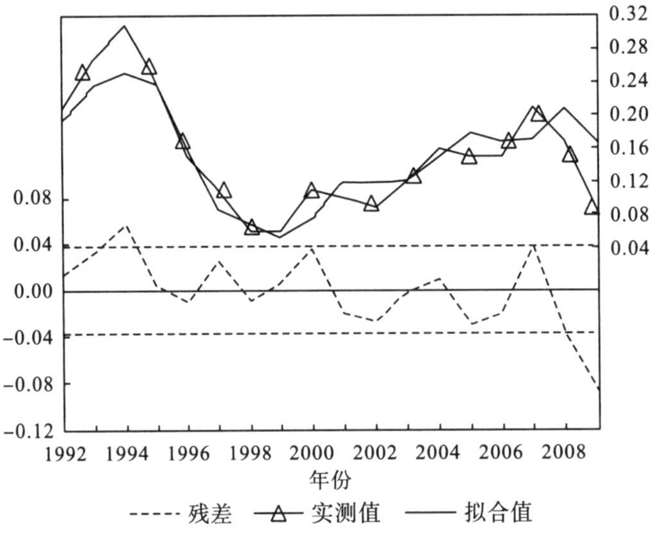

图 3-1 误差修正模型拟合效果

回归结果表明，技术创新的短期变动对经济增长存在正向影响；上期经济增长变动对本期经济增长变动的影响存在正向效应，影响因子较大，为 77.8%，说明我国经济增长存在很大的惯性，这点印证了前文的研究结论。此外，由于短期调整系数是显著的，因而表明每年实际经济增长与长期均衡值的偏差中的 19.7%被修正，即经济增长的短期波动偏离长期均衡时，将以 19.7%的调整力度将非均衡状态拉回均衡状态。

3.4　Granger 因果关系检验

为了真实、客观地反映技术创新与经济增长之间的相互关系，作为结果的变量是由作为原因的变量所决定的，原因变量的变化引起结果变量的变化，很有必要对全员创新水平与区域创新经济绩效进行因果检验，而不是仅研究其简单的相关性，这对把握两变量间的因果关系及有关政策的制定都有重大意义。

时间序列数据的因果检验方法大都基于 Granger 因果关系检验，该方法假定了对有关 y 和 x 的每一变量的预测信息全部包含在这些变量的时间序列之中，检验要求估计以下回归模型：

$$y_t = \sum_{i=1}^{q}\alpha_i x_{t-i} + \sum_{j=1}^{q}\beta_j y_{t-j} + u_{1t} \tag{3-19}$$

$$x_t = \sum_{i=1}^{s}\lambda_i x_{t-i} + \sum_{j=1}^{s}\delta_j y_{t-j} + u_{2t} \tag{3-20}$$

式中，u_{1t}、u_{2t} 是白噪声且不相关。

式(3-8)假定当前 y 与 y 的过去值以及 x 的过去值有关，其零假设为

$$H_0: \alpha_1 = \alpha_2 = \cdots = \alpha_q = 0 \tag{3-21}$$

式(3-9)假定当前 x 与 x 的过去值以及 y 的过去值有关，其零假设为

$$H_0: \delta_1 = \delta_2 = \cdots = \delta_q = 0 \tag{3-22}$$

以 F 统计量检验此假设，即

$$F = \frac{(\mathrm{RSS_R} - \mathrm{RSS_u})/q}{\mathrm{RSS_u}/(n-k)} \tag{3-23}$$

式中，$\mathrm{RSS_R}$ 表示受约束的残差平方和；$\mathrm{RSS_u}$ 表示不受约束的残差平方和；k 表示无约束回归中待估的参数个数。

如果在选定的显著性水平上相伴概率小于显著性水平，则拒绝零假设。

以下分四种情况进行讨论。

(1) x 是引起 y 变化的原因，即存在由 x 到 y 的单向因果性。表现为式(3-19)中滞后 x 的系数估计值在统计上整体显著不为零，同时式(3-20)中滞后的 y 的系数估计值在统计上整体显著为零。

(2) y 是引起 x 变化的原因，即存在由 y 到 x 的单向因果性。表现为式(3-19)中滞后 x 的系数估计值在统计上整体显著为零，同时式(3-20)中滞后的 y 的系数估计值在统计上整体显著不为零。

(3) x 和 y 互为因果关系，即存在由 x 到 y 的单向因果性，也存在 y 到 x 的单向因果性。表现为式(3-19)中滞后 x 的系数估计值在统计上整体显著不为零，同时式(3-20)中滞后的 y 的系数估计值在统计上也整体显著不为零。

(4) x 和 y 相互独立，即不存在由 x 到 y 的单向因果性，也不存在 y 到 x 的单向因果性。表现为式(3-19)中滞后 x 的系数估计值在统计上整体显著为零，同时式(3-20)中滞后的 y 的系数估计值在统计上也整体显著为零。

值得注意的是，Granger 因果关系检验的滞后长度 q 和 s 的选择是任意的，且检验的结果对滞后长度的选择是很敏感的，不同的滞后期，有时会对因果判断造成影响。但一般而言，会对不同的滞后长度分别进行试验，或者考虑赤池信息准则(AIC)和施瓦茨准则(SC)，以确保因果检验的可靠性。

协整检验和误差修正模型说明了技术创新和经济增长之间的长期均衡状态和短期非均衡状态，但是协整关系只能表明变量之间至少存在单向的因果关系，并不能具体指出一个变量的变化是否是另一个变量变化的原因或结果？Granger 因果关系检验将解决这个问题。

依照上面 Granger 因果关系检验的理论与方法，基于技术创新和经济增长的测度数据 F_t 和 G_t 为样本数据，分别取滞后长度为 2、3、4、5 阶，在 EViews 软件中进行因果关系检验，所得结果如表 3-6～表 3-9 所示。

表 3-6　滞后长度为 2 的 Granger 因果关系检验

Granger 因果检验
日期：02/27/12 时间：21:01
样本：1990～2009
滞后阶数：2

零假设	样本数目/个	F	p
序列 04 不是序列 03 的 Granger 因 序列 03 不是序列 04 的 Granger 因	18	0.06927 1.62778	0.93342 0.23395

表 3-7　滞后长度为 3 的 Granger 因果关系检验

Granger 因果检验
日期：02/27/12 时间：21:02
样本：1990～2009
滞后阶数：3

零假设	样本数目/个	F	p
序列 04 不是序列 03 的 Granger 因 序列 03 不是序列 04 的 Granger 因	17	5.54492 4.54268	0.01673 0.02954

表 3-8　滞后长度为 4 的 Granger 因果关系检验

Granger 因果检验
日期：02/27/12 时间：21:02
样本：1990～2009
滞后阶数：4

零假设	样本数目/个	F	p
序列 04 不是序列 03 的 Granger 因 序列 03 不是序列 04 的 Granger 因	16	9.73568 5.82043	0.00548 0.02192

表 3-9　滞后长度为 5 的 Granger 因果关系检验

Granger 因果检验
日期：02/27/12 时间：21:02
样本：1990～2009
滞后阶数：5

零假设	样本数目/个	F	p
序列 04 不是序列 03 的 Granger 因	15	8.75235	0.02816
序列 03 不是序列 04 的 Granger 因		0.55637	0.73334

从以上结果可以看出，在显著性水平 0.05 条件下，滞后阶数为 2 阶时，技术创新与经济增长之间不存在单项和双向的因果关系。滞后阶数为 3 阶和 4 阶时，技术创新与经济增长是双向因果关系，即技术创新是引起经济增长变化的原因，经济增长也是技术创新变化的原因。滞后阶数为 5 阶时，技术创新不会引起经济增长的变化，而经济增长会引起技术创新的变化。因此，技术创新与经济增长之间存在双向因果的关系，即技术创新与经济增长互为因果。

3.5　脉冲响应分析

VAR 模型是一种动态的模型，用于预测相互联系的时间序列系统，分析随机扰动对变量系统的动态影响过程及效果。VAR 模型的构造方法是把系统中每一个内生变量的滞后值作为模型函数的解释变量，因此系统中所有内生变量的滞后值都会成为模型的自变量，这种分析方法避免了结构化模型的需要。标准的 VAR(p) 模型的数学表达式为

$$y_t = \boldsymbol{A}_1 y_{t-1} + \cdots + \boldsymbol{A}_p y_{t-p} + \boldsymbol{B} x_t + \varepsilon_t \tag{3-24}$$

式中，y_t 是 k 维的内生变量，而 x_t 是 d 维的外生变量。$\boldsymbol{A}_1, \boldsymbol{A}_2, \cdots, \boldsymbol{A}_p$ 和 $\boldsymbol{B}$ 是要被估计的系数矩阵，扰动向量 ε_t 之间可以同期相关，但是不能与其滞后值相关，并且不能与 y_t 和 x_t 变量相关，否则模型不具有预测性。

当外界给随机扰动项一个冲击后，传达给第 i 个变量的冲击不仅直接影响第 i 个变量的当期值和未来值，并且通过 VAR 模型的动态结构传导给所有其他内生变量的当期值和未来值，这是由脉冲响应函数的特性所决定的。脉冲响应函数刻画的是在一个扰动项上受到外界的一个冲击后，对所有内生变量的当前值和未来值所带来的影响。设 VAR(p) 模型为

$$y_t = A_1 y_{t-1} + \cdots + A_p y_{t-p} + \varepsilon_t \tag{3-25}$$

式中，y_t 是一个 k 维的内生变量向量；ε_t 是方差为 Ω 的扰动向量；利用算账形式表示 y_t 的向量移动平均过程（vector moving average，VMA）的表达式为

$$y_t = (\psi_0 I + \psi_1 L + \psi_2 L^2 + \cdots)\varepsilon_t \tag{3-26}$$

假如 VAR(p) 可逆，则 y_t 的 VMA 的系数可以由 VAR 的系数得到。设 $\psi_q = (\psi_{q,ij})$，q=1，2，3，…，则 y 的第 i 个变量 y_{it} 可以写成

$$y_{it} = \sum_{j=1}^{k} (\psi_{0,ij}\varepsilon_{jt} + \psi_{1,ij}\varepsilon_{jt-1} + \psi_{2,ij}\varepsilon_{jt-2} + \psi_{3,ij}\varepsilon_{jt-3} + \cdots) \tag{3-27}$$

式中，k 是变量个数。

技术创新和经济增长除了上面研究的协整和因果关系，也存在着一个序列受到另外一个序列现在和过去行为的影响，这种影响因子是多少？外界的一个冲击对这两个变量的当期值和未来值影响有多大?一个变量的扰动对另外一个变量的扰动冲击有多大？本节利用向量自回归、脉冲响应函数解决这些问题，深入探讨技术创新和经济增长之间的动态关系。

根据前文的研究结论，技术创新和经济增长之间滞后 2 期的关系较为密切，因此选取滞后 2 阶的 VAR 模型，估计结果如表 3-10 所示。

表 3-10　VAR 模型估计结果

向量自回归(VAR)估计		
日期：03/13/12 时间：23:14		
样本(调整后)：1991～2009		
包含观测数：在调整后包含 19 个		
( )中数值为标准误差，[ ]中数值为 t		
	序列 02	序列 01
序列 02(-1)	0.779099 -0.08786 [8.86756]	-0.040613 -0.05926 [-0.68535]
序列 01(-1)	0.154643 -0.07288 [2.12179]	1.032342 -0.04916 [21.0005]
C	0.560854 (0.19137) [2.93075]	0.197122 (0.12907) [1.52721]
可决系数	0.995156	0.998588
调整后可决系数	0.99455	0.998411
残差平方和	0.05438	0.024738
标准误差方程	0.058299	0.039321
F	1643.507	5656.236
对数似然估计函数值	28.67411	36.15671
赤池信息准则(AIC)	-2.702538	-3.49018
施瓦茨信息准则(SC)	-2.553416	-3.341058
因变量均值	11.50368	13.75263
因变量标准差	0.789727	0.986446
行列式残差协方差(自由度调整)		5.04E-6
行列式残差协方差		3.58E-6
对数似然估计函数值		65.22422
赤池信息准则(AIC)		-6.234128
施瓦茨信息准则(SC)		-5.935884

VAR 模型的估计式为

$$\ln G_t = 0.560854 + 0.154643 \ln F_{t-1} + 0.779099 \ln G_{t-1} \tag{3-28}$$

$$\ln F_t = 0.197122 + 1.032342 \ln F_{t-1} - 0.040613 \ln G_{t-1} \tag{3-29}$$

当受到外界的一个冲击后，技术创新与经济增长的传导影响作用机制如图 3-2 所示。

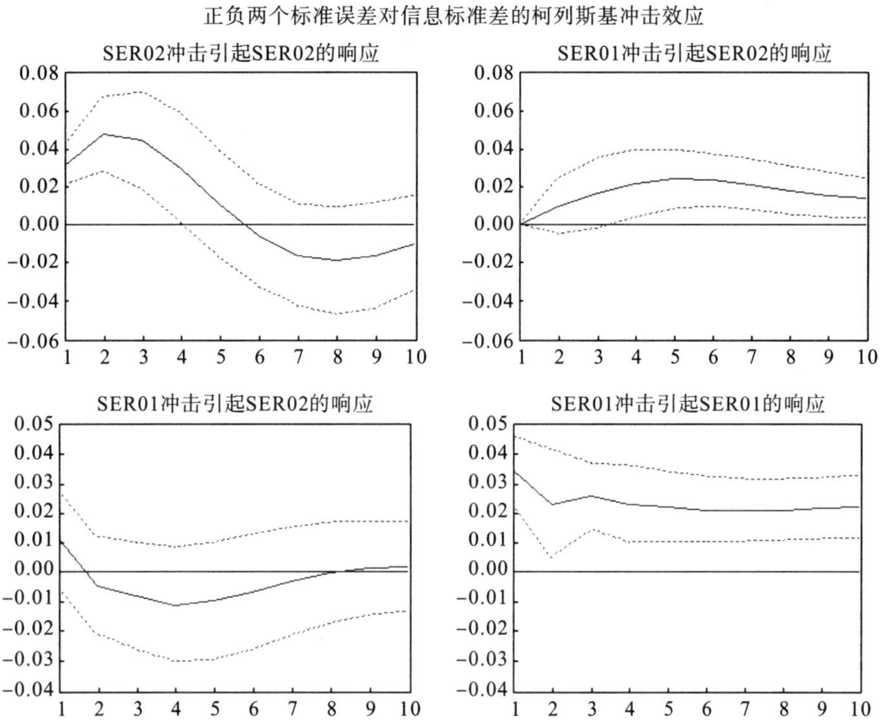

图 3-2　脉冲响应函数图

注：横轴表示时间，纵轴表示脉冲响应函数大小，虚线表示正负两倍的标准差偏离带（±2S.E.）

通过前文分析可得，上期经济增长变化率每增加 1 个单位，本期经济增长变化率增加 0.7791，而本期技术创新变化率将减少 0.0406。这说明我国经济增长与技术创新存在着惯性，前期经济对后期经济增长的推动效应显著，前期技术创新对后期的技术创新贡献也较大。而我国上期经济增长对本期技术创新存在负向效应是因为技术创新耗时、耗资，导致技术创新的经济效应在本期尚未表现出来；因此，经济上的投资风险较大。

从上面脉冲响应函数图形可知，当外界给技术创新一个冲击后，经济增长在第 1 期基本没有变化，第 2 期后会有正向的效应并持续增长，在第 5 期会达到最大效应，5 期过后影响效应会有所下降，但仍然是正向效应。当我国经济增长受到外界的一个冲击后，第一期对技术创新的影响是正向的，但在第 2 期转变为负向效应，在第 4 期达到最低状态，以后持续逐渐向正效应靠近。当我国经济增长受到外界冲击后，对本期的经济增长影响较大，并且为正向效应；到第二期达到顶峰，之后逐渐下降直到第八期达到最小值，并且呈现出负向效应，之后缓慢上升。当技术创新受到外界冲击后，对本期的技术创新效应是正向的，第二期立刻降低之后基本保持平稳持续状态。这说明技术创新对经济增长的正向效应确实存在着滞后性，经济增长对技术创新的当期支持会有正向效应，但技术创新困难较大，耗资较大，投资也较多，第 2 期和第 4 期的效应表现为负向，当技术创新转化为生产力以后就表现出对经济增长的大力支持。

3.6 时变参数状态空间模型研究

上述对技术创新与经济增长关系的协整检验、误差修正模型等实证方法，属于固定参数模型的估计。随着时间的推移，各变量间的经济关系由于外界冲击和政策变化等因素的影响，我国技术创新和经济增长始终不断变化，这种变化趋势用以往的普通最小二乘法等固定参数模型无法体现，而基于可变参数的状态空间模型则可实现这一要求。因此，本节采用可变参数的状态空间模型分析技术创新对经济增长的动态影响。

状态空间模型是动态模型的一般形式，一般由量测方程和状态方程组成。

量测方程：

$$y_t = x_t\beta_t + u_t \tag{3-30}$$

状态方程：

$$\beta_t = \lambda\beta_{t-1} + \varepsilon_t \tag{3-31}$$

式中，β_t 是随时间变化的量，体现了解释变量对因变量影响关系的改变，与固定系数的回归模型相比，状态空间模型更能表现出经济结构的改变。

变参数模型的状态空间模型方法要求方程中的变量是平稳序列，或者他们之间存在协整关系，前述章节已经对技术创新和经济增长序列变量进行了单位根检验和协整关系的检验，这两个变量均为一阶单整序列，并且存在协整关系。因此，可以应用状态空间模型方法进行变系数估计；针对本节研究的问题，建立如下的技术创新与经济增长关系的状态空间模型。

量测方程：

$$G_t = F_t\beta_t + u_t \tag{3-32}$$

状态方程：

$$\beta_t = \lambda\beta_{t-1} + \varepsilon_t \tag{3-33}$$

式中，G_t 表示经济增长序列变量；F_t 表示技术创新序列变量。

利用前文研究的样本数据，在 EViews 中通过卡尔曼滤波法估计上述模型，分析结果如图 3-3 所示。

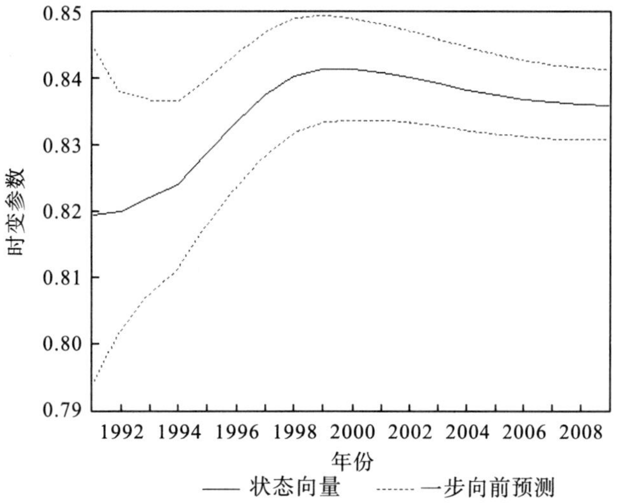

图 3-3 时变参数估计结果

从上面分析结果可以看出，技术创新对经济增长的影响系数是随时间的变化而变化的。从 1990 年开始，技术创新对经济增长的贡献系数逐年递增，1990～1998 年的增长幅度最大，时变参数为 70%～84%，1998 年以后基本保持 84%的平稳持续状态。这说明我国依靠技术创新推动经济增长，依靠科技进步转变经济增长模式，推动经济持续增长的发展战略已经取得了显著的效果。

3.7 研究结论与讨论

3.7.1 研究结论

技术创新是推动经济增长的动力，只有不断进行技术创新，经济组织才能在这个瞬息万变、竞争激烈的市场中立于不败之地。在国内外学者对技术创新和经济增长关系研究的基础上，本篇结合我国实际情况，从技术创新投入行为和产出行为角度出发，构建技术创新和经济增长的测度指标体系，探讨技术创新和经济增长的机理作用，应用计量经济理论和模型对我国的技术创新和经济增长关系进行理论和实证研究。

(1) 技术创新是随时间而变化的动态成长过程，成长轨迹服从生长函数变化特征，平均每年约以 17.5%的变化率持续成长，增长基数也较大。这是我国改革开放以来科学技术不断进步、技术创新投入和产出力度不断加大和积累的结果，使得技术创新的累积效应突出。

(2) 技术创新投入行为与产出行为存在分布滞后性，前两期的技术创新投入行为对本期的技术创新产出行为影响较大，影响因子为 67.8%，而本期技术创新的投入对本期技术创新的产出影响效应较小，影响因子为 31.88%。可见我国技术创新的过程用时较长，技术创新投入行为发生后平均用时 2 年的实践研发过程才会有较为可观的产出成果。而我国有些技术投入创新行为在当期会产生创新产出，这些创新属于渐进性创新成果，会对经济增长产生贡献。而对于一些突破性技术创新活动，这些创新的风险也较大，人力和资金的投入也较大，在短期内对经济的影响具有很大的不确定性；同时科学研发与创新活动也需要周期，不能产生立竿见影的效果。

(3)经济增长随时间的变化总体满足生长函数增长趋势，并出现阶段性的特征。1978～1990 年，每年的平均经济增长速度达 474.43 亿元，增长率为 14.4%，增长的基数为 2852.6 亿元。1990 年之后，每年的经济增长平均为 3934.4 亿元，增长率为 13.8%，增长基数为 24835 亿元。这主要是由于我国在改革开放初期，经济上处于薄弱地位，社会生产、科技等发展水平有限，经济增长受到前期发展水平的影响较为严重。我国经过改革开放 40 余年的发展，科技水平也有所提高，经济上积累了雄厚的基础，对后期的经济增长铺垫较多，厚积薄发。然而，1990 年以后经济增长的速度较 1990 年以前经济增长速度稍缓，这是因为我国在后一阶段加大技术创新的投入，使经济增长模式发生转变，经济增长速度放缓，但是由于经济增长基数较大，仍然拉动了我国经济持续增长。

(4)经济增长存在很大的惯性，1990 年以后我国经济发展受到上期经济发展的严重影响，上期经济增长变化率每增加 1 个单位，本期经济增长变化率增加 0.7791，而本期技术创新变化率将减少 0.0406。这说明我国改革开放后积累的雄厚资本对后期经济增长有很大的提升效益，经济增长积累基数将大大利好我国后期的经济持续增长。因此，我国经济增长在很大程度上源于各种生产要素的持续投入而形成的经济增长。

(5)技术创新与经济增长之间存在协整关系，即技术创新与经济增长之间存在长期稳定的均衡关系，弹性系数为 0.8356。短期内经济增长的波动偏离长期均衡时，将以 19.7% 的调整力度将非均衡状态拉回均衡状态。这说明自改革开放以后，我国经济发展取得了很好的效果，技术创新成为推动我国经济持续增长的原动力。

(6)技术创新与经济增长之间存在双向因果关系，即技术创新是经济持续增长的原因，经济增长也是技术创新变化发展的原因。并且前一期的技术创新和经济增长对本期经济增长的影响为正效应，而前一期的经济增长对本期的技术创新是负向效应。这说明技术创新对经济增长的正向效应确实存在着滞后性，经济增长对技术创新的当期支持会有正向效应，但技术创新困难较大，耗资较大，投资也较多，当技术创新转化为生产力以后能够有效推动经济增长。

(7)技术创新对经济增长的影响系数是随时间的变化而变化的。从 1990 年开始，技术创新对经济增长的贡献系数逐年递增，1990～1998 年的增长幅度最大，影响系数为 70%～84%，1998 年以后基本保持 84%的平稳持续状态。这说明我国依靠技术创新推动经济增长，依靠科技进步转变经济增长模式，推动经济持续增长的发展战略取得了显著的效果。

3.7.2　研究讨论

本篇研究认清了我国技术创新与经济增长的动态特征及其关系的基础，要保持和提高技术创新对经济持续增长的影响效应，就要提升技术创新的成长变化率，在技术创新的投入方面加大力度。尤其是在研发经费、科技活动经费、科学家与工程师人数和科技活动人数方面增加投入量，确保高科技人员及费用对技术创新活动的大力支撑。有了人力、财力的投入，才会在技术创新产出方面有可观的成果，在专利、技术成果方面取得成效，增强技术市场的流动性，缩短创新技术的研发周期，特别是一些重大的研发项目，实现科学技术转化为生产力，经济增长之后又会增加更多的财力、更优秀的科技人员投入到技术创新当中，形成良性循环。当下，技术革命的浪潮正推动互联网、移动互联和人工智能的发展，以“互联网+”为主导的新一轮科技革命和产业变革正在孕育兴起，全球科技创新呈现出新的发展态势和特征，以学科交叉、技术融合为标志，新技术替代旧技术、智能型技术替代劳动密集型技术趋势明显。一方面，新一代信息技术和互联网技术与制造技术的深度融合，推动了企业由传统的封闭式创新向开放式的创新生态系统转变，从而促进社会经济的包容性增长，提高实现造福更多人的可能性，另一方面，推动了生产组织方式、资源配置方式、产业组织方式的变革。国家应制定相应的政策方案，早日完善和健全我国的创新系统，实现经济增长方式的转变，促进技术进步，走科技含量高、经济效益好、人力资源优势得到充分发挥的新型工业化道路。

(1) 国家技术创新体系是一个复杂的系统工程，技术创新及扩散需要各方联合和协作，需要政府的大力支持。推动科技创新体系建设，应根据不同区域的特点采取不同模式。同时，企业作为国家创新系统中最重要的创新主体和执行者，其创新行为会直接影响系统的整体运行情况和发展变化方向，企业创新能力关系国家创新能力。为了支持技术创新，首先应充分认识技术创新第一线企业、科研机构、大学和中介机构的重要性，树立全心全意为其服务的思想。其次，政府应着力改善技术创新的市场条件和制度条件，建立良好的市场环境。再者，政府要通过强调科技进步与创新、生态与环境保护、节约资源和循环利用，建立社会和谐的政府目标考核体系。最后，新一代信息技术的兴起，给社会带来深刻变革，引发科技创新范式的改变。“互联网+”推动了创新主体超越时间、地理、空间的移动互联与网络泛在，促使国家创新系统更加复杂多变，推动了知识社会以用户创新、开放创新、大众创新、协同创新为特点的创新 2.0，改变了以往企业垂直组织间的合作模式，推动以三重螺旋迈向面向知识社会的“政用产学研”五重螺旋协同创新生态系统的演变。五重螺旋涉及用户、知识、资源、行为、绩效等要素的全面整合。从其发展过程来讲，资源的流动贯穿于合作的整个过程，各参与主体通过资源的获取、转移、运用以及反馈推动创新要素的共享、转移和创造，通过发挥协同效应的“外部性”和“溢出效应”，形成协同创新生态体系。

(2) 创新是多阶段投入和反馈的过程，以市场需求为起点，以创新产出的商业价值实现为目的。但是，创新并不是一个简单的新产品从科研机构向生产及营销部门转移的线性过程，而是一个企业内的研发、生产和营销等部门，企业与企业外的研发机构、高校及其他企业互相作用的过程。推动技术创新对经济增长的贡献，要根据不同资源的特点采取不同的投入模式。例如，在科技经费、研发经费以及科技活动人员的投入额度上下功夫，特别是优秀高科技人才方面，以优质的投入资源，高效高质量地获得产出成果，缩小技术创新的开发周期，早日实现科学技术转化为生产力。

(3)提高国家技术创新，教育、科技和人才是关键。中国创新系统的一个显著特征是，地方政府和官方科研机构占据重要地位；国家创新系统的治理由研发项目的中央管理系统转变为科技发展的宏观协调系统。国家要采取有效的措施，调动各方面办教育的积极性，采用多元化的教育发展模式，推进高等教育和职业教育的发展，培养更多的专业人才。推进技术创新，人才是关键，东部沿海地区要继续加大人力资本的投入，培养更多的人才。而西部地区人才缺乏，则需要健全人才激励机制，采取有效的措施和政策，引进技术创新人才，并为其提供良好的工作环境和生活环境，避免创新人才流失。西部地区在大力引进各类优秀人才的同时，特别需要千方百计地培养好、使用好现有人才，留住现有人才。

第二篇　区域技术创新与区域技术创新能力

第四章　区域技术创新与区域技术创新能力的研究动态

4.1　区域技术创新的来源

自英国经济学家克里斯托夫·弗里曼(Christopher Freeman)提出国家创新系统概念(Freeman，1987)之后，20 世纪 90 年代中后期，区域技术创新系统作为国家创新系统研究的一个重要内容被提出，并得到学术界和各国政府的高度重视，此后，区域技术创新系统研究在国际上不断升温，其研究主要源于国家创新系统理论。

4.1.1　国家创新系统理论

国家创新系统是 20 世纪 90 年代初在西方技术经济学中兴起的一种理论(Freeman，1995；Edquist，1997)，继新古典经济学派、新熊彼特学派之后，国家创新系统理论已经成为用系统方法研究创新对经济增长影响的一个重要经济理论框架。

Freeman(1987)在研究日本经济政策和经济绩效时率先使用了“国家创新系统”的概念，在其国家创新系统分析框架中，他特别强调四个基本要素的重要作用：企业研究与开发的作用，尤其是在技术引进基础上的技术创新的重要作用；教育和培训的作用，尤其是对就业工人的培训和教育的重要作用，并主张打破白领工人和蓝领工人的界线；独特的产业结构的作用，尤其是企业集团的重要作用；政府政策的作用，尤其是科技主管部门的重要作用(图 4-1)。Freeman 还强调在剧烈的技术变革情况下，将技术创新与组织创新和社会创新结合起来的必要性。他认为，创新的成功和失败取决于国家调整其社会经济规范以适应技术经济范式的要求和可能性的能力。概括起来，Freeman 的国家创新体系的核心思想是：“无论技术如何好，也无论企业家如何具有进取心，如果没有必要的基础设施和网络以支持其创新活动允许新技术扩散的话，这种技术动力在经济中就不可能变为现实”。Freeman 并不强调专业化，但把较多的注意力放在系统将资源配置到创新与新活动的投资上(Lundvall and Christensen，1999)。

Porter(1990)解释了一个国家产业竞争力的关键是该国能否有效地形成竞争性环境和推动创新。他认为一个国家的优势主要取决于以下重要因素：要素条件、需求条件、相关的支撑产业、企业的战略与竞争状况(图 4-2)。为此，他提出了国家创新系统的钻石理论模型。他认为，国家竞争优势是以企业成功地进行技术创新为基础的，政府的主要作用是为国内的企业创造一个适宜的、鼓励创新的外部环境。Porter 的国家创新系统理论的最大特点是将国家创新体系的微观机构与其宏观运行绩效有机地结合起来，在经济全球化和一体化的大背景下研究和分析国家创新系统。

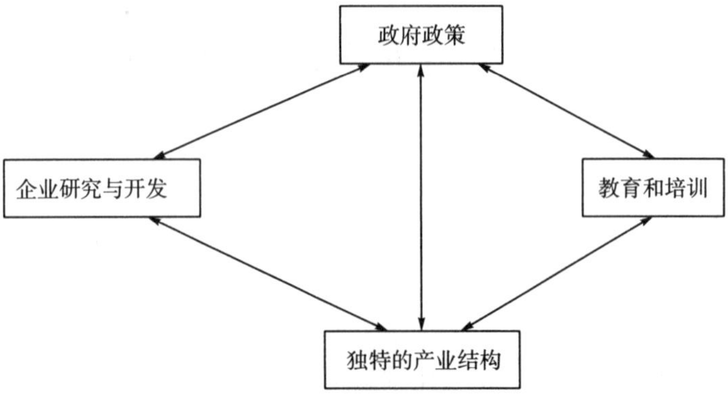

图 4-1 Freeman 的国家创新系统结构图

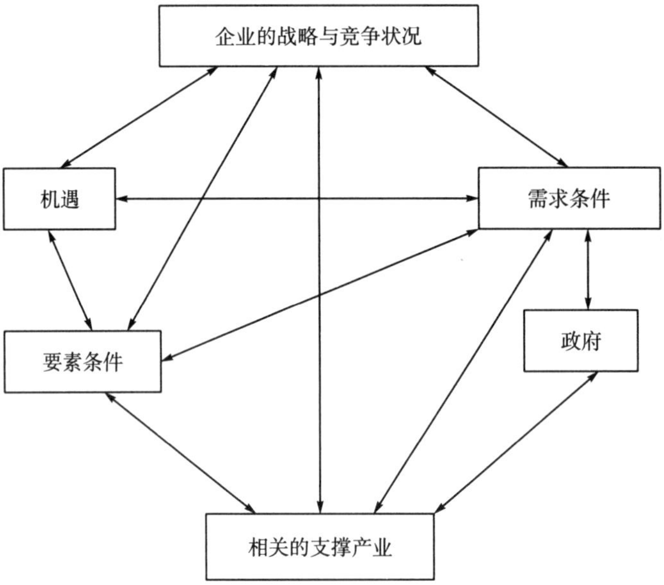

图 4-2 Porter 的国家创新系统的钻石理论模型结构图

Lundvall(1985，1988，1992)将国家创新系统(图 4-3)界定为：“在生产、扩散和使用新的与经济有关的知识过程中各种成分和关系的相互作用——两者都位于或者说植根于一国的疆界之内”。他的理论被人们称为国家创新系统研究的微观学派。Lundvall 甚至认为至少可以确认三种创新系统：第一种是植根于研究开发体系的创新系统；第二种是植根于生产体系的创新系统；第三种是植根于生产与人力资源开发体系的创新系统(Cassiolato and Lastres，1999)。Patel 和 Pavitt(1994)认为，不同国家对技术投资的政策是不同的，由此造成了国际技术差距在某些国家之间的扩大。国家创新系统可以帮助一国确定对技术进行投资的政策，并根据这种投资效果来解释不同国家在技术投资上的差异和模式。

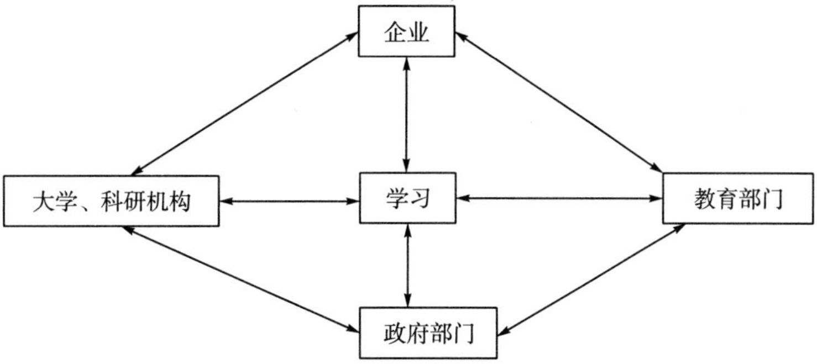

图 4-3　Lundvall 的国家创新系统结构图

在 Patel 和 Pavitt 的国家创新系统理论中，强调国家之间创新绩效的不同主要在于系统的失效和多样性。而系统的失效主要体现在：激励的失效和竞争能力的低效两个方面(Archibugi and Michie，1997)。系统的多样性又可能表现在要素禀赋的不同、对技术投资机构的不同、关键技术的掌握和竞争机构的建立等方面。

Nelson(1993)对国家创新系统的定义是：一组机构，它们的相互作用和相互影响决定着国家范围内企业的创新表现。其主要观点认为现代国家的创新体系在制度上相当复杂，它们既包括各种制度因素以及技术行为因素，也包括致力于公共技术知识的大学，以及政府的基金和规划之类的机构。其中，私人以营利为目的的厂商是所有这些体系的核心，它们相互竞争也彼此合作。Nelson 以技术变革的存在及其演进特点为研究起点，将重点放在变革的必要性以及制度结构的适应上，因为在总体上科学技术的性质是不断变化的，而且在不同技术领域也有变化，即国家创新系统要把研究开发部门、技术研究机构与大学，甚至所有那些已建立起来的并用以影响技术学习、技术搜寻和探索制度的各个部分和方面都包括进来。

经济合作与发展组织(Organization for Economic Cooperation and Development，OECD)在 1997 年发表的《国家创新系统》报告中指出(Baier et al.，2000)：“创新是不同主体和机构间复杂的相互作用的结果。创新并不是以一个完美的线性方式出现，而是系统内部各要素之间的互相作用和反馈结果，这一系统的核心是企业，是企业组织生产和创新，获取外部知识的方式。外部知识的主要来源是别的企业、公共或私有的研究机构、大学和中介组织。”OECD 进一步揭示了国家创新系统的政策意义，认为研究国家创新系统的政策含义是纠正技术创新中的系统失效和市场失效，即纠正企业因过短的眼光而对技术开发的投入不足。通过创新的产学研合作计划、网络计划等建立创新中介机构，以纠正创新的系统失效。国家创新系统的政策意义主要是加强整个创新系统内的相互作用和联系的网络：包括企业与企业之间的创新合作联系，中介机构在各创新主体间的重要桥梁作用，政府在创新中的产业发展战略与政策引导作用，以及政府在工作职能上的协调一致和系统集成等。

自 20 世纪 90 年代以来，国内学者们开始对中国国家创新系统进行研究(陈劲，1995；路甬祥，1998；石定寰和柳卸林，1999；李正风和曾国屏，1999；胡志坚，2000；王春法，

2003)。国家创新系统理论和方法正成为分析指导我国科技、经济发展改革的新框架。

4.1.2 区域技术创新系统理论

区域技术创新系统又称为区域技术创新体系或区域技术创新网络。区域技术创新系统的基本理论通过“后福特主义”“产业群”“区域的崛起”等经济的实践和经济理论展开得到发展，它以系统的、动态演化的观点将新区域科学中的制度、文化、组织等因素，与约瑟夫•熊彼特的创新研究在市场机制起主导作用的背景下结合起来，以解释区域进行系统性化创新的能力和潜力以及对制度、组织等环境条件的要求，从而建立区域学习创新、地方环境和区域增长之间的有机联系，组成了一个分析区域创新和区域经济发展的有效理论框架。

区域技术创新系统是由 Cooke 和 Uranga(1992)率先提出来的。不过在 20 世纪 80 年代后期至 90 年代初期的一些著作和论文中，如 Malecki(1991)、Bergman 等(1991)曾提到“区域创新政策”“区域技术政策”“区域创新潜力”等术语。Cooke 等(1996)在《区域技术创新系统：全球化背景下区域政府管理的作用》一书中，对区域技术创新系统的概念做了详细的阐述。他认为区域技术创新系统概念源于演化经济学，它强调了企业经理在面临经济问题的社会互动中不断学习和改革而进行的选择，从而形成了企业的发展轨道。Wiig 和 Wood(1995)认为，从广义上讲，区域技术创新系统应包括：①进行创新产品生产供应的生产企业群；②进行创新人才培养的教育机构；③进行创新知识与技术生产的研究机构；④对创新活动进行金融、政策法规约束与支持的政府机构；⑤金融、商业创新服务机构。Asheim 和 Isaksen(1997)、Asheim(1998)、Carlsson 和 Stankiewicz(1991)也从不同角度讨论了区域技术创新系统的内涵。接着 Cooke 等(1997)、Beise 和 Cooke(1997)，以及 Beise 和 Stahl(1999)等对区域技术创新系统的构成和功能进行了详细的分析。

由于研究视角和研究方法的不同，学者们对区域技术创新系统的理解也不尽相同。总结国内外学者的主要观点如下。

从分工联合的角度，Cooke 等(1996)认为“区域技术创新系统主要是由在地理上相互分工与关联的生产企业、研究机构和高等教育机构等构成的区域性组织系统，而这种系统支持并产生创新”。从组织网络的角度，陈光和王永杰(1999，2001)参照国家创新系统概念，认为区域技术创新系统“是一定区域内与创新全过程相关的组织机构和实现条件所构成的网络系统”。类似的还有胡志坚和苏靖(1999)、胡志坚(2000)、丁焕峰(2001)、赵修卫(2000)等的界定。从制度和政策网络角度，黄鲁成(2000a)认为，区域技术创新体系是指在特定的经济区域内，各种与创新相联系的主体要素(创新的机构和组织)、非主体要素(创新所需要的物质条件)以及协调各要素之间关系的制度和政策网络。从资源与环境的角度，王稼琼等(1999)认为区域创新体系由包括创新机构、创新基础设施、创新资源和创新环境在内的四个相互联系、相互作用、相互协调的要素有机组合而成。从网络与环境叠加的角度，盖文启(2002a)认为区域技术创新体系是区域网络中各个结点(企业、大学、研究机构、政府等)在相互协同作用下创新与结网，并融入区域的创新环境中而组成的创新系统，是区域技术创新网络与区域技术创新环境有效叠加而成的系统。

为了更好地把握区域技术创新系统的基本原理，我们引述模型图(图 4-4)(Hwang and Hoc，2000)。

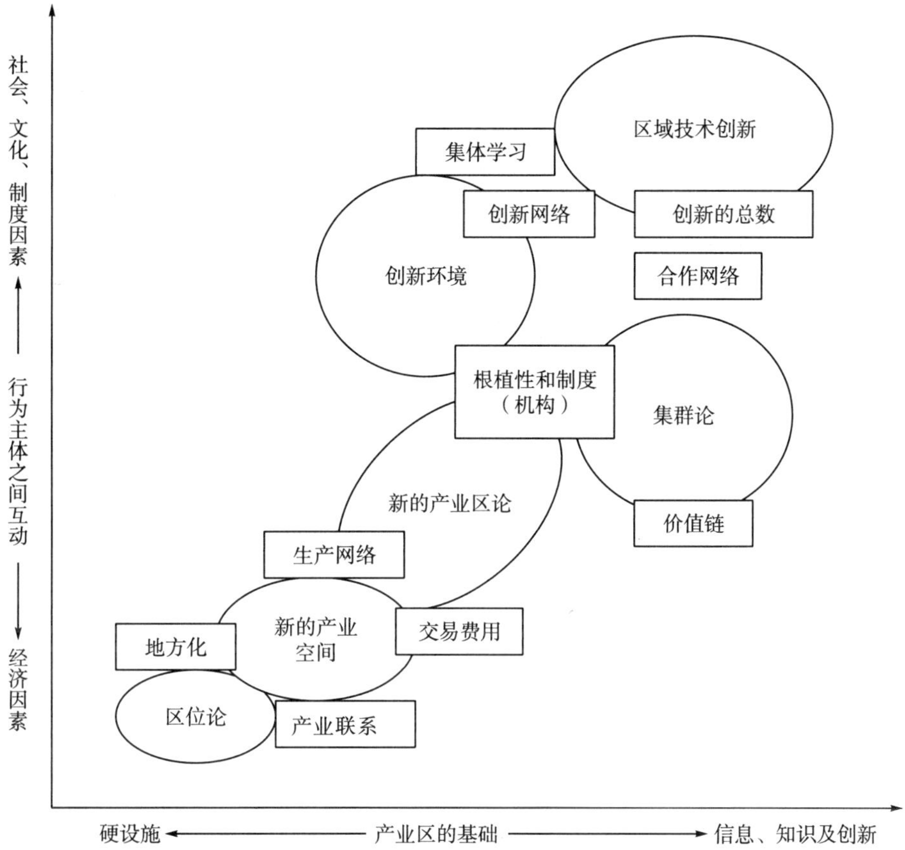

图 4-4　区域技术创新体系形成模型图

图 4-4 中，纵轴是(创新活动)行为主体之间的互动，变化增大的方向示意社会、文化、制度因素，变化减小的方向示意经济因素。横轴是产业区的基础，变化增大的方向示意信息、知识及创新，减小的方向示意产业区的硬设施。

从图 4-4 中可以看出，区域技术创新体系在图中的位置对应纵轴的行为主体互动的社会、文化、制度因素与横轴的产业区信息、知识及创新两者交叉的区域。

这一区域意味着，区域技术创新系统首先是一个地方化的产业区，产业区内存在产业联系，并且这种产业联系进一步形成了一种生产网络，生产网络的进一步发展导致产业凝聚，产生了企业集群；产业凝聚、企业集群则说明存在合作网络，合作网络此时成为一种区域发展的模式和基础，在这种集群过程中蕴育了地方化的创新制度环境和创新制度氛围，相应地，在创新制度环境中的合作网络就越富有成效，这种创新网络实际上是创新活动方面的相互作用、集体学习，于是联系、合作、互动、学习，使得各创新活动者连为一体，这一切都是在一个区域中发生的，因此各要素的整合、集成，就是区域技术创新系统（图 4-4）。

因此，区域技术创新系统是以企业为主体，以高等院校和科研机构为基础，以创新中介机构为桥梁，以各相关部门为支撑，并有地方政府参与和调控，充分体现了科技体制与经济体制的有机融合和创新资源的合理配置。区域技术创新系统也可以说是指一个区域内参加新技术发展和扩散的企业、大学、研究机构、中介服务机构以及政府组成的，通过互动学习/创新合作，为创造、储备、使用和转让知识、技能和新产品的相互作用的网络体系。这种创新网络能够生成一种创新的整体推进机制，产生一种创新的集聚效应。

4.1.3 区域技术创新战略及模式

自 20 世纪 90 年代中期以来，国内外学者除了对区域技术创新系统的内涵与功能进行研究，还对区域创新系统的模式、区域创新政策、区域技术创新的战略以及相关案例等方面进行了探讨。

Antonelli 和 Quéré（2002）提出了四种交互学习的基本合作机制：集群扮演重要角色的创新系统、以知识密集型服务业为中心的创新系统、以金融市场为中心的创新系统、基于长期合约的创新系统。Muller 和 Zenker（2001）探讨了知识密集型服务业在创新系统中以及知识生产、转移和扩散活动中的作用和功能。Agrawal 和 Cockburn（2003）认为，本地研发密集型大企业的存在可以促进区域创新系统的形成。Riba 和 Leydesdorff（2001）利用其提出的区域创新系统性评价模型对西班牙加泰罗尼亚地区的区域创新系统进行了评价。评价结果表明，该区域创新系统还不能被认为是一个（以知识为基础的）创新系统。Niosi 和 Bas（2003）分析了加拿大最大的两个城市蒙特利尔和多伦多的生物技术区域创新系统。Fundeanu 和 Badele（2014）研究了罗马尼亚的奥尔特尼亚区域内的制度化集群状况，验证了集群理论中的三重螺旋理论、四叶草理论和竞争优势理论，并探讨了集群对企业的影响，以及集群的竞争力和创新性所具备的经济影响和社会影响。

Andersson 和 Karlsson（2002）研究了中小地区的区域创新系统问题，同时讨论了中、小地区区域创新政策的制定。Asheim 等（2003）在深入阐述有关中小企业和区域创新系统理论的基础上，分析和比较了北欧区域集群和创新系统的大量案例，通过考察不同类型区域创新系统政策对促进北欧国家中小企业竞争力和创新的影响，提出了一系列重要的政策启示和建议。Park 等（2003）对瑞典和韩国的区域创新系统进行了对比研究，详细考察了两国为创建区域创新系统所实施的各种战略。Cooke 等（2003）根据区域创新系统方法对北爱尔兰的创新绩效和创新战略进行了研究。研究表明，虽然研发等创新投入的经费支出已经有所增长，但仍然存在大量的创新后进者。三类创新性企业在以风险投资为主导的基础设施支撑下正快速发展着系统交互作用。因此，在新的区域创新战略方法中应大力仿效这些公共支撑机构。Buesa 等（2006）构建了区域创新系统的分类，将影响区域创新因子区分为四个因素：地区生产和创新环境、大学、公共机构和私人企业，并使用聚类分析给出了西班牙 R&D 系统的分类，进而以专利为衡量创新的工具对分类进行了分析，认为相对其他三个因素，地区生产和创新环境是影响区域创新能力的重要因素。

国内学者也从不同角度对区域技术创新战略和模式进行了探讨。齐中英等(2001)探讨了资源型城市的区域技术创新可选战略。杜丽娟和刘家顺(2002)认为区域技术创新发展战略具有导向功能(创新资源的有效配置)和优化功能，并提出不同的环境条件应选用不同的区域技术创新模式。赵立龙(2004)基于区域技术创新系统理论对大学科技园区发展的战略进行了研究。盖文启和王缉慈(1999)、陈光等(2000)、吴贵生和王毅(2002)、吴贵生等(2003)、王立军(2003)、鲁兴启和王琴(2004)及许玉明(2004)等通过分析某特定区域的特点和现状得出该区域的战略选择，或者是探讨具体地区的区域技术创新系统的构建、框架设计以及模式选择。

其他学者如杨迅周等(2001)论述了产业群与区域技术创新系统建设的关系，对我国产业群的主要类型和不同类型产业群的技术创新系统建设进行了讨论。温新民等(2002)总结归纳了基于技术群、产业群的区域技术创新系统建设的规律，阐述了基于技术群、产业群的区域技术创新系统建设的内在机制和过程，从而为人们顺利推进区域技术创新系统建设提供了一系列可遵循的依据。从区域技术创新生态系统的角度，黄鲁成(2002a)依据系统科学、技术创新理论和区域经济发展理论，提出了分析宏观区域创新体系的理论模式。黄鲁成(2002b，2003，2004)进一步将生态学理论与区域技术创新理论相结合，提出了区域技术创新生态系统新理论，并且还探讨了区域技术创新生态系统的生存机制和调节机制等问题。温新民(2003)对区域技术创新体系中的政府职能专门进行了研究。李学军(2004)对构建区域技术系统的地方政府行为进行了研究。赵立龙(2004)对基于区域技术创新系统的大学科技园发展战略进行了研究。徐维祥等(2005)研究了提升区域技术创新系统竞争能力的对策。杨剑和梁樑(2006)运用生命周期理论研究区域创新系统。白俊红等(2009a)以1998～2007年中国30个省份的研发面板数据为样本，应用随机前沿模型实证测算了各区域的研发创新效率，并基于系统角度考察了区域创新系统内部企业、高校、科研机构、地方政府及金融机构等主体要素及其联结关系对创新效率的影响，认为中国当前区域创新系统网络建设并不理想。李习保(2007b)构建随机前沿模型分析1998～2005年中国30个省(自治区、直辖市)的创新能力，并分析了各区域创新能力差异越来越大的原因。

最近几年，国内研究热点在于研究经济收敛性与区域创新的关系。经济收敛是指一个国家人均产出的增长速度与初始水平呈负相关，从而使得两国间的经济差距有不断缩小的趋势。Solow(1956)提出的新古典增长模型假定资本的边际报酬递减，因此理论上认为，在拥有同样技术的情况下，后发地区应该比先发地区增长得更快，即存在经济收敛现象(β收敛)。如果β收敛是以一些因素(如人力资本、政策变量、基础设施等)为条件的，则称为条件β收敛，否则就是绝对β收敛。Jungmittag(2006)、刘凤朝和沈能(2006)等对区域创新收敛的研究均假设区域为独立个体，即区域之间不存在相互关系(陈向东和王磊，2007；白俊红等，2009b；孙建，2010)。但在实际活动中，相邻区域间的资源、信息和技术交换等活动普遍存在空间溢出效应，因此忽略地区之间的地理相关性是存在缺陷的。

总的来讲，区域技术创新系统研究是一个新的领域。对于它的研究边界、区域技术创新系统中的制度所起的作用、通过区域技术创新系统的研究所能形成的具有一般性的政策建议，以及区域技术创新能力等，研究学者们都还没有一致的研究成果（Dolorux and Parto，2004）。区域技术创新系统理论是技术创新研究中的主要课题，其研究是从 20 世纪 90 年代开始的，虽说是创新理论研究中的一个薄弱环节，但其基本理论已经形成。由于我国人口众多，地域宽广，对该课题的研究更为紧迫。从现有文献的分析中可以看出：其研究内容相对集中在区域技术创新单一主体的要素；区域技术创新概念、特征、系统构成和功能分析；区域创新战略；某个具体区域的技术创新系统构建以及运行模式等。但是专门对区域技术创新能力方面的研究相对较少。而区域技术创新能力是区域技术创新系统功能发挥程度的反映。

4.2 区域技术创新能力的研究现状

区域技术创新能力作为区域创新系统的一个研究方面，是区域技术创新系统功能发挥程度的反映。一个地区能否在市场竞争中取得优势，主要取决于技术创新的能力。所以，如何全面提高技术创新能力成为地区参与竞争的核心战略问题。正因如此，对技术创新能力的研究非常重要。而从空间角度来看，技术创新能力包括三个层面：国家技术创新能力、区域技术创新能力、企业技术创新能力。在以往的研究中，学者们的注意力更多地集中在企业技术创新能力方面。

4.2.1 技术创新能力

对技术创新能力的研究是从 20 世纪 80 年代开始的，国内外学者主要从技术创新能力的概念和构成、技术创新能力的评价、技术创新能力的培育等方面展开。但这些研究主要是针对企业的。

根据 Dodgson 和 Bessant（1996）的观点，企业技术创新能力是对企业技术成果产业化的支撑能力，主要包括以下几方面的内容：①通过对企业现有能力进行系统性和经常性的审查，以及将这些能力与企业为维持竞争力需要培育或获得的能力进行比较，来确认企业特定的创新需求；②将技术战略与商业战略结合起来以支持企业的总体目标；③将采自企业内外的不同投入结合起来以创造竞争优势；④探索广泛的技术选择渠道并为此而进行广泛的搜索以使其满足需求；⑤比较和对比各种可得的技术选择，并在这种比较的基础上选择最适用的技术；⑥通过直接购买或者某些形式的许可证、合作或联盟以获得这种技术；⑦在企业内部采用这种技术，这可能涉及广泛的项目计划和管理活动，并使技术与组织相适应；⑧使用这种技术并培育出可使其得到最佳使用的技能。但是，由于企业缺乏这种技术创新能力，技术创新过程或者说技术成果产业化的过程并不是一帆风顺的。在日常生活中，我们经常见到由于缺乏技术创新能力而造成的技术转移失败，包括不适当的技术选择，获得了技术硬件但由于缺乏技能和辅助性专有技巧等而没有能力成功地应用这种技术；建成了合资企业，但没有长期学习、吸收技术或者缺乏培育能力；所获得的技术与现有业务或者技术基础不适应；获得的技术对企业的竞争实绩没有或者很少有影响；很晚或者没有采用关键技术等。因此，由于技术创新是一个复杂的和持续的过程，而且不论是产品创新还是工艺创新，其成功的条件都是多功能的（涉及企业的技术、金融与营销功能）和多边的（涉及来自许多用户、供应商以及中间机构的投入）。因此，有效的创新政策要求所有的有用要素参与其中，这样才能达到培育企业内部的技术创新能力的目标。

Prahalad 和 Hamel（1990）等认为，技术创新能力是组织中的群体学习能力。他们提出了判断组织技术创新能力的 3 项基本准则：一是扩展性原则；二是贡献性原则；三是难以模仿性原则。Durand（1997）等把企业的技术创新能力分为卓越资产、认知能力、程序与常规、组织能力、行为与文化五个维度，并提出一个度量企业技术创新能力差距的测度框架，从研究开发、设计与工业化、采购、供应、制造、销售和企业总体管理等多个方面来评价技术创新能力的差距。

除了上述一些学者，国外还有一些著名学者也对企业技术创新能力的内涵与结构做了深入的探讨。从企业发展战略的角度出发，Burgelman 等（1996）认为，企业技术创新能力就是便于支持企业创新战略实现的一系列条件和资源的综合。由此，他们把企业技术创新能力分解为可利用资源及分配、对行业发展的理解能力、对技术发展的理解能力、结构和文化条件、开拓性战略管理能力等组成部分。从企业组织行为的角度，Westphal（1981）把企业技术创新能力看成是环境适应与组织变革能力的综合，并把企业技术创新能力划分为组织能力、适应能力、创新能力和技术与信息的获取能力等。根据技术创新的具体类型，Muller 等（1997）则认为，企业技术创新能力是产品开发能力、改进生产技术能力、储备能力、组织能力的综合体现。以企业技术创新行为主体为视角，Barton（1992）把企业技术创新能力定义为企业知识系统的知识动态积累与更新能力，并认为企业技术创新能力由技术人员和高级技工的技能、技术系统的能力、管理系统的能力及企业价值观等要素组成。

国内很多学者从技术过程和资源投入要素两个角度来分析企业技术创新能力的概念与结构。远德玉（1994）则认为，企业技术创新是生产工艺过程创新、组织管理过程创新和经济过程创新的综合，并把技术创新能力分解为市场机会选择能力、技术设计与开发能力、样品制造能力、中试能力、规模生产能力、销售能力与市场开拓能力、市场信息与反馈以及产品更新能力等。王海山（1993）则从技术创新资源投入要素出发，把技术创新能力定义为：技术创新资源投入能力（包括研究开发人员、研究开发经费、专利）、产出能力以及活动过程能力和企业技术创新的内部支持和社会支持能力等。在赵红洲（1984）、康荣平和柯银斌（1999）等学者研究的基础上，高建（1999）把技术创新能力定义为：企业依靠新技术推动企业发展的能力，也即通过引入或开发新技术，使企业满足或创造市场需求，增强企业竞争力的能力。魏江（2002）认为，技术创新能力是一个能力组合概念，可以把技术创新能力分解为创新资源投入能力、创新管理能力、创新倾向、R&D 能力、制造能力和营销能力等 6 种基本能力。

安同良(2002)，魏江(2002)把企业技术创新能力概括为：支持企业创新战略实现的产品创新能力和工艺创新能力的耦合及由此决定的系统的整体功能。企业技术创新能力反映企业研究开发的产品的技术水平、产品满足顾客需要的程度、对创新产品投入生产的能力，以及产品市场化的能力。魏江(2002)认为，企业技术创新能力概念应综合体现以下几方面的特征：①企业技术创新能力是以产品创新能力和工艺创新能力为主体的整合功能；②企业技术创新能力以企业的资金能力作为支撑；③与企业创新战略密切相联系；④企业技术创新能力是一个系统的能力；⑤企业技术创新能力通过产品的市场营销得以最终体现。

相应地对企业技术创新能力的评价就从以上方面展开。前文已经探讨了各种评价指标体系，并用多种数学方法进行了多目标评价，取得了一定的成效，主要有王海山(1993)、远德玉(1994)、曹崇延和王淮学(1998)、杨宏进(1998)、郑春东等(1999)对企业的技术创新能力进行了指标体系的理论设计。Sun 和 Zhang(2002)、孙细明等(2003)对基于过程的企业技术创新能力进行了综合评价；朱利民和戚昌文(2004)基于经济计量学方法建立了企业技术创新能力的评价体系；徐莉(2004)讨论了新时期企业技术创新能力；察志敏等(2004)对我国工业企业技术创新能力的方法进行了实证分析；杨忠敏(2004)对国内外企业技术创新能力的理论与方法进行了综述。

4.2.2 区域技术创新能力的概念

尽管学者们在前面研究区域技术创新系统的文献中，经常提到区域技术创新能力，但是并没有对区域技术创新能力进行科学、规范、非常明确的定义，国内外学者论及研究区域创新的相关问题时只是零星提到，没有达成一致看法，其精确定义还在探讨中。一些与区域技术创新能力相关的主要观点总结如下。

Freeman(1987)、Porter(1990)、Lundvall(1985，1988，1992)、Patel 和 Pavitt(1994)、Nelson(1993)、OECD(1997)、胡志坚和苏靖(1999)及胡志坚(2000)等在阐述国家创新系统，Asheim 和 Isaksen(1997)、Asheim(1998)、Carlsson 和 Stankiewicz(1991)、Cooke 等(1996)、Beise 和 Stahl(1999)、陈光和王永杰(1999，2001)、黄鲁成(2000a，2000b，2003，2004)、盖文启(2002b)、吴贵生等(2002，2003)、徐维祥等(2005)等在阐述区域创新系统的主要观点和相关理论时，都提到了区域技术创新能力。Kesler 等(1993)认为，技术创新能力应该是在创新过程中，在充分利用现代信息与通信技术基础上，不断地将知识、技术、信息等要素纳入生产过程中所具有的一种能力。对一个地区而言，技术创新能力是对该地区知识和技术发展状况的综合反映，由于技术创新能力的复杂性，对它很难进行精确的定义。Cooke 等(1996)认为“创新”是知识的商业化，是知识的利用过程，创新可定义为“成功地利用新的知识”。按照对创新的这种理解，区域创新就是“区域成功地利用新知识”，区域创新能力是“区域成功地利用新知识的能力”。Klein(1998)、Klein 和 Laurin(1999)

等认为，技术创新能力是一组能力的集合，可以用能力网络图来表征，即技术创新能力是综合的能力网桥结构。《全球竞争力报告 2001—2002》(由《世界经济论坛》和美国哈佛大学国际发展中心合作完成)认为，创新能力指一个国家或地区作为政治和经济实体不断产生有商业意义的创新的潜力，它不仅反映已实现的技术创新水平，而且反映一个国家或地区为建立促进创新的环境所具备的基础条件所进行的投资和所实施的政策。Stern 等(2000)认为一个区域的创新能力由生产一系列相关的创新产品的潜力确定。与此类似的 Riddel 和 Schwer(2003)把区域创新能力定义为区域内不断地产生与商业相关联的创新的潜力。Tura(2003)则认为区域的创新能力是区域内企业和其他组织共同的创新能力。对创新能力的理解方面，虽然知识的创造和扩散对创新都很重要，但是Archibugi和Coco(2005)认为对发达国家来说，知识的创造很重要，对不发达国家而言，知识的扩散很重要。

我国在 1996 年出现了“区域创新能力”的提法，有一些地区进行了区域创新能力的调研，1996 年 6 月～1997 年 5 月，长城企业战略研究所和北京市高新技术产业开发试验区联合承担了 1996 年北京市软科学计划项目“增强中关村高新技术产业的区域创新能力调研”，并出版了专著《区域创新——中关村走向未来》(王德禄，1999)。该书对中关村高新技术产业的现状进行了调研，尤其对作为高新技术产业创新源头的大学和科研院所进行了调研。在大量调研的基础上，该书对中关村地区高新技术产业的区域创新能力进行了理论剖析。该书运用网络理论解释中关村的区域创新，为区域创新的研究提供了全新的视角，对中关村地区和中国高新技术产业的发展具有重要的现实意义和理论意义。中国科技促进发展研究中心主持了国家软科学研究项目“区域创新创业能力与活力评估研究”。湖北省人民政府发展研究中心和武汉汽车工业大学联合开展了区域创新创业能力与活力评估研究，重点揭示了湖北省经济实力、对外对内开放程度、政府作用、金融活动、基础设施、投资环境、管理水平、科技开发能力、人力资源、自然资源、社会文化传统等经济、科技、社会因素和湖北省创新能力及经济活力的内在联系；建立了湖北省创新创业能力和经济活力的科学评价指标体系与评价方案；评测分析了湖北省创新创业能力和经济活力；提出了湖北省经济面向 21 世纪、实现可持续发展的政策建议。从甄峰等(2000)发表《区域创新能力评价指标体系研究》的论文开始，近几年学者们对区域创新能力进行了定量研究，并取得了一些新进展。

黄鲁成(2000a)认为区域创新系统的创新能力是以区域内技术能力为基础的、实施产品创新和工艺创新的能力。颜晓峰(2000)专门探讨了国家创新能力，认为国家创新能力是国家创新体系作为创新主体时，运用政府、制度、政策的力量，动员与组织国家的创新资源，协调与推动国家创新活动的能力。甄峰等(2000)认为创新贯穿于社会发展的始终，而创新能力应该是在创新过程中、在充分利用现代信息与通信技术基础上，不断将知识、技术、信息等要素纳入社会生产过程具有的一种能力。

对一个地区而言，创新能力是对该地区知识和技术发展状况的综合反映。王德禄(1999)认为创新能力是指便于组织支持创新活动的一系列综合特征。根据考察对象主体的不同，创新能力可以分为“国家创新能力”“区域创新能力”“企业创新能力”等。从资源配置的角度：顾新(2002)在探讨区域创新系统论的时候提到了区域创新系统，区域技术创新系统是在一国内的一定地域范围内，将新的区域经济发展要素或这些要素的新组合引入区域经济系统，创造一种新的更为有效的资源配置方式，实现新的系统功能，使区域内经济资源得到更有效利用，从而提高区域创新能力，推动产业结构升级，形成区域竞争优势，促进区域经济跨越式发展。范柏乃(2004)认为，区域层次的技术创新能力是以推动经济发展为目标，充分发挥各种技术创新组织的作用，将创新构想转化为新产品、新工艺和新服务的综合能力。

区域技术创新能力是区域内各技术创新要素相互作用的结果，是区域技术创新结构优化与功能发挥程度的反映。从不同的角度出发，区域技术创新能力有若干种不同的结构，比较多的学者从投入-产出的角度考虑区域技术创新能力是由技术创新的研究开发能力、技术创新成果的转化能力和技术创新产品的市场占有能力构成(方旋　等，2000)。从区域技术创新系统的功能的角度考虑(颜晓峰，2000)，区域技术创新能力由知识创新能力、知识传播能力和知识应用能力构成。区域技术创新系统可以划分为不同的活动要素，正是这些活动要素的参与和协同作用，才形成了区域技术创新能力，从这个角度考虑区域技术创新能力可以划分为信息能力、技术能力、组织能力和制度能力等。甄峰等(2000)则认为，区域技术创新系统是一定区域内与创新全过程相关的组织、机构和实现条件所组成的网络体系，是由相关社会主体(政府部门、企业、大学和科研机构等)组成的一个社会系统。区域技术创新系统不仅包括企业、科研机构和高等院校，还包括政府部门；不仅包括技术创新，还包括组织创新、制度创新和管理创新。

由此可以看出，对于区域技术创新能力的定义，还存在讨论和争议，对其组成要素的认识分歧比较大。相关的研究也比较有限，目前尚未形成统一、明确的定义。

4.2.3 区域技术创新能力的评价

从国家创新能力的角度来看，不同的国家有其不同的评价指标，如意大利在度量国家创新能力时采用了专利、技术贸易、高技术产品进出口额三个指标 (Pyke et al.，1990)。意大利国家研究中心和意大利国家统计局在技术创新评价指标方面做了很大的努力。它们将其他多数国家采用的方法——以公司为对象的研究放大，并将问卷与访谈有效地结合起来，这是一项规模大、范围广且较具代表性的技术创新评价指标调查。这项调查分成两轮进行：第一轮调查于 1985 年开始，对全国制造业中雇员超过 20 人的企业进行调查，约有 3.5 万家企业接受了调查。第二轮调查于 1986 年开始，调查对象是第一轮调查中标记有创新成果的企业，共有 1.6 万家企业接受了调查，其中对 5500 家创新活跃的企业进行现场访谈，对其余 1.1 万家企业进行函调，涉及 19 个方面的内容。意大利的技术创新调查反映了 20 世纪 80 年代技术创新评价指标研究的情况，当时被认为是最有发展前景的。这项研究的最主要特点是调查范围广、内容全面，集中了其他国家创新指标研究的重大成果，而且整个调查由政府部门主持实施。后来，北欧一些国家的创新调查基本上是效仿意大利的创新调查。

英国萨塞克斯大学的科技政策研究所于20世纪60年代后期开始开展技术创新评价指标的研究。采用的基本方法是，先请一些工业部门的专家确定在其本部门中最有意义的技术创新，或提出实现技术创新的企业及对技术创新发展提供更多信息的人的名单，然后将调查表寄给企业，以获得能够评价技术创新的性质、水平和有关创新用户的信息。1945～1984 年，英国萨塞克斯大学的科技政策研究所对技术创新已经做了三轮的全面调查，总共调查了 4378 个创新项目，调查的结果表明，在英国应用的技术创新中有 76%是英国的企业实现的。小企业的技术创新持续增长；大企业取代中等规模企业成为主要创新者，不同部门的创新绩效显著不同，其原因之一是不同部门之中的技术机会明显不同。

加拿大科学技术合作研究所进行的研究与英国萨塞克斯大学的科技政策研究所的研究类似。它收集了加拿大 1945～1978 年的 1900 项与技术创新有关的数据。在此研究基础上，Debresson 和 Andersen(1996)采用以下 8 个指标来评价企业的技术创新能力：①创新资本投入/职工人数、②创新资本投入/销售收入、③非专门的创新资本投入/职工人数、④非专门的创新资本投入/销售收入、⑤专门的创新资本投入/职工人数、⑥专门的创新资本投入/销售人数、⑦出口销售收入/销售收入、⑧企业的创新倾向。他们认为，根据这 8 个评价指标能很好地了解企业的技术创新能力，并有助于完善加拿大的技术发展和技术创新政策。

弗朗霍夫学会系统与创新研究所是最早从企业入手研究技术创新评价指标的组织，其最初的思想源于“头脑风暴”(brainstorm)会议法。其目标是研究技术、经济、社会间的相互关系，主要评价参与政府鼓励技术创新计划的中小企业(雇员少于 1000 人)的创新水平，着重测量技术创新的产出。在进行企业技术创新能力调查时，采用企业技术创新费用(科研开发费、产品试验费、产品设计费、购买专利费、市场调研费和因产品创新而进行的人员培训费之和)占企业销售额的比例来描述。

美国国家科学基金会从 1981 年开始资助技术创新评价指标的研究。由美国麻省理工学院和波士顿大学承担这项研究，主要从发展创新理论的需要以及企业愿意并能够提供数据这两个方面设计指标，于 1984 年和 1986 年分别对 600 家和 2000 家企业进行了调查，其研究结果发表在 1987 年美国《科学与工程指标》上。在上述研究基础上，波特(M.Porter)和斯特恩(S.Stern)于 1999 年共同主持完成了“创新指标”项目的研究工作，他们认为，国家创新能力不是竞争力，因为竞争力可通过短期的降低成本等手段获得，而国家创新能力是国家工业长期竞争力的关键。国家创新能力取决于共有创新基础设施、支持创新集群的环境条件，以及两者互动联系的强度。其中，创新基础设施包括在研究开发中的人力资源、投资于研究开发的资金资源、对国际投资的开放度、知识产权保护水平、教育投资水平和人均 GDP。支持创新集群相关的环境条件有产业研究投资的强度。基础设施和产业集群两者联系的质量可用大学研究开发的水平来衡量。

日本科学技术厅对其国家技术评价采用的指标为专利、技术贸易、技术密集产品输出、制造业总附加值等四项指标。在成功地由传统的农业和重工业基地转化为现代化的工业经济基地的威尔士地区，当地政府办公室评价威尔士经济结构的最主要的五个指标是：制造业就业率、机械业和电子业的职位变动状况、区域内人均 GDP、外国直接投资额及其带动就业人数和公司数目的增加、威尔士制造业公司规模结构的变化。

OECD 在 1996 年提出了创新能力评价的基本框架，包括知识投入、知识存量、知识流量、知识产出、知识网络、知识与学习等 6 个核心部分。测度知识主要依据以下 5 类指标：①研究与开发经费；②工程师和技术人员的就业数；③专利数；④技术贸易支出；⑤人力资本投资。测度知识存量指标虽然很困难，但可以用科学指标来测度知识资本的存量；或者根据某个特定领域研究人员的年增长量来估算 R&D 人员的存量，并根据人员流动和职业变动情况进行折算；或者根据专利的保护期近似估算专利的存量。知识流量是指某个阶段进入经济系统的知识存量的比例，主要是通过物化形式与非物化形式的知识扩散指标来估算。知识产出指标的测度建立在这样的假设基础上：由于知识密集型部门的溢出，提供高技能和高工资的就业机会，对资本和劳动投入提供高回报。OECD 认为，测度知识产出通常有三种较好的办法：一是测度产业 R&D 的密集度；二是借助就业和职业分类表，区分信息职业和信息劳动者而计算知识产出(以信息劳动者工资为主要计量指标)；三是测度 R&D 活动对社会和个人的回报率。知识网络的测度实际上是测度一个国家(或地区)相关系统在不同经济参与者和机构之间分配知识的能力。知识与学习指标是测度个人和社会投资教育和培训的回报率，即测度教育经费支出和社会所达到水平对经济增长的影响。

2002 年出版的《全球竞争力报告》(由世界经济论坛和美国哈佛大学国际发展中心合作完成)，是一部关于国家经济发展与政策评价的研究报告。该报告提出了一套与众不同的国家创新能力的评价指标体系。首先，研究者从专利指标入手，用美国发明专利数据作为已实现的创新指标，建立创新指标体系的基准线，并通过对包括影响技术创新的 24 种要素的调查问卷的分析，发现已实现的创新与国家创新能力指标之间的关系，进而建立对于各国技术创新能力的评价指标体系。其次，研究者在表现创新实力的统计二级指标方面，没有采用创新经费投入指标，而是采用科学家、工程师人数占人口比例的指标。然后，在评价指标体系的变量设计方面，根据调查的实际结果，选取了创新政策、创新的聚集环境和创新合作 3 项三级指标，均属于涉及政策因素的调查指标。该报告在上述各项指标的基础上生成了统一的创新能力指数，并用这一指数对 75 个国家和地区的技术创新能力进行排序评价。

国家统计局多年来一直以技术开发经费投入、科技人员、科研成果、技术转让、新产品销售、新产品出口 6 项指标为基础，建立技术开发综合指标体系。有的学者认为“这种指标是目前与我们关心的技术创新能力指标最贴近的指标”，于是采用这种指标体系来度量不同地区的技术创新能力。尚勇和朱传柏(1999)在《区域创新系统的理论与实践》一书中就认为可以用该指标体系评价区域创新能力。

但是，从网络的角度来看，上述指标体系的一个主要缺陷是不能体现区域网络联系的程度，即没有体现出创新组织之间的协同绩效。在区域创新网络中，参与者的行为不是孤立的，传统的各种指标体系已经不能适应知识经济基础上的创新网络的绩效评价以及未来的发展潜力预估，应该综合地考虑网络的创新能力。区域技术创新能力的衡量标准不应再局限于原有的如销售额、利润等传统的具体指标，而应从更广的范围、更多样化的内容出发、从多角度来评价区域创新的发展状况，创建一套能够综合地反映区域创新能力的指标来对其进行评价。

因为不同学者对区域技术创新能力认识角度不同，评价指标的设计必然有明显差异。近几年，区域技术创新能力的评价研究有了一些新进展，罗守贵和甄峰(2000)主要结合江苏省的具体情况构建了评价区域创新能力的指标体系，并用于定量评价和分析江苏省 13 个市(区)的创新能力。该指标体系的构建采用“自上而下”相结合的方法，“自上而下”将区域创新能力分解为 6 个准则：区域综合实力、教育资源与潜力、科技资源与潜力、企业创新实力、信息条件、区域政策与管理水平。6 个大类共计 52 个指标，并赋予不同的权重，选取的指标应该说可以反映区域创新能力。但是其指标的权重仅在小范围内且通过德尔菲法确定，对不同的地区而言，不具备普遍性，不适宜其他地区。殷尹和梁梁(2001)对区域技术创新能力短期评估进行了研究，从理论意义上设立了一套以技术基础、环境基础、经济基础三个角度着手的指标体系，但并未予以实际应用；顾新(2002)在对区域创新系统进行研究时，讨论了区域创新能力评价的重要性，他介绍了罗守贵和甑峰设计的区域创新能力评价指标体系。顾新主要研究了区域创新系统的特征、结构、功能，探讨了区域创新系统的运行，对区域创新能力并未做进一步研究。刘耀彬等(2004)重点考虑社会管理环境、投入、产出、创新可持续性等方面的因素，分析和评价转型时期中国区域技术创新能力，但其选择的评价指标过少，不足以反映区域技术创新能力的全貌；孙丽杰和刘希宋(2005)将区域技术创新体系看作一个层次化、结构化、网络化的系统，从创新体系的基点、构架、动力角度来设计评价指标，突出了创新的主体、法律人文环境、要素流动的重要性，但由于定性指标过多，实际操作困难。其中，影响较大的是中国科技发展战略研究小组(2005)构建了包括知识创造、知识流动、企业技术创新能力、技术创新环境和技术创新的经济绩效 5 个模块、100 多个评价指标的区域创新能力评价体系，该课题组研究区域创新，其范围更为宽泛。目前有学者开始对产业集群进行评价，如赵强等(2006)用灰色层次综合评价法对产业集群创新环境进行评价。

综上所述，虽然国内外正在进行一些有关区域技术创新能力的研究，但是并没有形成对区域技术创新能力统一、明确的定义。相关的研究也比较有限，其构成要素或者说结构、指标体系、定量评价等方面的研究仍是有待探索的新领域。众多文献尚未对区域技术创新能力的形成机理进行专门的研究。我们认为，厘清区域技术创新能力的形成机理，可以对区域技术创新能力进行合理的评价，可以更确切地寻找提升区域技术创新能力的途径及要素。因此，本书对区域技术创新能力的形成机理及评价进行探讨，由此发表了一些研究的成果(邵云飞和唐小我，2003a，2004a，2005；邵云飞，2006)。

董秋玲等(2005)在对科技园区区域技术创新能力进行综述时，认为大部分学者只关注企业技术创新能力及评价的研究，而很少涉及区域技术创新能力评价的理论与实证研究。

董秋玲等认为区域经济的发展对于整个地区甚至国家经济的发展起着非常重要的作用。以后技术创新研究的重点不再是单个企业，而是区域。董秋玲等在综述时引用了笔者的研究成果；其他一些学者如刘耀彬等(2004)在探讨“转型时期中国区域技术创新能力评价与分析”时也引用了邵云飞和唐小我(2003b)的研究成果。

区域技术创新能力的结构及形成机理是进行区域技术创新能力评价的基础。区域技术创新能力指标体系是制定知识经济下区域发展战略的重要前提，也是监测和评价地区知识创新工程实施状况的监视器，更是政府对创新工程建设和各个区域进行宏观调控与管理的重要依据。因此，研究某一地区的区域技术创新能力发展现状及潜力，建立一套指标体系以全面评估该地区技术创新能力，并对不同地区技术创新能力的空间差异进行比较，进而为政府决策以及国家创新工程的实施提供政策依据就显得十分重要。

区域技术创新能力是区域创新系统结构优化与功能发挥程度的反映，本书试图通过对区域技术创新能力形成机理及评价进行研究，来丰富区域技术创新系统的理论。而区域技术创新系统是基于市场的创新和相互联系的创新主体共同作用的结果，是分析区域创新和区域经济发展的新理论框架。

区域技术创新能力也是区域经济发展的强有力的推动力，是区域经济增长和竞争的决定性因素，区域技术创新能力是衡量一个区域技术创新实力的重要尺度。深入研究和认识区域技术创新能力，对加速我国国家创新系统的建设，指导地方科技工作，具有重要的启示意义。

第五章　区域技术创新能力的形成机理研究

5.1　区域技术创新能力形成的理论基础

区域技术创新能力是一个时间性的变量，任何区域并非一开始就具备技术创新能力，任何区域的技术创新能力有弱有强。区域技术创新能力从无到有、由弱变强，需要人们选择一种快捷、有效的生长方式，有意识地去推动。一般采用“技术创新能力演进”的方式可以促使区域技术创新能力迅速生长。“技术创新能力演进”就是技术创新能力从培育、提升到跨上新台阶的发展过程。在充分培育各区域技术创新能力的基础上，实现各区域技术创新能力整体水平的提升(图 5-1)。

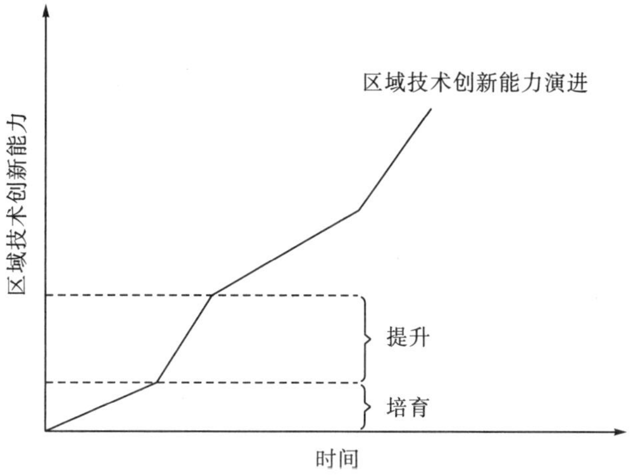

图 5-1　区域技术创新能力演进

我们认为，区域技术创新能力的形成机理是指在区域技术创新能力的培育阶段，通过分析区域技术创新能力形成的理论依据，界定区域技术创新能力的内涵及系统结构；分析区域技术创新能力的形成条件；寻找、培育技术创新能力要素；使区域拥有初步的技术创新能力。因此，我们认为形成机理是区域技术创新能力演进过程中的一个环节。

要进行技术创新，必须要有企业、高校与研究机构，金融与中介机构以及政府的参与，所有的这些组织都离不开人的作用。区域技术创新能力是否能够形成与提高，不仅与技术创新组织的行为、自身的运行机制紧密相关，更为重要的是取决于各技术创新组织之间的交互作用和结合方式、人力资本的流动以及知识配置能力。仅有组织机构，但没有知识的流动、人力资本的集聚，也不足以形成区域技术创新能力。

目前，区域技术创新理论中较有影响的主要有集群理论、三重螺旋理论和创新网络理论。这是我们分析区域技术创新能力形成的理论依据。对其进行分析有利于我们在阐释知识经济和学习经济理论的基础上进一步发展现代创新理论，提升区域技术创新能力。

5.1.1 集群理论

自20世纪90年代开始，集群问题就引起西方经济学家的普遍兴趣。Porter(1998)把集群的概念界定为：集群是在一个特定区域内一群相互联系的公司和各种组织在地理上的集中。大量的事实证明，以专业化分工和协作为基础的同一产业或相关产业的中小企业，通过地理位置上的集中或靠近，往往可以更多、更有效地产生创新，获得创新优势，这种特征称为技术创新的集群效应。柳卸林(2000)就曾指出：高技术中小企业集群是提高中小企业创新能力的一个有效的解决方案。

1. 集群理论的建立和发展基础

区域技术创新研究的一个重要层面是企业群或产业集聚现象。马歇尔早在1922年的《经济学原理》一书中，就从企业的外部经济性角度深入地讨论了企业的外部竞争环境问题，为集群理论的建立和发展奠定了基础。

马歇尔从新古典经济学的角度，在研究工业组织这种生产要素时注意到了企业的集聚现象：产业区域内的企业间相互关系建立在合作、相互依赖和信任的基础上，这些联系促进了创新。他认为企业群落的存在有利于技术、信息和新思想在群落内企业之间的传播，并进一步促进产生新的技术和思想，从而提高企业的生产效率，马歇尔称这种现象为技术外部性(technology spillover)。他认为"行业的秘密不再成为秘密，而似乎是公开了，同行们不知不觉知道了许多秘密。优良的工作受到正确赏识，机械上以及制造方法和企业的一般组织上的发明和改良之成绩得到迅速研究；如果一个人有了新思想，就为别人所采纳，并与别人的意见结合起来，因此，它就成为更新的思想之源泉"(马歇尔，1964)。马歇尔注意到具有分工性质的工业在特定地区的聚集，并指出，产生聚集的原因在于为了获取外部规模经济提供的好处。马歇尔研究的最大贡献是他发现了一种产生聚集的"空气"——协同创新的环境，但马歇尔是为了研究生产要素之一——组织而探讨外部经济的，同时，在马歇尔时代，客观上企业之间的联系主要是物质的投入产出。因此，受研究目的与所处历史时代的局限，马歇尔没有将他的协同创新环境这一思路充分展开，挖掘聚集产生的非物质原因(周文，1999)。

韦伯(1997)从微观企业的区位选择角度，阐明了企业是否相互靠近取决于聚集的好处与成本的对比，深入地探讨了产业聚集的因素，量化了聚集形成的规则，笔者认为他的研究成果也是集群研究的基础。韦伯认为，企业聚集的一般原因在于，在相对各自分散的时期，企业聚集可以节省成本、增加收益并提高效率。他把区位因素分为区域因素和聚集因素。他认为，聚集因素可分为两个阶段：第一阶段仅通过企业自身的扩大而产生聚集优势，这是初级阶段；第二阶段，各个企业通过相互联系的组织而实现地方工业化，这是最重要的高级聚集阶段。他在《工业区位论》一书中指出："若干工厂的地方集结易于带来大工厂所具有的长远利益，并且构成高级阶段的基本要素同样是构成大规模工厂的那些因素。”我们可以认为韦伯的高级阶段的聚集就是企业或者是产业的集群。

Perroux 是最早提出增长极概念的法国经济学家，他在 20 世纪 30～40 年代曾向一些国家大力宣传凯恩斯、熊彼特等学者的思想观点。Perroux 认为，无论是哈罗德-多马模型还是新古典增长模型，都存在限于政治因素研究经济增长的不足，这种平坦而规则的均衡增长并不符合现实的情况。Perroux 主张 20 世纪的经济应当作为一种“力”的网络，而不是交换的网络来被研究。20 世纪 50 年代，帕鲁致力于经济增长的研究，他认为经济中存在着一种起支配作用的经济单位，当它增长或革新时，能诱导其他经济单位增长，这种单位被称为“推动单位”。“推动单位”存在着一种支配力，这种支配力可发生在企业、部门甚至国家之间。如果一个经济体在支配力的作用下产生支配效果，那么这个经济体被称为“力场”，这个“力场”中发生支配力的“推动单位”被称为“增长极”(Perroux，1971)。1966 年，Boudeville 把增长极定义为“位于城区内，正在不断扩大，并通过自身对周边的影响诱导经济发展的一系列产业”，将增长极理解为相关产业的空间集聚增长。增长极理论认为当政府将某种推动性产业植入一个地区后，将产生围绕推动性产业的聚集，再通过乘数效应及极化效应推动地区经济的增长。

2. 用集聚效应解释区域技术创新能力

Porter(1998)在对集群的概念进行界定的基础上，还对集群的作用以及集群带动区域经济发展的动力进行了研究。其主要作用体现在：企业之间的“近距离”竞争，促进了企业之间知识、技术的交流与传播，有利于提高企业的创新动力与创新能力；在集群里，企业之间的劳动力分工和上下游企业间的纵向专业化分工，降低了企业的生产成本和营销成本，有利于提高企业的生产效率；集群作为一个整体来面对共同的市场与供应商，增强了企业的谈判能力，降低了交易费用，有利于提高企业的竞争力。Porter 认为，集群能够提高群落内企业的持续创新能力，并日益成为创新的中心。企业持续联系有助于企业通过相互学习来改进技术、机器及部件的适用性，以及服务与市场观念；发生在企业群落内的竞争压力、潜在压力和持续的比较也构成了企业群落的创新动力。蔡宁和杨闩柱(2003)认为中小企业集群能够通过集群效应提高群内企业的创新能力，众多中小企业在空间上集聚在一起，企业互动程度和学习动力都比较高，因而是一个创新的社会环境。余周和童昕(2004)对北京中关村的分析证明，跨国公司与本地企业虽有竞争，但也存在很大的合作空间。相互之间的促进作用表现在大量互补性的资源和高素质劳动资源的交流方面，促进了知识流动和创新能力的提升。刘军和徐康宁(2010)采用 1999～2007 年的省级面板数据研究了产业聚集对中国区域创新能力的影响，认为无论是新兴的高技术产业聚集还是传统产业聚集，均有利于促进区域创新，为各地区结合比较优势培育特色产业集群，从而为促进区域创新提供了理论支持。Fundeanu 和 Badele (2014)研究了罗马尼亚的奥尔特尼亚区域内的制度化集群状况，验证了集群理论中的三重螺旋理论、四叶草理论(增加了中介机构)和竞争优势理论，并探讨了集群对企业的影响，以及集群的竞争力和创新性所具备的经济影响和社会影响。

集群从经济学角度来理解是指为了获取新的和互补的技术，从互补资产和经济利用的结合获得收益，加快学习过程，降低交易成本，克服(或创造)市场的进入壁垒，取得协同经济效果及分散创新所带来的风险，关联性很强的企业(包括专业供应商)、知识生产机构(大学、研究机构、工程公司)、中介机构和顾客通过一个附加值生产链相互联系形成网络，这种网络就是集群，又称为企业集群或者产业集群。Radosevic(2002)给出了区域创新系统四个决定性要素框架模型：国家层次要素、行业层次要素、区域层面要素及微观层面要素。该模型指出了不同层次的要素对产业集群创新系统的影响，并认识到培育企业网络和网络组织者是提高集群创新力的途径。

由于在企业集群中，企业之间存在着相关性，这些企业在一定的区域内积聚发展，企业的这种积聚发展能够带来积极的外部经济性。企业集群的经济效应主要体现为积聚效应，我们认为这种积聚效应既有利于企业自身的发展，又能够提升区域技术创新能力。

学者从不同的角度对区域创新集聚的影响因素进行了研究。Chang 和 Oxley(2009)对台湾地区 2001 年分行业的地理集聚创新等要素对全要素生产率的影响进行实证分析，认为地理集聚创新应该是内生变量，从而支持集群内部存在创新溢出效应。陈菲琼和任森(2011)从创新资源集聚的视角出发，整合四个学派(区域经济学、产业经济学、创新系统论和新贸易理论的技术竞争论)的观点，发现地区创新活动过程中人力资源因子和物质资源因子是浙江省创新资源集聚的主导因素，创新资源投入的增加会带来本地区科技创新能力的改善。Reveiu 和 Dardala(2013)研究了高校在区域创新集群中的作用，以罗马尼亚为例验证了高校在区域创新系统中的积极作用，尤其对促进高技术产业集聚区域的创新过程有关键的影响。

有学者考虑了环境约束下的要素集聚对区域创新的影响，认为资源环境约束对区域创新能力具有显著的制约作用。例如，齐亚伟和陶长琪(2014)采用地理加权回归(geographically weighted regression，GWR)模型对环境约束下的要素集聚对区域创新能力的影响进行了实证分析。文章采用能源利用的人均碳足迹与人均 GDP 的比值衡量资源环境约束，发现环境规制对区域创新能力具有双重效应，当期环境规制政策不利于区域创新能力的提高，而滞后期环境规制对区域创新能力的激励作用正在凸显，超过了环境成本负效应。物质资本集聚带来的资本深化并未转化为技术深化，对区域创新能力没有促进作用。而人力资本集聚通过溢出效应增强了知识创造和知识获取的能力，对区域创新能力表现出明显的促进作用。

总体而言，学者们关于产业集聚或者要素集聚能够促进区域创新的结论是一致的，各地区应结合比较优势培育特色产业集群，增加创新资源(尤其是人力资源)投入，从而促进区域创新。环境规制政策对区域创新的影响具有滞后性，因此需要提前进行规划。

3. 企业群落的新竞争经济理论

区位经济学家巴顿(1984)讨论了企业群落与创新的关系。他认为革新与集中相关联的原因包括：①地理上的集中必然会带来竞争，而竞争促进了革新；②地理上的集中本身就有助于在商品制造者、供给者与顾客之间产生一种更为自由的信息传播，相当数量的革新正是由于正确了解了顾客的需要，发现了供给上的特殊问题；③通信工具发展迅速使企业能很快了解并采纳这种革新。

Porter(1998)把企业群落纳入竞争优势理论的分析框架，创立了企业群落的新竞争经济理论。他认为：群是长期竞争优势的一个重要来源，群中的企业能够获得范围经济收益及专业化的要素，互动的增加可使创新更加容易，技术的溢出会给别的企业带来利益。例如，从其他企业汲取互补性的技能，在单个企业不能单独投标完成大项目时，就可以利用群的力量达到目的，通过每个企业的进一步专业化生产，通过联合采购共同的原材料得到优惠以及共同开展市场营销等，合作可以使企业利用规模经济的优势。企业在集群中的聚集使专业基础设施、法律、金融和其他的专业服务得以发展，特别适合集群需要的人也会聚集到那里，集群还有利于知识的“外溢”。知识的交换不能使用物的交换法则，许多知识之所以得到交换，不是因为钱，而是对方也会给予相关知识回报的期望，所以当公司之间离得比较近的时候就可以形成一个知识得以交换的场所，如在硅谷，一些酒吧便成为人们交换知识的重要场所。Porter(1998)从三大方面阐述了企业群或产业群如何影响竞争力：①提高当地企业的生产率；②引导创新的方向，加快创新步伐；③刺激群内新企业的形成。地理、文化和风俗习惯的接近使得这些企业比距离远的企业联系更紧密，能获得更好的信息和更强的刺激以及其他竞争优势。世界经济变得越复杂、越以知识为基础、越有活力，就越能体现出这种优势。因此，当地因素如知识、联系和动力等在竞争中的作用越来越强。

国内外还有不少学者如Radosevic(2002)，Maskell(2001)，Sternberg和Tamasy(1999)，肖家祥和黎志成(2005)，王缉慈(2004)等从经济学角度对企业群或产业群中产业之间的联系和知识流动、区域企业群或产业群的主要特征、企业群或产业群的类型及其创新模式、面向企业群或产业群发展的政策框架等进行了研究，本书发现，集群对区域技术创新能力可以产生直接或间接的影响。

5.1.2　三重螺旋理论

虽然世界各国区域技术创新的兴起原因、形成过程和发展模式存在着比较大的差别，并呈现多样化的状态，但从系统学的角度来分析，任何区域技术创新系统必然都涉及企业、大学(包括科研机构)和政府三个基本要素。其中，政府拥有资金和组织调控能力，是技术创新政策的制定者和技术创新环境的创造者，能够承担一定的技术创新风险；大学(包括科研机构)拥有较丰富的知识储量和先进的技术设备以及较强的技术开发能力；企业具有较强的技术创新需求和高新技术产业化的物质能力，能敏锐地捕捉市场动态和需求。

1. 三重螺旋理论的起源与含义

公共研究、商业和政府等部门曾是相互独立的部门，在各自的权责范围内活动。随着集聚的增加，各个部门之间的联系与合作增强，逐渐呈现集束聚敛效应和边界跨越效应。

这种集束聚敛效应可以由官、产、学之间的伙伴关系加以陈述和解释。Leydesdorff 和 Etzkowitz(1998，2003)等把三重螺旋模型引入创新系统进行研究，分析大学、产业和政府之间的关系，成为三重螺旋理论系统的奠基人。三重螺旋理论是指大学、产业、政府之间通过组织的结构安排、制度设计等，以加强三者资源与信息的分享沟通，达到提高科技资源运用效率与效能的目的(王成军，2006)。

1996 年，来自 30 多个国家和地区的代表在阿姆斯特丹召开了主题为“官、产、学三重螺旋”的第一届研讨会，探讨了大学、企业和政府之间的联系及其对经济发展产生的深远影响。其后，以“三重螺旋”为主题的国际学术会议每两年举行一届，从 2009 年开始变为每年举行一届。第十三届三螺旋国际会议在清华大学经济管理学院举行，主题为“学术-产业-政府三螺旋模型——服务于正在崛起的发展中国家”，这不仅指明了未来几年三重螺旋研究的重要方向，也意味着中国作为最大的发展中国家，在世界经济舞台中扮演着越来越重要的角色。1996～2015 年三螺旋国际会议主题如表 5-1 所示。

表 5-1　1996～2015 年三螺旋国际会议主题

届次	日期(年、月)	东道主	主题	地点
1	1996.1	荷兰	官、产、学关系	阿姆斯特丹
2	1998.1	美国	未来官、产、学关系研究的定位	纽约
3	2000.4	巴西	无尽的转变：社会、经济和科技发展的关系	里约热内卢
4	2002.11	丹麦	打破边界，构筑桥梁	哥本哈根
5	2005.5	意大利	知识的资本化：认知、经济、社会和文化层面	都灵、米兰
6	2007.5	新加坡	创业型大学模型：地区多样性或全球趋同	新加坡
7	2009.6	英国	三重螺旋在创新、竞争力和可持续发展的全球议程中的角色	格拉斯哥
8	2010.1	西班牙	三重螺旋之于城市知识的发展，扩大社区和连接区域	马德里
9	2011.7	美国	硅谷：全球模式还是独特个案	加利福尼亚
10	2012.8	印度尼西亚	发展中国家的新兴三螺旋：从概念到应用	万隆
11	2013.7	英国	全球背景下的三螺旋：继续、改变还是解散	伦敦
12	2014.9	俄国	作为创新和经济发展核心的三重螺旋：前沿和解决方案	托木斯克
13	2015.8	中国	学术、产业、政府三螺旋模型——服务于正在崛起的发展中国家	北京

20 世纪 80 年代，Freeman 和 Lundvall 提出了国家创新系统，该理论建立在亚当·斯密的劳动分工理论和传统的经济学理论基础上，认为企业是创新的中心，强调大学、科研机

构、政府、金融机构等充分发挥各自职能。国家创新系统的基本假设是有效网络的平稳运作，能够推动系统的每个部分实现创新，实现创新资源的最优配置。因此，国家创新系统网络内的各个部门职责界限清晰，对各部门间关系的研究侧重利用交易成本理论。而三重螺旋模型研究的主体是知识，认为大学在创新中起领导作用。该理论尝试打破部门界限，模糊部门边界，通过各个部门间职能的相互转化、共生达到创新目的。国家创新系统重点关注网络，而三重螺旋模型更关注功能。因此，它是超越了原来制度研究的一种新进化模型。国家的责任不再是国家创新系统理论中为整个国家的创新提供良好、健康的环境和适当的创新基质，而是在微观和制度层面塑造创新行为的轨迹和方向。根据两种理论产生的先后以及研究问题的相似性，可以认为三重螺旋模型来源于国家创新系统理论，是对国家创新系统理论的补充和创新(牛盼强和谢富纪，2009)。

三重螺旋模型研究的主体是知识，认为知识流动主要在三大范畴内流动。①参与者各自的内部交流和变化。例如，在企业界内部，有企业独立的活动以及企业与企业之间的合作和竞争关系；在学术界内部，大学的教学和科研活动等也属于这种内部知识流动。②一方对其他某方施加的影响，即两两产生的互动。例如，企业对大学提出的应用技术需求，或者政府对企业(或大学)进行政策引导和规划。③三方功能重叠，形成的混合型组织，以满足技术创新和知识传输的要求。三个基本要素以特定产业发展为目标，以市场需求为纽带而联结起来，形成企业、大学、政府三重力量相互交融、交叉影响、协同作用、螺旋前进的网络关系(涂俊和吴贵生，2006)。Leydesdorff 和 Etzkowitz(1998)根据这三种知识流动模式，提出了三重螺旋的三种范式，即政府主导模式(etatistic model)、自由放任模式(laissez-faire model)和三重螺旋模式(triple helix model)，如图 5-2 所示。

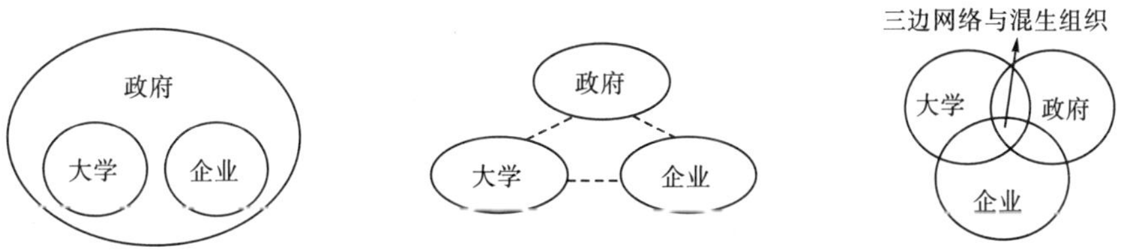

(a)政府主导模式　(b)自由放任模式　(c)三重螺旋模式

图 5-2　大学、政府、企业关系的三种模式

三种模式的特点总结如表 5-2 所示(范柏乃和余钧，2014)。

表 5-2　三种模式的特点

	政府主导模式	自由放任模式	三重螺旋模式
大学	主要是教学	教学；科研	角色重叠，如大学创办企业
企业	国营	市场化	政府参与风投，企业开展知识
政府	占据主导地位	解决市场失败	(技术)培训
模式	行政式(自上而下)	分离式	重叠式

政府主导模式的代表有欧洲东部部分国家、拉丁美洲的多数国家，以及欧洲的一些国家(如挪威)。这种模式被很多学者认为是一种失败的模式，由于没有给予太多“自下而上”的主动权的空间，创新被认为是受到限制的而非鼓励的。

自由放任模式包含独立的机构范围和明显的区分界限。机构之间只具有有限的联系。这种模式要求自由放任的政治制度，为解决政府主导模式中政府权力过于强大的问题，现在也被部分学者提倡作为政府主导模式的“休克疗法”。

三重螺旋模式(或重叠模式)以机构部分重叠的方式构造了一种知识基础设施(knowledge infrastructure)。各机构的重叠部分形成了混合的机构，在这里每一个机构都扮演了其他机构的部分功能。大部分的国家都在某种程度上追求这种形式的官、产、学关系。

关于科研机构是否应该纳入三重螺旋模式进行考察，学者们也进行了思考。官、产、学三重螺旋模式建立的基础之一是大学教育的二次革命，创业在大学中扮演越来越重要的角色，这种情形下，官、产、学无疑是三重螺旋模式的标准模式。但是在世界许多地方，大学教育发展的落后或者发展方向不同，导致大学在区域发展中仅仅起到教育或者科研的作用。与此同时，科研机构成为区域创新提供知识的主要来源，这种研究机构应该取代大学成为三重螺旋的参与方。Shapiro(2007)在研究韩国的三重螺旋模式时指出了这个问题，由于韩国大学角色较为单一，不能担当三重螺旋角色，因此他把政府研究机构划入三重螺旋模型中。Etzkowitz 等(2005)在研究巴西的孵化器时，也指出大学在参与孵化器内时出现公司产品开发上的失败，表明三重螺旋的方法必须扩展，大学应该被知识来源所取代。如今的研究常常把科研机构和大学看作一个螺旋融入三重螺旋模式中。

范柏乃和余钧(2014)指出，随着云计算、物联网、社交网络等的发展，大数据时代已然来临。有关三重螺旋模式的定量研究已经开始利用大数据技术，数据来源包括引文数据库、专利数据库、搜索引擎。未来，除了要利用好传统的数据库，还要充分利用互联网以及探索利用感知式系统等。除发展已被应用的数据处理方法和工具，还可借鉴并应用一些新的数据处理方法和工具，包括数据库技术、学习型算法、可视化技术等，收集、储存、处理、分析、解释有关大学、企业、政府之间要素(知识、人员等) 流动的信息，以描述和测度三重螺旋关系。

2. 三重螺旋的创新模式

Freeman(1982)将经济意义上的创新定义为包括新产品、新工艺、新体系或新装置等的第一次商业交易的实现。Kline 和 Rosenberg(1986)提出链式创新模型，如图 5-3 所示，认为创新的过程并非线性的从研究到生产销售，而是具备相互作用和反馈特征，是更为复杂的非线性过程。

当今的创新日益趋向复杂，无论是创新群体的人员构成，还是创新的目标、过程、结果，都对创新活动造成了深刻的影响，使得创新活动既有网络节点，又有辐射作用区域，已远远超出了线性乃至链式模型。创新可以从科学(S)、技术(T)、R&D、生产(P)和市场(M)任何一种活动开始，如图 5-4 所示。

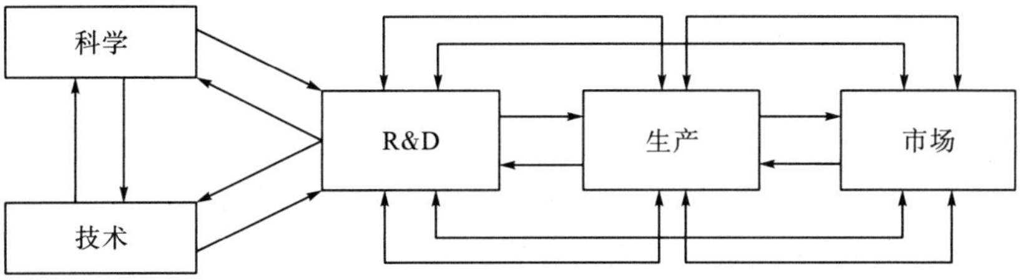

图 5-3　Kline 和 Rosenberg 的链式创新模型

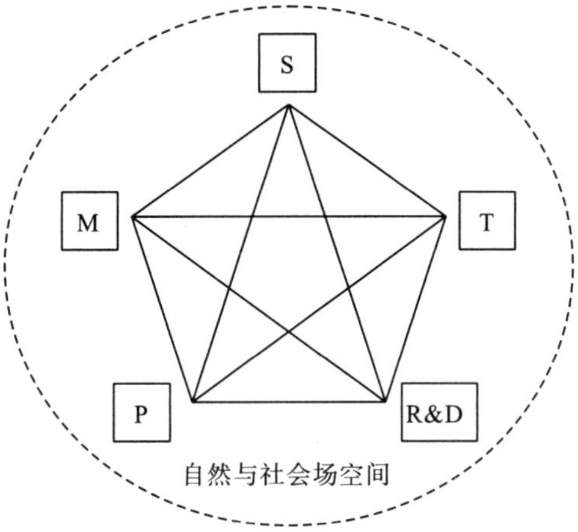

图 5-4　非线性网状创新模型(周春彦，亨利・埃茨科威兹，2006)

同时，三重螺旋理论假定大学(U)、企业(E)和政府(G)三个机构存在互相重叠的部分，在这里，每一个机构都可以扮演其他机构的功能，在三者功能重叠的区域，各个机构互相作用，形成大学科技园、孵化器、衍生公司等混合螺旋组织。每个螺旋具有各自的内核区和外场域，如大学有内核区，与其他机构保持相对独立；同时也有与其他机构相互作用的外场域(图 5-5)。大学(U)能起到产业的作用(创业)，但它不是企业。如果某机构范围不能保持相对独立性，那么它将失去自己的本质特征。

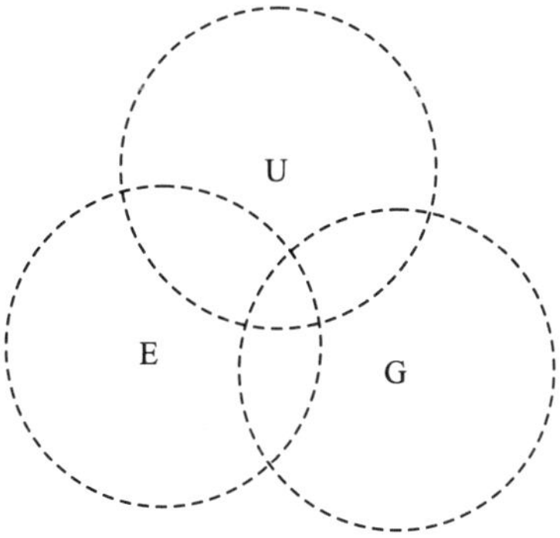

图 5-5　三重螺旋场互相作用模型

三重螺旋理论认为，在成熟的区域技术创新系统内，大学和科研机构通过其组织结构最下层的研究中心、研究课题组以及科研人员等与市场经济建立起良好的对接关系，在创新系统内发挥了强大的技术创新辐射作用，有力地推动了区域经济的发展。例如，Jongwanich 等(2014)以 1997～2009 年的省级面板数据验证了三重螺旋理论中科研机构的作用，认为科研机构对区域创新有非常重要的正向影响，不仅促进区域内不同主体的 R&D 投入，还可以间接拉升区域技术创新梯队水平。三重螺旋理论最初是用于解释科技园区的发展，但它把大学和科研机构视为区域创新系统的知识资产的主要生产者和传播者，显然已经跳出了高科技园区的狭隘范围，对更加广泛的区域经济和传统产业集聚区域的发展具有很强的解释力。

三重螺旋理论认为企业、大学和政府之间的互动互联就是通常所讲的产、学、研合作创新。所谓合作创新，是指企业、大学和政府之间的联合创新行为，通常以合作伙伴的共同利益为基础，以资源共享或优势互补为前提，有明确的合作目标、合作期限和合作规则，合作各方在技术创新的全过程或某些环节共同投入。Sakakibara(1997)等研究表明，合作创新的主要动机可归纳为节省交易成本、独占知识技术、能力异质性三个方面。合作创新能够节省技术转移和技术交换的成本；技术会在产业内及产业间溢出，有的产业技术的溢出效应很高，此时企业为了使研究开发的外部性内部化，便组建合作研究开发联盟；当前的高新技术创新常常依赖多个科学技术领域的合作才能完成，然而很少有企业具有足够广阔的知识，因此参与合作企业之间核心能力的广度和多样性，在各企业核心能力基础上合作产生新的核心能力是企业参与合作创新的一个主要动机。企业合作创新的优势主要体现在以下方面：①分散研究开发成本、降低风险；②获得研究与开发的规模优势；③促进企业间知识的流动，获得企业范围以外的技术专长；④企业合作伙伴间的优势互补；⑤快速获得新技术或市场。

根据合作的紧密程度，产、学、研合作创新的组织方式可以归纳为政府推动、自愿组合、合同连接和共建实体四种。政府推动的合作创新组织有利于将基础研究、应用研究与开发创新有机联结，保持国家引导合作创新的连续性；自愿组合的合作创新组织有利于适应市场需要，迅速开发创新出适销对路的盈利产品；合同连接的合作创新组织具有灵活高效、责利分明的优势，有利于“短、平、快”产品的开发创新；共建实体的合作创新组织有利于长期合作，有利于将技术优势不断扩展为规模经济优势，从而获得技术成果的高收益回报，以此促进区域技术创新能力。

企业、大学、政府三重要素的有机结合已经成为推动现代经济发展的重要力量，世界各国出现的大量围绕大学资源建立的研究联盟有力地说明了三重螺旋理论的实际意义。美国政府于 20 世纪 70 年代以来陆续投资建立了许多科学技术中心和大学—工业合作研究中心。美国这两类中心都建在大学，其目的是：一方面，引导大学面向产业界，发挥多学科的综合优势，从事广阔的跨学科研究，发展新兴学科和高新技术，为传统产业寻找新的出路；另一方面，吸引企业向中心投资，推动产业界支持大学的科研工作和人才培养，从而加强产业界与大学的联系。许多国家和地区在政府的推动下建立了各类中心，如英国已建立了十多个合作研究中心；加拿大仅安大略省就建立了七个高等研究中心；中国台湾也已建立了同步加速器辐射研究中心、生物技术开发中心和材料科学中心等一批工程研究中心。

3. 多种螺旋模型

是否存在着第四重螺旋的问题已成为大学、企业、政府三重螺旋争论的焦点之一。一些学者提出可以将劳动力、风险资本、公众等作为第四重螺旋。劳动力和风险资本可以纳入创新三重螺旋的支撑结构，但公众则需另当别论。公众可能积极支持创新活动的开展，也可能因创新会带来负面影响而反对和限制创新。无论如何，第四重螺旋的引入都可能导致原有的三方相互作用模式失去系统动力，需要一个更完善的模型兼并公众这个重要的维度。

随着科学技术发展带来的社会问题日益增多，公众在社会创新过程中开始起监督和约束的作用，其目的是提高生活质量，而不仅仅是物质生活水平，如各种各样的社会运动和抗议(如反对核武器、性别歧视等)。这部分公众可以是公众代表组织，也可以是大学里的专家学者或者政府官员。因而周春彦和亨利·埃茨科威兹(2006)提出“大学、公众、政府”三重螺旋，作为原“大学、企业、政府”创新三重螺旋的补充。以这种方式可在保持三重螺旋动力的同时将公众因素纳入社会创新系统中。其中，“大学、企业、政府”三重螺旋是推进创新的，而“大学、公众、政府”三螺旋是抑制创新的。两者之间的冲突与协调构成了经济与社会和谐发展的主旋律。

但大部分学者不支持第四重螺旋存在的观点。例如，Leydesdorff 和 Etzkowitz(2003)认为把公众作为第四重螺旋的概念实质上是把公众缩小为另外的私人团体，而不是作为企业创新基础的全民社会。牛盼强和谢富纪(2009)认为这种加入公众的双三重螺旋不是一个标准结构，公众和其他一些因素都应该被理解为三重螺旋中的介质物，即外在环境，这些介质物的存在对三重螺旋会产生一定的扰动影响。

在知识社会条件下，信息通信技术的发展和知识网络的形成使得创新得以突破传统扩散理论，进入创新 2.0 时代。互联网环境下构建的知识网络极大限度地减少了知识壁垒和信息壁垒，以及利于知识被快速检索、运用的知识封装技术使得知识得以构件化和模块化，在线社交网络将几乎所有不同属性的人群黏合在一张网络里，人们可以利用知识网络更快捷地共享和传播知识信息。这些外部环境都促成了一个具有大众创新群体的开放、自由的创新平台(宋刚和张楠，2009)。冯楚建和蒋艳辉(2014)认为三重螺旋存在的困境是研究对象局限在大学、政府、企业的研究范围内，忽略了对其他要素的研究。随着互联网时代到来，虚拟社会沟通交流网络和服务兴起，如在线社交网络(online social network)和在线开放式创新社区(online open innovation communities，也称为 Web 2.0 社会媒体)，大学、政府、企业中的“人”开始融入这些虚拟网络的沟通和交流中。这些新兴的交流方式影响着人创新思维的获取和形成，创新思想的来源更广泛、传播速度快捷、传播方式更方便，形成更开放的创新气候。在线社会网络搭建了一个创新平台，而平台上的人是影响创新的关键因素。冯楚建和蒋艳辉(2014)提出将在线社会网络引入三重螺旋理论中，建立更为开放的创新系统。依据嵌入式理论(Granovetter，1985)，将组成大学、政府和企业组织的个体嵌入组织中，提出引入“在线社会网络”的三重螺旋创新系统。依据 Kline 和 Rosenberg(1986)提出的创新链式模型，学者们给出了引入在线社会网络的创新创作过程，如图 5-6 所示。

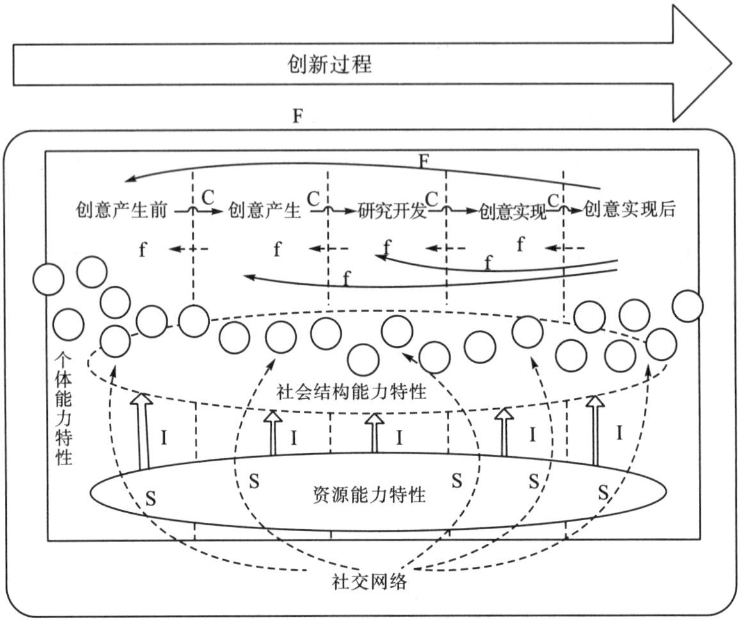

图 5-6 引入在线社会网络的创新过程

注：图中 C 表示创新过程的核心环节，f 表示创新阶段间的小反馈环，F 表示创新阶段间的大反馈环，I 表示基于资源的仪器、机器、工具、技术流程对创新活动的支持，S 表示创新活动中的个体通过社交网络获取信息用以支持创新活动。

该模型秉承了三重螺旋模型所阐释的官、产、学组织机构层面的职能、组织工作的重叠，并进一步深化了官、产、学组织中个体层面的深层次融合，即社会个体通过在线社会网络进行创新思想的探讨、碰撞、筛选、组织、传播。首先，具有潜在创新能力的社会个体通过教育和社交网络的学习交流等内外部资源的积累，具备了创新能力(创意产生前)。其次，具有创新能力的社会个体发现问题，提出问题解决方案，产生创意，并通过社交网络对新创意进行筛选(创意产生)。然后，根据新创意组织创新，形成官、产、学相结合的混合创新组织，进行研究开发，并在开发过程中通过社交网络进行研究方案测试(研究开发)。再次，初步获得新产品后进行新产品的市场化推广，广泛使用社交网络进行产品的宣传和推广(创意实现)。最后，新产品市场化以后，通过社交网络收集用户反馈，持续改进产品，为下一轮创新奠定基础，实现螺旋上升(创意实现后)。

5.1.3 创新网络理论

原生态企业集群竞争优势的基础是一系列具有相互依存关系的企业聚集在某一空间

区位形成的聚集经济，主要基于企业集群内要素禀赋在特定地理区位集中而在生产成本、运输成本、廉价劳动力成本、交易成本、信息成本等方面获得的成本优势，从根本上说是一种静态竞争优势。在集群发展的初期，集群内企业通过彼此之间的协作和专业分工可以降低生产成本，获得竞争优势。但是随着企业集群的演进和市场的不断成熟(集群进入成熟期)，竞争必然更加激烈。这时候，单纯的成本优势是不够的，企业集群往往会因为创新内源力的缺乏而丧失竞争优势。必须转变竞争优势的基础，提高企业集群的学习与创新能力，以赢得动态的竞争优势。企业集群作为一种地方根植性网络，一个关键性特征就是内部企业、供应商、顾客以及其他机构间的互动、互补，通过给予企业集群内企业广泛尝试机会、降低创新成本与风险、增强集体学习机制、扶持企业衍生，赋予企业集群创新活力，最终形成地方化知识和能力体系，成为企业集群长期竞争优势的基础(蔡宁和杨闩柱，2004)。

20 世纪 70～80 年代以来，一些新的经济聚集现象特别是同类产业的空间聚集引起了人们的广泛关注(王缉慈，2001)。在美国、法国、英国、德国以及意大利等许多国家和地区产生了一批飞速发展的产业集聚区，在这些地区，生产同样类型产品的企业聚集在一起，共同发展。新兴的新产业空间理论将这些地区的迅速发展归结为网络式合作中不断产生的创新动力。这些中小企业之间既竞争又合作，合作的形式不仅有正式的战略联盟、合同契约和投入—产出联系，还包括非正式的交流、沟通、接触和面对面的对话。

在重新检验传统经济理论和创新理论假设的基础上，学者们提出了关于群的核心假设，并称为创新相互依赖假设。该假设认为，创新倾向于通过经济网络的前向和后向联系群聚在一起。该假设的另外一种表述是：当代的公司几乎没有单独进行创新的，客户、供应商和知识生产部门之间的密切交往和知识交流很可能推动公司的创新。具体来讲，Marceau (2001)对澳大利亚的研究支持了创新的经济结构中相互依赖假设的含义和产业间密切联系的重要性。其研究表明，澳大利亚的 R&D 水平比较低，是因为澳大利亚许多公司找不到开发新产品和新工艺的合作伙伴，缺乏生产网络和创新网络。事实上，澳大利亚的产业活动主要发生在垂直整合的大型工商企业内，Marceau 认为，澳大利亚创新发生在科层组织中而不是发生在灵活的网络或者群中，创新公司所依赖的创新网络出现了“缝隙”。Fornahl 和 Menzel(2009)发现位于德国北部的下萨克森州、不来梅州、勃兰登堡州的风电产业就业人数排名靠前，而这些州的风电技术专利数量也名列前茅。邹秀萍等(2014)对德国风电技术的研究表明，德国相关产业技术的创新有力支撑了其风电技术的发展。

1. 创新网络的构成和特征

最早对网络与技术创新之间关系进行研究的是美国著名的社会网络学家 Burt(1980)，他指出社会网络(social networks)中存在两个过程对技术创新扩散产生显著影响：一是信息传播；二是社会影响(social influence)的传递。创新的网络概念由罗伊·罗思威尔(Roy Rothwell)提出，他比较了美国和日本两国的创新活动后认为，创新活动建立在广泛的网络和一体化的基础之上。对创新网络概念进行界定的是Freeman，他在1991年发表于*Research Policy*的文章中明确使用创新网络(innovation networks)、创新者网络(networks of innovators)等概念(Freeman，1991)，他认为创新网络是应付系统性创新的一种基本制度安排，网络构架的主要联结机制是企业间的创新合作关系，以实现企业销售和收益能力的提升。国内有学者将创新网络定义为多个企业特别是中小企业为了获得和分享创新资源而在所达成的共识和默契基础上相互结成的合作创新体系(徐华，2001)。网络普遍被理解为一组或一群内的结点(nodes)之间的联系和组织形式。创新网络的特点是网络战略、技术战略、一体化的产品与制造战略以及灵活性，其灵活性包括组织的灵活、管理的灵活、产品制造的灵活，这是企业为适应复杂性和不确定性而采取的理性选择。创新网络理论注重区域内或者是群内企业之间，以及企业与相关机构之间的相互联系、相互作用和相互依赖。

根据对区域边界的不同认识，对区域创新网络的形成有两种思想。一种思想认为区域创新网络的“区域”指的是“技术区域”，是技术创新的理论和实践所形成的可界定时空区域，具有明显的市场性和自发性，主张通过市场培育区域创新网络，如硅谷。在长期的市场化进程中，硅谷逐渐发展出了一种以许多相关企业组成的创新网络为基础的工业体系，有效地促进了企业之间以及企业与其他组织机构之间的集体学习和合作创新。硅谷的创新组织模式和硅谷的商业一样有名(高勇，2006)。另一种思想将“区域”定义为“行政区域”，主张通过政府引导来构建区域创新网络，解决区域内技术创新的产生、扩散以及应用的问题，相对而言是非自发性和非市场性的，如国内的大部分区域创新网络(易将能等，2005)。易将能等将区域创新网络的结构和功能的演化分为三个阶段：为各创新主体提供物理交流平台的初级阶段、为创新主体提供资信交流平台的中级阶段、为创新主体提供整体的产业创新平台的高级阶段。初级阶段主要形成“行政区域”，着眼于单一要素的创新；中级阶段主要形成“技术区域”，着眼于综合要素的创新；高级阶段主要形成“产业区域”，着眼于区域产业整体竞争力的创新。在高级阶段，通过组织模式的创新推动产业创新，进而推动产业的升级和结构优化，从而形成产业和区域的整体竞争优势。

Lundvall(1992)把创新网络分为要素和关系两大组成部分。区域创新网络的主要组成部分是某个专业领域内的各种相关、配套企业，供应渠道的供应商、销售渠道的客户，也包括政府和其他机构，如大学(科研机构)、各种中介服务机构。他们认为，创新网络是一个由区域内各个参与要素之间相互作用和相互联系所形成的具有创新的各种特征的制度安排，在这个网络中创新知识的产生、传播、渗透以及在各个网络结点内部发生作用是整个网络能够存在和发展的重要特征，并强调了网络对于传递可编码的规范化信息和不可编码的隐含信息在实现创新过程中的重要作用。总结起来，Lundvall(1992)认为创新网络理论的功能是：①增加协调性和专有性；②增加组织管理的灵活性；③增强吸收能力；④增强适应能力；⑤增强组织之间学习的能力和效率。Economides(1994)在其题为“网络经济学”的论文中对网络的结构类型进行了较为深入的探讨。他认为，创新网络是区域内多元主体参与的、有多种创新资源流动的、开放的创新系统，是一种新的组合与运作方式，是在一定的地理区间内，功能指向为创新的、以横向联系为主的开放的创新系统。网络的交流是多层次、多通道及相对稳定的。在网络的各个单元之间，在各单元内部的各部门之间，以及在单元的内部部门与外部单元之间都存在着充分的交流。

2. 创新网络与区域技术创新能力

C.M.哈兰德认为，在经济全球化的时代背景下，网络正成为技术创新的一种新的组织形式。她在研究中，分析了传统的创新组织形式。她认为，传统的产业组织形式分为两大类，其一是等级形式，即大企业的垂直组织；其二是市场形式。网络是在市场以外及在等级组织以外，也可以说是介于市场和企业内部等级组织之间的一种新的组织形式，它比市场稳定，比等级组织灵活(Harland，1996)。C.M.哈兰德认识到在等级形式和纯市场形式之外，还存在网络形式，这是产业组织理论上的一次飞跃。结网是创新网络理论的一个重要概念。网络的结点既可以是网络中的一个组织单元，如企业、大学、研究机构、中介机构和政府，也可以是组织单元之间通过交流而产生的具有进一步扩散价值和作用的事物和行为，如交流中产生的新思想、合作研究的新成果等。交流在把结点联成网络时又会产生新的结点。结点密度越大，交流机遇越多、越频繁；交流越频繁，结点越多；结点越多，创新机会越多，创新能力也就越强。

在激烈的市场竞争中，企业纷纷跨越边界选择性地与其他企业和机构结成长期、稳定、互惠的网络关系。这种网络关系，既包括正式的、书面的合同关系，又包括非正式的信息交流。各种交易场所、专业化市场以及讲习会、座谈会、公共食堂、文体活动的场所等为企业充分接触提供了机会。企业家、技术人员、供应商以及用户和中介等在这样的地方面对面接触，交流信息，它们自身也成为网络中重要的结点。

网络化的优势可概括为：使得创新的成本更低、速度更快、反应更敏捷、发挥的潜力更大。网络化意味着个体组织处于普遍联系(横向战略、垂直关系)之中，个体组织不再依赖自身内部的资源，而是更多地利用个体组织之外、蕴藏丁有形和无形的网络之中的资源，它们共享资源、相互学习、交流和模仿。网络提供了比等级组织更为广阔的学习界面，使创新可以在多个层面、多个环节中发生。网络体系深深地根植于区域经济，并且产生了巨大的集聚性和集聚效应，增强了区域技术创新能力，促进了区域经济的发展。

Interreg(1995)具体地描述了一个规范化的网络型区域创新组织模型，该模型强调关键结点特性、信息流动以及命令、建议等是网络型创新系统的关键要素，并说明在政策程序委员会和股东大会中合作与参与的重要性。汪少华和汪佳蕾(2007)以浙江传统特色产业集群为主要研究对象，从区域网络的角度对集群高级化演进的路径与目前所面临的问题进行了探讨，并对基于产业集群的区域创新网络的发展模式进行初步设计。陈傲等(2010)实证研究了创新系统各主体间的分工与协同机制。陈傲认为，三重螺旋理论强调创新系统内产、学、研各主体之间交互作用的增加，官、产、学、研相互作用的模式在某种程度上与创新网络的观点存在一致性。研发合作可以降低不确定性、实现成本节约及规模经济和范围经济，它提供了一种有效的知识溢出、资源交换及组织学习途径。由此，他提出四个假设：区域创新系统内研发主体的联系强度能够促进区域创新产出的提升；企业与高校和研究机构的联系强度对企业新产品产出、区域发明专利产出有正向影响；高校和研究机构对基础研究的投入对企业新产品产出直接影响不显著；高校和研究机构对基础研究的投入对区域发明专利产出有正向影响。以专利产出和新产品产出两类因变量作为衡量区域创新绩效的标准，在以发明专利为因变量的回归模型中，自变量选择研发资金总投入和研发人员总投入。在以新产品为因变量的回归模型中，选择企业研发经费投入和技术人员(包含企业直接研发人员和试制生产过程中各类技术人员）投入作为自变量进行了回归分析。根据实证结果，陈傲认为高校和研究机构的基础研究投入虽然不能直接影响新产品的产出，但可以显著提升企业研发投入对新产品产出的边际贡献率，且具有对发明专利产出的正向溢出作用。产、学、研联系强度对新产品产出贡献明显，但对发明专利产出的影响微小。因此，企业研发活动应多与跨学科、多元化和网络化的创新系统联系在一起，促进创新体系内各主体分工与协同的动态均衡。

邱国栋和马鹤丹(2010)注意到风险投资和技术孵化对区域创新能力的影响，运用系统分析等方法研究了创新孵化与风险投资的互联关系，提出了以“孵化器＋风险企业＋风险投资”为主体的区域创新系统新构架。他从系统动力学理论出发，研究了我国区域创新系统中孵化器与风险投资的互动现象。所谓孵化器，是指一种培育中小企业创新系统的人工环境，而风险投资机构是指依靠专业的科学评估，通过向创新企业注入资本而获得收益的企业。区域创新系统构成要素不能只强调“点”的作用，如企业、政府、大学等，而要重视对系统要素关系的研究。孵化器和风险投资的结合，可以实现区域的信息资源、创业网络的共享。以“孵化器＋风险企业＋风险投资”为主体，并构建与区域其他主体之间的关系网络，如由高等学校、地方政府、中介机构、金融机构等在长期合作交流的基础上逐渐形成的相对稳定的本地区域创新网络，风险企业通过本地网络的嵌入过程中，逐渐扩大了交易对象的范围，与知名企业建立联结、运用战略伙伴拓展社会网络，有助于风险企业技术改造与升级的实现。同时，社会网络各个节点根据风险企业给予它们的反馈对风险企业建立社会认知，形成“背书效应”(endorsement effect)，进而提高企业声誉，形成良好的创新互动环境。

5.2 区域技术创新能力的内涵与结构

5.2.1 区域的界定

英文中，regional 一词所指的区域包含两种不同的情况：①几个国家甚至次洲级地理区域，如太平洋区域、东亚、东欧、中美洲等；②次国家层次，如州、县、城市地区等。Harmaakorpi(2004)认为具有次国家功能的区域，不仅可以由地理距离来定义，而且可以由相关联的距离来定义。这个区域也是可以带来正的外部效应和不断增长回报率的一个自然单元。

近来，演化和制度经济学、网络理论、创新和学习系统、社会学方面大量的文献都集中在经济行为的区域层次出现的问题和挑战上。Tura 和 Harmaakorpi(2005)认为如今的区域已经被看作技术经济和社会制度范式下维持经济协调的必要组成部分。由于研究内容的不同，对于次国家层次的区域概念一般又可以有行政区域、经济区域之分：行政区域是国家出于行政管理的需要，按照法律规范将其国土进行不同层次和不同规模划分而形成的地域管理系统(包括省、市、县等主要层次)。经济区域则是随着社会分工和商品经济的不断发展，使社会经济联系逐渐突破一定行政区域的界限，形成以中心城市为依托的各种区域市场。经济区域就是这种以专业化分工为特色、各种区域市场为基础，在生产、分配、流通、服务等方面具有密切联系、充分协作、较强集聚性特征的地域性经济综合体。随着区域经济自身的发展，其范围常常会发生变化。

行政区域和经济区域在实际运行中是相互影响的地域系统。两者的主要区别有四点。①行政区域是与一定等级政府相对应的政治、经济、社会综合体；而经济区域则是与一定等级的经济中心(一般指中心城市)相对应的自然、地理和经济综合体。②行政区域具有完整而发达的“自上而下”的纵向行政管理系统，其有效运行和职能的实现必须依托这个系统；而经济区域凭借的是发育不均衡的横向经济网络系统，是在经济规律作用下通过市场调节来运行的。③行政区域的运行主体是各级地方政府，它是区域内最高层次的决策主体和利益主体；而经济区域的运行主体是分散的具有独立法人地位的企业，虽然每个企业都有自己的决策权和利益追求，但对一个经济区域的整体而言，它不存在全区性的决策主体和利益主体。④行政区域具有明确和较稳定的区域界定，并具有法律效应；而经济区域界线在实际生活中只具有示意性和动态性特点，没有法律效应。现在区域已经被看作技术经济和社会制度范例下维持经济协调的必要组成部分(Tura and Harmaakorpi，2005)。而区域层次的技术创新也已被认为是区域经济发展的巨大推动力，近年来已经成为国内外研究的热点，“区域”一词在区域经济学理论中，既是一种实体的概念，又是一个抽象观念上的空间概念，往往没有严格的范围和界限，一个地区、一个国家乃至几个国家均可称为一个区域。

本书所关注的区域对于次国家层次的区域而言，以行政区域界限为主。具体做实证分析时搜集省、自治区、直辖市等行政管理单位的数据，如果他们的资源和文化相同，但是技术创新能力不同，这种比较结果有其学术价值。通过对其技术创新能力的研究，可以促进地方的技术创新工作，并有利于为地方政府在进行决策时提供理论依据。

5.2.2 区域技术创新能力的内涵

从前面文献综述中可以知道，学者们对区域技术创新能力的定义并未形成统一的认识。由于区域的技术创新能力是涉及多种复杂因素的综合性能力，因此对这一概念的准确界定是非常困难的。

前文我们分析了国内外学者对企业技术创新能力的研究，从中可以发现，尽管学者们对技术创新能力概念的具体表达方式有所不同。但所揭示的内容有类似之处，他们几乎一致把企业技术创新能力看成是一个由多项能力构成、综合性的能力系统，是企业作为技术创新行为主体能够实施并完成技术创新行为的各种要素的总和，任何一项技术创新要素都不能代表技术创新能力，技术创新能力不是技术创新要素的简单相加，而是多项要素以一定结构方式的有机结合和集成。通过综合国内外学者关于企业技术创新能力定义与结构的基本观点，对我们认识区域技术创新能力有借鉴作用(表 5-2)。

表 5-2　关于企业技术创新能力定义与结构的基本观点

学者	企业技术创新能力定义	企业技术创新能力结构
巴格曼·曼迪奇	便利地支持企业创新战略实现的一系列条件和资源的综合	可利用资源及分配、对行业发展的理解能力、对技术发展的理解能力、结构和文化条件、开拓性战略管理能力
马克·多奇逊	对企业技术成果产业化的支撑能力	技术搜索能力、选择能力、协商能力、实施能力、综合能力、学习能力
曼拉里·韦斯特曼	企业适应环境与组织发展能力的综合	组织能力、适应能力、创新能力和技术与信息的获取能力
莫勒	产品开发能力和组织能力之间的耦合及其由此决定的系统的整体功能	产品开发能力、改进生产技术能力、储备能力、组织能力
巴顿	企业知识系统的知识积累与更新能力	技术人员和高级技工的技能、技术系统能力、管理系统能力及企业价值观
克里斯蒂森	企业开发新产品和新工艺的资源和才能	科研能力、工艺创新能力、产品创新应用能力和美学设计能力
吴运建	企业面向市场要求进行研究开发或引进外部技术、把科技成果转化为商品并推向市场，在经济上获得较大的增长能力	企业技术创新能力的结构是指企业技术创新能力要素间组合、联结的规则，包括：企业技术创新管理、R&D 活动、生产活动、销售活动
远德玉	以技术、产品和生产工艺过程创新、组织和管理过程创新以及经济过程创新三类创新资源在不同阶段的配置和综合利用能力	技术与市场的机会选择能力、技术设计与开发能力、样品制造能力、中试能力、规模生产能力、销售能力与市场开拓能力、市场信息与反馈以及产品更新能力
高建	依靠新技术推动企业发展的能力，即通过引入或开发新技术，使企业满足或创造市场需求，增强企业竞争力的能力	创新资源投入能力、创新管理能力、创新倾向、研究开发能力、制造能力和营销能力
魏江	支持企业创新战略实现的产品创新能力的耦合及由此决定系统的整体功能	组织能力、资金投入能力、R&D 能力、生产能力、市场营销能力

区域技术创新能力属于中观层次范畴的技术创新能力，其决策目标的制定过程是实现宏观创新目标和微观创新目标相互作用和相互融合的过程。区域技术创新能力既是国家技术创新能力的基础支撑和具体化，又是区域范围内企业技术创新能力、大学及科研机构等技术创新能力的综合与集成。基于企业技术创新能力内涵与结构的讨论，并结合区域创新系统的原理分析，我们认为区域技术创新能力具有以下特征。

(1)培育和提升区域技术创新能力的根本目标是增强区域经济增长的原动力。当前，技术“瓶颈”已成为制约我国经济发展的突出问题，这主要表现在两方面：一方面是大量低技术、低附加值的产品严重供过于求；另一方面是许多高技术、高附加值的产品有效供给不足。通过培育和提升技术创新能力，既可以缓解技术“瓶颈”，又可以开发新产品，创造新的需求，实现进口替代，扩大出口，增强各个区域经济增长的原动力，实现各个区域经济可持续的发展。

(2)区域技术创新能力属于经济学概念的范畴。由于约瑟夫•熊彼特所说的“创新”概念是一个经济学的概念，因而由“创新”定义延伸开来的创新能力概念的范畴属于经济学。从狭义的技术创新概念出发，创新能力实际上体现的是创新活动所形成的产品或产业的市场竞争能力，反映在产品的市场占有份额上，在这里制度创新是保证实现市场竞争能力的基础性条件，可以把它作为技术创新的环境条件。

(3)企业、大学及科研机构、中介机构和政府等行为组织在区域技术创新能力形成过程中，发挥着各自不同的作用。考察企业、政府、大学、科研机构、中介机构等经济主体的作用，最终要落脚于“人”的问题。人是区域技术创新能力形成与发展的核心要素，资金、设备等其他要素离开了人力资本要素，终究无法发挥作用。

(4)区域技术创新能力是一个能力组合的概念，它由若干能力要素结合而成。任何层次的技术创新能力都是一种存量，一种具有体现和非体现特性的资源。能力是指胜任工作或任务的主客观条件，把区域技术创新能力理解成一种存量的资源，便抓住了创新能力的本质。

(5)区域技术创新能力具有持续性、积累的特性。现有区域技术创新能力是过去积累的结果，反映的是一种存量水平，区域技术创新能力的每一点提高，都是在增加现有的区域技术创新能力，同时又是再提高区域技术创新能力的基础。因为我们不仅需要了解现有的区域技术创新能力，还需要关注持续的区域技术创新能力。

(6)区域技术创新能力是一个综合性的系统。作为一个能力系统，它不是某一单项能力所能概括的，而是若干项能力要素的综合和集成，但系统的整体功能绝不是各项能力要素的简单相加，而是在相互作用、相互影响和相互制约中发生了协同作用，呈现出一种非线性的关系。因此，同样的能力要素、组合和连接方式不同，其整体效果是不同的。

笔者比较赞同范柏乃对区域技术创新能力的阐述，但在此基础上，结合前面的分析，本书提出以“人力资本集聚为核心”的观点。因此在前述文献分析的基础上，结合Porter(1990)、Lundvall(1988，1992)、Patel和Pavitt(1994)、Tura和Harmaakorpi(2003)、魏江(2002)、范柏乃(2004)等学者的观点，我们认为区域技术创新能力是指：在一个区域范围内，以增强区域经济增长的原动力为目标，充分发挥区域技术创新的行为组织，包括企业、大学及研究机构、科技中介服务及金融机构、政府等的技术创新积极性，以人力资本集聚为核心，高效配置技术创新资源，将技术创新构想转化为新产品、新工艺和新服务的综合能力系统。

在此定义中，我们强调以“人力资本集聚为核心”，在其他学者们的定义中没有明确这一点。依据集群理论：企业在群中的聚集使专业基础设施、法律、金融和其他的专业服务得以发展，特别适合其需要的人也会聚集到那里。三重螺旋理论中，无论哪一种螺旋都离不开人的作用，即无论哪个部门都离不开人的作用，在相互合作过程中，在知识流动过程中，都离不开人力资本的集聚。同样从网络理论的角度：企业家、技术人员、供应商以及用户和中介人等在这样的地方面对面地接触，交流信息，它们自身也成为网络中的重要结点，我们认为这也意味着人力资本的集聚。

5.2.3 区域技术创新能力系统结构

区域技术创新能力结构是指以人力资本集聚为核心的，区域技术创新能力构成的基本要素及其相互组合的联结方式。区域技术创新能力是一种整体功能，从不同角度分析，其结构要素各不相同。无论从什么角度分析创新能力，创新能力是一个能力组合概念的基本特征没有改变，它由若干能力组合而成。

区域技术创新能力是一个开放的系统。区域技术创新能力不仅仅是运用区域内部创新资源的能力，在信息传播技术高度发达的现在，区域技术创新体系保持着与外部信息交流的开放边界，充分吸收和利用外部的先进科学技术，丰富自己内部的创新资源，提高区域系统内的技术创新能力。这种开放性表现在区域技术创新系统不断与外界进行物质、能量和信息的交换，我们可以把区域外界的创新资源(包括人才、资金、物资、技术和信息)看成是区域技术创新系统的有机组成部分，以便根据技术创新的需要调动和吸收区域外部的创新资源，充实和完善内部的能力结构，同时还可改造外部环境，创造出更加适合的生存条件。

完整的区域技术创新能力系统，应该是区域内在能力和外界环境所能赋予的能力要素的有机结合。为此，有必要引入区域技术创新能力空间的概念，这样可以在更广阔的范围内实现创新资源的配置。我们把一个区域可以有效地组织和调用的外部能力要素的集合称为区域技术创新能力空间，它表征了区域内部技术创新能力系统与外部能力要素间的合作与联系，对于现代区域来说，要完成高层次、大规模的技术创新活动，单靠自身的创新资源显然是有限的，必须善于组织和调动区域外部的技术创新资源，利用外部的能力要素，以弥补自身创新资源的不足。

结合区域技术创新系统的形成思想，从区域技术创新的过程分析，我们认为区域技术创新能力的基本要素分为 4 个部分：区域技术创新潜力、区域技术创新投入、区域技术创新产出、区域技术创新环境(对于这 4 个组成部分的分解指标将在第六章指标体系设计时具体展开)。这四个方面的能力相互联系、相互影响、相互作用，共同构成区域技术创新能力系统(图 5-7)。后文研究主要在此概念框架下进行，指标体系的设计以此为基础。并对其四个方面做进一步的分解。

区域技术创新潜力反映了区域所拥有的科技实力，即区域对技术创新要素的拥有情况，强调了区域技术创新能力的可持续性。

区域技术创新投入反映了政府、企业、高校等行为主体的活动，这些活动促使技术创新得以顺利进行，为区域技术创新活动提供技术创新资源。

区域技术创新产出既衡量了直接产出的能力，又反映了技术创新带来的经济效益和产业格局的变化。投入、产出方面的指标是用来衡量政府、企业、大学等创新主体将拥有的科技实力转化为技术创新成果的能力，同时也可度量技术创新的生产力实现和扩散的能力。

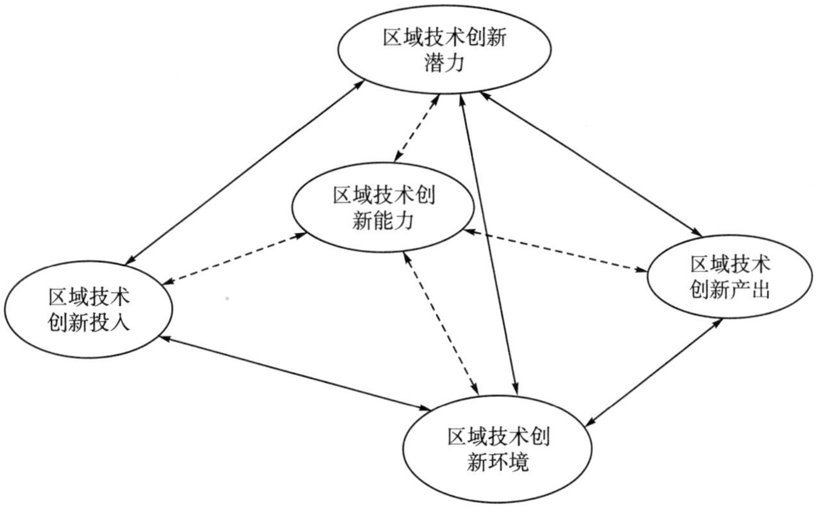

图 5-7　区域技术创新能力系统构成图

区域技术创新环境对于投入产出而言是一种支撑关系，起到基础保障和支持作用，这一要素不仅影响着区域创新资源组合与运作的方式，还从观念、人文环境等方面影响着区域技术创新能力，最终影响和制约着区域技术创新能力的提高。

5.3　区域技术创新能力形成的行为组织分析

一般而言，在区域技术创新能力的形成过程中，区域技术创新行为组织主要包括企业、大学和科研机构、中介服务机构、金融机构和政府等。这些行为组织在系统中相互协作、相互影响和相互协同，从而形成和培育区域技术创新能力。

区域技术创新能力的形成需要这些组织的行为活动。具体地讲，这些行为组织包括：跨国公司和大型企业集团中专门设置的试验研究机构或技术中心；广泛分布的产业技术研究与服务机构；各具特色的工业设计院所；国家支持的科研战略工程，如国家 863 计划、火炬计划等；经济技术开发区、高新技术产业开发区、产学研联合体、技术创新孵化器，工业化试验生产基地、新技术推广服务中心、科技信息咨询服务中心、中介服务机构等。当然，不同区域的具体单位会有所差别。

5.3.1　企业

1. 企业是区域技术创新的主要行为组织，即技术创新的主体

企业作为技术创新的主体，主要表现在企业是技术创新投资主体、研究开发主体和创新利益分配主体。企业作为管理机制创新的主体主要表现在企业是用人机制、激励机制、经营机制创新的主体。技术创新主体是指在技术创新过程中，具有创新需求和创新能力并

借助一定的创新客体的活动组织，第一章已经分析了企业的技术创新能力。那些不参与技术创新活动的组织，不能被称为技术创新主体；而缺少创新需求和缺少创新能力的组织，虽然参与创新过程，仍不构成现实的技术创新主体。因此，在区域技术创新体系中，企业作为技术创新的主要行为组织，仍然是技术创新的主体。企业在技术创新过程中扮演最重要的角色，这是由技术创新的内在要求和企业在市场经济中的地位决定的。技术创新不同于传统意义上的科研活动，它强调科技活动必须与市场直接关联，市场需求是技术创新的基本点和落脚点。技术创新活动从研究开发、生产实践直至实现商品化、产业化的全过程必须紧紧依靠企业，坚持以企业为主体。离开企业这个主体，技术创新活动就成为无源之水、无本之木，技术成果的运用就缺少有效的载体，技术开发就失去不竭的动力。

邵云飞和唐小我(2003b)认为："创新主体"是一个相对的概念，是基于技术创新全过程而不是基于对该过程某一环节或片断的考察，对于特定的创新活动而言，一般有多个个人或集团共同参与和协作才能完成，即创新往往有多个行为承担者，不同承担者的作用不同。把企业作为技术创新的主体，就是把技术创新活动中在概率意义上具有主导作用的承担者——企业突现出来。主体没有绝对的意义，他不否认其他参与者的作用，只意味着对主从关系的区分。在技术创新活动中，企业、政府、科研机构和大学、金融机构都是参与者，但是企业居于主导地位。邵云飞和唐小我(2003c)用翔实的数据图表描述了我国企业没有成为技术创新主体的统计特征，并分析了阻碍我国企业成为技术创新主体的主要因素，提出了让企业成为技术创新主体的具体途径和建议。

作为区域技术创新主体的企业，主要是指那些具有自主创新能力并对创新有明显需求的企业。作为缺乏足够的实力来营建自己的 R&D 的小企业来说，尤其是从事传统产品生产的企业，基本上无法承担需要大量资金和人力资源投入的研发活动。但是这并不意味着小型企业也无法完成创新活动。在区域技术创新中，小型企业与大型企业同等重要。大型企业具有强大的资金和技术实力，使它们有能力从事产品创新与大规模的工艺创新，而小型企业机制灵活，创新动力大。小型企业依靠地区知识网络取得对创新过程的重要投入，可以借助外界的研发力量从事创新，也可以通过企业之间的联合，组成企业群，共同分担创新的成本，分享创新的成果。小企业通过社会网络关系克服了资源紧缺、研发费用不足、人力资源有限的劣势，在区域技术创新中发挥了创新机制灵活、创新效率高的独特作用。

2. 企业家的选择

企业家、研究与开发人员以及市场开拓人员是企业技术创新的直接承担者。企业家是企业技术创新的组织者，在技术创新活动中处于主导地位；研究与开发人员从事新技术的研究与开发，在技术创新活动中处于关键地位；市场开拓人员在技术创新活动中处于不可或缺的地位。因此，企业技术创新能力体系的构建主要包括企业家的选择、研究开发队伍的组织和创新型市场营销队伍的建设等重要方面。

企业家是创新活动的组织者和领导者，在企业技术创新过程中处于主导地位。重大的创新性活动成败的关键在于对创新活动进行创造性的决策。能否从众多的创新机会和创新环节中遴选出适合企业特点的创新方案是衡量企业家是否具有创新能力的一项重要标准。因此，企业家不仅需要具有全面的知识、丰富的经验和良好的心理素质，更重要的是要具备对现状的永不满足、对新技术的强烈兴趣和对市场的敏锐洞察力等创新特征。

3. 研究开发人员是企业技术创新活动中新产品、新工艺的研究开发者

研究开发人员的创造性主要表现在：对技术发展机会的创造性的选择；对新产品、新工艺的创造性开发和对研发的新产品、新工艺通过中试和试生产把新产品、新工艺推向实用化。研究开发人员应该具备信息捕获和处理、发现问题和提出问题、分析问题和解决问题及实际操作等多种能力。其核心任务就是为企业及时研究开发具有市场前景的新产品。当然，一个企业的技术创新水平不是取决于某一个或某几个研究开发人员的水平，而通常是由企业研究开发队伍的整体水平决定的。因此，对于企业技术创新管理工作而言，面临的一项重要任务是合理地搭配研究开发力量，建立合理的企业研究开发队伍。合理的研究开发队伍不仅体现在年龄、学历和职称等的合理搭配方面，更重要的是要尽可能地让研究开发人员在知识、能力和个性等方面具有较强的互补性。

对于研究开发活动的管理人员来讲，还需要具备计划、组织、控制和协调等管理能力。这一点也非常重要，因为研究开发过程是多阶段的，可以分为产品构想、开发设计、试制投产三个阶段，每个阶段又包含多个子环节。同时，研发过程也不能与企业的其他工作割裂开来。实际上，在研发过程的各个决策点进行决策时，参与决策的人员不仅包含企业的最高决策者，也要包括财务部门、营销部门、生产部门、采购部门、人力资源部门等各方面的人员，这样才能保证最终的决策不脱离企业与市场的实际状况，避免出现错误决策。另一方面，在整个研发过程中，前一阶段的行动与后一阶段的行动也不是完全割裂的，研发部门的工作服务于企业的整个发展战略，因此，在各个过程之中有着其他部门相配合的并行过程(徐晓刚等，2001)，如表 5-3 所示。

表 5-3 技术研发各阶段的并行过程

	概念开发	总体设计	详细设计	测试与改进	投产
市场活动	确定细分市场，辨识主要客户，明确竞争产品	拟定产品及系列产品的开发计划	制订采购及销售计划，协助进行产品测试	进行产品测试和改进	第一批产品供应给核心用户
设计活动	提出可行的产品概念，开发产品概念，建立概念原型	确定产品的结构体系，确定产品的主要子系统和界面，改进工业设计	确定子系统结构，选择原材料，确定详细参数，完成设计控制文档	进行可靠性、生命周期和性能测试，改进设计	确定早期产量
制造活动	预估产品制造成本，评估生产的可能性	确定产品的结构体系，确定产品的主要子系统和界面，改进工业设计	确定零件加工过程设计生产设备，设计质量保证体系，制造主要的生产设备	协助供应商生产部件，改进生产和装配工艺	全面启动生产系统
其他活动	财务：协助进行经济分析。法律：调查专利状况	财务：协助进行自制、外购分析。服务：拟定产品服务计划	采购：拟定采购计划。销售：拟定销售计划	人力：培训工人。采购：材料采购	—

资料来源：根据《产品开发过程重构与实践》(徐晓刚等，2001)的第 26 页修改

4. 创新型市场营销队伍的建设

市场开发人员是企业技术创新活动不可或缺的重要组成部分，是区域技术创新能力形成与提升的环节之一。市场营销是技术创新活动的最后一个环节，但却非常重要，有时甚至是决定性的。统计数据表明，因市场营销活动不成功而导致技术创新活动失败的比例大约为六成。在市场竞争日趋激烈的条件下，市场开发人员肩负的任务一方面是寻找和开发市场、推销产品和提供售前售后服务；另一方面是为企业进行新产品开发搜集情报信息和及时捕捉市场商机。市场营销人员在技术创新过程中的创造性集中体现在市场机会发现和市场机会创造两个方面。因此，市场开发活动需要具有创造性的成员来承担。这就要求市场开发人员不仅需要具备高超的市场营销技能和良好的人际沟通技能，而且还需要具有较强的市场调研、分析、预测和判断能力。因此，培训和造就一批富有创造精神和创造能力的市场开发人员是企业技术创新能力体系建设的一项极其重要的任务。

5.3.2 大学和科研机构

大学和科研机构是区域技术创新的母体。大学的创新功能是培养创新人才、从事科学研究、传播科学知识和参与科技成果转化。科研机构是区域技术创新能力系统的重要组成部分。科研机构在区域技术创新系统中的功能是从事科学研究、科研管理创新和参与成果转化。从事科学研究的功能主要表现为：向企业提供技术成果、向政府提供决策咨询；科研管理创新主要表现在科研项目管理机制、用人机制和分配机制等方面的改革和创新；参与成果转化是指科研机构与企业联合开展技术创新。部分学者专门研究了区域创新系统中科研机构，尤其是大学的作用。Reveiu 和 Dardala(2013)探讨了大学在区域创新集群中的作用，以罗马尼亚为例，验证了大学在区域创新系统中的积极作用，尤其对促进高技术产业集聚区域的创新过程有关键的影响。Acs 等(2012)研究了区域竞争和大学知识溢出对创业型企业的创新活动的影响，实证研究认为区域的竞争激烈程度和大学的知识溢出效应是培育创业型企业的创新活动的重要因素。Jongwanich 等(2014)验证了三重螺旋理论中科研机构的作用，根据该理论，科研机构应该对区域技术创新能力有直接或间接的影响。作者通过采集中国 1997～2009 年的省级面板数据，以专利作为创新能力的衡量指标进行了实证研究，结论认为科研机构对区域创新有非常重要的正向影响，且可促进区域内不同主体对 R&D 的投入，间接拉升区域技术创新梯队。国内学者如施星国等(2009)、张明(2005)也做了类似研究。

大学和科研机构是技术创新源和知识库。一般来讲，知识可分为科学知识和技术知识两类。科学知识的特征是增加人类对客观世界的认识，一般没有直接、特定的实用意义，是“公共产品”。但科学知识是技术知识发展的基础，对社会经济发展和竞争力的提高有着深远和广泛的影响。由于科学知识与实际的生产应用有较大不同，企业不能立即见到经济效益，因此它们对科学知识的生产兴趣不大。为了使科学知识产生最大的公共利益，实现其社会目标，美国、日本和德国等国家的政府承担着大部分的科学知识研究与发展的投入，其主要投入在基础研究和应用基础研究中，由大学和国立科研机构来执行。另外，企业也不同程度地开展自己的基础研究，其目的并不仅仅是要创造多少科学知识，而是要掌握该领域的发展动态，以捕捉新出现的商业机会。

在知识经济时代，大学和科研机构在技术创新能力系统建设中的作用显得越来越突出，因为企业的创新活动越来越依赖它们所生产的知识。大学和科研机构是从事科学研究、知识创新、技术开发及传播知识的主体，对形成技术创新能力的作用体现在以下方面。

1. 大学和科研机构为技术创新输送和培养人才

大学和科研机构作为传播知识的摇篮和探索真理的园地，聚集了丰富的人力资本，培养了大批的科技人才。培养创新人才主要表现在：为形成和提高区域技术创新能力培养并输送人才，为区域技术创新系统内的企业组织培训人才；在知识经济时代，科技人才在加快发展高新技术产业、培育和提高区域技术创新能力中的作用越来越突出。在培养高素质人才方面，大学和科研机构起到了关键性的作用。它们为创新提供新知识、新技术的培训和人才的继续教育，这是一个地区是否能保持持续创新的关键。在知识经济的背景下，一个区域为了取得科学、技术在世界上的领先地位，必须拥有一大批从事基础科学和尖端技术研究的杰出科技人才，在这方面大学和科研机构可以发挥独特的作用。

2. 大学和科研机构是企业技术创新的技术源

科学研究是指大学开展理论科学和技术科学的研究，为区域技术创新能力系统提供科学与技术储备；传播科学知识是指大学是区域技术创新系统内部学术和技术交流的中心，是传播科学技术的载体。

大学和科研机构集中了先进的仪器设备和重要的试验基地。一个区域的大学和科研机构其实力和水平决定着科技是否可以为当前的经济发展提供研究成果，以及从外部引进科技时，能否很快地加以使用、消化和吸收。国内外区域发展的经验表明：一个地区如果没有相当数量和实力的大学和科研机构，就不可能有充足的知识与技术储备，就不可能很好地消化、吸收引进的技术，更不用说形成和培育技术创新能力。大学和科研机构不仅通过科学研究和知识创新，为地区提供丰富的知识与技术资源，而且通过技术转让和扩散为企业技术创新提供技术，通过与企业合作研究，接受企业委托研究等方式为企业创造大量的科技成果，也就是通常我们所说的产、学、研一体化的技术创新合作方式。同时，大学和科研机构可以为企业技术创新提供信息、标准、测试等技术服务，并利用其智力优势，帮助企业消化、吸收引进的技术，促进企业的学习过程，使其尽快掌握引进技术。

3. 科研成果产业化

科研成果产业化是指大学和科研机构参与企业的技术创新，并将科技成果转化为现实生产力。大学和科研机构沉淀了大量的技术创新成果，可以直接将自己的科技成果实现产业化，在产业化科研成果时，还催生了大批科技型企业，这些科技企业又成为科研成果产业化的孵化器。例如，由清华大学五家校属企业“捆绑”组建的清华同方股份有限公司，将清华大学作为同方公司最大的技术知识源，并从中发现、筛选出和市场结合较紧密的科技成果，通过“技术+资本”的科学运作，二次开发并孵化出新产品、新企业甚至新产业，从而使清华同方股份有限公司成长为超常规快速发展的知识型企业。

正是大学、科研机构直接融入区域的技术创新活动中，与当地企业密切合作，为知识在区域技术创新系统内的重新组合以及技术的不断扩散提供了更多的创新机会。根据统计，硅谷的一半收入是由斯坦福大学600多个衍生公司所创造的。同样，北大方正集团和联想集团也是依托大学、科研机构的力量而诞生的。

5.3.3 政府的协调组织作用

技术创新理论的奠基者约瑟夫·熊彼特认为，由于技术创新是高投入、高风险的，只有大企业才有能力承担技术创新的投入与风险，中小企业由于实力薄弱、资金和资源不足，难以实现技术创新(路甬祥，1998)。因此，政府需要在技术创新活动中有所作为，平衡大、中、小企业的利益，使得社会经济能获得健康持续的增长。之后，Arrow（1962a)强调了技术创新溢出性特征的存在并要求政府在创新中发挥积极的作用。具体来说，由于技术创新具有公共产品的特征，其往往会带来价格溢出与知识溢出两种正向的溢出效应(Griliches，1991)。其中，价格溢出是指创新产品或服务所带来的价值增加，并没有完全体现在价格差异上，知识溢出则是指技术创新知识可能通过专利、交叉许可协议、研发人员的流动性和投入品购买等形式溢出到竞争企业却没有给原创新主体提供足够的补偿。溢出效应的存在，极大地降低了企业开展创新活动的主动性和积极性。这是因为，一方面，溢出效应减少了创新主体的创新回报，使得创新的社会收益率大于创新主体的私人收益率，导致企业不愿意增加创新投入；另一方面，溢出效应的存在，使得那些没有开展创新的企业也可以通过成本较低的技术模仿行为获取“免费搭便车”的利益。溢出效应的存在，导致企业创新投资的不足。在这种情况下，需要政府支持来补偿企业创新活动的外部性以增加企业的创新收益，从而达到促进企业创新的目的。因此，政府支持可以促进企业创新。

区域技术创新系统内的技术创新能力是由在一定制度、组织和文化背景下所进行的技术活动而产生的，市场在激励技术创新方面具有自我组织、自我加强的作用，但市场在激励技术创新方面，也存在若干缺陷。例如，市场并不能自己创造有利于技术创新的外部环境，市场本身并不能保证造就一个最有利于科技发展和技术创新的市场结构，因而很难使科技的发展和创新活动处于社会需求的最优水平。基于市场在激励区域技术创新能力方面所存在的局限性，政府应从整个区域的全局角度，在协调区域技术创新能力系统中发挥积极的作用。政府作为区域技术创新能力系统中的行为组织之一，在技术创新中起到了十分重要的作用，政府凭借自身的特殊地位，利用经济、行政、法律等各种手段对区域技术创新系统进行宏观调控，承担起启动、引导、激励区域技术创新的重要作用，以达到各地区技术创新所期望实现的目标。

1. 启动技术创新能力的形成

政府作为区域技术创新能力系统中的重要组成要素，既是区域技术创新活动规则的制定者，也是区域技术创新活动的直接参与者。因此，政府扮演着双重角色。政府的具体作用主要体现在以下方面。①协调机制运行。政府作为具有特别权力的行为组织，拥有其他行为组织无法比拟的优越地位，应该利用其特殊的身份协调创新主体的行为，消除创新主体的矛盾，创造尽可能多的合作机会。②参与机制运行。政府也是区域技术创新活动的重要参与者，它可以以与其他创新主体相平等的身份来参与具体的创新活动，弥补市场作用的缺陷。

政府应加速法律制度的创新，建立健全有利于企业技术创新的制度和政策体系，包括与技术创新直接相关的技术标准、风险管理制度、知识产权制度、奖励制度、评价体系、科技咨询和服务体系、税收制度、政府采购制度等，以及与市场机制健全有关的合同、人事、雇佣等制度。此外，技术创新的制度还包括有关的社会文化价值观，技术创新的社会文化基础，为企业建立健全创新机制提供良好的环境。

2. 引导技术创新能力的形成

通过政府的直接投资及项目、财政、税收等方面的优惠，引导带动社会各方面对技术创新的投入，为企业技术创新能力的形成创造各种合作机会，以培育企业技术创新能力。规范机制运行，发现和确立新型、更加有效和高效的运行机制，用来规范区域技术创新能力系统中各个行为组织。在区域技术创新能力的形成过程中，各个区域的政府给企业技术创新提供应有的法律法规，以保障企业创新的权利和规范企业技术创新的行为。同时，为了有效地促进区域间的国际交流和合作，政府需要建立必要的规章制度，对国际交流与合作所涉及的各方面内容，从政策法规到具体实施等各个环节的工作都要有明确的规定或制度，使之走上制度化、规范化、科学化和标准化的轨道，并培养国际交流与合作管理队伍。

3. 激励技术创新能力的形成

在某区域内政府的激励政策应包括：鼓励发展高新技术产业，创办高新技术企业，开发高新技术产品；鼓励企业建立产、学、研长期稳定的合作机制，开发具有自主知识产权的核心技术和名牌产品，确定一批产、学、研开发重点建设工程，进一步探索服务模式和运行机制；鼓励科研院所从事研究开发的人才走向企业，面向市场；允许科技人员入股和参与分配，并对有重大创新成果和突出贡献的科技人员实行重奖，调动企业技术创新工作的积极性等。

各区域的政府可以通过给技术创新提供税收优惠政策等手段，促使企业自发或由行业组织牵头，加强企业间的联系，以共同开发、共建研发机构，形成产业集群等形式，促进企业之间的知识流动，刺激企业技术创新的欲望。各区域的政府可以促使企业与公共研究机构紧密联系。各区域的政府可以适时策划组织社会多方面参与的重大科技活动，提供相应的政策，使企业可以分享这类科技成果。政府应通过政策、项目等手段，排除那些阻碍有效的合作研究活动和人才流动的制度壁垒，打破不利于产、学、研结合的障碍，引导并促使企业与科研机构之间依靠双方的利益驱动，建立产、学、研密切合作的创新网络和整体化系统，政府可以推动以技术创新中介机构为重点的服务体系建设，使各个区域的政府成为联结研究机构与企业之间的纽带和桥梁，使之在技术创新能力的形成过程中发挥催化剂和加速器的作用，以此来激励技术创新能力的形成。

5.3.4 科技中介服务机构

1. 对区域技术创新能力形成的影响

在区域技术创新的能力系统中，在形成区域技术创新能力的过程中，科技中介服务机构的重要性应该是非常重要的。技术创新的实践表明，创新主体的建设与科技中介服务机构的建设是不可分割的。促进技术创新主体建设的政策必须与促进创新服务体系建设的政策同步推进，互相配合，才能产生良好的效果。在向市场经济转轨的过程中，各个区域政府在直接支持创新主体建设中的作用变得越来越有限。因此，技术创新活动越来越需要有良好的创新服务体系为其提供支持和帮助。而这种创新服务体系一般是不可能靠市场推动自发形成的，需要政府强有力的支持。政府对创新服务体系建设的支持将成为政府支持技术创新主体建设的一个重要方面。

科技中介服务机构是市场机制的重要载体，是联系科技与经济的纽带，是衔接区域技术创新能力系统中创新主体的桥梁，是创新资源优化配置的促进力量。科技中介服务机构的技术创新功能体现为以专业知识和专业技术为基础的服务创新。技术创新是涉及科技与经济活动的复杂过程。企业在技术创新过程中，都会遇到在短期内自身难以解决的一些问题，迫切需要有社会化的科技与经济服务体系为其提供支持与帮助。加强技术创新服务体系的建设，就是要建成这样一种有利于促进企业技术创新的社会化科技与经济服务体系。广义的技术创新服务体系包括科研支持服务体系、中试支持服务体系、生产支持服务体系等。狭义的技术创新服务体系则仅指科技中介服务机构。加强技术创新服务体系的建设，重点是加强科技中介服务机构的建设。

科技中介服务机构，主要指在技术创新过程中，在技术的供方和技术的用方之间起桥梁作用的机构及活动。科技中介服务机构既包括提供各类中介服务活动的专门中介机构，也包括从事一定中介服务活动的大学、科研院所、企业、社团及政府部门。科技中介服务机构的活动范围广泛且多样化，随技术创新活动的需求而发展。从目前科技中介服务机构的活动发展来看，主要可分为三类：一类是对科技成果做进一步修改和完善的工程化、中试和设计等方面的服务，如工程技术研究中心、技术开发中心等；一类是为解决技术创新过程中的各类问题提供信息和解决办法的各种咨询服务，如生产力促进中心、创新咨询公司等；还有一类是为技术创新活动提供场所、设备等硬件的服务，如高科技园区、创新中心、孵化器等。从所支持的技术创新要素来看，技术创新中介服务机构可以分为：提供资金支持的资金中介、提供技术支持的技术中介、提供信息支持的信息中介、提供人才支持的人才中介。

在科技中介服务机构提供的各类服务中，以中介咨询服务最为普遍。虽然科技中介服务机构的服务对象既可以是技术的用方，也可以是技术的供方，但科技中介服务活动支持的重点是用方，即企业，特别是中小企业。当然，科技中介服务机构可以为大企业服务(如果大企业需要的话)。但由于大企业一般自身能力较强，科技中介服务机构的服务对它们可能并不重要。中小企业则不同，它们不像大企业那样有较强的研究开发能力和专家资源，在创新的过程中常常会遇到自身难以解决的一些难题。科技中介服务机构正是为了帮助中小企业解决技术创新过程中的难题而发展起来的，它们是中小企业技术创新能力的有力补充，因而对中小企业具有较重要的战略意义。

2. 科技中介服务机构的发展模式

在大多数国家或地区，科技中介服务机构经过开始阶段的创业，至今在行业自律、运行模式、适用政策等方面已取得一定经验；在服务内容、业务水平、核心能力、市场空间等的开拓和培育上，也都有了不同程度的进展。例如，一些国家和地区充分利用互联网来建设和提供便捷、高效的在线科技中介服务，使互联网既成为科技中介服务的新兴载体与工具，也成为一种新型的虚拟科技中介服务形式，互联网在开展科技中介服务中所具有的独特功能正越来越受到重视和完善。特别是欧美发达国家科技中介服务机构形式多样，业务面广，竞争力强。我国的科技中介服务机构尽管整体上都处于上升阶段，但与发达国家比较，还有差距。

选择什么样的科技中介服务机构发展模式，会受到诸多背景的影响，从当前各国总体情况看，比较盛行的是非营利性机构和营利性机构并存，但逐步转向以营利性机构为主的发展模式。非营利性机构大部分是由政府主导成立(半官方性质)或与政府有着千丝万缕的业务关系，主要是不以营利为目的，推进政府主持开发的科技成果产业化或向政府、企业提供科技咨询、发展导向等工作。这类机构在各国或地区都有存在，但在发展中国家和地区较为普遍，如部分科技园(包括孵化器)、技术中心、技术市场、生产力促进中心等。营利性机构主要由社会团体或个人以股份合作制的形式，进行企业化经营，并以获取利润为根本目标。这类组织在成熟市场经济的国家已成为主要发展模式，并以其专业化、高质量的服务，不断拓展海外科技中介服务市场，如美国的安达信公司、兰德咨询(中国)有限公司，英国的英国技术集团科技中介公司等(余晓，2001)，这是值得我们借鉴的模式。

3. 科技中介服务机构的运行机制与功能

运行机制是科技中介服务机构对外提高服务效率、对内实现规范管理的基本组织保证，一般来说，不同发展模式决定了不同的运行机制。在发达的市场经济国家，营利性机构在完备的法律规范下，依照市场机制和现代企业管理方式，以法人地位独立开展业务，享受市场基本权利并承担相应的义务。即便是非营利性机构，在一些具体业务操作上，也是以市场化运作机制为基础的，如德国产品技术中心(陈自芳，2000)。在科技项目资金的扶持方面就有严格的评估程序和明确的权责规定，以体现政府投入资金的高效原则。发展中国家非营利性机构的运行机制大多体现出半官方的行政化色彩；营利性机构则大都处在现代企业制度的建立与完善期，目前还缺乏市场化综合运作与创新能力。

发达国家的科技中介服务机构，借助国内相对良好的发展环境和要素支持，又抓住全球化这样的难得契机，一般都发挥出了应有的“加速器”“推进剂”“智囊团”等方面的积极功能。例如，美国一些科研型大学，不断通过组织创新来实现科研成果转化机制向社会化转向(Etzkowitz and Peters，1991)。对我国来说，应明确划分目前各类科技中介服务机构的发展模式，将政府经营或挂靠的各类性质科技中介服务机构实行社会化转制，实现独立经营，自负盈亏；对必须保留的部分公益性科技中介服务机构，也应实行企业式的经营管理机制，以提高其服务的效率与水平。

技术创新是一个复杂、多环节密切连接，并与所在环境互动发展的社会巨系统，科技中介服务机构仅是其中的中间环节，其功能与作用的发挥主要依赖技术源头的供给水平和提供的有效价值量，以及市场需求的欲望和购买能力。美国等发达国家通过积极的技术政策来保证实现科技与经济间相互进入与高效融合(Rosenberg，2000)。因此，中国当前发展科技中介服务业，除了有发展这一行业本身的需要，最主要的应意识到科技中介可以使我国当前在上游积累下的大量科研成果顺利进入下游，改善下游企业的运行质量和竞争力，并实现上游自身的经济和社会价值；同时下游的有效需求信息又能及时通过科技中介反馈到上游，实现上游与下游间的有效沟通与合作甄选，并形成互动发展的局面，这必将提高我国有限社会资源的创新效率和整合水平，从而进一步激活我国的技术科研资源和有效市场需求，提高技术创新能力。

综上所述，技术创新中介机构的功能和活动随着人们对创新过程认识的深化而发展，随着创新过程中用户需求的变化而变化。总的趋势是活动多元化、功能整体化。在西方发达国家，中介服务机构包括公共和民营两部分，公共中介服务机构是指由政府推动和支持的机构，民营机构是指主要由市场推动的机构。公共中介服务机构的主要作用集中体现在：以直接或间接的方式，为创新提供支持和服务，包括为技术创新提供良好的环境，引导和支持某些关键技术领域；民营服务机构的作用则是通过商社、咨询机构、个人、专门的技术中介机构等为创新服务，由此可见对区域技术创新能力的形成有其独到的作用。

5.3.5 资金的供给及金融机构

技术创新过程包括基础研究、应用研究、中间试验、样品试制、商业化和产业化等若干发展阶段。由于不同发展阶段具有不同的风险特征，因此不同的资金供给体介入的阶段是有所区别的。一般地，基础研究应主要以国家投入为主体，商业化和产业化阶段应主要由企业和银行来投入，而中间试验和样品试制则应通过企业自身、风险资金和国家提供一部分种子基金来解决。因此，在技术创新的初期和市场开拓期最需要国家的帮助，一旦进入市场化，则完全是企业化和市场化的行为。

企业是技术创新的投资主体，但由于企业的财力有限，在创新的中期和后期阶段由于资金的需求量大，仅依靠企业自身的力量是不够的。因此，需要采取各种有效途径积极引导各路资金进入技术创新领域，包括吸收投资机构参股、社会集资、发行债券、股票、吸引外资、银行贷款等多种渠道的资金。因此，资本市场的培育和金融机构的支持，无疑会对企业技术创新活动的成功以及区域技术创新能力的形成与提高产生十分重要的影响。

总之，在各个区域技术创新能力系统中，企业是技术创新活动最重要的行为组织，它应逐步成为技术创新、知识应用和创新投入的主体，因而也是各个区域技术创新能力系统的核心，一个区域技术创新的能力最终体现在企业的市场竞争力和技术创新能力上。大学和科研机构是知识生产、应用和传播的重要基地，是各个区域技术创新能力形成的知识源头，大学和科研机构的主要任务是开发技术资源，为企业技术创新提供技术供给和培养高素质的技术人才。任何一项创新活动都离不开资金的注入，金融支持是企业开展持续创新的重要保证，良好的科技金融中介机构不仅要具备为企业创新提供资金的能力，还要具备对创新的风险和收益的鉴别能力。世界各地都把完善金融市场体系和增强金融机构的服务功能看作是推动本地区技术创新的重要途径。中介服务机构是沟通知识流动的一个重要环节，不同层次、不同领域的咨询服务等中介机构是科研部门与企业知识流动的纽带和桥梁，它们在促进知识流动、咨询和服务中具有重要的作用。政府部门主要负责创新政策的制定、实施和创新资源的配置，为技术和知识的流动保驾护航。在区域技术创新系统中，政府根据创新目标，对各个创新行为组织进行引导和协调，营造有利于创新的环境，制定有利于创新的政策，充分激发各创新行为组织的积极性，促进它们之间的协作、交流和联合，以提高整个地区的技术创新能力。

5.4 区域技术创新能力形成的条件分析

区域技术创新能力的行为组织主要包括企业、大学、科研机构、中介机构、金融机构及政府部门等，前文已做了分析。各个行为组织在创造、使用和扩散新技术中的地位和作用各不相同，其原因在于它们内部运行机制的差别。区域技术创新能力是否能够形成与提高，不仅与行为组织自身的运行机制紧密相关，还取决于各行为组织之间的交互作用和结合方式，以及知识配置能力，即一个系统向创新者及时提供渠道，使其获得相关知识配置的能力。OECD 认为，与创新有关的知识配置包括大学、科研机构和产业界之间的配置，知识在市场内部以及在供应者和使用者之间的配置，知识的再利用和组合，知识在分散的研究开发项目之间的配置。区域技术创新系统的知识配置能力影响着技术创新行为组织获得知识的速度以及社会资源重复浪费的程度，进而影响区域技术创新能力。因此，系统的知识配置可以衡量区域技术创新系统运行绩效和区域技术创新能力的强弱。

区域技术创新能力的形成是与技术创新活动相关的行为组织之间的联合与合作密切相关的。这也是有效利用宝贵的创新资源、实现要素的新组合、促进创新广泛开展、获得创新的最大社会效益的重要途径。如果仅有系统内部各行为组织的高效运转，而行为组织之间的技术流动和资源流动低效或无效，那么区域技术创新能力可能不高。相反，如果行为组织之间联系密切，组合方式合理，必然会有助于降低创新风险、减少创新成本、加快创新速度、提高创新效益，从而有利于形成和提高区域技术创新能力。分析区域技术创新能力系统要素之间活动的本质特征，我们会发现错综复杂的网络中流动的主体是——知识。无论是人与人之间、企业与企业之间、企业与大学之间还是其他要素之间，它们所交流的和希望获得的都是有关的知识。它们之间相互作用的基本规律可以概括为在知识的传播和使用过程中，不断创新，进而在创新的基础上再传播和使用从而再创新，形成一种多层次网络螺旋式上升和发展并且不断扩大的开放体系。创新行为组织之间交互作用主要通过创新知识流动来实现，其组织方式的合理程度取决于创新知识流向及其流动速度。

5.4.1 人力资本流动

人力资本的流动是区域技术创新能力形成的条件之一。

从前面的分析中可以看出，无论哪种行为组织都离不开人力资本的作用。而携带专业技能、经验和意会知识(tacit knowledge)的人力资本的有效流动，可以为区域技术创新增添活力，是区域技术创新能力系统中一种最普遍的知识流动。人力资本要素在各创新机构之间具体的流动形式：①高等院校—生产企业，高等院校向企业输送大学毕业生、研究生，并为其培训各类人才，企业向高等院校提供开发型人才，从事案例研究的客座教学人员等；②高等院校—独立研究和开发机构，高等院校与独立研究和开发机构进行研究与开发人员交流的与合作培养；③高等院校—政府机构，高等院校向政府机构提供管理型和所需的其他各类专业人才，为其进行各种形式的人才培训，聘请从事与管理有关部门的案例研究的客座教学人员；④政府机构—生产企业，政府与生产企业之间直接进行人员的交流活动，如企业干部的晋升、政府职员到企业从事管理或专业技术工作；⑤生产企业—独立研究和开发机构，生产企业与独立研究和开发机构进行研究与开发方面的人才交流与合作。人与人相互之间的作用和影响，无论是正式的还是非正式的，都是企业间和企业与大学研究机构间知识转移的一种重要渠道，也是技术扩散乃至发生溢出的原因之一。

有时转移的并不是一般性知识，而是开展创新和解决问题的方法和技能。当大学或科研机构的人才流动到企业时，他们所拥有的专业知识和技能也相应地被转移到这家企业，并且这些知识和技能会很快转化为现实生产力，通过新产品和新的制造工艺反映出来。另外，从某种意义上来说，企业所取得的明显的经济效益可以反映人才流动的价值。人才发现和识别信息的能力和获得技术网络信息的能力是一种很有价值的知识财富。对技术扩散进行的大多数研究表明，人的工作技能和网络能力是采用和适应新技术的关键。这种“采用能力”在很大程度上取决于具有全面经验和知识的劳动力的流动，对先进技术进行投资时必须拥有这种能力。

人力资本的流动是技术扩散乃至发生溢出的原因之一。卡维斯(Kavis)在 1982 年就发现，由日本向美国、欧洲的企业经理人员流动加速了专门管理技能的传播。在 20 世纪 80 年代后期，日本兼并了许多美国的金融公司，向经纪人公司、商业银行和其他服务公司支付了大笔的美元，目的在于获取全球性程序交易、股票指数套利和国际证券交易的“产品”技术；显然，有关的“产品”技术，主要内含于专业化的人力资本之中。1989 年，日本野村证券公司在兼并华尔街公司时，动用几百万美元购买到的资产主要是雇员的专业技术能力，特别是其运用内部电脑软件的技巧。有人证实在电脑和软件行业，一旦发生雇员“流动”，就会产生溢出效应。这里的“流动”富有多层含义，既包括人力资本的“有形”转移，也包括人力资本的“无形”转移。关于“无形”转移，最具代表性的是硅谷的人际网络模型：一种高度保密的芯片可以在其首次面市后不久就成为国际半导体社会的一般性知识，原因在于在聚集效应巨大的硅谷，只要与创新厂商的关键雇员“聊”上 10 分钟，就能获得逆向工程中的解密手段。

莱斯特(Lester)在 1981 年就研究了美国跨国公司在马来西亚出口加工区的子公司，发现一般性的管理技巧已基本上转移给了当地雇员；此外，美国对菲律宾管理技术的转移也是显著的。Chen(1983)在一份有关香港技术转移的研究中发现，在四分之三的样本行业中，跨国公司培训的影响范围和开支都数倍于当地企业；他的结论是：“在香港制造业中，外国企业的最大贡献不在于所谓的新技术和产品的生产，而在于对各个层次工人的培训。”鲍蒂斯塔(Bautista)认为：“新加坡技能开发基金”对促进跨国公司对当地雇员的培训起到了极其重要的作用(邵云飞和唐小我，2006)。乔森伯格(Jason Berg)在 1987 年对跨国公司在肯尼亚培训和传播经营能力的情况做过调查，他从 41 个制造业厂商、72 个中高级经理的详细履历中发现，跨国公司为经理们提供了大量的培训。调查表明，现有当地私人或国有企业曾经受训过的经理人员中，大多数曾服务于跨国公司的子公司；经理人员的流动，大大加速了专有经营管理技术的扩散。Katz 和 Shapiro(1986)也认为东道国从很多国家的雇员流动中可以获得重要的溢出利益。他指出，许多拉美当地企业的经理人员早先一般服务于跨国公司的子公司，并在那里得到了良好的培训。Kim(1991)发现，韩国 CAD(Computer-aided design，计算机辅助设计)和 CAM(Computer-aided manufacturing，计算机辅助制造)行业 28 个厂商中的绝大多数当初都是跨国公司在当地销售或售后服务的代理机构，如今大部分在自行投资 R&D 活动、消化跨国公司技术的基础上，不但创立了民族企业、用自己开发的产品替代了进口，而且开始向世界输出新技术产品。Kim(1987)认为这种特殊的代理人身份为韩国当地厂商消化外国技术、进入特定行业奠定了基础(赵强 等，2006)。Kim(1991)研究发现技术扩散的主要媒介是技术人员的流动。他们在外资企业工作若干年后，用学到的技术、信息和其他形式的技术创立自己的企业。

从跨国公司对其雇员的培训来看，在跨国公司雇员中确实存在着人力资本技能的积累。这些技能中的一部分随着雇员的流失被当地企业所吸收。大多数有关经管技能传播的研究认为经管技能不像技术技能一样仅限于某个企业，它们具有更强的普遍性和生命力。

对人才流动最可行的测量技术是利用劳动力市场统计来追溯各类不同技能水平人员在产业部门之间以及在产业界和大学或科研机构之间的流动。北欧国家已经对国家创新系统中的人才流动进行了一些研究。在挪威，关于研究人员在科研机构中的流进和流出(进入或离开大学、其他的科研机构或产业部门)的数据已经整理出来。在瑞典，劳动力市场数据用来追溯博士、科学家和工程师一段时期以来的流动，以及在公共机构、大学和产业部门之间的流动。北欧的一项调研表明，高水平人员的流动有助于提高劳动力的总体技能水平，从而有利于促进经济发展中的创新活动。随着我国市场经济的逐步发展，劳动力市场的进一步完善，区域人力资本的流动将更加频繁和活跃，其流动将带动知识的流动和合理分配，激活创新资源的存量，提高创新系统的知识配置能力，进而提高区域技术创新能力的综合水平。

5.4.2 企业之间合作

企业之间的合作也是区域技术创新能力形成的条件之一。在区域技术创新能力的形成过程中，最重要的知识流动之一是企业之间的合作以及非正式的相互影响。这是因为企业是技术创新能力系统最重要的行为组织，是研究与开发的主体。

面对激烈的市场竞争，一个企业不仅要依靠自身的知识和技术积累，还要依靠外界的知识来源。企业是R&D的主体，因此企业在进行技术创新的同时，要对本行业领先的技术、产品有很充分的认识，也就是在本企业技术创新的基础上，吸收别的企业的先进技术及管理方法，不断加强创新的力度。在条件允许的情况下，还可以逐步建立起企业间的技术联盟，使这种技术合作得以长期进行。技术合作本身就是一种知识的流动，企业之间通过各自知识、技术的交流，在相互学习、共同创新中，一个企业的知识扩散到另外一个企业。这种知识的流动是在某种合作的基础上完成的，合作带来了丰富的技术源泉，形成了规模经济，获得了由人力资本和技术财富互补而构成的协同效应。企业间技术合作有利于企业发展核心能力和核心技术资源。合作创新与内部研究开发相比，是一种创新技术资源和能力的有效方式。在OECD成员中，企业间的R&D合作以及战略性技术联盟正在急剧增长，这在新兴的生物技术和信息技术等领域表现尤为突出。

Mansfield和Romea(1980)认为，企业间的技术合作创新的社会回报率远远超过创新企业自身的回报率。合作创新在激励创新动力方面显示出许多优势：①合作创新由于规模经济、消除了重复研究和重复投资、知识的分配和共享、企业合作的协同作用，显示出更高的创新效率；②通过成员企业共同投资，合作创新可以承担企业单独无法承担的大规模研究项目；③快速获得新技术和新市场；④促进企业间知识流动，获得企业范围以外的技术专长；⑤企业合作伙伴之间的优势互补；⑥合作创新的价值不仅仅在于投资回报率以及创新成果对企业自身研究开发的影响，更在于技术资源、核心能力和知识的获取。

Gibson和Smilor(1991)的研究表明，企业间的技术合作为有效的技术转移提供了一个新形式，并且技术转移已成为研究开发合作组织成败的关键因素。Ingham和Mothe(1998)深入研究了欧洲高技术企业参与技术合作的学习过程，他们认为，技术合作成功与否主要取决于6个因素：①合作方的互相信任；②企业中研究开发活动的集成性；③获得足够的互补性资产；④合作过程中各成员的参与程度和合作动机；⑤企业研究开发经验；⑥参与技术合作的企业数量。他们通过对欧洲的 EUREKA[①]研究合作联盟中 25 位主管的调查，归纳出企业间技术合作过程中提高企业技术创新能力和资源的关键因素（表 5-4 所示）。

表 5-4　提高企业技术创新能力的关键因素

促进因素		技术创新能力与资源类型
战略选择的一致性		新产品开发、产品改进、许可证
投入	资金投入	新产品原型、专利
	组织投入	新产品原型、新产品、专利、许可证、成员资格、技术知识
角色和任务分配	管理开发	新产品原型、专利、许可证、经验知识
	集成、整合	新产品
	评估	新工艺、工艺原型、专利、经验知识、科学技术知识、资格产品标准、出版物
企业自身能力		产品改进、新工艺、经验知识、技术知识
成员间协作程度		新产品、工艺改进、专利、许可证、出版物、经验知识

资料来源：罗炜，唐元虎，2000. 国内外合作创新研究述评[J]. 科学管理研究，(4)：14-19.

企业间知识流动除了技术合作，还有企业间进行知识和技术诀窍的非正式联系和接触。企业间知识的流动，无论是何种形式，对企业的技术创新都会产生深远影响。OECD 的研究表明，企业间的知识流动促进了企业竞争力和技能的提高，增强了企业的创新能力。这些创新能力包括网络能力、识别和采用适用技术的能力，这表现在参与合作开发的企业在新产品销售市场占有更多的市场份额。由此可见，知识的流动，不仅包括企业内部各个部门、各员工之间的知识交流，还包括企业与外界的某种知识交流，即企业之间的知识流动。经济的全球化和一体化，使知识流动会变得越来越频繁，将成为企业技术创新的重要源泉之一。

5.4.3　大学、科研机构与企业的合作

大学、科研机构与企业的合作是区域技术创新能力形成的条件。大学、科研机构的水平及其与产业之间的联系是支持创新的最重要的国家财富之一。政府资助的科研机构和大学是一般研究活动的主要执行者，不仅能为企业生产基础知识，而且可产生新方法、新仪器和有价值的技能。这些机构与企业合作研究的项目得到了越来越多的企业资助。除了这些 R&D 合作，大学研究部门还是某些特定领域的科技知识宝库。企业获取这些知识的总体能力是很重要的。这种能力可以通过专利数据、公开发表的有关最新科学发现的信息、

① EUREKA 是一个行业引导的组织，其宗旨是向中小企业、大型企业、大学以及科研机构提供支持，促进以市场为导向的国际研究和创新。

关于新仪器新方法的知识、对科学网络的利用和通过技术孵化器产生的新企业等体现出来。

可以通过测度大学、科研机构与企业之间知识流动来判断其合作的效果，在国家创新系统调查中采用的技术通过以下方式进行：①合作研究，采用最易获取的资料；②合作专利和合作论著，企业与大学或科研机构合作产出的合作专利和合作论著有关资料可以通过分析专利文献和出版物索引获得；③引文分析，由于引用文献是具备技术知识和思想的用户实际活动，所以引文分析可以用来评估企业从大学、公共科研机构的专利和论著中获取信息的强度；④企业调查，对企业的调查可以显示企业在创新活动中在何种程度上把大学和公共科研机构作为其知识来源。这些调查还可以描绘出企业与公共部门之间的更为非正式的网络关系。相对而言，还存在利用知识库和技术网络形成的由公共科研机构到私营企业的间接知识流动，这种流动的规模在许多部门都是很可观的。在某些区域内，公共科研机构向企业的知识流动是最重要的。

20世纪50年代以来，在国际上出现了创新效应区域化的趋势，即在一流大学或科研机构附近建立专门化的知识、技术生产、传播与应用中心，高技术小企业和科研机构不断地聚集在这些区域从事特定技术领域的研究与开发活动，如计算机软件、生物技术、通信等，最终发展为充满生机和创新活动力的科技园区。例如，美国的硅谷在斯坦福大学和加州大学附近形成了一个生物技术产业群，新泽西在普林斯顿大学和前贝尔实验室附近形成了通信产业群，中国在北京大学和清华大学附近建立了中关村科技园区。这种创新的“区域化效应”是大学、科研机构和企业合作在技术创新中所起到作用的集中体现。

在美国，许多私营企业为了在竞争中取得市场优势和追求利润的最大化，越来越把科研开发工作视为提高产品竞争力和关系企业生存的关键。许多大公司都设立了研究开发部门，招聘大量的研究开发人员，不惜巨资进行研究开发活动。除了在企业内部设立研究开发机构，从大学等研究机构聘请人才，美国的私营企业还与各大学和科研机构密切合作，联合建立研究中心。这些研究中心逐渐成为美国的高技术研究与开发的基地。例如，位于加利福尼亚州的硅谷，是在斯坦福大学周边的工业园区基础上发展起来的，现已成为世界上规模较大、充满创新活动的高技术中心。企业与大学和科研机构之间的快速知识流动，促进了科技成果的快速商业化，提高了美国整个创新系统的知识配置能力。

在英国，政府采取了一系列有效的政策与措施来促进产、学、研的合作。英格兰的贸工部和高等教育基金委员会联合设立了一个基金，用来奖励大学和科研机构与企业之间的联系，促进技术与知识转让，加强高水平的技能发展，提高大学生的就业率。除设立基金，他们也在著名大学里成立企业中心。在这些企业中心里，科学家和工程师可以学习到企业家的精神和商业技能，去开发、转让并利用知识和专门技术。政府还计划在工程和物理科学研究委员会原来工作的基础上，成立一个拥有伙伴关系的全国网络。

5.4.4 技术扩散与转移

通过技术扩散与转移，可以形成区域技术创新能力。

创新扩散既是区域技术创新系统运行的后续子过程，同时又是一个完整独立的技术、制度与经济结合的运动过程。创新成果的扩散是在不同层次上进行的，包括地域上的扩散和产业内的扩散。众多学者对技术创新扩散的概念有所界定，Smith(1980)认为技术创新扩散就是技术从一个地方运动到另一个地方或从一个使用者手里传到另一个使用者手里。Gee(1981)认为技术创新扩散应该是给新使用者带来预期经济效益的技术新应用。Stoneman(1983)系统地阐述了西方经济学在约瑟夫•熊彼特理论以后的创新扩散方面的各种观点和模型，并提出了独立的见解。Glinow 和 Teagarden(1988)认为技术创新扩散过程包括三个阶段：技术文件的传播，将文件转化为产品的专有技术的转移，设备、部件等硬件的转移。Kodama(1986)认为技术创新扩散是“对理解和开发所引进技术的能力的一种转移”。Rogers(1995)认为技术创新扩散过程是指“技术创新通过一定的渠道随时间在社会系统各成员之间传播的过程”。由此看来，技术创新扩散概念的界定是与技术创新转移的过程紧密联系起来的。判断技术扩散成功与否的标志是：技术引进方在无外在帮助时，能完全独立地加以吸收、操纵和维修所引进的技术，并具有一定的改进、扩展和开发所引进技术的能力。因此，巴拉森(Barathrum)认为：“比传授知识和生产能力更为重要的是将能力和意愿嫁接到当地的工程和设计能力上去，使之具有进行技术变革的能力。”

相应地，国际的或者是区域的技术创新扩散，就是一国或者是一个区域的开发能力通过消费和生产使用的各种方式为另一国或者另一区域使用、吸收、复制和改进的过程。当然不是简单的翻版，而是需要根据当地特定的社会、政治、技术、气候、经济、教育等条件进行相应的改造，从而适应这些外在的环境。

其实技术扩散是一个学习过程，学习能降低成本；随着经验的增加，完成某项工作的时间会大大缩短。Lindsey(1986)认为生产、技术的使用不是个体行为，而是一项社会活动。因此，这种学习曲线不仅仅存在于个人学习之中，也存在于团队的合作、组织和产业中。一些经济学家如 Arrow(1962b)等对此做了大量的研究工作，将“干中学”(learning-by-doing)现象与标准生产理论协调起来，而且还分析了竞争均衡，Rosen(1972)分析了非竞争均衡的理论含义。技术创新转移的概念主要是指一种有目的的主观性经济行为，它与技术创新扩散概念有区别也有联系。一般来讲，技术扩散既包括有意识的技术转移，也包括无意识的技术传播。笔者认为技术转移是技术扩散的一种形式。

国外一些学者对技术创新扩散的模式有一些系统的研究，如 Davidson 和 McFetridge(1985)、Dunning(1993)，特别是 Dunning 在 1993 年提出了利用集中的 R&D 设施、降低开支、分散风险和协调竞争的策略联盟等模式。Kim(1991)对各种技术创新扩散的模式从静态的角度进行了分类和总结(表 5-5)。

表 5-5 技术扩散模式——基姆分类法

	技术供给者的作用	
	积极	消极
市场中介	FDI[①]、许可、交钥匙工程技术咨询、机器定做	标准化(系列化)机器购买
非市场中介	买方的技术援助、卖方的技术援助	模仿(逆向工程)、观察商业期刊、技术信息服务

资料来源：Rogers 和 Valente(1991)。

由此可见，技术扩散既可以借助市场中介，也可以在无市场中介的条件下发生。Rogers 和 Valente(1991)则归纳了技术创新扩散的传统阶段模型(表 5-6)。

表 5-6 技术扩散的传统阶段模型

阶段	承担者	定义
基础研究	大学和政府的研究实验室	为获得先进的科学知识所进行的原始调查和研究，没有将知识用于实践问题的特定目的
应用研究	厂商	为解决实践问题而进行的科学调查
开发	厂商	将新观点转化为可满足潜在使用者需求的过程
商业化	厂商	创新转化为可由厂商售卖的商业产品的过程
营销	厂商	产品经包装、分销，由厂商卖给消费者的过程

资料来源：Rogers 和 Valente(1991)。

研究技术扩散的周期，既可以是对技术本身周期的研究；也可以是对技术扩散的研究。对技术本身周期的研究，即对技术发生、发展和消失各个阶段的研究，因为理论上从一种原始形态的知识或观点转化为创新，然后再进行商业化过程的本身意味着技术或技术分子在时间轴上的逐渐扩散。对技术扩散的研究，即对技术的非时间性扩散或横向扩散的研究(表 5-7)。

表 5-7 产业技术周期曼氏分析法

		发明	创新	标准化
产业结构		竞争	集中	竞争
最优规模		小	大	中小
信息创造		新产品、开发、生产、市场		
信息	密集度	高	高	低
	R&D 投资/%	10	90	0
生产	熟练劳动密集型	高	递减	低
	资本密集型	低	递增	高
最优厂商规模		小	递增	大

① FDI 的全称为 foreign direct investment，即国际直接投资。

续表

		发明	创新	标准化
显性的技术变化		—	高且递减	低
技术(熟练)管理密集度		低	高	低
市场	信息或产品的购买者	创新者	最终使用者	批发商
	广告型商品	经验(差异)	寻找(标准化)	
	买卖双方价值观差异	高	高	低
专用性	专用性程度	最高	高且递减	低
	私人社会机制	专利	专利 / 商业秘密	商业秘密 / 勾结
信息交易的最有效机制		市场	厂商内部	市场

注：转引自 Multinational Corporations，the Industry Technology Cycle and Development.

就技术本身的周期而言，Schumpeter(1934)曾将技术变化的全过程划分为三大阶段：发明、创新和传播。在 Rogers 和 Valente(1991)的技术扩散传统阶段模型中，又进一步划分为基础研究、应用研究、开发、商业化和营销 5 个阶段。

曼斯菲尔德(Edwin Mansfield)曾经详细地描述了在发明、创新和标准化三个不同阶段上的产业结构、信息种类、技术密度和市场性质等的具体特点。例如在标准化阶段，产业结构是竞争型的；信息的密集度很低，几乎没有 R&D 投资；生产以资本密集型为主；显性的技术变化较小；技术的管理密集度较低；专用性程度早已降低；市场是最有效的信息交易机制。因此，相对发明和创新阶段而言，技术扩散的可能性最大。Burgleman 和 Maidique(1988)比较形象地描绘了技术生命周期(technology life cycle，TLC)的全过程。而产品生命周期理论可用来反映国际的技术扩散过程。

在这些理论基础上，近些年来学者们对完全竞争下的厂商间技术扩散模型、不完全竞争下的厂商间技术溢出模型、产业间技术扩散模型以及国际技术扩散的理论和实证等进行了较为广泛的研究(Evans，2003；Thompson，2003；Grandstand，2004)。Teece(2005)讨论了曼斯菲尔德在技术经济学变化和创新上所做的基本工作和观点，概括并综述了曼斯菲尔德在技术和技术转移领域最近的一些工作。技术扩散与转移是技术的传播过程，创新技术以扩散源为中心向外扩散。从技术作用机理上看，技术扩散有如下一些基本特征：①放大性，创新技术被采用后往往会产生再创新，进而使技术水平不断提高，扩散源不断增加，效应不断扩大；②不衰减性，自然界中物质或非物质能量的转移(扩散)一般都将使扩散源势能下降，但技术扩散不会引起扩散源技术势能的衰减；③非均匀扩散性，自然界中一般的物质或非物质扩散随时间都具有指数增长形式，而技术的扩散则通常呈 S 形均匀增长，这在很大程度上取决于创新技术的采用者对创新技术的选择行为；④扩散源的非唯一性，由于创新技术的采用者可能成为新的扩散源，因此一项创新技术的扩散源不是唯一的，其数量将随着创新技术的被采用而呈正比增长；⑤社会适应性，创新技术的扩散速度主要取决于该技术的社会适应性。

由于技术商品是一种知识商品，从技术扩散的要求看，如果采用者没有一定的技术水平，技术转移就难以实现，因此技术水平越高的潜在采用者越容易获得创新技术，亦即技术势差越小，越容易实现技术转移。但从创新技术采用者的愿望来看，他们总希望通过技术转移获得足够的技术能量并取得足够的技术进步，从这点考虑，技术势差越大，越能激起低技术势企业对创新技术的采用欲望，并且它们应投入的资源也越多。如果把具有相同技术转移难易程度的创新技术潜在采用者归类为同一层面，并把这种层面称为创新技术采用等势面。这样，扩散源四周就由这些等势面环绕着，各等势面与扩散源之间有技术势差，等势面之间也存在技术势差。在技术势差的作用下，扩散源先向最近的等势面扩散创新技术。一般情况下，扩散源沿技术梯度最小的方向将创新技术首先传递给最近等势面上的第一个技术势差最小的潜在采用者，该采用者接受创新技术后就跃升为新的扩散源，随着越来越多的潜在采用者采用了创新技术，扩散源范围也就越来越大，直至所有潜在采用者都应用了该创新技术。与此同时，在创新动力机制作用下，新的创新技术又会出现，又会形成新的扩散源，在技术势差作用下，一轮新的技术扩散又会开始，如此循环往复，不断推动企业技术创新水平。

技术扩散需要一定的途径。对于高技术势企业来说，通常通过以下方式向外扩散技术并获取经济利益：一是输出具有较高技术含量的材料、产品或设备；二是直接转让、出售新技术、新工艺。而对低技术势企业来讲，除可通过以上途径从高技术势企业获得技术能量，通常还可以通过大众传播媒介(包括学术传媒)、人际交往(包括学术交往)及中介扩散机构等获取高技术势企业的有关技术及相关信息。以上技术扩散途径是现代社会客观存在的，并在任何一个国家都受到政府保护和支持，这为技术扩散提供了有力的保证。

5.4.5 区域之间的合作与交流

经济全球化是指国际贸易的迅速发展、全球市场的形成、对外直接投资的加强以及跨国公司全球化程度的不断提高等。这些趋势促进了知识的全球流动，加速了技术在世界各国的扩散，推动了跨国公司产业研发的全球化，成为科技全球化的巨大动力。自 20 世纪 80 年代以来，这种趋势日益明显。其主要目的是谋求经济发展，才使得国与国之间的商品交换、劳务合作、资本流动以及开放货币市场、金融市场等经济联系的形式迅速发展。特别是网络技术和通信技术的发展，更是为科技全球化提供了坚实的技术基础。互联网的发展及其在全球的广泛使用，为数据交换、结果分析、科学论文的准备和修改、科学发现的传播以及科学问题的确认等提供了便利的手段和工具。而电视电话会议等通信信息技术的发展则进一步克服了科学工作者知识互动的空间阻隔，从而极大地促进了各种形式的知识和技术的交流与扩散，为区域技术创新能力的形成提供了极为便利的条件。

随着科技的发展，人类日益逼近一些重大的本原性和复杂性的探索，解决这些问题需要建立大型的研究项目与技术开发项目。而大型项目的基本特征是高投入、高风险和高收益。因此，需要在全球范围内进行科研资源的配置和组合，需要由不同国家和地区的科学家相互交流和协作完成。科研活动的复杂性和高风险性，在一定程度上加深了一个国家和地区对外部投资、技术和知识的依赖，从而促进了知识合作交流的发展。在这样的背景下，全球范围内的技术创新活动正呈现出新的特点，这些特点要求企业、大学、科研机构采用新的知识生产和应用方式，在全球范围内更加有效地利用一切技术创新资源。因此，目前无论是科学探索活动，还是产业研发活动，都在不断尝试新的组织形式、新的资源配置方式以及新的制度安排。其中，积极建立全球性的科研资源配置方式，建立全球科研网络，是这些创新主体最基本的选择。这些活动都在不同层面上推动着科技全球化进程。我国必须顺应世界经济一体化和研究开发活动国际化的新形势，通过引进国外智力、接受外国留学生来华学习、鼓励科研人员到国外参加学术会议或学习进修、举办国际学术会议、与国外开展联合科技攻关以及争取国外资助等多种形式的国际交流活动，不断地提高区域技术创新水平，进而促进区域经济的快速发展。

由此可见，通过区域的国际交流可以在更广阔的范围内实现技术创新资源的高效配置，有效地培育和促进区域技术创新能力。

5.4.6 互动学习

通过互动学习的方式，可以形成区域技术创新能力。

技术创新是一个将新思想、新设计引入生产系统，使科技成果成功商业化的过程。这一过程离不开大量的理论与实践的碰撞、成功与失败的反复，并且创新本身就是一个启发式的过程，每一步研究都对下一步研究提供许多经验，因此从根本上讲，技术创新是一个动态的相互关联和学习的过程——只有在联合与协作中，才能更好地发现各种技术—经济问题，尝试各种方法去解决创新中的问题，推进技术创新能力的形成；只有各有所专的科研、技术、市场营销人员相互之间联合、协作、学习，才便于创新活动者创造性地发现问题，构思和设计解决问题的方法，组织实施已有的设计方案、计划，并不断总结和改进；只有在互动联系、学习改进中，在各创新相关要素相互影响与调整以及在集成各方专长和智慧的过程中，才能整合科研—技术—产业等方面的创新力量，形成技术创新能力并进而提高技术创新能力。

Tiedoman(1982)提出的创新共生模型能较好地表示出互动联系、学习改进是技术创新过程的必要环节和形式。其中，技术创新中的科研探索活动，经过与市场机会、技术需求的反馈、协调后，变成一种围绕着创新实现而进行的研究活动；而经过与市场机会、商业评估、技术需求、技术评估的互动作用后，有目的的研究就演变为要进行技术设计；其后，技术设计与技术评估产生第一次融合要研究出前期技术；第二次融合是在第一次融合的基础上，进一步与市场结合所达成和完成的，此时要形成新产品定义，为后续的工程化做好准备。两次融合之所以能够发生，主要是由于创新相关人员的相互协作、互动联系所引发和完成的，各有所专的创新活动者在相互作用过程中完成相应的集成、整合，成功地把技术创新推向成功。同样，在创新的实现过程中，从生产制造、市场营销角度，也存在着各种集成科技、经济等方面的创新力量、解决创新问题、找寻创新路径的互动联系和学习改进活动。活动是围绕技术创新的成功实现而进行的创新者之间互相启发、协调的活动，这些活动使得创新实现的同时，也把区域创新各要素连接起来，形成各个区域的技术创新能力。

另外，互动学习及其所产生的一些机制的存在作用，为区域技术创新能力系统的形成运行提供了强有力的支撑。①信息、技术流动快。通过互动学习，知识、信息、新技术等在区域内流动和扩散的速度得以加快，专业化创新要素可以比较方便地得到，企业产品设计和制造效率得以提高，企业和区域对复杂知识和技术创造的适应性得以增强。②交流频率高、合作成本低。互动学习使得区域内供应商和客商接触频繁，交流频率高、信息传播快，就会提高创新活动者机会辨识和把握的能力，经常面对面的交流以及在信任基础上实现的非契约的合作，不但有效降低了学习的社会成本，同时加速难以复制的隐含经验类知识的扩散和转移，这会增加区域技术创新机会，提高创新发生与实现的可能性，降低市场和创新的不确定性和机会成本。③密切而稳定的交流、合作制度。通过互动学习，能够建立起本地企业与高校、科研院所之间密切而稳定的交流、合作制度，逐步形成产、学、研共同发展的运行机制，形成并提高区域技术创新能力。

5.5 区域技术创新能力形成机理模型

综上所述，区域技术创新能力系统的主体有企业、政府、高校、科技中介服务组织等，都是具有一定存量和结构的群体人力资本组织。企业作为技术创新的实现主体，由一群具有专有人力资本的员工组成，并且通过教育培训、研究开发等方式加强企业员工的人力资本投资，通过技术创新等方式获取高额利润，得到投资回报。大学和科研机构也是由具有特定的人力资本的个人组成，提供编码知识、培养人的知识和技能，进行研究与开发，在人力资本的形成和投资中发挥重要作用。政府在教育、医疗卫生、保健等人力资本的公共投资方面起着极其重要的作用。科技中介服务组织等在知识和技术创新、扩散中起着纽带作用。主体之间存在着人力资本的流动。人是进行知识和技术创新、扩散的最重要的主体。在技术创新的过程中，人力资本作为一种重要的生产要素，各种不完全同质的人力资本相互匹配、相互作用、相互学习并创造出效益。人力资本的良性结合不仅能提高人力资本的生产效率，还能提高其他生产要素(如物质资本等)的边际生产率。区域创新环境是各区域有利于技术创新能力形成的特定的社会、文化习俗等因素的集合。技术创新的效果是在特定的制度因素下，人力资本与物质资本、环境资本优化配合及良性相互作用的结果。这种互动超越了企业自身，它涉及大学、研究所、教育部门、金融机构等。当在一个区域内形成了这些机构部门的频繁互动时，就可以认为形成了区域技术创新能力。

结合前面的分析，本书构建了区域技术创新能力形成机理的模型(图 5-8)。下面我们对模型进行进一步分析。

1. 企业是区域技术创新能力的实现主体

区域技术创新能力是一个具有系统观点的概念，它强调了技术创新成果转化为经济利润的能力，一项新的技术，它的应用前景总是不确定的，只有被市场证明之后才称得上是真正的技术创新。而要实现成果到利润的转变，在目前的市场经济条件下，只有依靠企业才能做到。在某种程度上，企业就是区域技术创新能力的实现主体。与大学和科研机构相比，企业处于生产的第一线，接近用户，了解市场需求，也避免了生产和科研脱节的状况，为科研选题提供了参考。另外，企业为在激烈的竞争中寻求优势，对技术创新的重视程度远高于其他经济主体，通过产、学、研的有效结合，为区域技术创新注入了强大动力，因此我们把企业放在最右边。当然，强调企业是区域技术创新能力的实现主体，并不意味着否定了政府、大学、科研及科技中介服务机构的作用。①企业或企业集团无论科研力量雄厚到何种程度，它的科研力量也无法胜任本身进一步发展的需要；②就技术创新能力的类别而言，企业一般擅长应用、开发研究，并不擅长基础研究。产业基础研究必须要在政府引导下，借助大学和科研机构的力量。

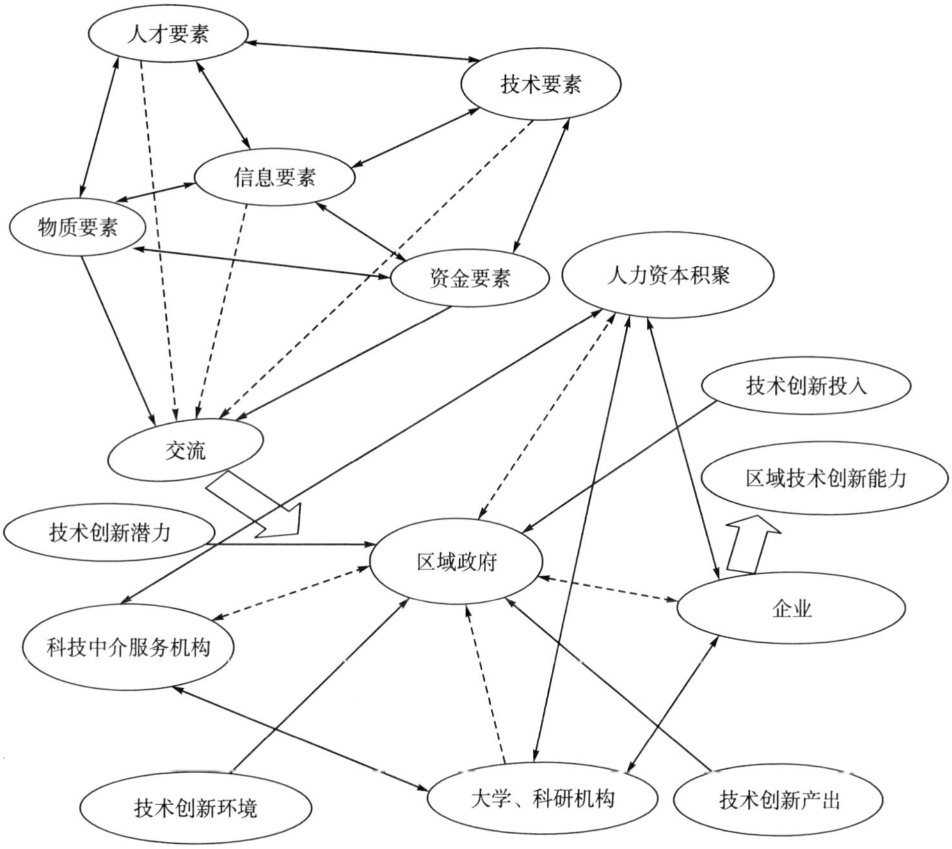

图 5-8　区域技术创新能力的形成机理模型

2. 区域技术创新能力的形成是多个经济主体相互作用的过程

实际上，区域技术创新能力的形成依赖与创新相关的各个经济主体之间的相互作用，特别是企业与企业，企业与大学、科研机构的合作。这一过程中，政府的作用也十分突出，政府对科研开发的重视程度，对区域内企业的支持和政策引导，间接影响着区域技术创新能力的产生。而大学和科研机构由于拥有大量的人力资源、信息资源和基础设施，在基础研究方面具有很大优势。这里的科技中介服务机构主要有两类：①金融中介机构，为企业、大学和科研机构的研发提供资金；②技术转让中介机构，它的作用是促使技术创新成果能够在区域内或区域间正常流动，另外它也促进了区域内产、学、研的融合。

3. 要素分配、优化配置与知识流动

多个经济实体相互作用的过程其实质是要素的分配与优化配置，以及知识的流动过程。区域技术创新能力的形成是多个经济主体相互作用的过程，这一过程中究竟发生了什么变化呢？多个主体相互作用的过程产生的结果是影响技术创新的要素被优化组合、重新分配。这里的要素不同于以往研究中宽泛的要素概念。经过分析，本书认为影响区域技术创新的要素主要可以划分为以下几类：人力资本要素、知识要素(包括技术要素、信息要素等)、资本要素(物资设备要素、资金要素等)。任何技术创新的活动都离不开人的作用，拥有高素质的人力资本是一个区域提升技术创新能力的最基本的因素。物资设备和资金要素为科研开发提供保证，我国东部地区拥有雄厚的经济实力且重视研发投入，使得其在技术创新方面具有明显的优势。技术要素有显性、隐性之分，显性技术要素主要指以书籍、光盘、图纸等为载体的图形、文字知识，隐性技术要素指沉淀于人的脑海中的技术以及物化在仪器设备中的技术。信息要素是现代社会的一项重要资源，在高科技产业方面尤为突出，在以迅速发明为基础的高科技产业中，要想获得成功，必须高度依赖及时的信息交流。

需要指出的是，某一区域所拥有的人力资本等要素处在动态的变化之中，区域无时无刻不在与其他区域发生着要素的交换。对一些经济落后地区而言，要想提升自己的区域技术创新能力，如何吸收区域系统外部的各种要素，如何最大限度发挥区域内部要素的作用，是两个亟待解决的关键问题。

4. 以人力资本积聚为核心

知识经济时代，人才已经成为区域经济发展的最重要的资源。任何一个地区的经济发展都离不开人力资本作用的发挥，区域技术创新能力的形成过程也一样。考察企业、政府、大学、科研机构、科技中介服务机构等经济主体的作用，最终要落脚于“人”的问题。人是区域技术创新能力形成与发展的基础要素，资金、设备等其他要素离开了人力资本要素，终究无法发挥作用。各个区域的社会、历史、文化环境对技术创新的影响实际上也是通过作用于区域内人的思想、意识来实现的。区域鼓励创新、奋发向上的社会氛围最终会造就较高的区域技术创新能力。经济环境、居民生活质量、集群状况、工作环境等因素会对人才的流动产生影响。东部沿海地区经济发达，物质生活条件丰富，工作待遇优厚，可以提供很好的发展前景，这些条件共同作用的结果就是东部地区更容易招揽各类高质量的人力资本。人力资本积聚是区域技术创新能力形成的基础，有两条途径实现，落后地区如何持续地培养、吸纳人才直接关系该地区技术创新能力的提升速度。

人力资本是最重要的区位优势。区位优势指某一地区在发展经济方面客观存在的有利条件或优越地位。其构成因素主要包括：自然资源、地理位置，以及社会、经济、科技、

管理、政治、文化、教育、旅游等方面的因素。本书认为区位优势也是一个发展着的概念，其内涵会随着相关条件的变化而变化。在传统区位理论中，越是难转移的区位因素，越有可能给地区经济发展做出贡献。而在知识经济时代，人的因素却占主导地位，人创造物质财富，更重要的是人创造知识经济的核心——知识。只有知识和技能才是各种竞争中获得优势的唯一胜利源泉。人力资本的流动性，给传统的区位优势理论带来巨大的冲击，对区域技术创新能力的形成起到了关键作用。

5. 区域技术创新的环境

不同的区域在经济发展、资源禀赋、历史文化等方面差别很大，这些客观条件在很大程度上决定了区域技术创新能力的形成过程。总体而言，影响区域技术创新能力的环境因素主要有以下几类。①社会文化环境。主要指区域所处的地理位置、民俗习惯、历史文化、居民生活质量等方面的状况。它们通过作用于人的思想、意识，间接影响着技术创新活动的各种要素投入，并使不同区域的技术创新能力的特征具有显著差异。②区域市场化环境，集群状况。区域推行市场化的程度，在一定程度上直接决定了区域内企业进行研究开发的投入，市场化程度越高，企业、高校等主体创造技术创新成果的效率就越高。而区域的集群发展程度，影响着企业与企业之间知识交流的频度，产业集群发展良好的区域的技术创新能力往往很高。③经济环境，产业组成。区域技术创新能力与区域经济发展、社会进步密切相关，相互作用。区域经济的发展现状、目前三大产业的构成状况也直接关系技术创新模式的选择问题。经济上具有优势的地区有更多的资金来支撑技术创新相关的研发工作，更容易吸纳大量优秀的人才，更容易促进高科技产业的发展。④宏观经济政策。从一些发达区域的成功经验中不难发现，区域技术创新能力的形成都是在一定的宏观经济政策背景下进行的，这种背景下，区域的发展主体(政府、企业、高校等)对区域自身的发展条件、环境背景加以审视和综合判断，进而在宏观上进行创新模式选择和具体实施。可以说，宏观经济政策环境直接左右了区域经济发展和技术创新能力的提升途径。

根据前述分析，所研究问题的核心是区域技术创新能力的整体变化及形成机制。如果用数学模型描述，可以选择区域技术创新能力作为因变量，而区域技术创新能力是企业技术创新能力、高校技术创新能力及科研机构技术创新等能力的某种叠加，各部分技术创新能力相互作用且受人力资本要素、知识要素及资本要素等外生变量的共同影响，可用数学模型描述如下。

各种能力变量：

TC——区域技术创新能力；

EC——企业技术创新能力；

UC——高校技术创新能力；

RC——科研机构技术创新能力；

AG——科技中介服务机构及金融机构等。

各要素变量：

HF——人力资本要素；

KF——知识要素（包括技术要素、信息要素等）；

CF——资本要素（包括物质要素、资金要素等）。

（1）区域技术创新能力形成的函数表示：

$$TC = F(EC, UC, RC, AG) + \varepsilon^{(1)} \tag{5-1}$$

（2）各主体技术创新能力的函数表示：

$$EC = G_1(UC, RC, AG, HF, KF, CF) + \varepsilon_1^{(2)} \tag{5-2}$$

$$UC = G_2(EC, RC, AG, HF, KF, CF) + \varepsilon_2^{(2)} \tag{5-3}$$

$$RC = G_3(EC, UC, AG, HF, KF, CF) + \varepsilon_3^{(2)} \tag{5-4}$$

$$AG = G_4(EC, UC, RC, HF, KF, CF) + \varepsilon_4^{(2)} \tag{5-5}$$

式中，$\varepsilon_i^{(j)}$ 为随机扰动项（暂时无法量化的环境等要素的影响）。

上述函数较为清楚地描述了各种技术创新能力的情形，同时也刻画了可控的人力资本要素、知识要素、资金要素等变量对企业技术创新能力的影响、对高校技术创新能力的影响及对科研机构技术创新能力的影响，各主体技术创新能力同时对整个区域技术创新能力又产生影响。

为了便于实证研究，可以用结构线性方程组表示如下。

（1）区域技术创新能力的形成方程：

$$TC = a_1 EC + a_2 UC + a_3 RC + a_4 AG + \varepsilon^{(1)} \tag{5-6}$$

（2）各主体技术创新能力的形成方程组：

$$EC = b_{11} UC + b_{12} RC + b_{13} AG + BC_{11} HF + C_{12} KF + C_{13} CF + \varepsilon_1^{(2)} \tag{5-7}$$

$$UC = b_{21} EC + b_{22} RC + b_{23} AG + C_{21} HF + C_{22} KF + C_{23} CF + \varepsilon_2^{(2)} \tag{5-8}$$

$$RC = b_{31} EC + b_{32} UC + b_{33} AG + C_{31} HF + C_{32} KF + C_{33} CF + \varepsilon_3^{(2)} \tag{5-9}$$

$$AG = b_{41} EC + b_{42} UC + b_{43} RC + C_{41} HF + C_{42} KF + C_{43} CF + \varepsilon_4^{(2)} \tag{5-10}$$

式中，b_{ij}、c_{ij} 为结构型系数，他们分别表示方程组中各单一方程的解释变量对被解释变量的说明。

以此结构型方程组为基础，如果实证数据翔实，在解决结构型方程的识别问题的基础上可进一步导出如下约简型方程组。

（3）约简型方程组：

$$EC = \pi_{10} + \pi_{11} HF + \pi_{12} KF + \pi_{13} CF + \varepsilon_1^{(3)} \tag{5-11}$$

$$UC = \pi_{20} + \pi_{21} HF + \pi_{22} KF + \pi_{23} CF + \varepsilon_2^{(3)} \tag{5-12}$$

$$RC = \pi_{30} + \pi_{31} HF + \pi_{32} KF + \pi_{33} CF + \varepsilon_3^{(3)} \tag{5-13}$$

$$TC = \pi_{40} + \pi_{41} EC + \pi_{42} UC + \pi_{43} RC + \varepsilon_4^{(3)} \tag{5-14}$$

式中，$\varepsilon_j^{(i)}$为随机扰动项，π_{ij}为约简型系数，它衡量人力资本投入、资金投入以及技术投入等各外生变量对各主体技术创新的综合影响(如 3 个投入的主体，资金、技术、人力资本等)。为了呈现政府、企业及个人等投资主体在区域技术创新能力形成中的作用，上述模型还可以细分，如将各变量的投入进行区分等。总之，上述模型从投入、产出及其关联因素等方面刻画了区域内既有技术基础设施对其技术创新能力的影响。

第六章　基于内生增长模型的区域技术创新能力研究

6.1　引　　言

一个经济系统要产生持续的增长，就必须要克服回报递减，实现要素回报的递增，而要实现这一点就必须寻找到一个可持续的“发动机”。内生增长理论突破原来的新古典经济增长理论的关键，在于它把原来看成是外生因素的技术、知识等变量，作为经济增长过程的内生变量来处理，从而依据生产函数解释了经济中的收益递增的现象。通过研究内生增长理论的技术进步与区域技术创新能力之间的关系，研究影响区域技术创新能力的主要因素，分析其产生的原因，对于各区域政府制定有效的技术创新政策，促进我国各地区加快提升整体技术创新能力，保持我国经济持续、快速发展有着重要的理论价值和现实意义。创新的实质就是知识的创造、传播、更新和转变。Cooke（1998）认为创新是知识的商业化，是知识的利用过程，创新可以定义为“成功地利用新的知识”，按照这个理解，区域技术创新就是“区域成功地利用新的知识”。Lundvall 将区域技术创新概括为“一定社会的、地域性的互动过程，一个不考虑其制度和背景就无法理解的过程”。

国外在区域层面上检验技术创新能力主要集中于行业或院校的研发消耗经费的边际产出等方面。Stern 等（2000）认为一个区域的创新能力由生产一系列相关的创新产品的潜力确定。Jaffe（1989）、Feldman 和 Florida（1994）研究认为区域创新能力主要集中于三个关键因素：R&D 存量、劳动力、教育质量表现出来的人力资本。这也是第五章提出建立以人力资本为核心的区域技术创新能力概念框架的依据之一。为此，我们对基于教育的人力资本收益率测度模型进行了分析。Stern 等（2000）认为最重要的因素是 R&D 存量，无论是企业 R&D 还是政府 R&D，都能资助新技术、发明、设计和创新生产方式，从而影响创新能力的 R&D 边际产出。Jaffe（1989）用 20 世纪 70 年代和 80 年代的数据，研究发现大学 R&D 支出对企业专利，尤其是高技术部分，是正的显著的影响。Anselin 等（1997）用 1982 年的时间序列数据发现在大学研究、创新活动和企业 R&D 的投资之间有显著的溢出效应。特别是大学提供能够满足先进的高技术行业所要求的、有充分技能的人力资本库。无论是大学的基础性研究还是应用性研究，都有助于形成企业，于是在研究型大学附近形成高科技园区绝不是偶然。Feldman 和 Florida（1994）、Anselin 等（1997）、Stohr（1986）、Sivitanidou 和 Sivitanides（1995）、Malecki（1981）、Wilkerson（2002）研究空间相互作用，包括大学、财政和企业 R&D 溢出效应和地理格局，发现大学研究对区域技术创新和高技术人才市场有溢出效应，并表明城市规模是高技术人员规模的重要决定因素。然而在 20 世纪 80 年代中期，Markusen 等(1986)发现这些相关关系是弱的，或者不存在的。在区域(省或大都市经济圈层次)创新能力的研究方面，Jaffe(1989)、Feldman 和 Florida(1994)以及 Anselin 等(1997)将高技术就业人数作为一个外生因素来研究企业和政府 R&D 支出的边际产出。Romer(1990)提出了内生技术增长模型，将知识产出、经济增长和创新能力存量的关系清楚表示出来。Stern 等(2000)将内在性增长模型应用于分析不同国家经济之间的关系。Riddel 和 Schwer(2003)对该模型进行了扩展。

以上文献主要针对研发的溢出效应和研发对劳动力市场的创新发展的影响，就业增长和区域技术创新能力之间的联系被忽略。另一个在区域层面上的技术创新能力的内容是知识的存量和流动的概念，知识的存量对流动的影响应该得到重视。以往的文献在考虑知识存量时，较少考虑知识退化，现有的知识存量是以往知识增加量的简单线性加总。有些文献考虑了知识退化，但退化率是个固定值，新增加的知识量按一定年份进行退化，每年的退化量是最初知识量的固定比例。本书在考虑知识存量方面使用了知识退化率，并且认为知识退化率不是一个简单的直线加总过程，而是一个先大后小的过程，某年的退化量不是与最初年份专利增加量成比例，而是与上一年专利增加量成比例，具体见本章研究模型的假设。

学者们对区域技术创新能力的相关因素已经做过一些讨论，邵云飞和唐小我(2004b)用翔实的数据资料描述分析了中国区域技术创新能力的差异与某一特定地区所具有的知识资源呈正相关，与地区经济发展水平呈正相关，与区位优势呈正相关，与区域自然禀赋呈负相关。邵云飞和唐小我分析了形成区域技术创新能力差异的主要成因，如区位及自然资源禀赋差异、产业结构效应及资源转换效率的差距、科学技术投入的差异、政策方面的差异等；分析了缩小区域技术能力差异的理论依据，如区位成长理论、水桶理论的要求、极化效应、东部地区的涓滴效应；并结合我国实际情况，探讨了提升区域技术创新能力的若干对策。在这些研究的基础上，本书进一步基于内生经济增长理论，建立各个省、自治区、直辖市的技术创新能力模型，分析并检验影响中国技术创新能力的相关因素。在内生增长模型中，技术进步是经济增长的一个重要内生因素。将高技术就业人员数作为技术进步的因素并加以实证分析，在国内尚未见到这方面的研究。本书研究的结果表明我国高技术就业人员数也是区域技术创新活动的一个显著因素。

6.2　内生经济增长模型

从传统经济增长模型到内生经济增长模型有个演变的过程。早在 20 世纪 30 年代，美国经济学家科布(Cobb)和道格拉斯(Douglas)就提出了著名的生产函数。20 世纪 40 年代前后，英国经济学家哈罗德(Harrod)和美国经济学家多马(Domar)在力图将凯恩斯的宏观经济理论长期化和动态化的过程中，几乎在同一时期各自提出了两个极为相似的经济增长模型，即哈罗德-多马模型，表明当技术状态和资本-产量比率保持不变时，经济增长率取决于储蓄率。投资来源于储蓄，投资形成资本存量，因此哈罗德-多马模型实质上强调了实物资本积累在经济增长中的重要作用。接着英国著名经济学家 Lewis(1955)认为，经济增长主要可以归结为 3 个方面的因素：人们从事经济活动的努力、资本积累及知识。这里知识概念比技术概念有更广泛的含义。如果说技术仅仅是对经济资源加以组合利用的方式，或者进一步说是“生产函数”的话，那么知识应该被理解成一个更综合的概念，知识是人们在长期经济生产过程中获得的，并且可以以适当的方式进行传授。知识的增长和运用无疑对技术创新能力的形成至关重要，而不同的经济制度以及其他因素对知识的增长和运用又有重要影响。

就技术而言，虽然传统的西方经济学已经将创新技术当作一个重要的经济要素，但是值得注意的是，它们对技术的研究基本上是将其当作一个外部变量。在实际经济增长过程中，技术水平并不是一成不变的，所以早期的经济学家们以比较静态的方法将技术放进经济研究的理论系统中。

在经济增长理论发展历史上，Solow 和 Swan 在 1956 年几乎同时提出了索罗-斯旺经济增长模型。此模型用生产函数可表示为

$$Y = AK^{\alpha}L^{1-\alpha} \tag{6-1}$$

式中，Y 为产量，A 代表一定的技术状态，K 和 L 分别为资本和劳动力的投入，α 和 $1-\alpha$ 分别代表资本和劳动力在生产中所做的贡献比例，即

$$\frac{\Delta Y}{Y} = \alpha \times \frac{\Delta K}{K} + (1-\alpha)\frac{\Delta L}{L} + \frac{\Delta A}{A} \tag{6-2}$$

索罗-斯旺经济增长模型有如下特点：①一次齐次性；②劳动和资本是可以替代的；③边际产量(或收益)递减。边际产量递减是指当固定一种生产要素(如 L)时，如果另一种生产要素(如 K)等量增加，则产量增加开始时可能递增，但到一定程度以后，产量增量就会递减；④技术外生。在索罗-斯旺经济增长模型中，A 为外生变量，研究生产各要素对经济增长的贡献度时，在经济增长率中扣除了资本和劳动增加所引起的增长后，总有一个“余数”(residual)无法用资本和劳动的增加来解释。这种“余数”就被认为是外生变量(技术进步)的贡献。

Solow 根据新古典索罗-斯旺经济增长模型对美国 1909～1949 年资本和劳动力的投入对经济增长的贡献率进行了定量核算。结果发现资本和劳动力投入的增加只能解释经济增长的 12%，另外的 88%的“余数”不得不归功于外生变量——技术进步，即技术创新。

在 Solow 研究基础上，Fagerberg 提出了技术差距理论用来解释不同国家经济发展的差距。他认为，经济增长过程主要取决于技术创新和技术创新扩散之间的相互作用，其中技术创新趋向于增加国家和国家之间的技术和经济差距，而技术创新扩散则趋向于减小国家之间的技术和经济差距。技术差距理论有 4 个基本的假设：①一个国家的技术和知识水平与经济发展水平之间存着密切的关系；②一个国家的经济增长率受到技术水平增长率的正面影响；③处于低水平的国家，可以通过模仿和学习，提高其经济增长率；④一个国家利用“技术差距”的能力，取决于动员各种资源进行社会、制度和经济结构变革的能力。根据这 4 个基本假设，Fagerberg 建立了如下测算一个国家(或地区)经济增

长率的数学模型：

$$\frac{\mathrm{d}Y}{Y}=ah-\frac{ahQ^{*}}{Q_f}+\frac{b\mathrm{d}T}{T}+\frac{e\mathrm{d}C}{C} \tag{6-3}$$

式中，Y 表示一个国家产出水平，Q^{*} 和 Q_f 分别为所研究国家与前沿国家的知识存量，T 表示本国技术创新的水平，C 为一个国家利用知识的能力，h 为常数，a、b、e 为系数。该模型认为，经济增长取决于来自国外的知识和技术扩散，取决于本国技术知识的增长，取决于本国利用知识能力的增长。

20 世纪 80 年代中后期发展起来的内生经济增长理论，其核心是将知识和技术等要素内生化，其中以美国经济学家阿罗、罗默、卢卡斯和英国经济学家斯科特等最为出色。

1962 年，阿罗发表了《实践学习的经济学意义》一文，提出了“从干中学”的经济学观点。他认为，知识(或者说是技术)是通过学习而获得的，而学习又是经验的产物。阿罗给出了这个经验指数的数学模型，其基本假设如下：

(1) G 代表累计总投资，当累计总投资达到 G 时所产生的每单位资本货物可以说是具有序列号 G；

(2) $\lambda(G)$ 为生产序列号为 G 的资本货物所使用的劳动力数量，且是非增函数；

(3) $\gamma(G)$ 为序列号为 G 的资本货物的产出能力，且是非减函数；

(4) x 为总产量；

(5) L 为所使用的总劳动力数量。

不管工资或者资本货物的租金价值如何，在使用一个较低序列号的资本货物之前，它总是要优先使用高序列号的资本货物并为之支付报酬。假定资本货物具有一个固定的生命周期 $\overline{T}$，资本货物以与它们的序列号相同的顺序消失。这样，在任何时间，所使用的资本货物都将是那些序列号为从 G' 到 G 的资本货物，G 为现在的累计投资，则

$$x=\int_{G'}^{G}\gamma(G)\mathrm{d}G \tag{6-4}$$

$$L=\int_{G'}^{G}\lambda(G)\mathrm{d}G \tag{6-5}$$

式中，x、L、G 和 G' 都是时间的函数，可以写作 $x(t)$、$L(t)$、$G(t)$、$G'(t)$ 等。$G(t)$ 表示截至到时间 t 时的累计总投资，$\overline{T}$ 表示共同的时间参数。关于资本货物的生命周期的假定意味着：

$$G(t)\geqslant G(t-\overline{T}) \tag{6-6}$$

由于 $G(t)$ 是在时间 t 时给定的，可以由式(6-4)～式(6-6)解出 G'。如果劳动力被假定为给定的时间函数而且被假定为等于所使用的全部劳动力(充分就业)，$L(t)$ 同样也是一个给定的函数，$G'(t)$ 也就可以从式(6-6)中解出来。将其结果代入式(6-4)，则 x 可以写为 L 和 G 的函数，类似于通常所说的生产函数。定义：

$$\Lambda(G)=\int\lambda(G)\mathrm{d}G\,,\quad \Gamma(G)=\int\gamma(G)\mathrm{d}G \tag{6-7}$$

由于 $\lambda(G)$、$\gamma(G)$ 都为正数，而且 $\Lambda(G)$、$\Gamma(G)$ 都是严格递增的，并且分别有反函数 $\Lambda^{-1}(u)$，$\Gamma^{-1}(v)$。这样，式(6-4)和式(6-5)可以分别写为

$$x = \Gamma(G) - \Gamma(G') \tag{6-8}$$

$$L = \Lambda(G) - \Lambda(G') \tag{6-9}$$

由式(6-8)、式(6-9)得

$$x = \Gamma(G) - \Gamma\left\{\Lambda^{-1}[\Lambda(G) - L]\right\} \tag{6-10}$$

由此可见，阿罗实际上是将累计总投资作为获得知识的指数，而将累计总投资的增加过程作为一个学习或者获得知识的过程，并以此来解释技术进步与经济增长的关系。在20世纪80年代以后，在以美国加利福尼亚大学的保罗·罗默为代表的一些经济学学者的努力下，形成了一种新的理论流派，即内生增长理论。其观点是：经济增长是经济系统内生因素作用的结果，而不是外部力量推动的结果，并认为内生的技术进步是推动经济增长的决定性因素。

6.3 基于内生经济增长的区域技术创新能力模型

现代经济增长理论和约瑟夫·熊彼特在分析技术因素对经济增长的贡献时，作为变量的是技术进步，而非技术创新，但从实质上说，技术进步根源于技术创新，是各种创新累积性的经济体现。所以，以技术进步为变量，同样可以表征技术创新对经济增长的贡献。

Romer(1990)提出的内生技术增长模型为

$$\dot{A}_t = \delta H_A A \tag{6-11}$$

式(6-11)表明创新的增长量取决于两个因素：现有的创新存量和现在从事创新的人力资本的函数。其中，$\dot{A}$ 表示研究的产出量，也就是创新的增长量。H_A 是从事研究的人力资本。A 代表现有的创新总量，也就是创新的存量。δ 是一个生产率系数。从式(6-11)中可以看出，在研究中投入更多的人力资本，则创新增加量也就越多。另外我们也注意到，如果现有的创新存量越大，创新的增加量也就越多，这就说明了在不同时期的相等人力资本投入，其产出往往也是不相等的。

Stern 等(2000)将式(6-11)加以应用并表述为

$$\dot{A}_t = \delta H_{A,t}^{\lambda} A_t^{\varphi} \tag{6-12}$$

式(6-12)表明创新增加量 $\dot{A}_t$ 并不是与人力资本投入量 $H_{A,t}^{\lambda}$ 和现有创新存量 A_t^{φ} 成同比例增加，而是对两者分别加入指数 λ 和 φ，使式(6-12)成为 $\lambda+\varphi$ 次齐次函数。这表明在其他条件不变的情况，人力资本或创新存量等投入的增加，创新增加量并不是同比例增加，而是存在规模收益。例如在出现重复发现某种知识的情况下，表现为规模收益递减；再考虑研究人员之间的相互作用、固定的基本设施成本等，表现出规模收益递增。若 λ (或 φ)=1，则人力资本(或创新存量)与创新增加量成正比；若 λ (或 φ)>1，则规模收益递增；若 λ (或 φ)<1，则规模收益递减。

综上所述，进一步说明了以人力资本集聚为核心的区域技术创新能力的结构框架，又为后面的研究提供了思路。

本书为了建立各个省、自治区、直辖市的技术创新能力模型，假设如下。

假设 1：创新的增长量是柯布—道格拉斯生产函数，创新的增长量取决于现有的创新存量和现在从事创新的人力资本的函数。尽管创新过程不仅仅受到三个因素的影响，还可能受到如研究与开发者的管理水平、从事研究开发人员的交流等其他因素影响，然而这种简化并不会对我们的研究结果产生影响。

假设 2：当期的创新存量与过去各期创新增长量不是一个线性加总，它们的关系如下。

$$\text{创新存量}_t=(1-\rho)\times\text{创新增长量}_{t-1}+(1-\rho)^2\times\text{创新增长量}_{t-2}+\cdots$$
$$=\sum_{i=1}^{\infty}(1-\rho)^i\ \text{创新增长量}_{t-1}$$

式中，ρ 为知识退化率。

以往的研究假设是：当期的知识存量是过去各期知识产出的线性加总。与 Alston 等(1998)、Esposti 和 Piearni(2003)不同的是，本书研究技术存量不包含同期的技术流量，技术存量表示为

$$A(t)=\omega_0\dot{A}(t)+\omega_1\dot{A}(t-1)+\omega_2\dot{A}(t-2)+\cdots+\omega_s\dot{A}(t-s)+\cdots \tag{6-13}$$

假设 3：专利是技术创新一个较好的衡量指标，而专利产出过程是一种知识的生产过程。

该假设使得专利产出过程可以用知识生产过程模型来表示。专利包含专利权与专利申请，由于专利权从申请到授权需要较长且不等的一段时期，因此很难取得与专利权数据对应的 R&D 活动的数据。本书研究中专利产出指的是新专利申请。对于专利申请作为知识产出的指标，由于并不是所有创新都可专利化，Pavitt(1984)、Griliches(1990)以及 Patel 和 Pavitt(1995)提出了专利申请是衡量知识产出的一个有缺陷的指标。然而，相比较创新活动的替代指标(如 R&D 支出与专利)，创新的产出提供了一个可直接衡量创新的指标。对知识产出指标的研究可参考 Pavitt 等(1987)以及 Acs 和 Audretsch(1989)。例如，Acs 等(2002)进行了实证研究，利用美国 1982 年 8074 个创新活动作为研究样本，研究结果表明专利申请提供了一个相对可靠的关于创新的衡量指标。正如 Griliches(1994)所讨论的：尽管知识产出不仅仅包含专利申请，然而专利申请数量确实度量了有形的知识产出；此外，Freeman(1991)对基础研究、发明、开发与创新四者的投入与产出情况的研究同样表明了专利申请度量了有形的知识产出。因此我们认为：尽管专利申请作为知识产出指标存在一定缺陷，但认为专利申请是一种知识的生产过程已为经济学家们所承认。

基于以上的假设，结合 Romer 的内生技术增长模型，并参考 Riddel 和 Schwer(2003)的思路，Nelson 的国家创新能力相关文献和 Porter 的工业竞争优势概念，本书建立以下的区域技术创新生产函数：

$$\dot{A}_{j,t}=\delta_{j,t}X_{j,t}^{\theta}H_{Aj,t}^{\lambda}A_{j,t}^{\varphi} \tag{6-14}$$

式中，$\dot{A}_{j,t}$ 代表第 t 年 j 省(自治区、直辖市)的创新增加量，$H_{Aj,t}$ 是第 t 年 j 省(自治区、

直辖市）从事技术创新的人力资本投入量，$A_{j,t}$ 是第 t 年 j 省（自治区、直辖市）的创新存量，$X_{j,t}$ 代表各省影响技术创新能力的其他因素，如经济地理、教育支出、财政政策等，δ 仍然是生产效率系数。

寻找相应指标使其具体化：

$$\mathrm{PAQ}_i=\beta_1\times\mathrm{HTP}_{2i}^{\beta_2}\times GF_{3i}^{\beta_3}\times EF_{4i}^{\beta_4}\times\mathrm{UGP}_{5i}^{\beta_5}\times\mathrm{PSQ}_{6i}^{\beta_6}\times\mathrm{NAP}_{7i}^{\beta_7}+\mathrm{e}^{\mu_i} \tag{6-15}$$

具体各个变量的含义如表 6-1 所示。

表 6-1　模型中的变量及含义

变量	英文含义	本书定义
PAQ	patents	专利批准量
HTP_2	tech jobs	高技术就业人员数
GF_3	university R&D	科技活动经费筹集额中政府资金
EF_4	industry R&D	科技活动经费筹集额中企业资金
UGP_5	degrees	大学毕业人数
PSQ_6	patents stock	专利批准量存量
NAP_7	non-agricultural people	非农业社会劳动者人数
e	—	自然对数的底
μ_i	—	随机误差项

从 Schmookler（1966）开创性使用专利数据作为技术创新指标比较各国技术创新现状开始，专利数据的分析一直以来被认为是估计技术变换的各个方面的一种重要方法。例如，Penrose（1951）、Taylor 和 Silberston（1973）、Lach（1995）以及 Kortum（1997）等用专利数据研究技术发展与经济增长之间的关系；Bosworth（1984）、Schiffel 和 Kitti（1978）、Paci 和 Sassu（1997）等则将专利数据用于估计国家的研究与创新过程；Archibugi 和 Pianta（1996）、Ashton 和 Sen（1988）、Basberg（1987）、Mogee（1991）、Liu 和 Shyu（1997）等甚至将专利数据用于估计特定行业和企业的技术发展水平。

随着专利产出的战略地位逐步得到提升，关于国家和行业的专利产出数量的分析也逐渐增多，这类分析主要集中于以下两方面：一是用以检验自身技术能力和创新能力，如 Abraham 和 Moitra（2001）、Albuquerque（2000）、Trajtenberg（2001）以及 Guerrero 和 Sero（1997）等；二是对不同国家、不同地区的技术能力、创新能力及技术扩散的比较研究，如 Choung（1998）、Jung and Imm（2002）以及 Hu 和 Jaffe（2001）等。

Stern 等（2000）、Jaffe（1989）将专利作为反映创新增加量的指标。Anderson 等（1990）指出专利衡量是技术创新的一个很好指标。本书也采用专利批准量作为创新增加量的指标，专利包括发明、实用新型和外观设计。

6.4 实证分析

实证分析的假设：高技术企业就业人员数作为技术进步的因素，与区域技术创新能力具有显著的关系。

国外已经把注意力转向高技术企业集聚问题的实证研究方面，对国际上一些知名的企业群或产业群带动的区域发展(如硅谷、128 号高速公路、硅三角等)，以及企业群或产业群对国外一些国家和地区发展的影响和对策进行了案例研究。例如，Saxenian(1994)对美国硅谷和美国东北部 128 号公路地区的创新集群进行了对比研究，分析了其形成的原因和存在与发展的特征；Hassink 和 Wood(1998)对德国耶拿光学工业集群和慕尼黑电子产业集群进行了实证研究；Bass(1998)对以政府主导为特色的日本研究园区进行了研究，指出其中的经验与教训。他们认为，在知识经济的基础上，知识作为比土地、资本更加重要的生产因素日益发挥着重大的作用，尤其是具有高增长潜力和高附加值的高技术作为知识的重要组成部分越来越不容忽视。企业空间集聚改变了过去“自上而下”的确立核心的产业，进而形成一种内部联系松散的空间集聚现象，借助发展日益迅猛的计算机技术和通信技术，“自下而上”地发展成为一定的企业群。这种企业空间集聚新形式的显著特点就是以高技术企业为核心。

高技术(high-tech)至今为止还没有公认的严格界定的定义，世界各国公认的对高技术比较全面的定义是处于当代科学技术前沿的，对发展生产力、促进社会文明、增强国防实力起先导作用的技术群。国际上，经济合作与发展组织(OECD)将航空航天制造业、计算机及办公仪器制造业、医药品制造业、专用科学仪器制造业、电子机械制造业、电子及通信设备制造业六大产业确定为高技术产业。我国的高技术产业主要包括医药制造业、航空航天器制造业、电子及通信设备制造业、电子计算机及办公设备制造业、医疗设备仪器仪表制造业等产业。

因为对区域和高技术等有着不同的划分方法，本书所探讨的是基于省级行政区的技术创新能力模型，所搜集的高技术产业数据是在我国界定的高技术范围内所统计的年鉴数据(《中国高科技产业统计年鉴》)。

6.4.1 分析方法与数据

因为我国专利申请受理工作从 1985 年 4 月开始，所以专利存量也从 1985 年 4 月开始计算。ρ 代表知识退化率，Kondo(1999)、Alston 等(1998)分别对 ρ 取 10%与 15%进行分析。本书认为知识退化率并非一成不变的线性关系，而存在一个由大变小、由急变缓的过程，上一年的知识退化到今年的残值为上一年知识量的$(1-\rho)$。那么今年的专利存量可以表示为去年专利批准量的$(1-\rho)$和前年专利批准量的$(1-\rho)$……即所有年份专利批准量残值之和。同样，今年的专利存量也可表示为去年专利批准量的$(1-\rho)$加上去年专利存量的$(1-\rho)$。结合我国发明专利权的期限为 20 年，实用新型和外观设计专利权的期限为 10 年，根据有效期过后残值基本趋向于 0 的原则，本书采用 10%、15%和中间值 12.5%分别进行计算。本书的数据 1986～2004 年的《中国统计年鉴》《中国高技术产业统计年鉴》《中国科技统计年鉴等》，包括 1985～2003 年中国 31 个省(自治区、直辖市)的数据。

Riddel 和 Schwer(2003)将人力资本投入变量拆分成几个指标，非农业从业人员数、高技术就业人员数、大学 R&D 投入、企业 R&D 投入和大学学位授予量。根据我国统计的具体情况，本书采用非农业社会劳动者人数、高技术就业人员数、科技活动经费筹集额中政府资金、科技活动经费筹集额中企业资金和大学毕业人数等 5 个指标。其中，非农业社会劳动者人数用来说明各省劳动者规模的变动，为全社会劳动者人数减去第一产业社会劳动者人数。非农业就业人数是一个衡量劳动者规模的指标，包含所有从事第二、三产业的劳动者人数，因为从事专利活动的劳动者绝大多数在第二、三产业，采用这个指标主要是考察专利活动与从事专利活动的劳动者规模的关系。高技术就业人员数占从事科技活动人数的比例较高，采用这个指标主要是考察专利活动与集中从事专利活动的劳动者规模的关系。大学毕业生是高层次人员，是新增科技活动人员的主体，采用这个指标主要是考察专利活动与新增科技活动人员的关系。科技活动经费筹集额中政府资金、科技活动经费筹集额中企业资金分别代表了国家 R&D 投入和企业 R&D 投入，主要考察专利投入与专利产出之间的关系。

很显然，式(6-15)给出的关系式是非线性的，我们可以通过对模型进行对数变换，得

$$\ln \mathrm{PAQ}_i = \ln \beta_1 + \beta_2 \ln \mathrm{HTP}_{2i} + \beta_3 \ln GF_{3i} + \beta_4 \ln EF_{4i} + \beta_5 \ln \mathrm{UGP}_{5i} + \beta_6 \ln \mathrm{PSQ}_{6i} + \beta_7 \ln \mathrm{NAP}_{7i} + \mu_i \tag{6-16}$$

令 $\beta_0 = \ln\beta_1$，得到一个对参数 β_0、β_2、β_3、β_4、β_5、β_6、β_7 为线性的线性回归模型：

$$\ln \mathrm{PAQ}_i = \beta_0 + \beta_2 \ln \mathrm{HTP}_{2i} + \beta_3 \ln GF_{3i} + \beta_4 \ln EF_{4i} + \beta_5 \ln \mathrm{UGP}_{5i} + \beta_6 \ln \mathrm{PSQ}_{6i} + \beta_7 \ln \mathrm{NAP}_{7i} + \mu_i \tag{6-17}$$

6.4.2 因变量与自变量

利用以上模型可进行相关与回归分析。

因变量：专利的批准量对数 $\ln \mathrm{PAQ}_i$。

自变量：包括高技术就业人员数的对数 $\ln \mathrm{HTP}_{2i}$、科技活动经费筹集额中政府资金的对数 $\ln GF_{3i}$、科技活动经费筹集额中企业资金的对数 $\ln EF_{4i}$、大学毕业人数的对数 $\ln \mathrm{UGP}_{5i}$、专利存量的对数 $\ln \mathrm{PSQ}_{6i}$、非农业社会劳动者人数的对数 $\ln \mathrm{NAP}_{7i}$。β_0 为回归方程的截距，μ_i 为随机干扰项，表示其他因素，然后用计量经济方法以及软件 EViews 进行计算。

6.4.3 估计、检验与结果

我们用多种方法对模型式(6-16)进行估计和检验。在模型中，数据被取自然对数，所以估计得到的系数也具有弹性。

(1)用原始数据，取知识退化率分别为 ρ=10%，ρ=15%，ρ=12.5%，并通过逐步回归

进行计算：

当 ρ=10%时，对式(6-16)进行系数估计，得到如下结果：

$$\ln \text{PAQ} = -1.978 - 0.022\ln \text{UGP} + 0.667\ln \text{PSQ} + 0.197\ln \text{NAP} + 0.205\ln \text{HTP} - 0.122\ln GF + 0.117\ln EF$$

0.4442	0.0716	0.0510	0.0605	0.0561	0.0218	0.0293
t=−4.4524	−0.310	13.0888	3.2492	3.6579	− 5.5800	3.9843
p=0.0000	0.7566	0.0000	0.0014	0.0003	0.0000	0.0001

$$R^2 = 0.9387 \quad \bar{R}^2 = 0.9364 \quad F = 408.2234$$

从结果可以看出，R^2 很大，并且 F 显著地大于给定显著性水平下的临界值，而变量 lnUGP 系数的 t 并不显著，则说明该模型存在多重共线性。

我们采用逐步回归的方法，以 $\bar{R}^2$ 为参考标准，最后可以得到：

$$\ln \text{PAQ} = -1.3549 - 0.0795\ln \text{UGP} + 0.7906\ln \text{PSQ} + 0.1372\ln \text{NAP} + 0.1610\ln \text{HTP}$$

0.3229	0.0730	0.0483	0.0626	0.0380
t= −4.1959	−1.0882	16.3836	2.1916	4.2353
p= −0.0000	0.2779	0.0000	0.0297	0.0000

$$R^2 = 0.9476 \quad \bar{R}^2 = 0.9465 \quad F = 818.7376$$

结果表明，选取 UGP、PSQ、NAP、HTP4 个变量时，$\bar{R}^2$ 出现最大值，从而应该排除变量 GF 和 EF，此时大约 94.76%的专利批准量的变化能被模型所解释。

同理，当 ρ=15%和 ρ=12.5%时，对式(6-16)进行系数估计，并将结果采用逐步回归的方法，以 $\bar{R}^2$ 为参考标准，结果如下。

当 ρ=15%时，

$$\ln \text{PAQ} = -1.1160 - 0.0876\ln \text{UGP} + 0.8308\ln \text{PSQ} + 0.1171\ln \text{NAP} + 0.1445\ln \text{HTP}$$

0.3096	0.0686	0.0463	0.0592	0.0361
t=−3.6051	−1.2776	17.9382	1.9768	4.0006
p=−0.0004	0.2030	0.0000	0.0496	0.0001

$$R^2 = 0.9532 \quad \bar{R}^2 = 0.9522 \quad F = 921.3148$$

结果表明，选取 UGP、PSQ、NAP、HTP 4 个变量时，$\bar{R}^2$ 出现最大值，排除变量 GF 和 EF，此时大约 95.05%的专利批准量的变化能被模型所解释。

当 ρ=12.5%时，

$$\ln \text{PAQ} = -1.2335 - 0.0840\ln \text{UGP} + 0.8119\ln \text{PSQ} + 0.1268\ln \text{NAP} + 0.1522\ln \text{HTP}$$

0.3161	0.0707	0.0473	0.0609	0.0370
t= −3.9025	−1.1880	17.1665	2.0828	4.1097
p= −0.0001	0.2364	0.0000	0.0387	0.0001

$$R^2 = 0.9505 \quad \bar{R}^2 = 0.9494 \quad F = 869.2350$$

结果表明，选取 UGP、PSQ、NAP、HTP4 个变量时，$\bar{R}^2$ 出现最大值，排除变量 GF 和 EF，此时大约 95.05%的专利批准量的变化能被模型所解释。

(2)接着为克服由于指标的量纲不同对统计分析结果带来的影响，我们把每个指标标准化，以北京为100作为基数。当ρ=10%时，结果如下：

$$\ln \text{PAQ} = -0.436 + 0.237 \ln \text{UGP} + 0.419 \ln \text{PSQ} + 0.079 \ln \text{NAP} + 0.328 \ln \text{HTP} - 0.089 \ln GF + 0.056 \ln EF$$

0.1062	0.0706	0.0355	0.0577	0.0653	0.0149	0.0257
t= −4.1098	3.3521	11.8129	1.3736	5.0232	− 5.9871	2.1880
p=0.0001	0.0009	0.0000	0.1707	0.0000	0.0000	0.0295

$$R^2 = 0.9288 \qquad \bar{R}^2 = 0.9272 \qquad F = 572.0103$$

专利存量、非农业劳动人数、企业R&D等系数下降，影响变小；高科技人员数系数上升，影响变大，大学毕业人数系数由负变正，表明有正的影响，解释较为合理。逐步回归后：

$$\ln \text{PAQ} = -0.436 + 0.237 \ln \text{UGP} + 0.419 \ln \text{PSQ} + 0.079 \ln \text{NAP} + 0.328 \ln \text{HTP} - 0.089 \ln GF + 0.056 \ln EF$$

0.1062	0.0706	0.0355	0.0577	0.0653	0.0149	0.0257
t= −4.1098	3.3521	11.8129	1.3736	5.0232	− 5.9871	2.1880
p=0.0001	0.0009	0.0000	0.1707	0.0000	0.0000	0.0295

$$R^2 = 0.9288 \qquad \bar{R}^2 = 0.9272 \qquad F = 572.0103$$

(3)对面板数据(综列数据)的固定效用模型进行估计、检验。把原始数据根据北京地区的数据相比较得到相对数，相当于将该地区的数据看成单位标准，其他各省市数据处理结果与它是独立的。这样剔除了数据测量过程中由误差引起的异方差性，所得回归方程能真实反映数据间的相对关系。

图6-1是根据原始数据，利用回归软件所得到的残差分布图。蓝色线代表残差分布。从图中我们可以看出，该数据随机干扰项的异方差，呈现递减的趋势，已经明显消除了异方差。

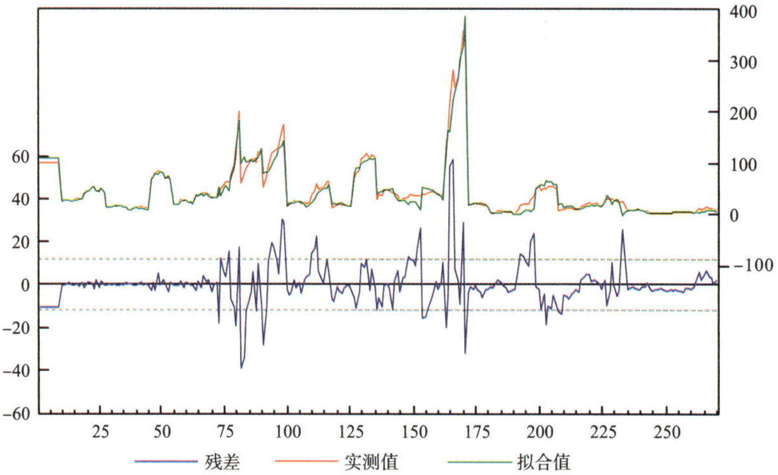

图6-1 残差分布图

注：横坐标表示样本量，纵坐标表示残差

①对数据进行试探性分析。

图 6-2 所示为对专利批准量及其影响因素的相关性进行分析。首先从相关图中发现哪些因素与专利批准量(PAQ)相关。从图 6-2 中可以看出，绿色线代表的政府投入资金(*GF*)与专利批准量(PAQ)不太相关，而其他因素则与专利批准量(PAQ)高度相关。

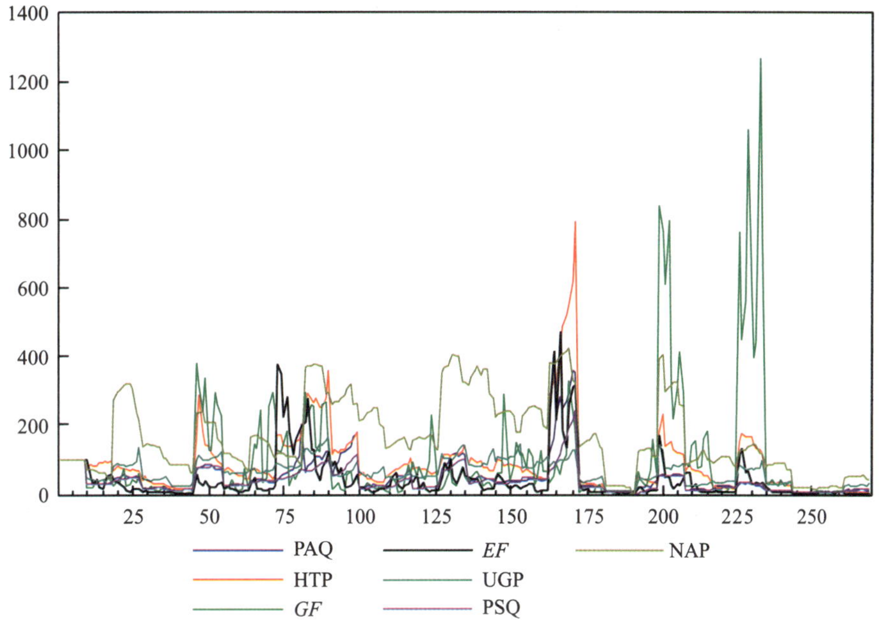

图 6-2 专利批准量及其影响因素的相关分析

注：横坐标表示专利批准量，纵坐标表示影响因素的数量

先试探性对单个一年中 30 个省(自治区、直辖市)的专利批准量数据进行回归分析。假设高技术人员(HTP)、政府投入资金(GF)、企业投入资金(EF)、大学毕业人数(UGP)、专利存量(PSQ)、非农业人口(NAP)等影响 PAQ 的各个因素影响程度不同，为了测量他们各自的影响程度，对数据进行回归，结果如下：

$$\log \mathrm{PAQ} = 0.4426 - 0.1279\times\log \mathrm{HTP} - 0.0294\times\log GF + 0.1413\times\log EF - 0.1505\times\log \mathrm{UGP} + 1.2092\times\log \mathrm{PSQ} - 0.0397\times\log \mathrm{NAP}$$

在这个回归模型中，HTP、*GF*、UGP 和 NAP 这三个自变量对应的系数为负，说明他们与 PAQ 呈负相关关系，不适合经济学理论中的有关研究。只有 *EF* 和 PSQ 的系数为正，即与 PAQ 呈正相关关系，并且 PSQ 的系数为 1.2092，表示当 PSQ 每增加一个百分点，PAQ 就增加 1.2 个百分点，是个较大的数，说明它对 PAQ 的影响程度较大。同时，拟合度 R^2= 0.961238，表示回归的子变异中约有 96%能由以上回归元的变异来解释；估计的标准误差 *SE*= 0.285757，表示对 PAQ 的估计值和真实值间的误差为 0.285757 个单位，相对较小，这似乎是个可喜的结果。同时，DW 检验的 *d*= 2.397139，近似等于 2，说明回归中不存在一阶自相关。*F*= 90.92820，相应的 *p* 为 0，说明该方程的总体回归很显著。但是，我们不能被它表面现象所蒙蔽，我们注意到，该回归中，系数回归的 t 都比较小，最大才 8.1，大多数的 t 都小于 2，而对应于 t 的 p 却较大，都显著异于 0，这说明，这个回归在统计上对系数的回归是不显著的，即这个回归模型不能确定哪一个或哪几个因素对专利批准量的影响较大，哪一个或哪几个因素对专利批准量的影响较小。

这个显著性问题是否只是偶然的问题，是否是因取值特殊而造成的呢？经过单独对其他几年数据的检验，本书发现这个问题是普遍问题，从而说明模型假定不正确，与真实的模型有偏差，可能遗漏了某些很重要的影响因素，后文将重新设定回归模型。

②用固定效应模型对面板数据（综列数据）进行处理。本书数据涉及时间序列和横截面，符合综列数据的假定，不妨设定一个固定效应模型对该综列数据（面板数据）进行处理，从而将累加各年的数据所引起的偏差降到最低，更好地检测和度量单纯使用横截面数据或时间序列数据无法观测到的影响。

能否对一个回归方程进行正确的估计取决于对其函数截距、斜率和误差项 μ_{it} 的正确假定，综列数据中，一般有以下几种可能性假定：

a.假定通过时间和空间的截距和斜率是不变的，误差项在时间和个体上存在差异；

b.所有系数（截距和斜率系数）均随个体的变化而变化；

c.斜率不变而截距随个体变化而变化；

d.斜率不变而截距随时间和个体变化而变化；

e.斜率和截距随时间和个体变化而变化。

对原始数据的处理：通过级差截距虚拟变量来考察固定效应。以年为虚拟变量处理原始数据的结果如表 6-2 所示，其中 D_2，D_3，…，D_9 是关于年的虚拟变量。

表 6-2 以年为虚拟变量处理原始数据

PAQ	HTP	*GF*	*EF*	UGP	PSQ	NAP	REG	YEAR	D_2	D_3	…	D_9
100	100	100	100	100	100	100	1	1	0	0	…	0
30.37099903	94.06277371	36.87358	55.5897208	48.5596658	27.8821366	42.617153	2	1	0	0	…	0
43.30746848	65.09532437	62.217438	12.8305235	136.960931	46.9293735	217.178224	3	1	0	0	…	0
14.24587779	24.19583188	19.315871	1.34018156	49.233351	15.5767763	103.448276	4	1	0	0	…	0
9.90543162	10.32970593	0.5980146	0.23616135	30.0852369	11.0580951	57.648099	5	1	0	0	…	0
68.57419981	83.33533301	226.21696	33.5704048	119.413725	75.9403575	147.088544	6	1	0	0	…	0
20.48981571	39.84426554	11.768927	5.93986759	63.5111315	24.3542188	65.7824934	7	1	0	0	…	0
33.87487876	52.12845093	243.32018	23.2547266	83.3655286	35.0271034	100.378931	8	1	0	0	…	0
202.1217265	170.9521638	67.814855	197.381407	85.9105616	69.5813112	88.1394468	9	1	0	0	…	0
119.3016489	357.9103027	148.14017	122.017951	165.460955	95.6363529	298.130605	10	1	0	0	…	0
174.6120272	177.0627617	52.4698	55.7699133	94.9980683	113.040437	263.268915	11	1	0	0	…	0
19.51988361	33.91543787	11.864609	13.982322	79.3028927	20.5225154	194.606543	12	1	0	0	…	0
65.19156159	102.4985902	56.57218	42.7417924	57.7002946	45.6109092	127.687255	13	1	0	0	…	0
15.00969932	59.72080579	9.3768688	9.06968808	56.9457188	16.2477063	124.226348	14	1	0	0	…	0
109.9296799	141.8101431	49.718933	48.784042	141.562032	99.7086127	325.097891	15	1	0	0	…	0

续表

PAQ	HTP	*GF*	*EF*	UGP	PSQ	NAP	REG	YEAR	D_2	D_3	···	D_9
35.89961203	64.46842718	14.35235	12.8206266	131.567827	40.1186725	278.375647	16	1	0	0	···	0
34.80843841	73.45495339	113.69453	14.5546379	143.813686	33.3697997	175.975748	17	1	0	0	···	0
38.49418041	41.71835819	63.365626	7.09439629	108.701164	41.3150949	189.314134	18	1	0	0	···	0
354.4495635	793.9763879	191.48427	315.252884	127.412228	237.796899	323.354806	19	1	0	0	···	0
16.13724539	26.54624642	3.6239684	2.75407822	48.507751	18.1764832	131.96918	20	1	0	0	···	0
3.588748788	3.75658392	0.4784117	1.12927445	7.05799971	4.01673472	18.1002905	21	1	0	0	···	0
34.95392823	26.98237489	56.739624	7.57149683	51.495871	15.0583577	106.504989	22	1	0	0	···	0
49.11493695	113.9735083	294.70159	45.6231657	89.7124161	51.9700132	255.526083	23	1	0	0	···	0
8.765761397	43.07173624	94.976677	5.20817692	30.6200802	9.48820791	99.9494758	24	1	0	0	···	0
14.70659554	13.70895173	17.378304	1.13234591	37.8338243	18.4049449	80.8765947	25	1	0	0	···	0
19.50775946	116.7300563	741.64574	32.3162241	96.3261216	26.0587031	115.523557	26	1	0	0	···	0
5.746847721	21.95219984	34.625045	1.63743089	35.7149756	7.80740393	67.4750537	27	1	0	0	···	0
1.091173618	2.425402234	2.3920584	0.13173162	5.76012942	1.69881123	14.740432	28	1	0	0	···	0
4.097963143	4.484864482	6.9967707	1.00641594	6.59318105	3.18660628	17.696097	29	1	0	0	···	0
9.117361785	1.967077399	0.5621337	0.01672241	30.5017627	10.7730016	40.9372237	30	1	0	0	···	0
100	100	100	100	100	100	100	1	2	1	0	···	0
28.79432624	90.63294801	50.226103	48.4235816	40.1645134	27.6639378	43.9885105	2	2	1	0	···	0
52.84475965	65.30478176	32.153438	13.9090603	92.5718826	45.5143929	235.672275	3	2	1	0	···	0
14.72025217	25.96159641	23.312022	2.2242359	46.9495865	15.7816598	103.186979	4	2	1	0	···	0
10.70133964	10.59112113	2.7444254	0.26394876	22.9671268	11.1434322	61.1133908	5	2	1	0	···	0
71.72576832	95.21883777	258.39701	25.1266746	107.111745	76.9485016	157.174121	6	2	1	0	···	0
23.75098503	43.22995142	75.378138	8.36281108	55.6593779	24.4985144	78.1151689	7	2	1	0	···	0
32.82899921	43.49694435	298.81491	13.1105634	68.278937	35.5528974	111.544248	8	2	1	0	···	0
105.5161545	152.2950543	70.668954	183.627695	81.223697	60.9855743	90.138148	9	2	1	0	···	0
119.7005516	276.4545991	268.78216	98.2600165	153.151947	89.8801146	291.656408	10	2	1	0	···	0
165.1536643	153.2051205	28.59816	32.5484149	71.2660761	100.574775	259.909725	11	2	1	0	···	0
22.36406619	33.6386977	21.908623	12.7185891	65.2138085	20.0820101	199.425523	12	2	1	0	···	0
63.05752561	83.86892636	84.297521	25.7638926	54.1143059	41.4376192	129.435098	13	2	1	0	···	0
16.45390071	58.86621425	101.77764	6.54052549	51.5715589	16.1983839	130.378881	14	2	1	0	···	0
114.9408983	119.4398573	76.719164	74.666323	139.346361	96.0649981	324.223772	15	2	1	0	···	0
40.81954295	65.92917154	30.937159	11.3177901	104.808853	39.9510219	289.755163	16	2	1	0	···	0
34.81481481	78.17769795	151.83222	21.7784743	115.409518	33.0241471	177.732184	17	2	1	0	···	0
36.98975571	41.15729078	64.431623	6.70346708	91.377027	42.3497308	195.540966	18	2	1	0	···	0
358.7234043	619.6507998	238.04772	309.096464	124.629918	208.870867	327.602243	19	2	1	0	···	0
16.61150512	23.37061993	25.791361	3.9737797	47.0393478	18.5508313	136.383532	20	2	1	0	···	0
3.136327817	4.132062053	0.01	0.53246985	5.79622708	4.22733105	18.6431405	21	2	1	0	···	0
27.75413712	30.24855052	157.28988	8.89153992	45.192619	12.0214841	107.24935	22	2	1	0	···	0
53.63278172	118.8624775	415.21909	22.6351646	77.1138056	51.5722734	258.897552	23	2	1	0	···	0

续表

PAQ	HTP	*GF*	*EF*	UGP	PSQ	NAP	REG	YEAR	D_2	D_3	…	D_9
9.692671395	49.24663396	180.75784	4.83421108	26.3015392	9.43929954	98.7689783	24	2	1	0	…	0
17.77777778	14.81720326	15.874006	2.37138214	37.6997557	18.5549654	85.5423335	25	2	1	0	…	0
24.01891253	123.7744241	1269.671	26.1999277	75.9336649	26.5466279	119.039803	26	2	1	0	…	0
6.256895193	24.17642025	26.945267	2.22091056	31.8534977	8.17829091	69.4433046	27	2	1	0	…	0
1.33963751	1.750822676	0.1559333	0.09310948	4.06574649	1.7847268	14.758583	28	2	1	0	…	0
3.404255319	4.193536722	7.0325901	1.63232562	4.9721887	3.13454389	17.1795924	29	2	1	0	…	0
9.88179669	2.15402418	0.01	0.11430852	23.580741	10.9861809	42.3471481	30	2	1	0	…	0
100	100	100	100	100	100	100	1	3	0	1	…	0
29.28274095	90.95918966	42.237737	37.3526444	33.9784066	27.2438504	58.7362798	2	3	0	1	…	0
44.68459814	69.25899806	39.279809	11.0476623	81.5905089	45.7297288	304.915783	3	3	0	1	…	0
16.76272815	24.96426989	6.4302774	1.44832873	39.0210064	15.5270677	134.28191	4	3	0	1	…	0
11.89561319	10.32085328	0.8451222	0.20377512	21.9081838	10.9482375	83.5503713	5	3	0	1	…	0
71.21357669	101.9522059	295.7009	18.6323208	107.203714	78.4367429	206.068611	6	3	0	1	…	0
23.10278578	49.17274651	12.566599	4.95670268	61.9128084	24.8607129	93.2791475	7	3	0	1	…	0
29.93916106	53.92594349	253.0406	10.519255	66.4502588	37.0096897	147.196959	8	3	0	1	…	0
85.99103426	148.5330371	43.450303	156.041678	76.2028424	54.4965337	108.380941	9	3	0	1	…	0
98.5910983	251.0101168	256.47621	73.5467822	142.007435	87.6195713	374.089834	10	3	0	1	…	0
133.0771694	149.8767389	65.699063	23.1865579	66.2208072	92.1402433	318.686132	11	3	0	1	…	0
20.4610951	33.42466095	13.209627	7.84631992	61.1657566	19.9836357	250.236517	12	3	0	1	…	0
52.76977265	81.90464897	30.846959	20.3947214	50.6020882	38.4968693	162.645074	13	3	0	1	…	0
15.99423631	53.09463331	228.25648	8.89492088	49.0955337	16.2513612	167.328939	14	3	0	1	…	0
107.6689081	109.7959795	46.15102	42.5436298	123.76692	93.0537261	398.532878	15	3	0	1	…	0
41.33845661	72.85946988	31.875804	12.8585621	82.0334039	39.5909758	363.951489	16	3	0	1	…	0
35.28658341	81.24684046	82.54639	21.0697998	107.509649	32.4370337	226.532348	17	3	0	1	…	0
38.44060199	44.6673199	127.15414	7.70277776	88.4064673	43.364169	243.202927	18	3	0	1	…	0
292.3310919	544.9300688	328.25648	260.469973	104.649508	187.212525	425.601615	19	3	0	1	…	0
17.59526097	23.78595635	15.983832	3.77355539	41.971861	18.7988066	173.651584	20	3	0	1	…	0
4.851104707	3.934993041	0.01	0.58746685	6.8657619	4.0654587	24.1153665	21	3	0	1	…	0
19.16426513	32.72316497	70.733052	7.75870836	43.2507426	10.1678971	131.69948	22	3	0	1	…	0
53.74639769	117.8057655	308.39611	26.5103217	79.3333452	51.0080773	325.422622	23	3	0	1	…	0
10.27857829	50.64563843	160.27926	3.55921994	26.8440618	9.22150256	124.253977	24	3	0	1	…	0
21.56580211	16.72606083	16.681977	1.51521078	34.5404742	17.7736384	109.508667	25	3	0	1	…	0
21.67787384	132.2376099	442.09076	33.4472805	76.2775475	27.8100937	141.446703	26	3	0	1	…	0
8.197246238	25.67325515	22.91016	1.38535792	30.2378115	8.1733719	86.2271289	27	3	0	1	…	0
1.617034902	2.352882437	0.01	0.43375549	4.55523737	1.82824368	17.1876985	28	3	0	1	…	0
3.698366955	4.809990701	8.8554106	1.50465045	5.65091336	2.98822902	21.6325063	29	3	0	1	…	0
12.08773615	2.55758945	0.01	0.10912334	28.1816403	10.7003218	53.1716013	30	3	0	1	…	0
100	100	100	100	100	100	100	1	4	0	0	…	0

续表

PAQ	HTP	*GF*	*EF*	UGP	PSQ	NAP	REG	YEAR	D_2	D_3	…	D_9
27.28196444	88.81872618	42.597918	14.1037941	38.7283126	27.2334319	59.293148	2	4	0	0	…	0
47.62066046	63.53389478	24.680218	4.75499514	83.7130038	45.2128421	320.86624	3	4	0	0	…	0
16.39288738	26.71427199	9.1522062	1.28684905	39.7777821	15.2903956	137.648043	4	4	0	0	…	0
13.12447079	11.0186045	0.3173029	0.0870016	23.5273729	10.3533636	84.2463354	5	4	0	0	…	0
81.99830652	115.0200134	126.10808	15.427887	102.738249	77.4631886	205.509315	6	4	0	0	…	0
27.94242168	50.23471773	8.775409	4.76214596	58.6932661	24.018327	97.7692121	7	4	0	0	…	0
38.13717189	53.44711646	47.010412	6.89904835	67.7437369	36.7014922	150.400061	8	4	0	0	…	0
68.58594412	135.9678504	55.974219	111.197285	78.8141958	50.6451897	106.490718	9	4	0	0	…	0
108.9246401	251.2978321	120.67427	36.4173217	145.660588	81.795825	374.189691	10	4	0	0	…	0
126.9263336	141.5293477	56.499752	15.2288559	62.5387533	82.6314563	305.643606	11	4	0	0	…	0
25.09737511	34.56594832	18.601884	2.5483723	57.4416052	18.5857937	246.600258	12	4	0	0	…	0
50.85520745	79.60869704	7.8829945	11.1999666	46.8063392	35.1187142	160.518655	13	4	0	0	…	0
18.15410669	61.07144001	93.386217	5.11313188	49.879648	15.7312453	169.412561	14	4	0	0	…	0
117.9000847	109.8754363	24.471988	28.2519829	112.370261	86.2619673	398.211013	15	4	0	0	…	0
46.84165961	74.36293189	22.964799	7.97614011	88.0187171	37.6089994	364.459028	16	4	0	0	…	0
37.22269263	82.81020846	37.600397	13.536198	108.925305	31.1288726	237.136958	17	4	0	0	…	0
43.2684166	47.78250985	39.355478	3.45741987	91.3250274	43.390343	247.092598	18	4	0	0	…	0
267.5529213	519.6016523	110.37184	130.927282	99.0391096	165.251457	413.579276	19	4	0	0	…	0
20.16934801	25.03698485	2.2211205	1.60237884	42.0904662	18.4241687	173.96304	20	4	0	0	…	0
5.419136325	3.998206795	0.01	1.4569789	7.74296663	3.69543056	23.5192824	21	4	0	0	…	0
19.61049958	37.59710525	24.442241	3.03164832	42.7239992	7.58675916	129.444719	22	4	0	0	…	0
54.49618967	126.6585545	215.2702	10.3654067	82.1705725	50.0546009	326.197076	23	4	0	0	…	0
12.02370872	59.52287937	77.808627	2.67440544	26.4562593	8.45551876	121.572618	24	4	0	0	…	0
20.60965284	14.89897211	9.3901834	1.27850643	35.7647648	16.9984131	109.116408	25	4	0	0	…	0
24.75867909	142.4291524	397.92762	25.7611151	70.4531012	28.6441987	146.073431	26	4	0	0	…	0
8.348856901	29.2766339	39.414973	1.48975348	27.4498854	8.12540303	86.6275205	27	4	0	0	…	0
1.981371719	1.813058375	0.4957858	0.07538153	4.24024186	1.78638609	16.9797544	28	4	0	0	…	0
3.793395428	5.004963335	0.0991572	0.45735432	6.07344361	2.76813657	21.0824627	29	4	0	0	…	0
12.14225233	3.280284351	0.01	0.05363113	26.5236564	10.3061697	51.7955116	30	4	0	0	…	0
100	100	100	100	100	100	100	1	5	0	0	…	0
25.87064677	86.53715988	34.185828	16.973609	38.34854	27.6546377	61.8217522	2	5	0	0	…	0
51.65551553	70.355354	22.759268	6.4241799	78.7286064	43.2215587	318.973855	3	5	0	0	…	0
15.7831532	26.58250981	11.015955	2.44461794	39.0164391	15.1380955	141.559614	4	5	0	0	…	0
12.40349974	12.51319886	0.786016	0.03694461	21.6888306	9.7197132	84.2861429	5	5	0	0	…	0
84.16538	135.7350751	126.95917	15.6261763	99.3181863	75.391694	204.6729	6	5	0	0	…	0
26.59118202	56.57167998	13.913656	6.9009745	60.2600036	23.2231161	101.967569	7	5	0	0	…	0
40.7960199	60.38852037	29.645706	7.2355672	60.0671875	35.435967	158.402036	8	5	0	0	…	0
62.87527878	136.3158251	22.149226	177.566256	80.1399408	46.865148	106.615323	9	5	0	0	…	0

续表

PAQ	HTP	*GF*	*EF*	UGP	PSQ	NAP	REG	YEAR	D_2	D_3	…	D_9
105.3868588	275.4683904	135.71093	64.5582679	122.247401	74.5043745	377.446765	10	5	0	0	…	0
121.3072568	128.6320563	9.2327546	17.0098565	53.1735146	70.6776483	288.684476	11	5	0	0	…	0
24.39526505	40.03248951	19.802909	3.96004405	45.9200509	16.7902186	238.313185	12	5	0	0	…	0
50.33453423	71.42006227	5.4551854	19.9835492	41.1294651	30.4158513	153.578768	13	5	0	0	…	0
17.34431292	67.94368485	42.268888	12.3276499	49.8081778	15.2326828	160.479688	14	5	0	0	…	0
112.1290101	112.0143495	30.642891	46.6519818	98.6184825	78.2670543	404.062917	15	5	0	0	…	0
49.25373134	91.79369162	39.652745	19.1958622	79.2931401	34.0098783	346.031561	16	5	0	0	…	0
38.2226797	85.65791255	103.70718	18.231817	98.1215338	28.9363386	239.840698	17	5	0	0	…	0
43.28358209	54.14308921	28.343501	6.03033641	78.8916055	43.4233404	252.848038	18	5	0	0	…	0
245.8054555	484.9356978	88.79634	181.766092	95.3903035	140.354053	403.559492	19	5	0	0	…	0
21.13570081	26.1506701	2.8390427	3.43096934	38.2889061	17.5860959	156.879125	20	5	0	0	…	0
5.867215646	4.536347638	0.01	0.21469698	7.35484127	3.02418131	23.2679126	21	5	0	0	…	0
18.49373821	39.98781643	27.451901	5.49917049	40.6345041	4.21566065	124.273502	22	5	0	0	…	0
50.11151141	148.563693	329.91553	21.2940373	70.4971475	50.0370112	316.889044	23	5	0	0	…	0
10.63647281	65.3208339	74.272642	7.20559327	21.0070169	7.78143559	99.164812	24	5	0	0	…	0
20.32938755	16.00446731	4.1412482	0.85321139	31.3216849	15.9688848	108.895572	25	5	0	0	…	0
26.91713845	162.3006633	585.87518	28.8432851	72.2126145	29.1779936	139.612881	26	5	0	0	…	0
8.474867044	30.4379315	20.037541	1.36555647	27.8430437	8.01739167	89.0100665	27	5	0	0	…	0
2.11013896	2.530797347	0.1173158	0.04042995	4.9496094	1.68632146	17.2160778	28	5	0	0	…	0
2.573340196	5.263300393	0.01	2.1260578	5.32729044	2.82834368	20.5058974	29	5	0	0	…	0
14.73666152	3.710572628	0.01	0.06970681	23.1717256	8.93680575	51.9457374	30	5	0	0	…	0
100	100	100	100	100	100	100	1	6	0	0	…	0
27.42105263	78.97343973	36.793249	42.3156402	37.188273	27.7046346	62.5678119	2	6	0	0	…	0
55	68.01716716	74.092827	16.8415721	82.2391631	40.7004827	313.345389	3	6	0	0	…	0
16.94736842	33.54471043	21.434599	4.1876013	38.3905762	14.7508358	141.844485	4	6	0	0	…	0
13.76315789	13.38807293	1.1251758	0.20056726	21.3393617	8.85424798	83.9240506	5	6	0	0	…	0
83.21052632	138.6010562	340.22504	37.7410859	96.4214752	73.718139	207.920434	6	6	0	0	…	0
27.65789474	65.7614073	39.831224	13.8715559	58.7972913	22.2738892	105.479204	7	6	0	0	…	0
39.92105263	60.24954062	242.27848	13.363047	60.9362962	34.4759723	161.139241	8	6	0	0	…	0
61.42105263	136.3189546	184.07876	280.544976	73.4013219	43.7495795	106.745027	9	6	0	0	…	0
99.65789474	263.3135448	254.40225	125.974473	116.226025	69.1204757	375.96745	10	6	0	0	…	0
117.6315789	126.3964381	14.514768	73.8816856	49.2599651	60.6275555	278.860759	11	6	0	0	…	0
24.55263158	41.89378461	32.658228	10.6584279	53.1122015	15.1287396	235.732369	12	6	0	0	…	0
61	68.13409917	29.170183	57.4230146	43.5039131	23.8695723	150.922242	13	6	0	0	…	0
20.13157895	67.13439472	47.229255	30.9785251	46.5066299	14.1841155	157.830018	14	6	0	0	…	0
108.6052632	109.138044	74.936709	101.655186	101.796359	71.7734166	390.253165	15	6	0	0	…	0
47.44736842	89.01224574	64.275668	38.7337925	80.3008799	31.1336969	370.271248	16	6	0	0	…	0
33.28947368	81.0839983	293.41772	33.9323339	100.628523	28.0045867	240.79566	17	6	0	0	…	0

续表

PAQ	HTP	*GF*	*EF*	UGP	PSQ	NAP	REG	YEAR	D_2	D_3	…	D_9
42.71052632	54.7241818	105.20394	24.8176661	75.0577835	43.5759122	252.748644	18	6	0	0	…	0
281.7631579	424.5492978	57.130802	470.014182	99.8945704	110.086627	399.059675	19	6	0	0	…	0
22.44736842	27.16163602	13.558368	11.8841167	36.7361421	16.5455816	153.345389	20	6	0	0	…	0
6.289473684	3.836911967	0.01	0.73946515	7.10433478	2.32527303	22.2603978	21	6	0	0	…	0
16.10526316	45.18779795	41.969058	15.7192058	45.77876	1.67079154	126.057866	22	6	0	0	…	0
51.86842105	144.8761934	796.99015	46.5640194	74.352216	49.6450133	309.25859	23	6	0	0	…	0
11	64.47708261	152.29255	26.1223663	20.706784	7.09252903	99.8372514	24	6	0	0	…	0
21.89473684	15.72414325	6.3572433	2.48379254	31.0105024	14.7005062	106.003617	25	6	0	0	…	0
29.71052632	161.8133457	1064.135	65.8367099	69.0949272	29.0640095	135.045208	26	6	0	0	…	0
9.184210526	27.68269021	29.085795	3.66491086	26.8663071	7.76764394	87.323689	27	6	0	0	…	0
1.631578947	2.352132403	0.281294	0.11750405	4.54361137	1.69803863	16.0940325	28	6	0	0	…	0
2.526315789	5.511866672	0.01	1.5356564	6.18790803	2.89299021	19.3670886	29	6	0	0	…	0
12.15789474	3.712270151	0.01	0.01620746	22.7646892	8.24735883	51.9349005	30	6	0	0	…	0
100	100	100	100	100	100	100	1	7	0	0	…	0
28.253682	79.98566283	18.828932	25.1817753	39.0911092	27.596947	69.5762712	2	7	0	0	…	0
46.88908927	73.13645954	31.963261	26.1071766	84.5136374	39.4866787	301.847458	3	7	0	0	…	0
14.63781184	35.28050728	9.8966705	4.14069877	38.614852	14.7730038	143.288136	4	7	0	0	…	0
11.18124436	14.6588803	1.2629162	0.34466478	22.6262182	8.39784196	85.7627119	5	7	0	0	…	0
78.86985272	177.7004581	238.41561	21.9948064	99.2355872	72.7077063	237.186441	6	7	0	0	…	0
20.40877668	70.28592743	25.097589	10.6421152	55.0817441	22.6397035	116.186441	7	7	0	0	…	0
38.71355576	71.86709562	128.74856	13.6661945	61.211054	33.6448327	170.423729	8	7	0	0	…	0
56.68770664	138.1776643	139.58668	220.292729	77.9641006	41.2119566	117.440678	9	7	0	0	…	0
89.0291554	271.7930785	258.32377	128.623702	117.725572	65.2156817	370.423729	10	7	0	0	…	0
95.19086264	115.4130387	31.779564	54.9952786	52.8005123	53.8484725	268.779661	11	7	0	0	…	0
19.14637812	49.75347064	24.179104	9.11000944	48.5161987	14.340739	227.576271	12	7	0	0	…	0
46.46828975	58.84999592	50.700344	43.7016053	42.8751526	19.4371671	140.728814	13	7	0	0	…	0
18.3648933	67.74953084	76.41791	13.5363551	47.4436196	13.3641175	162.084746	14	7	0	0	…	0
87.37601443	112.7484235	56.3031	63.628423	100.336182	68.7131971	372.305085	15	7	0	0	…	0
37.06041479	94.99481298	58.507463	41.6572238	77.7960098	29.9712586	356.322034	16	7	0	0	…	0
31.28944995	92.91767202	62.319173	43.2648725	100.894483	27.3603092	235.779661	17	7	0	0	…	0
40.06612564	64.28471518	129.11596	24.8418319	72.8013127	44.2643051	249.881356	18	7	0	0	…	0
215.5996393	310.7773543	89.712974	210.417847	88.3156905	89.3918052	382.474576	19	7	0	0	…	0
21.1902615	30.27182338	18.071183	9.23984891	31.2728874	15.6345961	142.966102	20	7	0	0	…	0
5.019537121	4.372836312	2.8702641	2.16713881	7.38198627	1.79683285	21.7966102	21	7	0	0	…	0
10.18935978	46.39239547	63.076923	17.0349386	37.9785084	0.01	122.59322	22	7	0	0	…	0
47.82085963	135.9705564	610.83812	52.2332389	75.3206732	50.0027942	295.779661	23	7	0	0	…	0
10.12924557	67.57760138	140.1837	17.207271	20.4790587	6.49692187	91.2881356	24	7	0	0	…	0
20.79951909	19.3942255	6.4523536	2.55193579	29.8060953	13.5042747	96.5762712	25	7	0	0	…	0

续表

PAQ	HTP	*GF*	*EF*	UGP	PSQ	NAP	REG	YEAR	D_2	D_3	…	D_9
28.43402465	162.6429346	561.56142	59.5703494	69.7156464	29.1875717	128.644068	26	7	0	0	…	0
8.866847009	29.4121761	42.686567	3.91170916	26.2941989	7.55205147	84.2372881	27	7	0	0	…	0
1.683198076	2.224592323	0.2296211	0.11095373	4.27230705	1.70094939	15.9491525	28	7	0	0	…	0
2.524797115	5.444044247	2.7784156	1.26298395	5.44494027	2.96520585	18.4915254	29	7	0	0	…	0
9.85873159	4.580900094	0.01	0.09442871	21.5116163	7.93131183	50.6101695	30	7	0	0	…	0
100	100	100	100	100	100	100	1	8	0	0	…	0
27.28376328	83.08270677	17.269545	45.1336621	39.6569904	27.6610784	68.4845396	2	8	0	0	…	0
46.31259484	78.20100823	37.129522	31.9335583	90.0281896	38.0889198	298.318043	3	8	0	0	…	0
15.81183612	49.45418195	16.522754	8.8450558	42.9149362	14.5602797	142.337751	4	8	0	0	…	0
9.893778452	17.18713587	0.5600933	1.71814171	23.1606809	8.09151551	84.3017329	5	8	0	0	…	0
74.26403642	285.5468606	320.49008	33.802232	109.892191	72.3890129	235.490996	6	8	0	0	…	0
20.6676783	72.99979149	19.206534	23.7944459	62.6412171	23.0435197	118.705403	7	8	0	0	…	0
36.47951442	68.99201511	144.99417	45.4139631	71.9567042	33.0643683	170.115528	8	8	0	0	…	0
48.86191199	168.2622134	121.35356	348.995588	84.0158378	39.6454572	117.82195	9	8	0	0	…	0
78.23975721	290.5616406	224.69078	279.439398	131.65415	62.5487111	372.103296	10	8	0	0	…	0
73.14112291	125.7190693	15.145858	94.1240592	54.6426804	49.8978711	266.87054	11	8	0	0	…	0
16.84370258	59.06180623	15.239207	18.6867376	56.4653225	13.8282013	217.040435	12	8	0	0	…	0
36.23672231	53.26570913	4.9708285	23.4466649	48.0213466	15.9970826	136.833163	13	8	0	0	…	0
15.02276176	75.05550172	49.031505	56.0965481	52.5768759	13.0244731	158.137954	14	8	0	0	…	0
79.81790592	112.9021575	24.45741	90.293278	102.935164	66.4392597	367.295277	15	8	0	0	…	0
37.69347496	104.0163623	46.30105	39.0449001	84.209507	28.3899621	340.11213	16	8	0	0	…	0
30.28831563	98.52261159	59.346558	54.041007	104.884767	26.7607345	228.287462	17	8	0	0	…	0
38.11836115	70.90115174	72.252042	24.4796263	78.3628499	45.5228245	241.114509	18	8	0	0	…	0
160.030349	328.7253615	50.385064	414.830003	91.7647565	74.9269842	377.879715	19	8	0	0	…	0
19.60546282	30.63756455	5.764294	14.9390086	37.713843	14.8214724	138.956847	20	8	0	0	…	0
2.094081942	4.343239829	8.7047841	5.38800934	7.44335177	1.73596446	22.6639484	21	8	0	0	…	0
0.01	0.01	0.01	0.01	0.01	0.01	0.01	22	8	0	0	…	0
55.96358118	232.5657128	763.5706	94.0929146	128.497342	48.7821898	403.448862	23	8	0	0	…	0
7.860394537	82.27869838	80.863477	58.6296392	21.5941125	6.21772036	86.6972477	24	8	0	0	…	0
18.27010622	19.76413301	1.0035006	6.7583701	31.3012416	12.5283642	93.0003398	25	8	0	0	…	0
29.37784522	172.8127415	449.68495	130.900597	79.4624605	29.148609	126.588515	26	8	0	0	…	0
8.679817906	29.46497565	27.164527	12.2138593	28.6501259	7.32111608	83.9279647	27	8	0	0	…	0
1.305007587	2.394240086	0.2333722	0.46197768	4.37477136	1.78202732	15.5623513	28	8	0	0	…	0
3.186646434	5.513988887	0.3033839	3.17155463	7.05170967	2.91986094	18.025824	29	8	0	0	…	0
10.98634294	5.029498706	0.01	0.10381521	26.1023004	7.30572591	49.7961264	30	8	0	0	…	0
100	100	100	100	100	100	100	1	9	0	0	…	1
25.68944099	70.90756311	19.000534	98.078952	44.8019692	28.2135304	67.947219	2	9	0	0	…	1
39.25465839	64.51820887	23.997862	35.7481976	80.6936621	37.7622803	273.576082	3	9	0	0	…	1

续表

PAQ	HTP	*GF*	*EF*	UGP	PSQ	NAP	REG	YEAR	D_2	D_3	…	D_9
14.13664596	36.19312867	14.457509	4.62897837	45.0436865	14.6789817	137.698346	4	9	0	0	…	1
10.31055901	15.5130773	2.4585783	4.82240197	30.2634497	7.46974038	81.4431268	5	9	0	0	…	1
68.19875776	165.3537398	383.19081	54.8531739	97.7336231	73.5631208	234.007015	6	9	0	0	…	1
20.47204969	65.01762489	14.564404	14.3089502	58.1562957	23.7640447	115.767496	7	9	0	0	…	1
34.85714286	63.51197806	48.47675	28.5695446	67.9070386	32.5620335	163.788208	8	9	0	0	…	1
35.67701863	168.0896941	126.34955	375.989098	87.7455981	40.7574122	116.43561	9	9	0	0	…	1
59.95031056	260.3220573	296.12507	205.002638	131.880073	63.2767819	366.84483	10	9	0	0	…	1
52.94409938	111.5383599	10.208445	79.787234	49.7693706	49.044319	258.326374	11	9	0	0	…	1
14.26086957	50.79404506	19.214324	16.0805346	64.0262563	13.7069678	210.706531	12	9	0	0	…	1
23.18012422	46.69302033	7.1619455	19.3115878	45.2144409	13.984397	129.797895	13	9	0	0	…	1
12.64596273	68.35340686	94.521646	29.0882715	48.7958487	13.1305315	153.298814	14	9	0	0	…	1
71.08074534	96.52469863	12.613576	44.6149112	115.498736	65.1387173	352.413563	15	9	0	0	…	1
28.44720497	81.9798014	29.449492	44.8259188	83.3835987	28.3739227	313.596125	16	9	0	0	…	1
25.26708075	85.25322242	46.606093	40.368384	92.4180601	27.1792556	221.062302	17	9	0	0	…	1
37.63975155	58.79421417	114.96526	17.2586601	73.0274538	47.7316585	225.956239	18	9	0	0	…	1
114.5590062	283.0235545	29.770176	238.447336	77.238657	63.8221068	381.877401	19	9	0	0	…	1
16.52173913	28.50476427	1.5232496	25.9363461	39.4376192	14.3450583	133.589444	20	9	0	0	…	1
2.683229814	3.881704462	1.2827365	0.90557412	6.97432031	1.47054107	21.9642559	21	9	0	0	…	1
0.01	0.01	0.01	0.01	0.01	0.01	0.01	22	9	0	0	…	1
50.16149068	174.5297826	839.92517	168.449974	140.193817	48.3957102	390.763321	23	9	0	0	…	1
6.807453416	66.65222148	90.299305	57.3940566	19.9028696	6.05247738	81.5767496	24	9	0	0	…	1
14.13664596	17.76388456	9.0860502	5.30156497	36.1156695	12.0777243	88.5084349	25	9	0	0	…	1
26.95652174	148.3133479	767.29022	112.326358	83.1197055	29.762831	119.94321	26	9	0	0	…	1
6.385093168	25.82535765	36.451096	15.9662388	31.6849248	7.58338935	80.607984	27	9	0	0	…	1
1.614906832	2.44476036	0.01	0.1934236	4.73011931	1.82885442	15.1494906	28	9	0	0	…	1
2.757763975	4.888992237	0.2939604	2.2111834	6.02519182	2.96528045	16.6861533	29	9	0	0	…	1
7.751552795	4.553934288	0.01	0.50114296	23.0939815	7.18080539	47.6532487	30	9	0	0	…	1

由于采用的是某个地区的相对数据，仔细观察数据，有的地区的专利批准量高达 170 项之多，而有的地区的专利批准量只有 0.01 项，所以专利的申请不是处于同一个起跑线的。随着经济的发展，各个省(自治区、直辖市)都注意到专利对经济发展的重要性，于是，不约而同地加大对专利的投入，使之能更好地促进经济的发展。由此，我们假设，回归方程的截距项随各省(自治区、直辖市)和时间的变化而变化，在未知量的斜率系数一致的条件下，回归方程假定如下：

$$\begin{aligned}\mathrm{PAQ}_{it} &= \alpha_0 + \alpha_2 D_{2i} + \alpha_3 D_{3i} + \alpha_4 D_{4i} + \alpha_5 D_{5i} + \alpha_6 D_{6i} + \alpha_7 D_{7i} + \alpha_8 D_{8i} + \alpha_9 D_{9i} \\ &\quad + \beta_2 \mathrm{HTP}_{2it} + \beta_3 GF_{3it} + \beta_4 EF_{4it} + \beta_5 \mathrm{UGP}_{5it} + \beta_6 \mathrm{PSQ}_{6it} + \beta_7 \mathrm{NAP}_{7it}\end{aligned} \tag{6-18}$$

D_2～D_9 为关于年的虚拟变量，如果观测值属于第二年的，则 $D_{2i}=1$，否则为 0；如果观测值属于第三年的，则D_{3i}=1，否则为0；依次类推，如果观测值属于第九年的，则D_{9i}=1，否则为0。回归结果如表6-3所示。

表6-3 回归结果

因变量：PAQ

方法：面板(Panel)最小二乘法

日期：03/07/06 时间：20:22

样本：130

所包含横截面：9

总面板（平衡）观察数：270

变量	回归系数	标准误差	t	p
C	8.579006	2.813894	3.048803	0.0025
D_2	−1.030899	3.211262	−0.321026	0.7485
D_3	−9.264085	3.309386	−2.799337	0.0055
D_4	−6.182752	3.278776	−1.885689	0.0605
D_5	−6.875878	3.315135	−2.074087	0.0391
D_6	−2.936243	3.423310	−0.857721	0.3919
D_7	−7.276872	3.348491	−2.173180	0.0307
D_8	−12.88151	3.354197	−3.840415	0.0002
D_9	−15.09681	3.348498	−4.508532	0.0000
HTP	0.121682	0.019376	6.279931	0.0000
GF	−0.027829	0.005342	−5.209225	0.0000
EF	0.105468	0.017393	6.063911	0.0000
UGP	−0.387354	0.043297	−8.946345	0.0000
PSQ	1.183697	0.050010	23.66934	0.0000
NAP	0.077412	0.012163	6.364614	0.0000

可决系数	0.951581	被解释变量样本均值	45.33046
调整后可决系数	0.948922	被解释变量样本标准误差	53.97568
回归残差的标准误差	12.19870	赤池信息准则(AIC)	7.894489
残差平方和	37946.12	施瓦茨信息准则(SC)	8.094401
对数似然估计函数值	−1050.756	F	357.9636
DW检验值	2.087203	p(F检验)	0.000000

回归方程如下：

$$\text{PAQ} = 8.579006 - 1.030899*D_2 - 9.264085*D_3 - 6.182752*D_4 - 6.875878*D_5 - 2.936243*D_6 - 7.276872*D_7 - 12.88151*D_8 - 15.09681*D_9 + 0.121682*\text{HTP} - 0.027829*GF + 0.105468*EF - 0.387354*\text{UGP} + 1.183697*\text{PSQ} + 0.077412*\text{NAP}$$

专利存量(PSQ)的系数为1.18369，说明每当它提高一个百分点，专利批准量(PAQ)就增加约1.184个百分点，在该回归方程中，是比较大的数值。高技术人员(HTP)的系数估计值为0.121682，说明对PAQ也有一定的正向影响。由于采用了虚拟变量，所以对自由度的损失很大，参数个数也很多，而R^2将会随着参数个数的增多而增大，在该方程中，参数量高达16个，所以拟合优度R^2高达95%，只能作为参考；回归估计标准误差SE=12.19870，表示PAQ的估计值和真实值间误差为12.19870个单位，相对较大。回归方程对自变量系数的拟合是很显著的(对应的t比较大，而相应的p为0)，其F高达357.9636，说明这些回归元对回归子的总体影响也是很显著的。DW 检验 D 为 2.087203，说明不存在一阶自相关(表 6-3)。

同时，我们注意到 $D_2 \sim D_9$ 这 8 个估计值中，D_2 和 D_6 的回归系数不显著(p 显著异于 0)，表示这两年各个省(自治区、直辖市)总的专利批准量的回归方程的斜率系数与作为基准的那年的斜率系数相似，说明这两年和基准年中，各个省(自治区、直辖市)对专利批准量的投入大致相等。而其余几年中，各个省(自治区、直辖市)对专利批准的投入是有差别的，差异取决于各个省(自治区、直辖市)各年改革开放的发展力度、经济水平及教育的发展情况等。

由此我们可以看出，影响 PAQ 的各个因素中，PSQ 的影响程度最大，HTP 比 EF 的影响程度稍大，NAP 的影响程度不太大，但也有正向影响。

③考虑所有系数随个体变化而重新分析数据。一直以来，我国经济发展的总趋势是东部发达，中、西部落后，而全国 30 多个省(自治区、直辖市)广泛分布于中、西、东三个经济发展情况不同的区域，这就很可能导致专利批准在各个省(自治区、直辖市)的基础就不尽相同，从而导致后来的发展程度也各有差别。也就是说，我们设定回归模型时，应该考虑截距的相异问题。同时，30 多个省(自治区、直辖市)的经济发展、文化底蕴、教育基础、政府重视程度、企业研发投入等具体情况也不同，从而导致各个省(自治区、直辖市)专利回归方程中的斜率系数也不相同，所以本书根据固定效应中“所有系数(截距和斜率系数)均随个体的变化而变化”的假设，重新设定回归方程模型如下：

$$
\begin{aligned}
\mathrm{PAQ}_{it} &= \alpha_0 + \alpha_2 D_{2i} + \alpha_3 D_{3i} + \alpha_4 D_{4i} + \alpha_5 D_{5i} + \alpha_6 D_{6i} + \alpha_7 D_{7i} + \alpha_8 D_{8i} + \alpha_9 D_{9i} + \beta_2 \mathrm{HTP}_{2it} + \beta_3 GF_{3it} \\
&+ \beta_4 EF_{4it} + \beta_5 \mathrm{UGP}_{5it} + \beta_6 \mathrm{PSQ}_{6it} + \beta_7 \mathrm{NAP}_{7it} + \gamma_1(D_{2i}\mathrm{HTP}_{2it}) + \gamma_2(D_{2i}GF_{3it}) + \gamma_3(D_{2i}EF_{4it}) + \\
&\gamma_4(D_{2i}\mathrm{UGP}_{5it}) + \gamma_5(D_{2i}\mathrm{PSQ}_{6it}) + \gamma_6(D_{2i}\mathrm{NAP}_{7it}) + \gamma_7(D_{3i}\mathrm{HTP}_{2it}) + \gamma_8(D_{3i}GF_{3it}) + \gamma_9(D_{3i}EF_{4it}) + \\
&\gamma_{10}(D_{3i}\mathrm{UGP}_{5it}) + \gamma_{11}(D_{3i}\mathrm{PSQ}_{6it}) + \gamma_{12}(D_{3i}\mathrm{NAP}_{7it}) + \gamma_{13}(D_{4i}\mathrm{HTP}_{2it}) + \gamma_{14}(D_{4i}GF_{3it}) + \gamma_{15}(D_{4i}EF_{4it}) + \\
&\gamma_{16}(D_{4i}\mathrm{UGP}_{5it}) + \gamma_{17}(D_{4i}\mathrm{PSQ}_{6it}) + \gamma_{18}(D_{4i}\mathrm{NAP}_{7it}) + \gamma_{19}(D_{5i}\mathrm{HTP}_{2it}) + \gamma_{20}(D_{5i}GF_{3it}) + \gamma_{21}(D_{5i}EF_{4it}) + \\
&\gamma_{22}(D_{5i}\mathrm{UGP}_{5it}) + \gamma_{23}(D_{5i}\mathrm{PSQ}_{6it}) + \gamma_{24}(D_{5i}\mathrm{NAP}_{7it}) + \gamma_{25}(D_{6i}\mathrm{HTP}_{2it}) + \gamma_{26}(D_{6i}GF_{3it}) + \gamma_{27}(D_{6i}EF_{4it}) + \\
&\gamma_{28}(D_{6i}\mathrm{UGP}_{5it}) + \gamma_{29}(D_{6i}\mathrm{PSQ}_{6it}) + \gamma_{30}(D_{6i}\mathrm{NAP}_{7it}) + \gamma_{31}(D_{7i}\mathrm{HTP}_{2it}) + \gamma_{32}(D_{7i}GF_{3it}) + \gamma_{33}(D_{7i}EF_{4it}) + \\
&\gamma_{34}(D_{7i}\mathrm{UGP}_{5it}) + \gamma_{35}(D_{7i}\mathrm{PSQ}_{6it}) + \gamma_{36}(D_{7i}\mathrm{NAP}_{7it}) + \gamma_{37}(D_{8i}\mathrm{HTP}_{2it}) + \gamma_{38}(D_{8i}GF_{3it}) + \gamma_{39}(D_{8i}EF_{4it}) + \\
&\gamma_{40}(D_{8i}\mathrm{UGP}_{5it}) + \gamma_{41}(D_{8i}\mathrm{PSQ}_{6it}) + \gamma_{42}(D_{8i}\mathrm{NAP}_{7it}) + \gamma_{43}(D_{9i}\mathrm{HTP}_{2it}) + \gamma_{44}(D_{9i}GF_{3it}) + \gamma_{45}(D_{9i}EF_{4it}) + \\
&\gamma_{46}(D_{9i}\mathrm{UGP}_{5it}) + \gamma_{47}(D_{9i}\mathrm{PSQ}_{6it}) + \gamma_{48}(D_{9i}\mathrm{NAP}_{7it}) + \mu_{it}
\end{aligned}
$$

④以省(自治区、直辖市)为虚拟变量分析数据。由于基准年的各个数据全部相同，都是 100，从而与其他各省(自治区、直辖市)各年的数据一起回归时，会产生不规则的点阵，从而影响回归的真实结果，鉴于此，本书不考虑基准年的数据，单以 29 个省(自治区、直辖市)的数据做此回归。$D_2 \sim D_{29}$ 为关于各个省区市的虚拟变量，如果观测值属于第 2 个省(自治区、直辖市)的，则 $D_{2i}=1$，否则为 0；如果观测值属于第 3 个省(自治区、直辖市)的，则 $D_{3i}=1$，否则为 0，依次类推，如果观测值属于第 29 个省(自治区、直辖市)的，则 $D_{29i}=1$，否则为 0。由于我们使用的是 29 个省(自治区、直辖市)的数据，所以只需使用 28 个虚拟变量。换言之，α_0 代表第 1 个省(自治区、直辖市)的截距，而 α_2，α_3，…，α_{29} 以及级差截距系数就能说明第 2～29 个省(自治区、直辖市)的截距相对于第 1 个省区市的截距有什么不同。

同时考虑斜率系数和截距变化，设定回归模型如下：

$$
\begin{aligned}
&\mathrm{PAQ}_{it}=\alpha_0+\alpha_2D_{2i}+\alpha_3D_{3i}+\alpha_4D_{4i}+\alpha_5D_{5i}+\alpha_6D_{6i}+\alpha_7D_{7i}+\alpha_8D_{8i}+\alpha_9D_{9i}+\alpha_{10}D_{10i}+\alpha_{11}D_{11i}+\\
&\alpha_{12}D_{12i}+\alpha_{13}D_{13i}+\alpha_{14}D_{14i}+\alpha_{15}D_{15i}+\alpha_{16}D_{16i}+\alpha_{17}D_{17i}+\alpha_{18}D_{18i}+\alpha_{19}D_{19i}+\alpha_{20}D_{20i}+\alpha_{21}D_{21i}+\alpha_{22}D_{22i}\\
&+\alpha_{23}D_{23i}+\alpha_{24}D_{24i}+\alpha_{25}D_{25i}+\alpha_{26}D_{26i}+\alpha_{27}D_{27i}+\alpha_{28}D_{28i}+\alpha_{29}D_{29i}+\beta_2\mathrm{HTP}_{2it}+\beta_3GF_{3it}+\\
&\beta_4EF_{4it}+\beta_5\mathrm{UGP}_{5it}+\beta_6\mathrm{PSQ}_{6it}+\beta_7\mathrm{NAP}_{7it}+\gamma_1(D_{2i}\mathrm{HTP}_{2it})+\gamma_2(D_{2i}GF_{3it})+\gamma_3(D_{2i}EF_{4it})+\gamma_4(D_{2i}\mathrm{UGP}_{5it})\\
&+\gamma_5(D_{2i}\mathrm{PSQ}_{6it})+\gamma_6(D_{2i}\mathrm{NAP}_{7it})+\gamma_7(D_{3i}\mathrm{HTP}_{2it})+\gamma_8(D_{3i}GF_{3it})+\gamma_9(D_{3i}EF_{4it})+\gamma_{10}(D_{3i}\mathrm{UGP}_{5it})+\\
&\gamma_{11}(D_{3i}\mathrm{PSQ}_{6it})+\gamma_{12}(D_{3i}\mathrm{NAP}_{7it})+\gamma_{13}(D_{4i}\mathrm{HTP}_{2it})+\gamma_{14}(D_{4i}GF_{3it})+\gamma_{15}(D_{4i}EF_{4it})+\gamma_{16}(D_{4i}\mathrm{UGP}_{5it})+\\
&\gamma_{17}(D_{4i}\mathrm{PSQ}_{6it})+\gamma_{18}(D_{4i}\mathrm{NAP}_{7it})+\gamma_{19}(D_{5i}\mathrm{HTP}_{2it})+\gamma_{20}(D_{5i}GF_{3it})+\gamma_{21}(D_{5i}EF_{4it})+\gamma_{22}(D_{5i}\mathrm{UGP}_{5it})+\\
&\gamma_{23}(D_{5i}\mathrm{PSQ}_{6it})+\gamma_{24}(D_{5i}\mathrm{NAP}_{7it})+\gamma_{25}(D_{6i}\mathrm{HTP}_{2it})+\gamma_{26}(D_{6i}GF_{3it})+\gamma_{27}(D_{6i}EF_{4it})+\gamma_{28}(D_{6i}\mathrm{UGP}_{5it})+\\
&\gamma_{29}(D_{6i}\mathrm{PSQ}_{6it})+\gamma_{30}(D_{6i}\mathrm{NAP}_{7it})+\gamma_{31}(D_{7i}\mathrm{HTP}_{2it})+\gamma_{32}(D_{7i}GF_{3it})+\gamma_{33}(D_{7i}EF_{4it})+\gamma_{34}(D_{7i}\mathrm{UGP}_{5it})+\\
&\gamma_{35}(D_{7i}\mathrm{PSQ}_{6it})+\gamma_{36}(D_{7i}\mathrm{NAP}_{7it})+\gamma_{37}(D_{8i}\mathrm{HTP}_{2it})+\gamma_{38}(D_{8i}GF_{3it})+\gamma_{39}(D_{8i}EF_{4it})+\gamma_{40}(D_{8i}\mathrm{UGP}_{5it})+\\
&\gamma_{41}(D_{8i}PSQ_{6it})+\gamma_{42}(D_{8i}\mathrm{NAP}_{7it})+\gamma_{43}(D_{9i}\mathrm{HTP}_{2it})+\gamma_{44}(D_{9i}GF_{3it})+\gamma_{45}(D_{9i}EF_{4it})+\gamma_{46}(D_{9i}\mathrm{UGP}_{5it})+\\
&\gamma_{47}(D_{9i}\mathrm{PSQ}_{6it})+\gamma_{48}(D_{9i}\mathrm{NAP}_{7it})+\gamma_{49}(D_{10i}\mathrm{HTP}_{2it})+\gamma_{50}(D_{10i}GF_{3it})+\gamma_{51}(D_{10i}EF_{4it})+\gamma_{52}(D_{10i}\mathrm{UGP}_{5it})+\\
&\gamma_{53}(D_{10i}\mathrm{PSQ}_{6it})+\gamma_{54}(D_{10i}\mathrm{NAP}_{7it})+\gamma_{55}(D_{11i}\mathrm{HTP}_{2it})+\gamma_{56}(D_{11i}GF_{3it})+\gamma_{57}(D_{11i}EF_{4it})+\gamma_{58}(D_{11i}\mathrm{UGP}_{5it})+\\
&\gamma_{59}(D_{11i}\mathrm{PSQ}_{6it})+\gamma_{60}(D_{11i}\mathrm{NAP}_{7it})+\gamma_{61}(D_{12i}\mathrm{HTP}_{2it})+\gamma_{62}(D_{12i}GF_{3it})+\gamma_{63}(D_{12i}EF_{4it})+\gamma_{64}(D_{12i}\mathrm{UGP}_{5it})+\\
&\gamma_{65}(D_{12i}\mathrm{PSQ}_{6it})+\gamma_{66}(D_{12i}\mathrm{NAP}_{7it})+\gamma_{67}(D_{13i}\mathrm{HTP}_{2it})+\gamma_{68}(D_{13i}GF_{3it})+\gamma_{69}(D_{13i}EF_{4it})+\gamma_{70}(D_{13i}\mathrm{UGP}_{5it})+\\
&\gamma_{71}(D_{13i}\mathrm{PSQ}_{6it})+\gamma_{72}(D_{13i}\mathrm{NAP}_{7it})+\gamma_{73}(D_{14i}\mathrm{HTP}_{2it})+\gamma_{74}(D_{14i}GF_{3it})+\gamma_{75}(D_{14i}EF_{4it})+\gamma_{76}(D_{14i}\mathrm{UGP}_{5it})+\\
&\gamma_{77}(D_{14i}\mathrm{PSQ}_{6it})+\gamma_{78}(D_{14i}\mathrm{NAP}_{7it})+\gamma_{79}(D_{15i}\mathrm{HTP}_{2it})+\gamma_{80}(D_{15i}GF_{3it})+\gamma_{81}(D_{15i}EF_{4it})+\gamma_{82}(D_{15i}\mathrm{UGP}_{5it})+\\
&\gamma_{83}(D_{15i}\mathrm{PSQ}_{6it})+\gamma_{84}(D_{15i}\mathrm{NAP}_{7it})+\gamma_{85}(D_{16i}\mathrm{HTP}_{2it})+\gamma_{86}(D_{16i}GF_{3it})+\gamma_{87}(D_{16i}EF_{4it})+\gamma_{88}(D_{16i}\mathrm{UGP}_{5it})+\\
&\gamma_{89}(D_{16i}\mathrm{PSQ}_{6it})+\gamma_{90}(D_{16i}\mathrm{NAP}_{7it})+\gamma_{91}(D_{17i}\mathrm{HTP}_{2it})+\gamma_{92}(D_{17i}GF_{3it})+\gamma_{93}(D_{17i}EF_{4it})+\gamma_{94}(D_{17i}\mathrm{UGP}_{5it})+\\
&\gamma_{95}(D_{17i}\mathrm{PSQ}_{6it})+\gamma_{96}(D_{17i}\mathrm{NAP}_{7it})+\gamma_{97}(D_{18i}\mathrm{HTP}_{2it})+\gamma_{98}(D_{18i}GF_{3it})+\gamma_{99}(D_{18i}EF_{4it})+\gamma_{100}(D_{18i}\mathrm{UGP}_{5it})+\\
&\gamma_{101}(D_{18i}\mathrm{PSQ}_{6it})+\gamma_{102}(D_{18i}\mathrm{NAP}_{7it})+\gamma_{103}(D_{19i}\mathrm{HTP}_{2it})+\gamma_{104}(D_{19i}GF_{3it})+\gamma_{105}(D_{19i}EF_{4it})+\gamma_{106}(D_{19i}\mathrm{UGP}_{5it})+\\
&\gamma_{107}(D_{19i}\mathrm{PSQ}_{6it})+\gamma_{108}(D_{19i}\mathrm{NAP}_{7it})+\gamma_{109}(D_{20i}\mathrm{HTP}_{2it})+\gamma_{110}(D_{20i}GF_{3it})+\gamma_{111}(D_{20i}EF_{4it})+\gamma_{112}(D_{20i}\mathrm{UGP}_{5it})+\\
&\gamma_{113}(D_{20i}\mathrm{PSQ}_{6it})+\gamma_{114}(D_{20i}\mathrm{NAP}_{7it})+\gamma_{115}(D_{21i}\mathrm{HTP}_{2it})+\gamma_{116}(D_{21i}GF_{3it})+\gamma_{117}(D_{21i}EF_{4it})+\gamma_{118}(D_{21i}\mathrm{UGP}_{5it})+\\
&\gamma_{119}(D_{21i}PSQ_{6it})+\gamma_{120}(D_{21i}\mathrm{NAP}_{7it})+\gamma_{121}(D_{22i}\mathrm{HTP}_{2it})+\gamma_{122}(D_{22i}GF_{3it})+\gamma_{123}(D_{22i}EF_{4it})+\gamma_{124}(D_{22i}\mathrm{UGP}_{5it})+\\
&\gamma_{125}(D_{22i}\mathrm{PSQ}_{6it})+\gamma_{126}(D_{22i}\mathrm{NAP}_{7it})+\gamma_{127}(D_{23i}\mathrm{HTP}_{2it})+\gamma_{128}(D_{23i}GF_{3it})+\gamma_{129}(D_{23i}EF_{4it})+\gamma_{130}(D_{23i}\mathrm{UGP}_{5it})+\\
&\gamma_{131}(D_{23i}\mathrm{PSQ}_{6it})+\gamma_{132}(D_{23i}\mathrm{NAP}_{7it})+\gamma_{133}(D_{24i}\mathrm{HTP}_{2it})+\gamma_{134}(D_{24i}GF_{3it})+\gamma_{135}(D_{24i}EF_{4it})+\gamma_{136}(D_{24i}\mathrm{UGP}_{5it})+\\
&\gamma_{137}(D_{24i}\mathrm{PSQ}_{6it})+\gamma_{138}(D_{24i}\mathrm{NAP}_{7it})+\gamma_{139}(D_{25i}\mathrm{HTP}_{2it})+\gamma_{140}(D_{25i}GF_{3it})+\gamma_{141}(D_{25i}EF_{4it})+\gamma_{142}(D_{25i}\mathrm{UGP}_{5it})+\\
&\gamma_{143}(D_{25i}\mathrm{PSQ}_{6it})+\gamma_{144}(D_{25i}\mathrm{NAP}_{7it})+\gamma_{145}(D_{26i}\mathrm{HTP}_{2it})+\gamma_{146}(D_{26i}GF_{3it})+\gamma_{147}(D_{26i}EF_{4it})+\gamma_{148}(D_{26i}\mathrm{UGP}_{5it})+\\
&\gamma_{149}(D_{26i}\mathrm{PSQ}_{6it})+\gamma_{150}(D_{26i}\mathrm{NAP}_{7it})+\gamma_{151}(D_{27i}\mathrm{HTP}_{2it})+\gamma_{152}(D_{27i}GF_{3it})+\gamma_{153}(D_{27i}EF_{4it})+\gamma_{154}(D_{27i}\mathrm{UGP}_{5it})+\\
&\gamma_{155}(D_{27i}\mathrm{PSQ}_{6it})+\gamma_{156}(D_{27i}\mathrm{NAP}_{7it})+\gamma_{157}(D_{28i}\mathrm{HTP}_{2it})+\gamma_{158}(D_{28i}GF_{3it})+\gamma_{159}(D_{28i}EF_{4it})+\gamma_{160}(D_{28i}\mathrm{UGP}_{5it})+\\
&\gamma_{161}(D_{28i}\mathrm{PSQ}_{6it})+\gamma_{162}(D_{28i}\mathrm{NAP}_{7it})+\gamma_{163}(D_{29i}\mathrm{HTP}_{2it})+\gamma_{164}(D_{29i}GF_{3it})+\gamma_{165}(D_{29i}EF_{4it})+\gamma_{166}(D_{29i}\mathrm{UGP}_{5it})+\\
&\gamma_{167}(D_{29i}\mathrm{PSQ}_{6it})+\gamma_{168}(D_{29i}\mathrm{NAP}_{7it})+\mu_{it}
\end{aligned}
$$

我们也对③④这两种情况进行了计算和分析，但是变量较多，模型过于复杂。由于篇幅所限，不再展开。

6.5 研究结论及政策建议

6.5.1 研究结论

本章在理论分析的基础上，通过对我国相关数据进行实证分析得到如下主要结论。

(1)我国高技术就业人员数是区域技术创新活动的一个显著因素，符合本书的研究假设。

(2)专利活动是影响区域创新活动的主要因素，且弹性系数较高，专利存量每增加 1%，专利的批准量也就会增加 0.8%左右，比高技术就业人员数的弹性系数高，这说明我国的技术创新活动中，新专利数量的增长主要取决于专利存量。

由于专利存量是惯性的影响作用，本书用定量方法证明了惯性对创新活动有很大的影响，从而说明创新活动与地区的文化积累有很大关系，从量化角度说明了改变观念的重要性。

(3)采用知识存量(本书具体用专利批准量存量指标)、高技术就业人员数、大学毕业人数和非农业社会劳动者人数解释我国各省(自治区、直辖市)的创新产出的比例较高。

(4)科技活动经费筹集额中政府资金和科技活动经费筹集额中企业资金，对专利批准量的影响都不显著，进一步说明了现阶段企业尚未真正成为技术创新的主体。

6.5.2 政策建议

(1)应更多关注高技术领域人力资本，并进一步检验本书提出的以人力资本集聚为核心的观点。

由于高技术就业人员数也是区域技术创新活动的一个显著因素，应给予其更多关注。第七章在建立区域技术创新能力的指标评价体系时加入了高技术就业人员数这一指标。地方政府在发展高技术产业、提高创新能力的过程中要重视造就和使用一支高素质的人才队伍，提高高技术就业人员的能力。

(2)扩大高技术就业规模。由于高技术就业人员数也是区域技术创新活动的一个显著因素，有必要扩大高技术就业规模。例如，美国在技术创新方面的领先地位是以大量高技术小企业为先导的；日本商品在国际市场上强大的竞争力是以大小企业相结合的分包制为后盾的；在意大利的一些工业区内，部分企业规模很小，但通过专业化分工，同样可以在一种零件、一道工序及一个地区内实现规模经济。世界各国的实践表明，中小企业始终是一个国家、一个地区技术创新体系的重要组成部分。正如哈佛商学院隆曼教授指出，一些大学教授、科研人员和青年学生总是在不停地注册和注销公司，为美国技术创新和高技术产业注入了持续发展的不竭动力。在美国，一些大学教授、科研人员和青年学生可以比较容易地注册和注销公司，这是由美国实行真正意义上的“无门槛”公司登记制度决定的。在美国，公民注册登记一家公司除了缴纳必要的手续费，没有任何其他附加条件，既不需要注册资本，也不管是否有专职人员和公司办公地址，只要花 18 美元，不到 2 小时，就可以注册一家公司，而且立即可以投入生产与经营活动。但是，在我国注册一家公司是一件比较困难的事情，主要原因是我国在市场准入方面还存在着如下一系列的门槛：①注册资本制；②专职人员要求；③住所要求；④比较多的申办材料和繁杂的申办程序。这些门槛阻碍了我国中小企业尤其是创新型科技企业的建立与发展，也限制了高技术的就业规模。因此，有关部门可以调整、补充和完善《中华人民共和国公司法》的相关条款，即通过制度调整和综合治理，降低公司市场准入门槛。

具体的做法包括降低或者取消高技术企业注册资本金。我国对公司注册资本金的要求最初是出于规范市场秩序的考虑，这在转轨初期“皮包公司”盛行的情况下是有作用的，但经过多年的发展，在市场已基本形成且企业的市场开拓能力主要依赖内在实力的时候，公司注册资本金的作用就大大降低了。国家不可能从公司注册资本金要求中得到利益。而企业能否创办成功，也是企业自己的事情，因此取消公司注册资本金制度的要求不仅可行，而且也十分必要。

(3)建立健全专利保护体系。鉴于专利的影响效果显著，本书对其做了进一步的分析。虽然发展速度较快，但本书采用的基数较低，而且从申请授权专利的结构分布来看，情况并不乐观。

本书所搜集的专利原始数据源于1985～2004年历年专利统计年报，包括31个省(自治区、直辖市)的专利发展情况，及全国的专利发展情况。从国内三种专利的申请量来看，我国专利发展速度不断加快。1996年，三种专利申请总量是1990年的2.27倍，平均每年以12.42%的速度增长；随后几年专利申请量又以更快的速度增长，2004年三种专利的申请总数是1997年的2.80倍，平均每年以15.78%的速度增长。如果按照1997～2004年的平均增长速度(即每年在上年的基础上增长 15.78%)，再从国内三种专利的授权量来看，发展速度也在不断加快。1996年专利授权量是1990年的2.08倍，平均每年以11.1%的速度递增；2004年授权量是1997年的3.23倍，平均每年以18.21%的速度递增。从倍数关系以及增长速度均可以得出，国内专利的发展速度越来越快。

从“九五”规划开始，发明专利的申请量就远远少于实用新型和外观设计的申请量；从授权量来看，发明专利比实用新型和外观设计也少很多，授权量之间的差距比申请量还要大(图6-3，图6-4)。可能的原因在于：①因为对发明专利的创新程度要求高一些，而对实用新型以及外观设计的创新程度要求低一些，发明专利被授权的概率相对低一些，从而在授权量上差距较大；②专利审批周期不同，一般而言，实用新型和外观设计的审批周期为1～2年，而发明专利的审批周期需要2～7年，这也导致了发明专利授权数量相对较低。

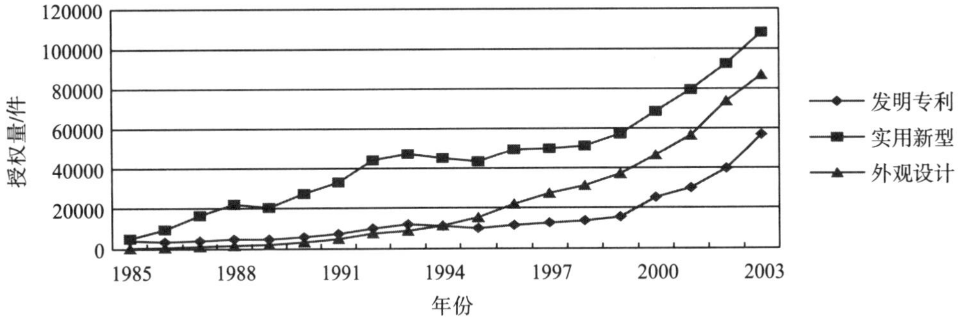

图6-3 国内三种专利申请情况

由此可见：专利发展较快，但基数小，数量不多，尤其是发明专利。

我国企业创新水平较高的发明专利占比小，而主要集中在科技含量不高的实用新型和外观设计专利方面，除了企业本身的技术创新实力等客观因素，企业专利管理制度不完善、对专利所有人权益保护不力和企业对专利的重视程度不够等也是重要原因。为此，可以采取如下对策：完善企业专利管理制度，创办企业专利保护联盟，增强专利保护意识等。

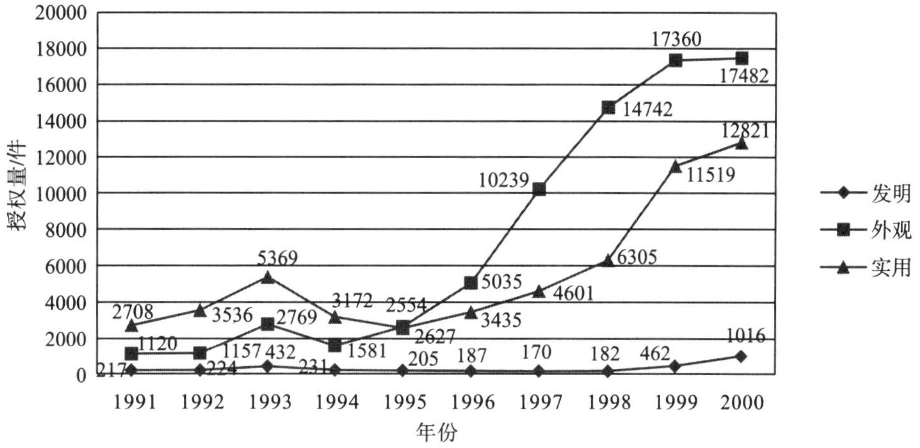

图 6-4　1991～2000 年中国企业专利申请授权情况

本章研究主要结论以及对专利的进一步分析显示：总体来讲，我国模仿创新的比例较高，自主创新不足，因此需要提高自主创新的能力。

第七章　基于模糊综合评价的区域技术创新能力研究

7.1　引　　言

对区域技术创新能力进行评价，其目的是把区域技术创新能力结构中所有方面的复杂关系尽可能简单化，用简化的评价指标获取尽可能多的评价信息，为政府管理部门了解区域技术创新能力的现状提供科学的判断依据。区域技术创新能力是区域经济增长和竞争的决定性因素、衡量一个区域技术创新实力的重要尺度、区域技术创新结构优化与功能发挥程度的反映及衡量区域创新效率的重要衡量指标。因此，客观、科学地评价各地区的技术创新能力，明确各自的优劣势，对于各地区构建区域技术创新系统的研究与实践，以及在此基础上制定科学的创新政策都具有十分重要的意义。第一章已经综述了国内外对技术创新能力的评价模式，在此基础上，本章将对区域技术创新能力的评价做进一步的研究。

技术创新是一项复杂的系统工程，与技术创新相关的评价指标涉及技术创新投入到产出整个活动过程的方方面面，国内外学者对技术创新评价指标的研究已经进行了不少尝试，但至今仍没有一套完善的评价指标体系。从第一章对以往研究成果的综述来看，技术创新评价研究虽然还没有形成统一和完整的评价指标体系，但已经取得了较大的进展和一些重要的研究成果，这对于我们开展区域技术创新能力评价研究，特别是构建区域技术创新能力的评价指标体系是有启发和借鉴意义的。就技术创新评价指标的内容而言，综合各国的研究指标，大体可分为三大类：第一类反映技术创新的投入指标；第二类反映技术创新的产出指标；第三类反映技术创新性质、来源、时间、阶段费用和影响因素等的创新过程指标。

自从约瑟夫•熊彼特提出技术创新的概念以来，技术创新一直是学术界引人注目和十分活跃的研究领域，技术创新的思想、理论、政策和方法得到不断丰富和发展，并已经成为推动当代科技和经济紧密结合、构建知识经济和知识社会的最重要的理论和方法之一。国内外学者在技术创新领域所取得的可喜进展，为我们深入研究技术创新问题提供了良好的基础，同时也为我们研究区域技术创新问题，探讨区域技术创新能力的评价指标，提高区域技术创新能力，加快区域技术创新系统建设提供了依据。

按照上述分析，本书曾定量地建立了测度区域技术创新能力的实证模型，并从技术创新的投入、技术创新的产出，以及技术创新相关联的角度出发设计指标体系来评价区域技术创新能力。邵云飞(2006)用线性模型实证比较分析了我国各省(自治区、直辖市)的技术创新能力；给出按照传统的东、中、西部三大地带划分的不同区域的技术创新能力值；确定了我国 31 个省(自治区、直辖市)技术创新能力指数的排序；得出我国各区域技术创新能力自东向西明显呈现出梯度分布特征的结论。线性模型的使用虽然简便、可操作性强，但有其缺陷，那就是抽象度高、主观性较强。而且线性模型将各指标同等对待，忽视了各指标在技术创新能力中的经济解释，因此我们运用“从大到小”有层次地寻找技术创新能力的影响因素，来确定各区域技术创新能力的测度，我们采用定性与定量相结合的方法，建立了更为详细的综合层次指标体系法分析区域技术创新能力。同时，为使理论上建立的指标评价体系具有说服力和应用价值，本书实证分析了排名前三位，且经济程度在中国经济发展中具有代表性的北京、上海、广东三地动态的区域技术创新能力的比较。但是用综合层次法进行评价时，指标体系构建所考虑的因素相对过少，确定指标权重时主观性较强。

为了克服以上缺陷，这一章我们依据第五章对区域技术创新能力形成机理的理解，结合影响区域技术创新能力的分析，从区域技术创新潜力、区域技术创新投入、区域技术创新产出、区域技术创新环境 4 个方面，选择具有可操作性的 38 个指标，构建评价区域技术创新能力的指标体系，并用三级模糊综合评价法对区域技术创新能力进行评价，并用客观的方法确定权重。

7.2　区域技术创新能力评价指标体系的构建

评价指标体系的设计是本书进行评价的第一步，如前文所述，在对我国各省(自治区、直辖市)区域技术创新能力进行评价时，不同学者考虑问题的角度不同，设计的体系也就不同，所得结论也存在差异。从前面的综述我们可以看出，技术创新能力评价较为普遍的是：产出方式的测量，关注创新能力的真实产出结果，采用区域发表的论文数、三种专利授权量等指标来反映，其问题在于不能测量技术的经济价值；另一种方式是投入的测量，用人力、物力、R&D 经费支出等来衡量，存在的问题是投入必然涉及环境的因素，如宏观政策、经济实力。仅以投入为依据忽略了投入背后隐含的信息，反映不了区域技术创新的发展潜力。以往实证中存在的问题是：R&D 经费支出测量的仅仅是与创新相关行为的预算，低估了规模较小的创新行为，创新评价的内容仅仅是创新过程的内外支撑行为(Romijn and Albaladejo，2000)。因此，不能完全从投入产出角度来分析技术创新问题。以往的研究中曾加入技术市场成交额等关键变量，利用技术创新的投入、产出和关联三大指标对我国各地区的技术创新能力进行横向比较。随着对区域技术创新能力内涵与结构认识的逐步深入，本书认为从技术创新潜力、技术创新投入、技术创新产出、技术创新环境 4 个方面着手分析更为合理。

区域技术创新能力是一个复杂的、开放的多元系统，结合第五章对区域技术创新能力内涵与结构的分析认为，所选指标必须要能够反映区域技术创新能力与经济发展以及社会进步之间存在的相互影响、互为条件的特征；能够反映政府、企业、高校等主体在技术创新中的作用；能够反映区域与外界进行物质、能量和信息的交换。本书的评价体系由 4 部分组成：技术创新潜力、技术创新投入、技术创新产出及技术创新环境。本书中技术创新环境包括的指标主要反映了经济发展状况、社会生活环境等对技术创新行为的支撑作用。由于有些环境因素无法量化，结合第五章的理论框架，用随机扰动项 $\varepsilon_i^{(j)}$ 表示。

在以上分析的基础上，按照科学性、可行性、可靠性、客观性以及可操作性等原则，建立区域技术创新能力的三层评价指标体系如表 7-1 所示。这套评价指标体系由 4 个一层指标、10 个二层指标及 38 个三层指标构成。

表 7-1　区域技术创新能力评价指标

一层指标	标识	二层指标	标识	三层指标	标识
技术创新潜力	u_1	人力资源潜力	Z_1	每万人中大专以上学历人数/(人/万人)	X_1
				每万人在校大学生数/(人/万人)	X_2
				人均教育经费投入/亿元	X_3
		经济物质基础	Z_2	国内生产总值/亿元	X_4
				吸引外资总数/万美元	X_5
				科研与综合技术服务业新增固定资产占全社会新增固定资产比例/%	X_6
				每万名 R&D 活动人员新增仪器设备费/(万元/人)	X_7
		创新知识潜力	Z_3	每万名就业人员专利申请量/(项/万人)	X_8
				每万人各类图书机构消费额/(万元/万人)	X_9
				每万人互联网用户数/(人/万人)	X_{10}
				每万人吸纳技术成果金额/(万元/万人)	X_{11}
技术创新投入	u_2	人力资本投入	Z_4	每万人从事 R&D 工作的科技人员数/(人/万人)	X_{12}
				每万人 R&D 科学家和工程师人数/(人/万人)	X_{13}
				高技术企业就业人员数/人	X_{14}
		创新经费投入	Z_5	R&D 经费支出/亿元	X_{15}
				R&D 经费占 GDP 比例/%	X_{16}
				科研人员平均经费/(万元/人)	X_{17}
				地方财政科技拨款占地方财政支出比例/%	X_{18}
				大型企业技术开发费用占销售额比例/%	X_{19}

续表

一层指标	标识	二层指标	标识	三层指标	标识
技术创新产出	u_3	技术创新直接成果	Z_6	每万人科技人员科技论文数/(篇/万人)	X_{20}
				获国家级科技成果奖系数	X_{21}
				每万人三种专利授权量/(项/万人)	X_{22}
		技术创新间接成果	Z_7	每万人就业人员技术市场成交额/(万元/万人)	X_{23}
				每万人 R&D 活动人员向国外转让专利使用费和特许费/(万美元/万人)	X_{24}
				高技术产业增加值占工业增加值比例/%	X_{25}
				高技术产品出口额占工业制成品出口额比例/%	X_{26}
				新产品销售收入占全部产品销售收入比例/%	X_{27}
技术创新环境	u_4	经济发展状况	Z_8	人均 GDP/(元/人)	X_{28}
				就业人员劳动生产率/(万元/人)	X_{29}
				亿元投资新增 GDP/(亿元/亿元)	X_{30}
				综合能耗产出率/(元/千克)	X_{31}
		环境卫生条件	Z_9	工业废水排放达标率/%	X_{32}
				每万人拥有的卫生人员数/(人/万人)	X_{33}
				工业固体废物综合利用率/%	X_{34}
		居民生活质量	Z_{10}	每万人固定电话用户数/(户/万人)	X_{35}
				人均邮电业务量/(元/人)	X_{36}
				每万人移动电话用户数/(户/万人)	X_{37}
				地区人均储蓄额/(千元/人)	X_{38}

技术创新潜力方面的指标由三类组成，即人力资源潜力、经济物质基础、创新知识潜力。人力资源潜力有三项指标：每万人中大专以上学历人数和每万人在校大学生数，从绝对数和相对数两个方面衡量区域对人力资本的拥有量，人均教育经费投入则体现了政府对基础人力资源发展的影响力度。经济物质基础要说明的是区域对技术创新活动的财力、物

力支持能否得到保证。每万名就业人员专利申请量、每万人各类图书机构消费额、每万人互联网用户数、每万人吸纳技术成果金额这四项指标组成了创新知识潜力指标，反映了区域的技术创新意识，以及获取信息和技术的潜力。

技术创新投入方面的指标有很多，鉴于可行和客观的原则，本书选取人力资本投入和创新经费投入两类指标。人力资本投入指标有三项：每万人从事 R&D 工作的科技人员数、每万人 R&D 科学家和工程师人数、高技术企业就业人员数(第三章验证了该指标对区域技术创新能力有显著的影响)。创新经费投入选取五个指标、R&D 经费支出、R&D 经费占 GDP 比例、科研人员平均经费反映了区域技术创新的总体经费投入，地方财政科技拨款占地方财政支出比例、大型企业技术开发费用占销售额比例则体现了地方政府和企业对技术创新的重视程度。

技术创新产出衡量的不仅仅是论文、专利等的直接产出，更应该体现区域技术创新能力的内涵，反映技术创新带来的经济利润和产业变革。本书设计了技术创新直接成果和技术创新间接成果两大类指标。技术创新直接成果选取每万人科技人员科技论文数、获国家级科技成果奖系数、每万人三种专利授权量这三项指标。技术创新间接成果用五项指标反映：每万人就业人员技术市场成交额，每万人 R&D 活动人员向国外转让专利使用费和特许费(反映的是技术的市场化效益以及技术扩散的效果)，高技术产业增加值占工业增加值比例，高技术产品出口额占工业制成品出口额比例则表明了区域内高新技术产业的发展情况，新产品销售收入占全部产品销售收入比例体现的是技术创新产品为企业带来的市场利润。

技术创新环境对技术创新有支撑作用，间接影响区域的创新要素积聚和投入产出能力。有些环境因素无法量化，如政策法规、人文地理等。因此，本书主要从经济发展状况、环境卫生条件、居民生活质量三方面来量化处理。人均 GDP、就业人员劳动生产率、亿元投资新增 GDP、综合能耗产出率反映了区域的经济发展水平。环境卫生条件要量化的是环境治理状况和医疗保障程度，本书选取三项指标：工业废水排放达标率、每万人拥有的卫生人员数、工业固体废物综合利用率。反映居民生活质量的指标有很多，本书筛选了每万人固定电话用户数、人均邮电业务量、每万人移动电话用户数、地区人均储蓄额这四项指标。

7.3 区域技术创新能力的评价方法

自然科学和社会科学的很多问题都具有模糊概念，即这些问题没有明确的界限和外延，如企业综合竞争力的评价范围有弱、一般、强三种，天气情况有好、坏两种，遇到这种问题，经典的集合论已经无法解决，可以运用模糊数学的方法。模糊综合评价可以界定所研究问题的外延，对事物的等级做出模糊判断。区域技术创新能力的内涵也具有其模糊性。因此，本书运用模糊综合评价方法对我国各省(自治区、直辖市)的技术创新能力进行模糊评判和分析。

模糊综合评价方法在经济管理方面的应用主要集中在微观的企业层次，如评价企业的技术创新能力、信用等级、综合竞争力等，且以二级模糊评价居多，在区域层次上应用很少。徐强和郭本海(2005)用模糊评价方法来判定区域可持续发展能力，杨家栋(2005)则用来评价区域可持续消费能力，但他们仅仅在自己的著作中简要介绍了模糊综合评价方法的应用，并没有做出实证分析。模糊综合评价方法用来分析经济管理问题时，根据以往的研究文献，指标权重的确定和各指标单因素模糊评判向量大都依赖一定数量专家的经验，即采用专家评判打分的方法，这样具有很强的主观性，评判结果很大程度上受到人为因素影响。尤其是上升到宏观或者区域的层次，要对我国各地区技术创新能力的每项指标进行评判，专家需要掌握大量的信息和评价技巧，仅凭经验判断是有缺陷的，同时操作困难。

本书以各项评价指标的数据为基础，利用主成分法确定各项指标的权重。对我国各省(自治区、直辖市)技术创新能力进行评价时，使用的是三级模糊综合评判法。评判过程中，本书根据已有数据和实际情况，建立了一系列模糊隶属函数来确定各级评判矩阵，这种方法克服了专家评判打分法构建单因素模糊评判矩阵的缺陷。

7.3.1 确定评价指标权重的方法

各项指标权重的确定是评价的一个难点，同时各项指标的赋权问题又十分关键，它将直接影响最终评价结果。常用的有专家调查法、AHP(analytic hierarchy process，层次分析法)。专家调查法主要是运用专家咨询的方法，构造两两比较判断矩阵，求出最大特征值和最大特征根对应的特征向量，通过归一化处理后再进行一致性检验，最后便可以得出各指标权重等。但同样受到人为因素影响。本书采用主成分分析，主要用来消除多个实测变量之间的高度相关，它以观测的数据为基础，用提取的主成分来反映实测变量的主要信息，每个主成分都可用实测变量线性表示。因此，实测变量也可以用提取的主成分线性表示，通过计算实测变量的得分值，可知每个变量对于所研究问题的重要性。

设评价指标体系 $V=\{x_1,x_2,\cdots,x_n\}$ 为 n 维随机变量，$\sum v$ 为 V 的协方差阵，即

$$\sum v=E[V-E(V)][V-E(V)]' \tag{7-1}$$

因为 $\sum v$ 是非负的，由对称矩阵性质可知，必然存在正交矩阵 $\boldsymbol{U}(\boldsymbol{U}=\boldsymbol{U}')$ 使得

$$\boldsymbol{U}\sum v\boldsymbol{U}'=\wedge=\begin{bmatrix}\lambda_1 & & & \\ & \lambda_2 & & \\ & & \cdots & \\ & & & \lambda_n\end{bmatrix} \tag{7-2}$$

对角阵 $\wedge$ 的对角元素 λ_1 (即 $\sum v$ 的特征值)满足 $\lambda_1\geqslant\lambda_2\geqslant\cdots\lambda_n\geqslant 0$，$e_1,e_2,\cdots,e_n$ 为特征值对应的单位化正交特征向量。则第 i 个主成分定义为

$$y_i=e_i'V=e_{1i}x_1+e_{2i}x_2+\cdots+e_{ni}x_n \quad (i=1,2,\cdots,n) \tag{7-3}$$

可以证明 y_i、$y_j(i\neq j)$ 之间互不相关，且 y_i 的方差就是 λ_i，即

$$\text{var}(y_i)=e_i'\sum e_i=\lambda_i \quad (i=1,2,\cdots,n) \tag{7-4}$$

$$\mathrm{cov}(y_i, y_j) = e_i' \sum e_j = 0 \qquad (i \neq j) \tag{7-5}$$

$\lambda_i / \sum_{j=1}^{n} \lambda_j$ 称为主成分 y_i 的方差贡献率；当 $\sum_{i=1}^{m} \lambda_i / \sum_{j=1}^{n} \lambda_j \geqslant 85\%$ 时，可认为指标总体的信息量被 m 个主成分 $y_1, y_2, \cdots, y_m$ 提取。本书利用主成分法确定指标 $x_k (k = 1, 2, \cdots, n)$ 的权重，需要确定 x_k 与 m 个主成分的相关系数。

若用 $\rho(y_i, x_k)$ 表示主成分 y_i 与原变量 x_k 之间的相关系数，则

$$\rho(y_i, x_k) = e_{ki} \sqrt{\lambda_i} / \sigma_k \tag{7-6}$$

式中，e_{ki} 表示 e_i 的第 k 个分量，σ_k 是 x_k 的标准差。用 τ_k 表示 x_k 与 $(y_1, y_2, \cdots, y_m)$ 的相关系数的平方，则

$$\tau_k = \rho^2 [x_k, (y_1, y_2, \cdots, y_k)] = \sum_{i=1}^{k} \rho^2 (y_i, x_k) \tag{7-7}$$

本书采用主成分法来确定各层指标的权重。将 $\tau_k (k = 1, 2, \cdots, 38)$ 按照指标归属做归一化处理后便得到三层指标的权重；二层指标的权重是将 $w_{v_j} (j = 1, 2, \cdots)$ 按指标归属做归一化处理后得到；一层指标的权重是将 $w_{u_i} (i = 1, 2, 3, \cdots)$ 做归一化后得到。w_{v_j}，w_{u_i} 分别由式(7-8)和式(7-9)得到：

$$w_{v_j} = \left(\sum \tau_j / p \right) \Big/ \left(\sum \tau_i / q \right) \tag{7-8}$$

式中，$\sum \tau_j$ 代表二层指标 V_j 包含的三层指标与主成分的负相关系数的平方之和，p 代表二层指标 V_j 包含的三层指标数目。$\sum \tau_i$ 代表包含 V_j 的一层指标下的所有三层指标与主成分的负相关系数的平方之和，q 代表包含 V_j 的一层指标下的所有三层指标数目。

$$w_{u_i} = \left(\sum \tau_i / s \right) \Big/ \left(\sum_{k=1}^{38} \tau_k / 38 \right) \tag{7-9}$$

式中，$\sum \tau_i$ 代表一层指标 U_i 包含的三层指标与主成分的负相关系数的平方之和；s 代表一层指标 U_i 包含的三层指标的数目。

7.3.2　三级模糊综合评价模型的构建

模糊综合评价，就是根据给出的评价标准和实际值，经过模糊变换对事物做出评价的一种方法。在对区域技术创新能力进行评价时，单纯依靠专家经验来确定模糊评判矩阵，主观性会比较强。为了科学反映我国区域技术创新能力的现状，本书引入了隶属函数来确定模糊评判矩阵。

设已知因素集 $U = \{u_1, u_2, \cdots, u_n\}$，与评价集 $V = \{v_1, v_2, \cdots, v_m\}$。

设各因素的权重分配为 U 上的模糊子集 A，记为 $A = \{a_1, a_2, \cdots, a_n\}$。

其中，a_i 为第 i 因素 u_i 对应的权重，且有：$\sum_{i=1}^{n} a_i = 1$

这样对第 i 个因素的单因素评判向量为 V 上的模糊子集：

$$R_i=\{r_{i1},r_{i2},\cdots,r_{im}\}$$

则单因素评价矩阵 $\boldsymbol{R}$ 为

$$\boldsymbol{R}=(r_{ij})_{n\times m}$$

式中，r_{ij} 为第 i 个因素隶属于第 j 个等级的隶属度。

对评价对象的模糊综合评判结果是 V 上的模糊子集：

$$B=A\circ R \tag{7-10}$$

式中，“∘”为某种合成运算，即为某种模糊运算算子。模糊运算算子有很多种，各有优缺点，采用不同的算子对评价结果的影响较大，根据问题需要，可以运用不同的算子。本书曾运用 Zadeh 算子，即 $b_j=\overset{n}{\underset{i=1}{\vee}}(a_i\wedge r_{ij})$，以及普通实数相乘的算子，即 $b_j=\overset{n}{\underset{i=1}{\vee}}(a_i\wedge r_{ij})$，分别进行运算，通过计算比较发现，在所研究的问题中采用普通实数相乘的算子结果更合理一些。

以上便是模糊综合评判的一级数学模型。在本书所研究的实际问题中，综合评判问题比较复杂，都是多目标、多层次的，因此本书需要构建多级模糊综合评价模型。本书对区域技术创新能力的评判采用的是三级模糊综合评判。

设 $\boldsymbol{A}_{11}$、$\boldsymbol{A}_{12}$、$\boldsymbol{A}_{13}$、$\boldsymbol{A}_{21}$、$\boldsymbol{A}_{22}$、$\boldsymbol{A}_{31}$、$\boldsymbol{A}_{32}$、$\boldsymbol{A}_{41}$、$\boldsymbol{A}_{42}$、$\boldsymbol{A}_{43}$ 分别表示区域技术创新能力指标评价体系中二层指标所包含的三层指标的权重向量。$\boldsymbol{R}_{11}$、$\boldsymbol{R}_{12}$、$\boldsymbol{R}_{13}$、$\boldsymbol{R}_{21}$、$\boldsymbol{R}_{22}$、$\boldsymbol{R}_{31}$、$\boldsymbol{R}_{32}$、$\boldsymbol{R}_{41}$、$\boldsymbol{R}_{42}$、$\boldsymbol{R}_{43}$ 分别表示二层指标所包含的三层指标构成的评判矩阵。$\boldsymbol{A}_1$、$\boldsymbol{A}_2$、$\boldsymbol{A}_3$、$\boldsymbol{A}_4$ 表示 4 个一层指标包含的二层指标的权重向量，$\boldsymbol{R}_1$、$\boldsymbol{R}_2$、$\boldsymbol{R}_3$、$\boldsymbol{R}_4$ 是对应的模糊评判矩阵。$\boldsymbol{A}$ 代表第一层指标构成的权重向量。

二级模糊综合评价模型为

$$\boldsymbol{B}_i=\boldsymbol{A}_i\circ\boldsymbol{R}_i=\boldsymbol{A}_i\circ\begin{pmatrix}\boldsymbol{A}_{i1}\circ\boldsymbol{R}_{i1}\\ \cdots\\ \boldsymbol{A}_{ij}\circ\boldsymbol{R}_{ij}\end{pmatrix}\qquad\left(i=1,2,3,4;\qquad j=\begin{cases}2 & i=2,3\\ 3 & i=1,4\end{cases}\right) \tag{7-11}$$

三级模糊综合评价模型为

$$\boldsymbol{B}=\boldsymbol{A}\circ\boldsymbol{R}=\boldsymbol{A}\circ\begin{pmatrix}\boldsymbol{B}_1'\\ \boldsymbol{B}_2'\\ \boldsymbol{B}_3'\\ \boldsymbol{B}_4'\end{pmatrix} \tag{7-12}$$

式中，$\boldsymbol{B}_i'(i=1,2,3,\cdots,4)$ 是 $\boldsymbol{B}_i$ 进行归一化后的向量。

7.3.3　隶属函数的构建

设因素集 $U=\{u_1,u_2,\cdots,u_n\}$，评价集 $V=\{v_1,v_2,\cdots,v_m\}$，为了建立单因素评判矩阵 $\boldsymbol{R}=(r_{ij})_{n\times m}$，$r_{ij}$ 为第 i 个因素隶属于第 j 个等级的隶属度，构造隶属函数如下。

第 1 等级的隶属函数为

$$r_{ij}=\begin{cases}1, & C_i<S_{i1}\\ \dfrac{C_i-S_{i2}}{S_{i1}-S_{i2}}, & S_{i1}\leqslant C_i<S_{i2}\\ 0, & C_i\geqslant S_{i2}\end{cases} \tag{7-13}$$

第 j (j=2，3，…，m−1) 等级的隶属函数为

$$r_{ij}=\begin{cases}0, & C_i\leqslant S_{ij-1},C_i\geqslant S_{ij+1}\\ \dfrac{C_i-S_{ij-1}}{S_{ij}-S_{ij-1}}, & S_{ij-1}<C_i\leqslant S_{ij}\\ \dfrac{C_i-S_{ij+1}}{S_{ij}-S_{ij+1}}, & S_{ij}<C_i<S_{ij+1}\end{cases} \tag{7-14}$$

第 m 等级的隶属函数为

$$r_{ij}=\begin{cases}0, & C_i\leqslant S_{im-1}\\ \dfrac{C_i-S_{im-1}}{S_{im}-S_{im-1}}, & S_{im-1}\leqslant C_i<S_{im}\\ 1, & C_i\geqslant S_{im}\end{cases} \tag{7-15}$$

以上各式中，C_i 为第 i 指标的实际数值，S_{ij} 为第 i 指标的 j 级分类标准。

7.4 实 证 分 析

7.4.1 数据收集与指标体系权重的计算

为了对第五章提出的区域技术创新能力形成机理进行实证，了解区域技术创新能力的现状，本书特意选取 2003 年的数据来进行实际应用。根据表 7-1 所设计的指标体系，本书通过《中国统计年鉴(2003)》《中国统计年鉴(2004)》《2004 年全国科技经费投入统计公报》《2004 年全国及各地区科技进步统计监测结果》《中国科技统计年鉴(2003)》《中国科技统计年鉴(2004)》《中国区域经济统计年鉴(2004)》等年鉴资料和统计公报收集、整理了我国 31 个省(自治区、直辖市)2003 年各个指标的相关数据。根据设计的评价指标体系收集整理数据是一个烦琐的过程。在此基础上利用主成分法确定了各项评价指标的权重。主成分分析利用统计软件 SPSS 实现，步骤如下。

(1) 利用 SPSS12.0 做因子分析，得出总方差分解(total variance explained)表与主成分矩阵(component matrix) R_{ij} (i=1，2，…，38；j=1，2，…，6)。

(2) 观察总方差分解表，前六个主成分方差的累计贡献率达 88.38073%(表 7-2)。大于 85%即可认为这 6 个主成分代表数据的大多数信息。我们提取 6 个主成分，并计算每个主成分对应的权重。

(3) 因为主成分矩阵中任一项 r_{ij} 表示的是第 i 个变量与第 j 个主成分的相关系数，所以 38 个指标变量都可以用 6 个主成分来表示。第 i 个变量可写为 X_i=0.652424 r_{i1}+0.150918

r_{i2}+0.074129 r_{i3}+0.046832 r_{i4}+0.041524 r_{i5}+0.034173 r_{i6}，计算38个变量的得分值如表7-2所示。

表7-2　提取的主成分贡献率及权重

主成分	1	2	3	4	5	6
特征值	21.91144	5.06854	2.48958	1.57285	1.39458	1.14768
贡献率	57.66169	13.33826	6.55153	4.13909	3.66995	3.02021
累计贡献率	57.66169	70.99994	77.55148	81.69056	85.36052	88.38073
权重	0.652424	0.150918	0.074129	0.046832	0.041524	0.034173

表7-3　变量得分表

变量	得分值	变量	得分值	变量	得分值	变量	得分值
X_1	0.49966	X_{11}	0.55105	X_{21}	0.13977	X_{31}	0.36183
X_2	0.35932	X_{12}	0.58787	X_{22}	0.52983	X_{32}	0.42128
X_3	0.5666	X_{13}	0.5637	X_{23}	0.53672	X_{33}	0.43282
X_4	0.37971	X_{14}	0.5721	X_{24}	0.55451	X_{34}	0.45298
X_5	0.45249	X_{15}	0.63184	X_{25}	0.53807	X_{35}	0.59194
X_6	0.37736	X_{16}	0.51303	X_{26}	0.52371	X_{36}	0.58816
X_7	0.19609	X_{17}	0.62302	X_{27}	0.50364	X_{37}	0.5909
X_8	0.577	X_{18}	0.50977	X_{28}	0.5805	X_{38}	0.60627
X_9	0.5497	X_{19}	0.38819	X_{29}	0.51725	—	—
X_{10}	0.60879	X_{20}	0.13724	X_{30}	0.14746	—	—

(4) 以表7-3中的数值为基础，依据各个变量在指标体系中所处的位置进行数据处理，便得到各层指标的权重，由此可以得到各层指标的权重向量，如表7-4所示。

表7-4　各层指标权重向量

向量标识	代表的变量组	指标权重向量
$\boldsymbol{A}$	(U_1, U_2, U_3, U_4)	(0.2413，0.2846，0.2246，0.2495)
$\boldsymbol{A}_1$	(Z_1, Z_2, Z_3)	(0.3399，0.2513，0.4088)
$\boldsymbol{A}_2$	(Z_4, Z_5)	(0.5187，0.4813)
$\boldsymbol{A}_3$	(Z_6, Z_7)	(0.3361，0.6639)
$\boldsymbol{A}_4$	(Z_8, Z_9, Z_{10})	(0.2806，0.3043，0.4151)
$\boldsymbol{A}_{11}$	(X_1, X_2, X_3)	(0.3505，0.2520，0.3975)
$\boldsymbol{A}_{12}$	(X_4, X_5, X_6, X_7)	(0.2701，0.3219，0.2685，0.1395)
$\boldsymbol{A}_{13}$	(X_8, X_9, X_{10}, X_{11})	(0.2523，0.2404，0.2662，0.241)

续表

向量标识	代表的变量组	指标权重向量
$\boldsymbol{A}_{21}$	(X_{12}，X_{13}，X_{14})	(0.3411，0.3270，0.3319)
$\boldsymbol{A}_{22}$	(X_{15}，X_{16}，X_{17}，X_{18}，X_{19})	(0.2370，0.1924，0.2337，0.1913，0.1456)
$\boldsymbol{A}_{31}$	(X_{20}，X_{21}，X_{22})	(0.1701，0.1732，0.6567)
$\boldsymbol{A}_{32}$	(X_{23}，X_{24}，X_{25}，X_{26}，X_{27})	(0.2020，0.2087，0.2025，0.1972，0.1896)
$\boldsymbol{A}_{41}$	(X_{28}，X_{29}，X_{30}，X_{31})	(0.3612，0.3219，0.0918，0.2251)
$\boldsymbol{A}_{42}$	(X_{32}，X_{33}，X_{34})	(0.3223，0.3311，0.3466)
$\boldsymbol{A}_{43}$	(X_{35}，X_{36}，X_{37}，X_{38})	(0.2490，0.2474，0.2486，0.255)

7.4.2 评价过程与结果

本书采用三级模糊综合评价法对我国 31 省(自治区、直辖市)的区域技术创新能力做出评价，不仅给出各省(自治区、直辖市)模糊评价的结果，也根据需要计算出了排名数据。主要步骤介绍如下。

(1)确定评价指标体系的权重：通过前面 4 个环节的计算已经得到结果。

(2)建立评语集：根据研究问题的需要，本书的评语集为 V={很弱，较弱，中等，较强，强}，对应于区域技术创新能力的五个等级。

(3)构造模糊隶属函数，分别计算 31 省(自治区、直辖市)38 项三层指标的单因素模糊评判向量。

任一省(自治区、直辖市)第 i 个三层指标的单因素评判向量可表示为 $R_i=\left\{r_{i1},r_{i2},\cdots,r_{im}\right\}$，它反映了该省(自治区、直辖市)第 i 个指标隶属于不同等级的信息。由三层指标的单因素隶属向量可组成二层指标的模糊隶属矩阵，所以如何确定单因素隶属向量十分重要。有很多方法可确定单因素模糊隶属矩阵，结合本书研究实际情况，可以构造隶属函数模型。

设评价集 $V=\left\{v_1,v_2,\cdots,v_m\right\}$，$v_m$ 等级最高，r_{ij} 为第 i 个因素隶属于第 j 个等级的隶属度，不同等级的隶属函数模型如式(7-12)和(表 7-4)所示。

上述公式中，C_i 为第 i 指标的数值，S_{ij} 为第 i 指标的 j 级分类标准。本书研究将不同省(自治区、直辖市)域技术创新能力划分为五个等级，相应有五个分类标准，我们采用变量的百分位数作为 S_{ij} 的标准。为了计算方便，先将各指标的原始数据做了处理：

$$c_{ij}=\frac{x_{ij}}{\left[\sum_{j=1}^{31}x_{ij}-\max(x_i)-\min(x_i)\right]/29} \tag{7-16}$$

式中，x_{ij} 代表第 j 个省(自治区、直辖市)指标 x_i 的数值，c_{ij} 为处理后的数值。利用 SPSS12.0 对处理后的数据矩阵 c_{ij}(i=1，2，…，38；j=1，2，…，31)处理，得出不同变量 x_i 的 5 个

百分位数。以此作为第I指标的5个分类标准，由此便可以计算得出31省(自治区、直辖市)对38个变量的隶属度向量(表7-5)。

表7-5　不同变量的分位数

变量	16.67%分位数(S_{i1})	33.33%分位数(S_{i2})	50%分位数(S_{i3})	66.67%分位数(S_{i4})	83.33%分位数(S_{i5})	变量	16.67%分位数(S_{i1})	33.33%分位数(S_{i2})	50%分位数(S_{i3})	66.67%分位数(S_{i4})	83.33%分位数(S_{i5})
x_1	0.6694	0.8277	0.8947	0.9874	1.4034	x_{20}	0.7358	0.8284	0.8906	1.0322	1.438
x_2	0.4208	0.6702	1.0181	1.3884	1.6165	x_{21}	0.3384	0.5936	0.9637	1.2333	1.76
x_3	0.5986	0.7042	0.8153	0.9884	1.3257	x_{22}	0.2851	0.4609	0.5338	0.916	1.3799
x_4	0.3149	0.5792	0.6743	1.2599	1.6872	x_{23}	0.1271	0.2125	0.5139	0.6675	1.5344
x_5	0.0197	0.1524	0.2591	0.966	2.638	x_{24}	0.0102	0.0571	0.133	0.2532	1.3634
x_6	0.3418	0.3975	0.5962	0.8983	1.4786	x_{25}	0.4055	0.5524	0.8036	1.2295	1.8053
x_7	0.6058	0.7807	0.917	0.9998	1.5513	x_{26}	0.118	0.2151	0.4593	0.9202	2.8505
x_8	0.2172	0.3389	0.4669	0.8483	1.9705	x_{27}	0.2524	0.599	1.0227	1.1796	1.5558
x_9	0.5925	0.7465	0.8815	0.9999	1.4335	x_{28}	0.5893	0.6504	0.7622	0.9972	1.5652
x_{10}	0.5161	0.6825	0.8239	0.9545	1.4633	x_{29}	0.5461	0.6209	0.8746	1.1885	1.5128
x_{11}	0.258	0.4217	0.5658	0.6948	1.2967	x_{30}	0.7604	0.8542	1.0064	1.1314	1.2804
x_{12}	0.4525	0.5709	0.7731	0.9703	1.4872	x_{31}	0.5186	0.8424	1.0736	1.1965	1.5227
x_{13}	0.356	0.507	0.7529	1.0638	1.5433	x_{32}	0.7313	0.9696	1.0382	1.1226	1.1609
x_{14}	0.3275	0.5171	0.7557	0.9971	2.0681	x_{33}	0.7054	0.8377	0.9521	1.0277	1.3538
x_{15}	0.1036	0.3289	0.7199	1.0043	2.1513	x_{34}	0.5314	0.8144	1.0217	1.1991	1.4602
x_{16}	0.4727	0.6849	0.8263	1.1055	1.6006	x_{35}	0.626	0.7237	0.8552	1.0186	1.5373
x_{17}	0.7157	0.7934	0.9381	1.1376	1.286	x_{36}	0.5605	0.6319	0.767	1.0043	1.753
x_{18}	0.5804	0.7177	0.8113	1.1399	1.5393	x_{37}	0.5648	0.6637	0.8475	1.0073	1.5711
x_{19}	0.593	0.8801	0.9883	1.1483	1.3554	x_{38}	0.5505	0.6358	0.8224	1.0381	1.6442

(4)结果。根据式(7-12)、式(7-13)计算分别对31省(自治区、直辖市)进行二级和三级模糊综合评判。由最后的三级隶属矩阵，还可以计算各省(自治区、直辖市)的区域技术创新能力得分：

$$Y=\sum_{i=1}^{5} i\times \boldsymbol{B}_i \tag{7-17}$$

$$Y = 1 \times \boldsymbol{B}_1 + 2 \times \boldsymbol{B}_2 + 3 \times \boldsymbol{B}_3 + 4 \times \boldsymbol{B}_4 + 5 \times \boldsymbol{B}_5 \tag{7-18}$$

三级模糊综合评价结果以及各地区得分值、排名如表 7-6 所示。

表 7-6 三级模糊综合评价结果

等级	区域	隶属矩阵					得分	排名
		($\boldsymbol{B}_1$	$\boldsymbol{B}_2$	$\boldsymbol{B}_3$	$\boldsymbol{B}_4$	$\boldsymbol{B}_5$)	(Y)	
强	北京	(0.0000	0.0041	0.0574	0.0883	0.8501)	4.7846	1
	上海	(0.0163	0.0000	0.0473	0.1328	0.8036)	4.7075	2
	天津	(0.0000	0.0299	0.1415	0.1284	0.7002)	4.499	3
	广东	(0.0076	0.0093	0.1490	0.3711	0.4630)	4.2726	4
较强	江苏	(0.0000	0.0105	0.2307	0.4074	0.3513)	4.0995	5
	辽宁	(0.0311	0.0220	0.2164	0.4050	0.3255)	3.9718	6
	浙江	(0.0117	0.0748	0.2755	0.3698	0.2682)	3.8079	7
	山东	(0.0436	0.1320	0.3429	0.3466	0.1348)	3.397	8
中等	福建	(0.0672	0.1514	0.3839	0.2924	0.1050)	3.2165	9
	湖北	(0.0311	0.1196	0.5685	0.2438	0.0370)	3.1358	10
	陕西	(0.0871	0.2308	0.3106	0.2319	0.1396)	3.1061	11
	黑龙江	(0.1371	0.1284	0.4779	0.2095	0.0472)	2.9012	12
	吉林	(0.1490	0.1337	0.4961	0.2212	0.0000)	2.7895	13
	四川	(0.1185	0.3032	0.3400	0.1614	0.0769)	2.7751	14
	重庆	(0.0916	0.2995	0.4565	0.0863	0.0661)	2.7359	15
	河北	(0.1398	0.2841	0.4550	0.0971	0.0240)	2.5815	17
	山西	(0.2380	0.2031	0.4477	0.1034	0.0078)	2.4398	18
	宁夏	(0.2648	0.3000	0.3760	0.0481	0.0111)	2.2408	20
弱	湖南	(0.0469	0.4628	0.3467	0.1204	0.0233)	2.6104	16
	江西	(0.2726	0.3656	0.2528	0.0871	0.0218)	2.2198	21
	河南	(0.2633	0.3791	0.2590	0.0736	0.0250)	2.2179	22
	安徽	(0.2866	0.3666	0.2336	0.1047	0.0085)	2.1816	23
	甘肃	(0.3248	0.3269	0.3178	0.0305	0.0000)	2.0539	25
	内蒙古	(0.2562	0.4745	0.2398	0.0296	0.0000)	2.0427	26
	青海	(0.3527	0.3667	0.2638	0.0168	0.0000)	1.9446	28
	云南	(0.3680	0.4174	0.1883	0.0183	0.0081)	1.8812	29
很弱	新疆	(0.3325	0.2210	0.2804	0.1309	0.0353)	2.3156	19
	海南	(0.4553	0.1330	0.2943	0.0923	0.0251)	2.0988	24
	广西	(0.3914	0.3194	0.2154	0.0738	0.0000)	1.9717	27
	贵州	(0.6155	0.1734	0.1098	0.0655	0.0358)	1.7328	30
	西藏	(0.5749	0.2308	0.1429	0.0514	0.0000)	1.6708	31

7.4.3　结果分析

表 7-6 给出了我国区域技术创新能力的现状，既有 31 省(自治区、直辖市)的最终模糊评判等级，又有根据最终的模糊隶属向量得出的各区域的得分值及排名。将等级评价与排名结合起来可以更深刻地认识各省(自治区、直辖市)技术创新能力的现状，这也是本书研究的一个特点。可以看出，不同地区可以按评级{很弱，弱，一般，较强，强}归到不同的等级中。北京、上海、天津、广东属于技术创新能力很强的地区。江苏、辽宁、浙江、山东属于技术创新能力较强的地区。技术创新能力中等的地区有福建、湖北、陕西、黑龙江、吉林、四川、重庆、河北、山西、宁夏。湖南、江西、河南、安徽、甘肃、内蒙古、青海、云南的技术创新能力较弱。新疆、海南、广西、贵州、西藏这 5 个地区技术创新能力很弱。

本书用 2000 年的数据所做的聚类研究中，北京、上海往往自成一类，这是因为 2000 年北京、上海的多项指标数值要远远高于其他省(自治区、直辖市)，但在前文分析中，它们与天津、山东同属一个等级，这是与以前所做研究的不同之处。另外，区域技术创新能力的排名与评判等级并不完全一致，原因评判等级是根据最大隶属度原则确定，排名则是根据隶属向量计算得出。比如湖南技术创新能力排名为 16 名，高于河北、宁夏、山西，但评判等级却为“较弱”。

我国区域技术创新能力之所以呈现这样的分布，如前文所讲，区域技术创新与经济发展、社会进步相互关联，因此，对我国区域技术创新能力评价结果的分析必须要从多种角度展开，这样才能更深刻地认识各区域的技术创新能力现状，为区域政策制定提供依据。影响区域技术创新能力的因素，除了自然资源、区位优势与经济发展水平(Freeman，1982)，本书主要根据模糊综合评价指标及过程从以下方面进行具体分析。

1. 区域技术创新潜力分析

从技术创新潜力来看(表 7-7)，北京、上海、天津、广东仍然高居第一等级，浙江、江苏、辽宁处于第二等级“很强”，第三等级省(自治区、直辖市)较多，有山东、湖北、福建、陕西、河北、新疆、重庆、江西、吉林、黑龙江、四川、山西、宁夏。技术创新潜力较差的地区有湖南、内蒙古、广西、云南。剩余省(自治区、直辖市)技术创新潜力很差。从排名来看，前三个等级的省(自治区、直辖市)评价等级与排名没有出入，但后两个等级不一致，这说明技术创新潜力很差和较差的区域没有明显的区别。需要注意的是湖南省技术创新潜力排名为第 14 名，评级等级却是较差，模糊最大隶属度判断会造成一定失真，结合排名进行分析十分必要。

表 7-7 区域技术创新潜力等级及排名

等级	区域	隶属矩阵					得分(Y)	排名
		B_1	B_2	B_3	B_4	B_5		
很强	北京	0.0000	0.0025	0.1212	0.1458	0.7305	4.6043	1
	上海	0.0675	0.0000	0.0507	0.0877	0.7941	4.5410	2
	天津	0.0000	0.1239	0.1941	0.0190	0.6630	4.2211	3
	广东	0.0000	0.0137	0.2320	0.3213	0.4331	4.1738	4
较强	浙江	0.0000	0.0571	0.1480	0.4559	0.3390	4.0769	5
	江苏	0.0000	0.0000	0.2849	0.3994	0.3157	4.0309	6
	辽宁	0.0000	0.0000	0.3229	0.4420	0.2350	3.9121	7
中等	山东	0.0519	0.0831	0.5034	0.0922	0.2695	3.4443	8
	湖北	0.0000	0.1887	0.5208	0.1374	0.1531	3.2549	9
	福建	0.0390	0.1684	0.4046	0.3431	0.0449	3.1865	10
	陕西	0.1224	0.2368	0.3148	0.2492	0.0767	2.9210	11
	河北	0.1399	0.2659	0.3351	0.1596	0.0995	2.8130	12
	新疆	0.1991	0.2047	0.2786	0.2486	0.0690	2.7837	13
	重庆	0.0847	0.3027	0.4463	0.1650	0.0013	2.6955	15
	江西	0.1874	0.2528	0.3650	0.1274	0.0675	2.6347	16
	吉林	0.1460	0.2603	0.4429	0.1509	0.0000	2.5987	17
	黑龙江	0.2038	0.1852	0.5039	0.1071	0.0000	2.5143	18
	四川	0.2192	0.3010	0.3271	0.1408	0.0119	2.4251	19
	山西	0.2897	0.2386	0.4027	0.0373	0.0317	2.2828	20
	宁夏	0.2916	0.2258	0.4618	0.0208	0.0000	2.2119	22
弱	湖南	0.0343	0.4112	0.3531	0.1694	0.0320	2.7536	14
	内蒙古	0.2933	0.4445	0.2442	0.0179	0.0000	1.9867	24
	广西	0.3023	0.4185	0.2781	0.0011	0.0000	1.9780	25
	云南	0.3212	0.4430	0.2358	0.0000	0.0000	1.9147	28
很弱	河南	0.3764	0.3058	0.0967	0.1174	0.1036	2.2660	21
	安徽	0.3486	0.2552	0.2948	0.0664	0.0351	2.1842	23
	海南	0.4658	0.1855	0.2896	0.0520	0.0070	1.9490	26
	甘肃	0.3911	0.2930	0.3159	0.0000	0.0000	1.9247	27
	青海	0.3995	0.3199	0.2724	0.0081	0.0000	1.8892	29
	贵州	0.5637	0.2702	0.1424	0.0237	0.0000	1.6261	30
	西藏	0.7070	0.1529	0.1077	0.0324	0.0000	1.4654	31

2. 区域技术创新投入分析

用投入来衡量技术创新是学术界通用的做法，结果较为合理。技术创新投入的模糊评价结果如表 7-8 所示。

表 7-8 区域技术创新投入等级及排名

等级	区域	隶属矩阵					得分(Y)	排名
		(B_1	B_2	B_3	B_4	B_5)		
很强	北京	0.0000	0.0000	0.0000	0.0000	1.000	5.0000	1
	上海	0.0000	0.0000	0.0700	0.0921	0.8379	4.7679	2
	广东	0.0000	0.0000	0.0270	0.4321	0.5408	4.5138	3
	天津	0.0000	0.0000	0.2103	0.1014	0.6884	4.4781	4
	辽宁	0.0000	0.0000	0.0293	0.4663	0.5044	4.4751	5
	江苏	0.0000	0.0000	0.0943	0.4254	0.4803	4.3861	6
较强	陕西	0.0000	0.0406	0.1234	0.5168	0.3192	4.1146	7
	山东	0.0000	0.0000	0.3520	0.4775	0.1705	3.8186	8
	浙江	0.0000	0.0205	0.3770	0.3810	0.2215	3.8036	9
中等	四川	0.0000	0.0932	0.5351	0.2147	0.1570	3.4356	10
	湖北	0.0000	0.0000	0.6037	0.3963	0.0000	3.3963	11
	黑龙江	0.0000	0.0729	0.5858	0.2304	0.1109	3.3793	12
	福建	0.0000	0.1049	0.7068	0.1873	0.0010	3.0843	13
	吉林	0.1086	0.1987	0.5067	0.1860	0.0000	2.7702	14
	河北	0.0000	0.3907	0.5913	0.0180	0.0000	2.6273	15
	重庆	0.0743	0.2567	0.6390	0.0301	0.0000	2.6249	16
	山西	0.0906	0.2531	0.6029	0.0535	0.0000	2.6192	17
	甘肃	0.1282	0.2351	0.5417	0.0950	0.0000	2.6036	18
弱	湖南	0.0261	0.5361	0.3571	0.0807	0.0000	2.4924	19
	河南	0.0376	0.5755	0.3711	0.0158	0.0000	2.3651	20
	安徽	0.1798	0.4804	0.2681	0.0717	0.0000	2.2317	21
	青海	0.1509	0.5604	0.2578	0.0309	0.0000	2.1687	22
	宁夏	0.1336	0.5880	0.2785	0.0000	0.0000	2.1449	23
	江西	0.2128	0.5433	0.1795	0.0644	0.0000	2.0955	24
	内蒙古	0.2686	0.6361	0.0953	0.0000	0.0000	1.8268	25
很弱	广西	0.5613	0.2121	0.1424	0.0842	0.0000	1.7497	26
	贵州	0.6142	0.1199	0.2267	0.0392	0.0000	1.6910	27
	云南	0.5562	0.2865	0.1365	0.0207	0.0000	1.6217	28
	新疆	0.5813	0.3646	0.0541	0.0000	0.0000	1.4728	29
	海南	0.7349	0.1360	0.0931	0.0360	0.0000	1.4303	30
	西藏	0.8667	0.1333	0.0000	0.0000	0.0000	1.1333	31

五个等级的划分较为平均，北京、上海、广东、天津、辽宁、江苏六省(市)为“很强”。陕西、山东、浙江为“较强”。四川、湖北、黑龙江、福建、吉林、河北、重庆、山西、甘肃技术创新投入为“中等”。技术创新投入较弱的省(自治区、直辖市)有湖南、河南、安徽、青海、宁夏、江西、内蒙古。广西、贵州、云南、新疆、海南、西藏技术创新投入“很弱”。从排名看，31 省(自治区、直辖市)技术创新投入的等级划分与排名完全一致。

3. 区域技术创新产出分析

技术创新产出的模糊综合评价结果有一个显著特征：没有属于第二等级“较强”的区域，产出能力“中等”的区域仅有湖北和浙江。这说明在区域技术创新的直接产出和间接经济效益方面，第一等级“很强”的北京、上海、天津等六省(市)与其他地区存在明显的优势。大多数地区的技术创新产出能力都弱或很弱。排名分析与评价等级一致(表 7-9)。

表 7-9 区域技术创新产出等级及排名

等级	区域	隶属矩阵					得分(*Y*)	排名
		(B_1	B_2	B_3	B_4	B_5)		
很强	北京	0.0000	0.0000	0.0000	0.0527	0.9473	4.9473	1
	上海	0.0000	0.0000	0.0000	0.1779	0.8221	4.8221	2
	天津	0.0000	0.0000	0.0718	0.1779	0.7503	4.6785	3
	广东	0.0339	0.0266	0.1988	0.3368	0.4039	4.0503	4
	江苏	0.0000	0.0469	0.2657	0.2832	0.4042	4.0446	5
	辽宁	0.1386	0.0283	0.2896	0.1041	0.4395	3.6777	6
中等	湖北	0.1386	0.0333	0.6026	0.2256	0.0000	2.9152	7
	浙江	0.0523	0.2457	0.4470	0.2551	0.0000	2.9048	8
弱	重庆	0.2227	0.3207	0.1394	0.0241	0.2930	2.8441	9
	福建	0.2575	0.3202	0.0462	0.1191	0.2570	2.7979	10
	四川	0.2740	0.2860	0.0730	0.2362	0.1309	2.6640	11
	湖南	0.1388	0.4352	0.2463	0.1104	0.0693	2.5363	12
	陕西	0.1723	0.4297	0.2285	0.0351	0.1345	2.5298	13
	山东	0.1386	0.4202	0.2776	0.1053	0.0582	2.5243	14
	吉林	0.3691	0.0627	0.3173	0.2510	0.0000	2.4501	15
很弱	西藏	0.5389	0.0000	0.1617	0.2130	0.0864	2.3081	16
	海南	0.5256	0.1569	0.0772	0.1363	0.1040	2.1362	17
	黑龙江	0.3915	0.2803	0.2691	0.0009	0.0582	2.0540	18
	山西	0.5731	0.1145	0.1403	0.1716	0.0005	1.9120	19
	宁夏	0.6264	0.0536	0.1527	0.1178	0.0495	1.9104	20
	新疆	0.5298	0.2295	0.1253	0.0323	0.0830	1.9093	21
	贵州	0.6243	0.0888	0.1333	0.1537	0.0000	1.8163	22
	安徽	0.5612	0.1975	0.1311	0.1101	0.0000	1.7901	23
	云南	0.5291	0.3377	0.0554	0.0417	0.0361	1.7179	24
	江西	0.6563	0.0679	0.1862	0.0896	0.0000	1.7091	25
	广西	0.6765	0.0621	0.1817	0.0797	0.0000	1.6645	26
	河北	0.4722	0.4382	0.0603	0.0293	0.0000	1.6466	27
	内蒙古	0.5082	0.4810	0.0108	0.0000	0.0000	1.5026	28
	河南	0.6913	0.1465	0.1579	0.0042	0.0000	1.4750	29
	甘肃	0.7486	0.1943	0.0534	0.0037	0.0000	1.3123	30
	青海	0.8514	0.0914	0.0565	0.0006	0.0000	1.2064	31

4. 区域技术创新环境分析

区域技术创新环境对技术创新活动起支撑作用。从技术创新环境的排名看，上海排名为第一名，天津为第二名，北京排在了第三名。浙江、广东、江苏、福建、辽宁紧随其后。中部地区的河南、安徽、江西排名较靠后，技术创新环境不佳，制约了其技术创新能力的发展。西部地区中，新疆排名最靠前，为第十二名，而区域技术创新综合排名较靠前的陕西、四川的创新环境都不容乐观。模糊等级划分的结果也基本如此(表 7-10)。

表 7-10　区域技术创新环境等级及排名

等级	区域	隶属矩阵					得分(Y)	排名
		($\boldsymbol{B}_1$	$\boldsymbol{B}_2$	$\boldsymbol{B}_3$	$\boldsymbol{B}_4$	$\boldsymbol{B}_5$)		
很强	上海	0.0000	0.0000	0.0607	0.1823	0.7570	4.6964	1
	天津	0.0000	0.0000	0.0747	0.2207	0.7047	4.6300	2
	北京	0.0000	0.0139	0.1130	0.1655	0.7075	4.5667	3
	浙江	0.0000	0.0000	0.1289	0.3770	0.4942	4.3653	4
	广东	0.0000	0.0000	0.1632	0.3804	0.4564	4.2932	5
较强	江苏	0.0000	0.0000	0.3025	0.5064	0.1911	3.8886	6
	福建	0.0000	0.0362	0.2997	0.5190	0.1451	3.7730	7
	辽宁	0.0000	0.0626	0.2610	0.5703	0.1062	3.7201	8
中等	黑龙江	0.0000	0.0000	0.5175	0.4724	0.0101	3.4926	9
	山东	0.0000	0.0704	0.4822	0.4146	0.0328	3.4098	10
	吉林	0.0000	0.0011	0.6962	0.3028	0.0000	3.3017	11
	新疆	0.0000	0.0652	0.6798	0.2551	0.0000	3.1899	12
	河北	0.0000	0.0412	0.7708	0.1880	0.0000	3.1467	13
	海南	0.0632	0.0573	0.7236	0.1560	0.0000	2.9724	14
	湖北	0.0000	0.2670	0.5438	0.1891	0.0000	2.9221	15
	山西	0.0546	0.1915	0.5910	0.1629	0.0000	2.8622	16
	内蒙古	0.0038	0.2886	0.6063	0.1012	0.0000	2.8049	17
	重庆	0.0000	0.3260	0.5436	0.1303	0.0000	2.8043	18
	宁夏	0.0632	0.2650	0.6051	0.0668	0.0000	2.6754	19
	陕西	0.0755	0.2631	0.5939	0.0675	0.0000	2.6534	22
弱	湖南	0.0000	0.4540	0.4189	0.1271	0.0000	2.6732	20
	河南	0.0262	0.4353	0.3789	0.1596	0.0000	2.6720	21
	广西	0.0271	0.5776	0.2682	0.1271	0.0000	2.4953	23
	安徽	0.1015	0.4969	0.2273	0.1743	0.0000	2.4745	24
	四川	0.0162	0.5603	0.3704	0.0530	0.0000	2.4603	25
	江西	0.0780	0.5400	0.2880	0.0719	0.0221	2.4201	26
	青海	0.0888	0.4388	0.4489	0.0234	0.0000	2.4070	27
	云南	0.0534	0.6134	0.3208	0.0123	0.0000	2.2920	28
	甘肃	0.1037	0.5837	0.3021	0.0105	0.0000	2.2194	29
	西藏	0.3093	0.3950	0.1903	0.0397	0.0658	2.1577	30
很弱	贵州	0.4966	0.4468	0.0566	0.0000	0.0000	1.5600	31

7.5 研究结论及政策建议

本章在对第五章的区域技术创新能力形成机理的理论框架下，结合第三章的因素，按照科学性、可行性、可靠性、客观性、可操作性的原则，构建了评价区域技术创新能力的评价指标体系，并探讨了评价的方法：确定了评价指标权重的方法，其方法与其他文献有不同之处；构建了三级模糊综合评价模型；构建了隶属函数；并搜集中国 31 个省(自治区、直辖市)的数据进行了实证分析，得到了评价结果，对结果从区域技术创新能力结构组成的四个方面进行了具体的分析，从而提出有针对性的政策建议。

从整个评价结果来看，经济发达的东部沿海地区不但技术创新能力高，居民生活的质量在全国也名列前茅，不足之处在于环境污染治理率普遍较低，每万人拥有的卫生人员数较少。在区域技术创新能力各层指标评价与分析的基础上，各区域的政府都有很多工作要做。关键在于要认真分析本区域的特点和存在的问题，有针对性地解决，如浙江省应努力引导高科技产业的发展，整治环境污染；又如由于四川省拥有巨大的智力资源潜力和政策支持，它的技术创新潜力和投入模糊评价结果等级较高，但是技术创新产出和贡献的方面不理想，四川省在技术市场成交额、专利转让等方面表现较差，这些关键因素影响了四川区域技术创新能力的提升。因此，四川省应增强技术创新直接产出的能力，提高整个区域的创新意识等。而区域技术创新能力较差的地区则必须要制定一个区域技术创新能力发展的战略，尽快完善区域创新体系，在尊重市场机制的前提下，充分发挥区域政府在风险融资、研究与开发、技术转让中的作用，加大对中小企业尤其是科技型中小企业的扶持，最终促进技术创新与经济、社会的协调发展。

上述结果表明，第五章所界定的区域技术创新能力的系统结构，以及设计的具体指标可以解释区域技术创新能力的状况；同时我们以本书研究的系统结构运用综合评价法计算得到的结果与此类似；而且该结果与文献《中国区域创新能力报告 2004－2005》(中国科技发展战略研究小组，2005)的结果接近。但是本书设计的系统结构其具体指标更为简洁。这样我们可以较为深刻地认识区域技术创新能力形成的动因及机理，对于系统结构四个方面能力的具体因素做进一步的分析，可以充分培育各个区域技术创新能力，这既是提升区域技术创新能力的基础，也是我们进一步研究的基础。

第八章　基于多元统计的区域技术创新能力聚类研究

8.1　引　　言

对区域技术创新能力进行分类研究，是从整体上把握技术创新活动、科学制定创新政策的前提，有助于进一步把握各个地区技术创新活动的规律；也有助于在一国范围内对于不同地区的技术创新活动进行横向比较，为制定地区经济发展政策提供科学的依据。多年来，我国经济、社会的发展一直呈现出显著的非均衡特征，东、中、西部之间发展的梯度差异呈继续扩大之势。2005 年 7 月 16 日，时任欧盟委员会主席巴罗佐在上海谈到中国的经济发展时表示，中国必须正视在经济腾飞过程中不可避免的三大问题，其中问题之一就是地区发展不平衡。那么如何审视地区发展不平衡，怎样在保证经济、社会稳步发展的同时缩小上述差距？这些问题对于促进区域间协调发展、提高整个国家的技术创新能力具有重要的理论价值和现实意义。随着经济全球化、一体化的发展，全球的要素、资源和分工在不同层次上发生了根本变化，正日益集中于具有鲜明个性的区域（Tura and Harmaakorpi，2005），如今的区域已经被看作技术经济和社会制度范式下维持经济协调的必要组成部分。在此背景下，以创新要素积聚为核心的区域技术创新理论迅速发展，不断冲击着“梯度转移”“自然禀赋”等传统区域发展理论，并持续推动经济与社会的协调发展。本书认为，区域之间技术创新能力的差异是导致这种非均衡结果的重要原因之一，因此在对区域技术创新能力评价的基础上，应继续研究区域技术创新能力的分类。

以往的一些研究表明：我国不同区域的经济发展水平，以及教育、文化、科技发展状况存在很大差异。考虑到技术创新对经济发展和社会进步的巨大推动作用，我们认为增强区域竞争力的首要方式是努力提升区域技术创新能力，以科技促发展。我国内地的 31 个省（自治区、直辖市），发展很不平衡，应通过分类，制订有针对性的策略。聚类分析是对多属性统计样本进行定量分类的一种多元统计方法，对我国区域技术创新能力的聚类分析，有利于我们把握中国区域技术创新能力的分布，了解各类区域的个性和共性特征，给出各区域创新能力的提升路径。

聚类分析的现有研究中，刘友金等（2001）选取了包括科技投入和科技产出两类要素的 10 个指标进行聚类，并给出了区域技术创新能力差异原因的三点解释：经济实力因素、高科技产业发展因素，以及科教的发展水平和科教的投入因素。本书认为该研究设计的评价体系指标过少，不足以反映区域技术创新能力的全貌。另外，分类后没有对每个类别的具体特征进行分析，并针对性地提出建议。同时使用的数据比较陈旧，不能动态地跟踪区域技术创新能力的变化。其他的分类研究方法已经在第一章做了综述。

邵云飞和唐小我(2003a)已经根据我国实际情况，设计了一套指标体系，运用系统聚类方法对区域技术创新能力进行评价分类，将我国内地28个省(自治区、直辖市)(由于海南、重庆、西藏某些数据缺乏，所以作为缺省值处理)按3、4、5类的情况进行聚类得出若干结论。例如，在分为4类的情况时，可以看出：第一类包括2个地区——北京市、上海市，说明这两个直辖市技术创新能力非常相似；第三类包括6个地区，分别是辽宁、江苏、浙江、福建、山东和四川，说明这6个省的技术创新能力相似；第四类只有1个地区——广东省。根据对1999年、2000年的研究结果，从区域技术创新能力的排序来看，广东与北京、上海技术创新能力接近。其余的19个地区都属于第二类，包括天津、河北、黑龙江、河南、湖北、湖南、云南、贵州、西藏、陕西、甘肃、宁夏、青海、内蒙古、新疆、江西、安徽、山西和吉林，说明这些地区的技术创新能力类似。聚类的结果对照厉以宁经济发达程度的分类(厉以宁，2000)，即经济发达地区包括北京、上海、天津3个城市，经济较发达地区包括广东、福建、江苏、辽宁、浙江、山东6个省，经济欠发达地区包括河北、广西、吉林、海南、四川、湖北、黑龙江、湖南、山西、河南、江西、安徽12个省(区)，经济落后地区包括云南、贵州、西藏、陕西、甘肃、宁夏、青海、内蒙古、新疆9个省(区)。总体上看，技术创新能力与经济发展程度有较强的相关性，北京、上海等技术创新能力强的归在一类，同时其经济也发达。结合我们用线性模型测算的技术创新能力指数数值来看，邵云飞和唐小我(2006)认为，北京、上海表现突出，其指数数值大幅领先；作为单独一类的广东，排名紧邻北京、上海，比技术创新能力指数低的宁夏、青海、西藏极差甚大。之所以如此，一个重要原因是沿海地区改革开放领先于全国，为技术创新提供了良好的体制框架和市场经济体系。但可以看出聚类的结果也有差异：如天津、江西等与技术创新能力低的西部地区被归为一类。此处聚类归在了经济落后地区一类，这是与其经济发达程度不匹配的。从线性模型计算结果中可以看出：天津技术创新投入和产出类指数排名为第17名，比较靠后。而江西技术创新投入类指数排名为第20名，产出类指数排名为第21名，相关联指数排名为第26名，更是靠后。一方面说明这些地区技术存量尚未转化为经济增量，另一方面说明该聚类空间过宽(19 个地区)。如果按照东、中、西部的划分，天津、江西就归在东部和中部了。这也说明不同方法的使用即可以相互补充，也各有其局限性。除四川省的经济欠发达地区的区域技术创新能力基本上与经济落后地区的区域技术创新能力差别不大。那么，相对于线性模型计量结果，可以观测到聚类的结果与技术创新能力排序有相当的一致性。排名为第1名的北京和排名为第3名的上海分为一类，排名为第2名的广东分为一类，而分在第3类的6个地区基本上排名都很靠前。

邵云飞和唐小我(2005)对邵云飞和唐小我(2003a，2003b，2003c)的研究成果做了进一步完善。通过设计相应的指标体系、搜集统计数据，对我国各个区域的技术创新能力用功能互补的不同方法予以量化分类。利用主成分分析的结果进行聚类，通过对聚类结果的分析得到如下结论。①通过主成分分析找出了不相关的一个线性变换将各因素重新组合，剔除了多重共线性的影响，从而找到重要因素，避免了主观随意性。在此基础上再用聚类分析把技术创新能力相似的区域归在一类，既可以发现其共性，又可以区分差异，由于满足完备性而不会丢失信息。②第一类包括两个地区：北京市、上海市。第四类只有一个地区：广东省。这两类的划分与邵云飞和唐小我(2003a)的结果一致。而且本课题组在区域技术创新能力的线性模型分析中，北京、上海、广东的技术创新能力排名在最前面，进一步证明了这 3 个区域的技术创新能力突出。③与经济发达程度的分类相比较，即经济发达地区包括北京、上海、天津 3 个城市，经济较发达地区包括广东、福建、江苏、辽宁、浙江、山东 6 个省，经济欠发达地区包括河北、广西、吉林、海南、四川、湖北、黑龙江、湖南、山西、河南、江西、安徽 12 个省(区)，经济落后地区包括云南、贵州、西藏、陕西、甘肃、宁夏、青海、内蒙古、新疆 9 个省(区)的划分，可以看出聚类的结果：在以区域技术创新能力进行分类时，除天津被归为经济落后地区一类，与其经济发达程度不匹配；四川、河北、黑龙江、河南、湖北和湖南这些经济欠发达地区与经济较发达的 5 个地区分到一类，表明这些省的区域技术创新能力较强；其余的经济欠发达地区的区域技术创新能力基本上与经济落后地区的区域创新能力差别不大；广东省被单独列为一类。在主成分基础上的聚类将河北、河南、湖北、湖南、黑龙江划到第三类。经过主成分分析后，其聚类的结果剔除了指标间相互影响，说明在剔除了指标间相互影响以后，河北、河南、湖北、湖南、黑龙江的技术创新能力更接近第三类，即更接近辽宁、江苏、浙江、福建、山东和四川。④研究结果与我们用线性模型计量的结果比较，可以看出有共性，即观测到的聚类结果和区域技术创新能力的排序有一定的关系：排名为第 1 名的北京和排名为第 3 名的上海分为一类，排名为第 2 名的广东分为一类，而分在第三类的 6 个地区基本上在排序上都很靠前。由此可见，在主成分基础上的聚类分析结果，其精确度明显提高。

为了克服以往研究的缺陷，对我国区域技术创新能力有一个全局性的了解，动态跟踪区域技术创新能力的差异变化，本书结合第五章对区域技术创新能力内涵与结构的界定，在前文研究的基础上，用第六章设计的指标体系进行区域技术创新能力的分类。在方法上进行了补充并增加了判别分析、均值比较分析等方法，期望用更加完善的方法，得到更合理的区域划分。同时搜集近期的新数据进行实证分析，并探讨各类区域技术创新能力的特征，从而有针对性地提出相应对策建议。特别是找出各个区域之间的差距所在，以期为加速落后地区经济社会的发展提供必要的参考。

8.2　研究设计

由于我国内地区域技术创新能力差异较大，习惯上的东部、中部和西部划分的研究方法尽管可以用来分析一些现象，但人为将各因素归类，而未采用科学方法聚类。如果就单个省(自治区、直辖市)分别进行研究，那么其结果只能反映单个省(自治区、直辖市)的特征，而很难从总体上把握区域之间的技术创新发展的不平衡状态，同时也忽略了相关省(自治区、直辖市)之间技术创新能力的联系。所以有必要对现有的省(自治区、直辖市)进行聚类，然后对各类地区进行综合分析和比较，加深对区域技术创新能力的认识，为评价区域技术创新能力提供依据。区域技术创新能力是决定区域产业发展水平和经济增长实力的关键因素，深入研究技术创新能力区域差异，分析其产生的原因，对于指导各个地区政府制定有效的技术创新政策、形成合理的格局、促进各地区加快提升整体技术创新能力有重要的现实意义。影响区域创新能力的因素众多，关系复杂，仅凭经验判断或简单的数据分析来研究我国的区域创新能力差异是不够的，必须借用科学、系统的方法。在这方面，基于多元统计的分析方法提供了一种较为有效的工具。

这部分的研究设计了以下内容：①结合第五章的区域技术创新能力形成机理中内涵与结构的分析，考虑第三章的因素，运用第六章设计的指标体系，并搜集相关的数据；②运用 Q 型聚类方法，提取最具代表性的变量指标；③对缩减后的变量做因子分析，提取主成分；④按照各区域的主成分值进行聚类，确定各区域所属类别；⑤利用判别分析方法，对各区域所属类别进行检验、调整；⑥通过均值比较分析，进一步研究各类别的特征，分析原因并提出建议。

8.3 变量选取及数据计算

结合第五章探讨的区域技术创新能力形成机理时对其内涵与结构的界定，考虑第三章的因素，运用第六章设计的指标体系。

根据区域技术创新能力评价指标中的变量，本书通过《中国统计年鉴(2003)》《中国统计年鉴(2004)》《2004 年全国科技经费投入统计公报》《2004 年全国及地区科技进步统计监测结果》《中国科技统计年鉴(2003)》《中国科技统计年鉴(2004)》《中国区域经济统计年鉴(2004)》等资料搜集到我国 31 个省(自治区、直辖市)的相关数据，并对数据进行标准化处理，结果如表 8-1～表 8-4 所示。表中，X_1～X_{10}属于技术创新潜力方面的指标，反映了区域智力资源潜力、创新的物质条件以及区域的技术创新意识。X_{11}～X_{18}代表了区域在人力资本、财力上的投入能力。X_{19}～X_{26}反映了区域技术创新的直接产出，高科技产业化等方面的能力。X_{27}～X_{37}揭示的是区域的环境状况对区域技术创新能力的支撑作用。

表 8-1 技术创新潜力指数

地区	每万人中大专以上学历人数 X_1/(人/万人)	每万人在校大学生数 X_2/(人/万人)	人均教育经费投入 X_3/亿元	国民生产总值 X_4/亿元	科研与综合技术服务业新增固定资产占全社会新增固定资产比例 X_5/%	每万名 R&D 活动人员新增仪器设备费 X_6/(万元/人)	每万名就业人员专利申请量 X_7/(项/万人)	每万人各类图书机构图书消费额 X_8/(万元/万人)	科研与综合技术服务业平均工资水平占全社会平均工资比例 X_9/%	每万人吸纳技术成果金额 X_{10}/(万元/万人)
北京	100	100	100	100	100	100	100	100	100	100
天津	53.85	77.7	26.92	66.82	6.517	110.7	76.75	86.19	52.03	37.92
河北	32.25	27.24	55.74	193.8	10.18	90.67	9.175	34.99	52.25	2.429
山西	26.49	26.39	30.67	67.06	1.833	212.7	6.636	38.81	39.66	3.813
内蒙古	26.6	21.22	22.53	58.7	1.629	82.67	6.867	24.01	39.6	5.045

续表

地区	每万人中大专以上学历人数 X_1/(人/万人)	每万人在校大学生数 X_2/(人/万人)	人均教育经费投入 X_3/亿元	国民生产总值 X_4/亿元	科研与综合技术服务业新增固定资产占全社会新增固定资产比例 X_5/%	每万名R&D活动人员新增仪器设备费 X_6/(万元/人)	每万名就业人员专利申请量 X_7/(项/万人)	每万人各类图书机构图书消费额 X_8/(万元/万人)	科研与综合技术服务业平均工资水平占全社会平均工资比例 X_9/%	每万人吸纳技术成果金额 X_{10}/(万元/万人)
辽宁	44.19	39.14	53.38	163.9	8.758	103.3	30.87	38.93	60.63	11.69
吉林	31.49	37.87	32.95	68.87	3.259	63.33	18	26.06	51.08	4.51
黑龙江	23.13	32.95	44.69	120.9	2.851	49.67	15.58	21.75	45.19	3.874
上海	75.9	70.89	72.69	170.6	2.24	239.7	155.1	161.5	71.61	73.96
江苏	20.74	37.2	105.6	340.2	12.22	183	21.52	66.21	82.02	8.34
浙江	27.14	33.15	88.64	256.5	5.092	112	35.14	57.1	86.46	11.06
安徽	21.61	20.5	42.04	108.4	4.277	318	3.924	34.98	44.56	1.661
福建	17.16	23.65	45.46	142.8	3.462	113	21.98	42.49	67.09	5.332
江西	24	27.01	30.93	77.27	20.16	126	6.001	39.48	32.99	2.212
山东	23.13	26.74	90.24	339.5	3.055	218.3	15.64	40.1	60.85	6.157
河南	14.12	18.47	61.37	192.4	12.83	76	4.616	32.42	45.07	2.522
湖北	23.78	38.52	62.36	147.5	48.68	71.67	11.6	26.56	51.59	6.15
湖南	20.3	25.84	55.5	126.6	12.22	95.67	8.078	37.47	48.37	5.011
广东	21.39	23.68	132	372	6.925	189.3	49.97	52.03	123.1	10.7
广西	19.11	14.99	35.2	74.67	4.073	104.7	4.328	25.29	45.28	1.612
海南	20.3	17.2	8.038	18.32	3.259	178.7	9.233	18.23	31	3.432
重庆	16.18	24.62	27.19	61.44	9.98	140	11.08	34.76	33.09	12.44
四川	16.07	18.88	63.55	149	7.128	113.3	7.848	35.03	72.97	1.73
贵州	23.24	12.38	21.08	37.02	3.87	141.3	3.52	23.27	55.5	1.169
云南	8.469	12.83	36.26	67.3	5.906	91.33	4.385	30.66	42.09	5.565
西藏	4.452	12.35	3.227	5.037	4.888	4.667	0.692	5.551	99.18	2.811
陕西	27.69	43.34	42.42	65.48	27.7	98.33	7.79	56.49	48.5	4.538
甘肃	18.35	21.34	21.51	35.61	2.648	87	3.578	33.44	39.87	3.578
青海	23.13	15.68	5.156	10.65	3.259	118	3.52	20.17	52.87	5.4
宁夏	24.76	19.4	6.112	10.52	7.128	71.67	10.33	27.57	48.77	4.952
新疆	51.36	24.46	29.38	51.26	3.259	118	10.21	46.57	50.48	8.344

表 8-2　技术创新投入指数

地区	每万人从事R&D工作的科技人员数 X_{11}/(人/万人)	每万人R&D科学家和工程师数 X_{12}/(人/万人)	高技术就业人员数 X_{13}/人	R&D经费占GDP比例 X_{14}/%	R&D经费支出 X_{15}/亿元	地方财政科技拨款占地方财政支出比例 X_{16}/%	科研人员平均经费 X_{17}/(万元/人)	大型企业技术开发费用占销售额比例 X_{18}/%
北京	100	100	100	100	100	100	100	100
天津	46.65	29.37	356.3	22.25	15.76	82.22	33.79	47.76
河北	23.37	5.653	510.5	8.053	14.87	38.78	63.62	44.03
山西	27.23	5.911	539.5	10.4	6.165	35.28	22.63	61.19
内蒙古	29.39	4.448	497	4.1	2.497	33.82	8.494	26.12

续表

地区	每万人从事R&D工作的科技人员数X_{11}/(人/万人)	每万人R&D科学家和工程师数X_{12}/(人/万人)	高技术就业人员数X_{13}/人	R&D经费占GDP比例X_{14}/%	R&D经费支出X_{15}/亿元	地方财政科技拨款占地方财政支出比例X_{16}/%	科研人员平均经费X_{17}/(万元/人)	大型企业技术开发费用占销售额比例X_{18}/%
辽宁	32.78	18.55	455.7	19.18	32.38	68.8	98.79	76.87
吉林	33.06	8.967	167.1	17.28	10.85	46.36	32.81	38.81
黑龙江	30.27	10.63	595.5	8.785	12.76	59.48	42.15	47.76
上海	48.42	39.73	310.2	29.87	50.29	50.73	103.9	64.18
江苏	21.99	12.87	581.7	16.11	58.72	60.64	267.1	55.97
浙江	23.63	9.311	351.1	10.25	29.34	97.08	124.2	40.3
安徽	16.38	4.319	409.2	10.54	12.64	27.99	77.19	49.25
福建	24.26	7.374	405.2	7.613	14.63	65.89	60.3	47.76
江西	19.69	3.845	455.3	7.028	6.633	27.99	33.69	71.64
山东	25.31	9.139	632	12.3	40.5	64.72	160	71.64
河南	19.7	4.491	603.3	7.028	13.34	41.11	67.74	51.49
湖北	18.32	10.88	331.5	14.06	21.38	38.48	116.7	55.22
湖南	19.31	5.05	500.2	8.785	11.74	62.1	60.81	60.45
广东	24.7	13.14	616.7	19.47	70.15	110.5	284	83.58
广西	18.71	3.099	430.5	5.417	4.37	41.98	23.36	52.24
海南	21.09	1.363	465.8	2.928	0.468	21.87	2.219	32.84
重庆	19.14	6.844	411.8	9.37	6.789	34.11	35.46	56.72
四川	17.83	7.432	510.2	18.59	30.98	36.73	173.8	67.91
贵州	15.73	2.281	530.1	7.467	3.082	36.15	19.59	61.19
云南	19.82	3.63	255.9	6.442	4.292	49.56	21.66	23.13
西藏	15.49	2.052	0	4.539	0.117	19.24	0.757	0
陕西	26.72	14.94	408.2	43.63	26.53	31.78	99.28	111.9
甘肃	19.86	6.198	619.8	13.76	4.994	28.28	25.14	38.81
青海	26.25	4.003	484.5	8.931	0.936	23.03	3.567	54.48
宁夏	30.47	5.725	348	8.638	0.936	34.69	3.073	30.6
新疆	35.88	3.386	340	3.221	1.483	27.7	4.132	20.9

表 8-3 技术创新产出指数

地区	每万名科技人员科技论文数X_{19}/(篇/万人)	获国家级科技成果奖系数X_{20}	每万人三种专利授权量X_{21}/(项/万人)	高技术产业增加值占工业增加值比例X_{22}/%	每万人技术市场成交额X_{23}/(万元/万人)	每万名R&D活动人员向国外转让专利使用费和特许费X_{24}/(万美元/万人)	高新技术产品出口额占工业制成品出口额比例X_{25}/%	新产品销售收入占全部产品销售收入比例X_{26}/%
北京	100	100	100	100	100	100	100	100
天津	77.98	31.45	18.8	113.1	23.21	14.05	116.3	99.27
河北	56.12	32.63	4.511	18.38	0.577	0.57	6.109	21.26
山西	51.08	40.64	8.271	9.868	0.762	0.136	0.628	19.63
内蒙古	45.24	0	3.759	19.49	1.574	0	0.343	16.57

续表

地区	每万名科技人员科技论文数 X_{19}/(篇/万人)	获国家级科技成果奖系数 X_{20}	每万人三种专利授权量 X_{21}/(项/万人)	高技术产业增加值占工业增加值比例 X_{22}/%	每万人技术市场成交额 X_{23}/(万元/万人)	每万名R&D活动人员向国外转让专利使用费和特许费 X_{24}/(万美元/万人)	高新技术产品出口额占工业制成品出口额比例 X_{25}/%	新产品销售收入占全部产品销售收入比例 X_{26}/%
辽宁	47.33	27.91	15.79	28.67	7.781	1.994	51.16	42.91
吉林	68.67	29.17	10.53	28.87	1.976	0.598	5.31	37.92
黑龙江	65.93	54.32	6.015	14.59	2.027	0.068	11.7	16.37
上海	108.6	42.92	34.59	44.79	47.6	107.7	68.94	112.3
江苏	66.57	17.61	7.519	45.93	5.186	16.48	89.69	63.71
浙江	86.78	20.36	5.263	27.69	5.392	5.46	11.5	50.7
安徽	75.63	34.28	2.256	14.8	0.766	0.988	12.82	45.04
福建	63.74	10.53	3.008	53.2	2.395	0.418	49.96	54.49
江西	50.8	11.95	2.256	45.1	0.959	1.99	6.166	41.78
山东	58.54	52.44	5.263	17.55	2.463	1.68	14.96	53.53
河南	55.83	20.75	2.256	12.86	1.195	0.565	4.996	29.54
湖北	86.48	36.4	6.015	27.59	3.746	0.084	27.98	37.09
湖南	99.25	51.26	3.759	19.01	3.139	8.027	7.394	46.21
广东	62.7	11.71	6.767	79.57	5.604	111.2	74.48	42.95
广西	67.71	9.434	1.504	23.18	0.593	0.971	3.369	46.94
海南	196	0	1.504	38.08	0.732	2.766	5.567	63.27
重庆	113	22.01	2.256	23.14	8.479	1.736	15.59	98.74
四川	48.58	17.37	3.759	45.03	0.575	4.324	96.92	57.15
贵州	57.49	35.38	1.504	42.81	0.226	0.523	2.826	26.08
云南	70.86	47.72	3.008	11.22	2.666	0.673	12.02	9.947
西藏	45.96	0	0.752	65.6	0	12.59	26.78	0
陕西	74.9	16.82	6.015	68.62	2.654	0.387	21.78	29.24
甘肃	79.57	14.39	4.511	12.37	1.356	2.396	4.396	9.747
青海	57.77	0	4.511	8.235	1.505	0	0.257	8.55
宁夏	53.84	50.39	6.015	15.39	0.955	0	3.968	11.04
新疆	105.2	155.1	6.767	1.425	3.401	1.323	1.599	5.09

表 8-4　技术创新环境指数

地区	人均GDP X_{27}/(元/人)	就业人员劳动生产率 X_{28}/(万元/人)	亿元投资新增GDP X_{29}/(亿元/亿元)	综合能耗产出率 X_{30}/(元/千克)	环境污染治理指数 X_{31}/%	每万人拥有的卫生人员数 X_{32}/(人/万人)	人均邮电业务量 X_{33}/(元/人)	人均用电总量 X_{34}/[千瓦/(小时·人)]	每万人因特网用户数 X_{35}/(人/万人)	每万人移动电话用户数 X_{36}/户	地区人均储蓄额 X_{37}/(千元/人)
北京	100	100	100	100	100	100	100	100	100	100	100
天津	82.75	130.8	109.5	97.63	117	76.08	57.11	94.13	68.07	49.79	52.35
河北	32.79	46.06	104.8	76.43	94.92	38.07	21.96	50.56	21.69	24.31	26.57
山西	23.19	35.62	138.1	28.93	119.1	50.37	22.1	68.15	21.11	23.81	24.59
内蒙古	27.99	43.77	128.6	51.87	156.5	49.71	23.08	54.51	7.711	26.44	17.09

续表

地区	人均GDP X_{27}/(元/人)	就业人员劳动生产率 X_{28}/(万元/人)	亿元投资新增GDP X_{29}/(亿元/亿元)	综合能耗产出率 X_{30}/(元/千克)	环境污染治理指数 X_{31}/%	每万人拥有的卫生人员数 X_{32}/(人/万人)	人均邮电业务量 X_{33}/(元/人)	人均用电总量 X_{34}/[千瓦/(小时·人)]	每万人因特网用户数 X_{35}/(人/万人)	每万人移动电话用户数 X_{36}/户	地区人均储蓄额 X_{37}/(千元/人)
辽宁	44.47	76.59	123.8	72.57	150.2	62.86	35.64	67.17	56.14	33.7	40.4
吉林	29.13	51.65	128.6	73.19	221.3	58.67	28.67	39.02	23.41	30.76	25.54
黑龙江	36.23	61.32	133.3	93.02	188.3	49.68	29.49	40.28	19.1	29.49	27.84
上海	145.7	188	95.24	121.3	132.7	76.41	86.62	135.8	110.7	84.33	72.24
江苏	52.43	77.1	123.8	148.8	199.4	40.1	30.24	63.3	22.8	34.16	28.75
浙江	62.84	68.19	166.7	140.6	165.5	43.68	53.45	82.03	36.65	54.88	37.52
安徽	20.13	26.72	109.5	94.14	371.8	28.5	13.4	21.64	9.061	14.3	10.91
福建	46.72	69.97	104.8	194	217.4	32.37	44.65	52.3	38.55	35.64	23.97
江西	20.83	31.3	157.1	133.4	244.9	31.89	16.63	21.93	15.11	16.43	13.84
山东	42.61	56.49	114.3	128.9	205	39.52	21.24	47.64	16.46	21.74	22.86
河南	23.61	28.5	109.5	102.5	156.3	35.47	15.23	33.57	11.78	14.57	15.49
湖北	28.1	52.42	76.19	106	157.9	41.87	17.82	32.65	13.56	19.13	15.69
湖南	23.56	31.81	119	118.7	139.5	37.57	17.27	25.52	17.51	16.68	13.51
广东	53.69	76.34	138.1	149.9	136.7	41.53	73.96	79.54	38.93	66.16	51.4
广西	18.62	24.43	138.1	114.5	240	29.69	16.94	26.67	12.12	17.57	13.06
海南	25.94	44.53	109.5	0	904.6	43.88	25.27	21.76	15.85	22.09	21.71
重庆	22.49	30.03	128.6	84.04	125.5	29.2	19.65	26.79	9.656	25.99	17.34
四川	20.02	28.24	123.8	96.51	168.5	32.57	14.71	27.2	7.789	18.05	14.79
贵州	11.24	14.5	80.95	41.65	206.1	23.13	13.1	32.16	6.018	11.24	6.837
云南	17.66	24.43	90.48	82.92	239.3	30.21	17.73	26.36	12.85	18.86	12.23
西藏	21.43	31.04	195.2	0	1263	36.59	18.41	0	6.39	16.09	7.661
陕西	20.21	27.48	95.24	77.81	264.8	43.79	22.49	34.11	16.11	21.99	19.73
甘肃	15.66	23.66	90.48	55.99	126.2	36.44	15.91	47.66	10.7	14.01	14.58
青海	22.7	34.86	95.24	51.5	204.2	42.32	21.03	87.61	5.871	24.6	14.54
宁夏	20.87	29.77	71.43	0	154.8	46.72	24.91	113.8	16.37	27.84	18.33
新疆	30.25	58.27	71.43	69.7	99.6	59.24	30.11	38.02	12.81	28.6	21.17

8.4 变量聚类分析

8.4.1 聚类方法

聚类分析(cluster analysis)是根据事物本身的特征研究个体分类的方法(王晓林，2001；卢纹岱，2000)。根据对象的不同分为Q型聚类和R型聚类。Q型聚类又称样本聚类，是对样本的观测值进行聚类的方法；R型聚类又称变量聚类，原理是根据收集样本的数据对所选变量进行分类，寻找最具代表性的变量。我们进行聚类分析时主要涉及两个关键问题：相似性度量的选择与簇分谱系方法的确定。

1 聚类相似性度量

现在假定一个由 p 个变量描述事物的样本，第 i 个样品的数据为

$$(x_{i1} \quad x_{i2} \quad \cdots \quad x_{ip}) \quad (i=1,2,\cdots,n) \tag{8-1}$$

这样就得到原始数据矩阵：

$$\begin{pmatrix} x_{11} & x_{12} & \cdots & x_{ip} \\ x_{21} & x_{22} & \cdots & x_{2p} \\ \vdots & \vdots & & \vdots \\ x_{n1} & x_{n2} & \cdots & x_{np} \end{pmatrix} \tag{8-2}$$

式中，x_{ij} 的第一个下标 i 是样品号，第二个下标 j 为变量号。

为排除变量量级的影响，在构成相似性度量时，需要对原始数据做一些处理，常用的处理方法如下。

(1) 中心化方法。

$$z_{ij} = x_{ij} - \overline{x}_j \quad (i=1,2,\cdots,n;\ j=1,2,\cdots,p) \tag{8-3}$$

式中，$\overline{x}_j = \frac{1}{n}\sum_{i=1}^{n} x_{ij}$ 是第 j 个变量的均值。

(2) 取对数方法。

这要假定 $x_{ij} > 0$，否则不能用。

$$z_{ij} = \log x_{ij} / \log(10) \quad (i=1,2,\cdots,n;\ j=1,2,\cdots,p) \tag{8-4}$$

(3) 极化方法。

$$z_{ij} = (x_{ij} - m_j)/(M_j - m_j) \quad (i=1,2,\cdots,n;\ j=1,2,\cdots,p) \tag{8-5}$$

式中，$m_j = \min\limits_{1\leqslant i\leqslant n} x_{ij}$，$M_j = \max\limits_{1\leqslant i\leqslant n} x_{ij}$。

很明显，经过极化处理后的数据，具有性质 $0 \leqslant z_{ij} \leqslant 1$。

(4) 标准化方法。

$$z_{ij} = \left(x_{ij} - x_j\right)\sigma_j \quad (i=1,2,\cdots,n;\ j=1,2,\cdots,p) \tag{8-6}$$

其中，

$$\overline{x}_j = \sum_{i=1}^{n} x_{ij} / n, \quad \sigma_j^2 = \sum_{i=1}^{n} (x_{ij} - \overline{x}_j)^2 / n \tag{8-7}$$

样品间的相似性度量基本上可以分为两大类：一类是以总量是否相近为标准，这类相似性度量统称为样品间的距离；另一类是以各变量对应的比例是否相近为标准，统称为样品间的相似系数。

两个样品 $(x_{i1} \quad x_{i2} \quad \cdots \quad x_{ip})$ 和 $(x_{j1} \quad x_{j2} \quad \cdots \quad x_{jp})$ 的距离主要有以下几种。

欧氏距离为

$$D_{ij}^{(2)} = \left[\sum_{k=1}^{p} (x_{ik} - x_{jk})^2\right]^{\frac{1}{2}} \tag{8-8}$$

闵氏距离为

$$D_{ij}^{(p)}=\left[\sum_{k=1}^{p}\left|(x_{ik}-x_{jk})^{2}\right|^{p}\right]^{\frac{1}{p}} \tag{8-9}$$

当 $p=1$ 时，闵氏距离变为

$$D_{ij}^{(1)}=\sum_{k=1}^{p}\left|x_{ik}-x_{jk}\right| \tag{8-10}$$

当 $p\to+\infty$ 时，闵氏距离变为

$$D_{ij}^{(\infty)}=\max_{1\leqslant k\leqslant p}\left|x_{ik}-x_{jk}\right| \tag{8-11}$$

不难看出，$p=2$ 就是欧氏距离。在实际应用中，最常用的是欧氏距离 $D_{ij}^{(2)}$。

样品的夹角余弦：

$$\cos a_{ij}=\sum_{k=1}^{p}x_{ik}x_{jk}\Big/\left[\sum_{k-1}^{p}(x_{ik})^{2}\times\sum_{k=1}^{p}x_{jk}\right]^{\frac{1}{2}} \tag{8-12}$$

两样品的相关系数：

$$r_{ij}=\sum_{k=1}^{p}(x_{ik}-\overline{x}_{i})(x_{jk}-\overline{x}_{j})/(\sigma_{i}\sigma_{j}) \tag{8-13}$$

其中，

$$\overline{x}_{i}=\frac{1}{p}\sum_{k=1}^{p}x_{ik}\text{，}\quad \sigma_{i}^{2}=\sum_{k=1}^{p}(x_{ik}-\overline{x}_{i})^{2}/p \tag{8-14}$$

当选定一种相似性度量标准之后，就可计算样本内每两个样品之间的距离(或相似系数)，从而得到一个样品间的相似性度量矩阵：

$$\boldsymbol{D}=\begin{pmatrix} D_{11} & D_{12} & \cdots & D_{1n} \\ D_{21} & D_{22} & \cdots & D_{2n} \\ \vdots & \vdots & & \vdots \\ D_{n1} & D_{n2} & \cdots & D_{nn} \end{pmatrix} \tag{8-15}$$

式中，D_{ij} 就是样品 i 与样品 j 之间的相似性度量，这个矩阵就是进行样品聚类簇分谱系的出发点。

这里要指出一点：当用距离进行相似性度量时，距离越小，两个样品的相似性程度越高；当用相似系数时，不论是夹角余弦还是相关系数，它们的值为 $-1\sim1$，越接近 1，相似程度越高，越接近 -1，相似程度越低。

2. 谱系的簇分法

有了样品间的相似性度量矩阵，就可以对样本簇分谱系了，主要步骤如下。

(1)写出样本的相似性度量矩阵，这个矩阵是对称的。

$$\begin{pmatrix} D_{12} & D_{13} & \cdots & D_{1n} \\ & D_{23} & \cdots & D_{2n} \\ & & & \vdots \\ & & & D_{(n-1)n} \end{pmatrix} \tag{8-16}$$

(2)把每个样品称为一类，所以开始簇分时，共有 n 类。

(3)在式(8-15)中找出最小的数(现在是以距离为例，如果是相似系数，则要找出最大的数)，设为 D_{pq}（假定 $q<p$）。

(4)将 p 、q 两类合并成一类，记作 $n+1$ 类，同时把式(8-15)中的第 p 、q 两行与两列划去，而在 n 列之后，增加一列，其元素为 $D_{i(n+1)}$，$i\neq p$，q 表示 $n+1$ 类与其余各类之间的距离，形成新的式(8-15)。

设 i 类样品个数为 n_i 个，那么当 p 类与 q 类合并成为 r 类之后，r 类与其余各类 i（这里 $i\neq p,q$）的距离按公式计算：

$$D_{ir}^2=\alpha_p D_{ip}^2+\alpha_q D_{iq}^2+\beta D_{pq}^2+\delta\left|D_{ip}^2+D_{ip}^2\right| \tag{8-17}$$

(5)返回(3)。重复(3)、(4)，共 $n-1$ 次，就完成谱系簇分的计算。

8.4.2 实证分析

本书在对区域技术创新能力进行实证研究时，选取的变量反映了创新投入、产出方面的能力，并力求兼顾区域在智力、经济、创新意识方面的潜力，以及技术创新对经济发展、社会进步的贡献。研究初始，我们尽可能多地考虑所有相关因素，以全面表征区域技术创新能力的特性，但带来的问题是需要考察的变量过多，变量间的相关系数较大，包含的错误变量会对最后结果产生影响。因此有必要对表 8-1 中的变量进行缩减，找出那些有充足信息的代表性的变量。

根据表 8-1～表 8-4 中数据，利用 SPSS12.0 统计软件进行变量聚类，此处采用皮尔逊相关(Pearson correlation)进行聚类，类之间的距离计算采用的是最远距离(furthest neighbor)法，结果如图 8-1 所示。

从图 8-1 中可以看出，我们选取的变量总体可以分为 4 类，每类个数分别为 25 个、6 个、2 个、4 个。{X_{33}、X_{36}、X_{37}、X_{24}、X_{15}、X_{22}、X_{25}、X_{26}、X_5、X_{14}、X_{18}、X_{12}、X_{21}、X_{23}、X_{11}、X_{10}、X_1、X_{32}、X_2、X_7、X_{27}、X_{35}、X_{28}、X_8、X_{34}}是大变量集，{X_9、X_{16}、X_3、X_4、X_{17}、X_{30}}，{X_{20}、X_{29}}，{X_{13}、X_{31}、X_6、X_{19}}是三个小变量集。我们变量聚类分析的目的在于提取最具代表性的那些变量，并保证损失的信息量最少，因为后三个变量集变量数目很小，所以后文研究去掉了这三个小变量集(表 8-5)。需要说明的是，删去的变量本身也代表着一定的信息，只是它们对所研究的问题贡献不大，可以忽略不计。

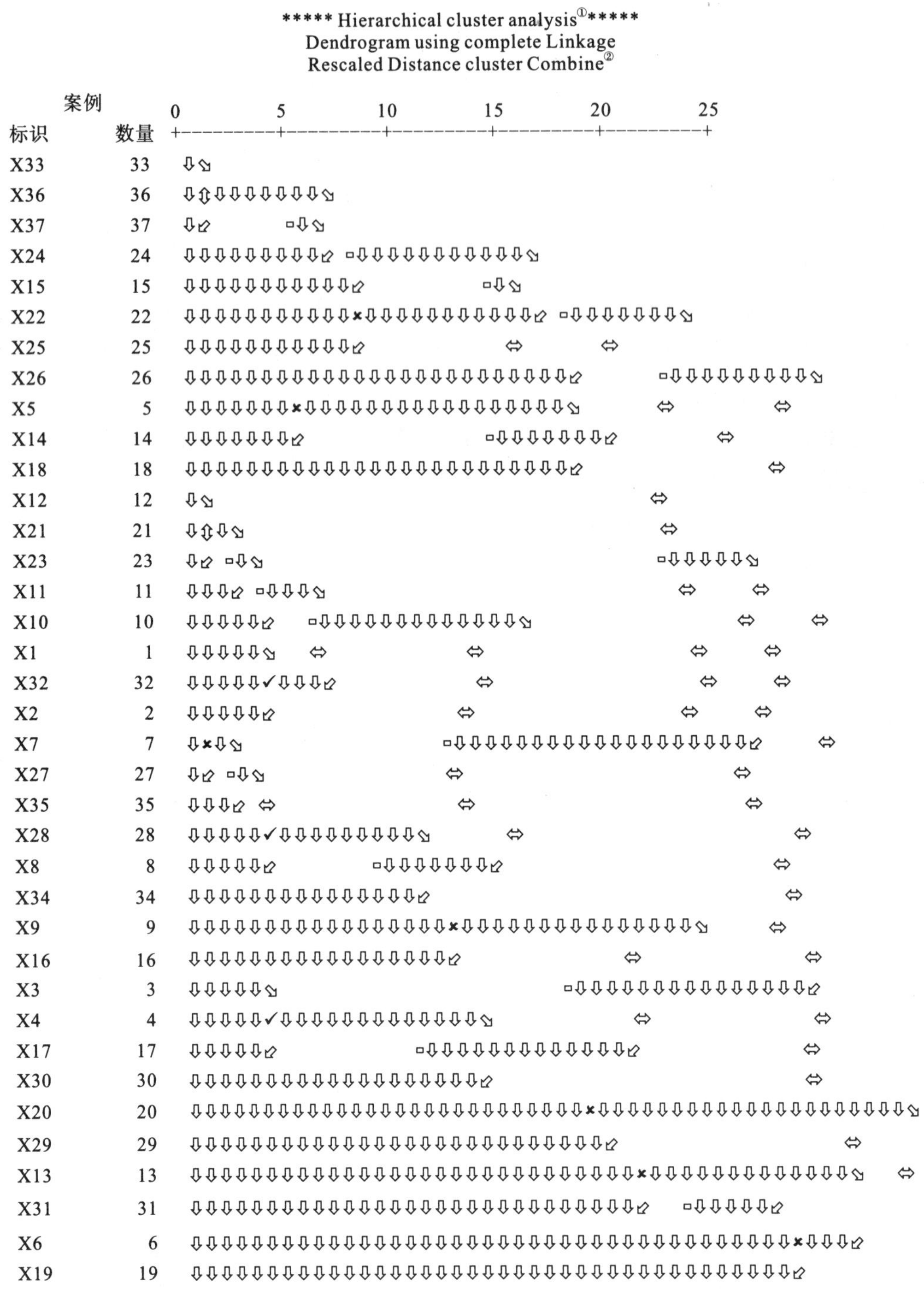

图 8-1　区域技术创新能力变量聚类树形图

① 层次聚类分析。
② 基于完全连锁重标度距离聚类组合的树形图。

表 8-5　缩减变量后的变量集

变量	原标识	现标识
每万人中大专以上学历人数/(人/万人)	*X*1	*V*1
每万人在校大学生数/(人/万人)	*X*2	*V*2
科研与综合技术服务业新增固定资产占全社会新增固定资产比例/%	*X*5	*V*3
每万名就业人员专利申请量/(项/万人)	*X*7	*V*4
每万人各类图书机构图书消费额/(万元/万人)	*X*8	*V*5
每万人吸纳技术成果金额/(万元/万人)	*X*10	*V*6
每万人从事 R&D 工作的科技人员数/(人/万人)	*X*11	*V*7
每万人 R&D 科学家和工程师数/(人/万人)	*X*12	*V*8
R&D 经费占 GDP 比例/%	*X*14	*V*9
R&D 经费支出/亿元	*X*15	*V*10
大型企业技术开发费用占销售额比例/%	*X*18	*V*11
每万人三种专利授权量/(项/万人)	*X*21	*V*12
高技术产业增加值占工业增加值比例/%	*X*22	*V*13
每万人技术市场成交额/(万元/万人)	*X*23	*V*14
每万名 R&D 活动人员向国外转让专利使用费和特许费/(万美元/万人)	*X*24	*V*15
高新技术产品出口额占工业制成品出口额比例/%	*X*25	*V*16
新产品销售收入占全部产品销售收入比例/%	*X*26	*V*17
人均 GDP/(元/人)	*X*27	*V*18
就业人员劳动生产率/(万元/人)	*X*28	*V*19
每万人拥有的卫生人员数/(人/万人)	*X*32	*V*20
人均邮电业务量/(元/人)	*X*33	*V*21
人均用电总量/[千瓦/(小时・人)]	*X*34	*V*22
每万人因特网用户数/(人/万人)	*X*35	*V*23
每万人移动电话用户数/(户/万人)	*X*36	*V*24
地区人均储蓄额/(千元/人)	*X*37	*V*25

8.5 变量主成分分析

8.5.1 主成分方法

利用主成分分析，可消除原指标体系间的相关关系，又可以以较少的综合指标代表原来较多的指标，且这些指标能尽量多地反映原来的信息。

主成分分析法的关键问题如下。

设在 p 个变量 x_1，x_2，…，x_p 所描述的事物中抽取一个样本，共有 n 个样品 x_{i1}，x_{i2}，…，x_{ip}（$i=1,2,\cdots,n$），这样就有原始数据矩阵：

$$\boldsymbol{x}=\begin{pmatrix} x_{11} & x_{12} & \cdots & x_{1p} \\ x_{21} & x_{22} & \cdots & x_{2p} \\ \vdots & \vdots & & \vdots \\ x_{n1} & x_{n2} & \cdots & x_{np} \end{pmatrix} \tag{8-18}$$

式中，数据 x_{ij} 的第一个下标 i 是样品号，第二个下标 j 是变量号，x_{ij} 即第 i 个样品的第 j 个变量的值。为了计算变量间的协方差矩阵，先计算：

$$\bar{x}_j=\frac{1}{n}\sum_{i=1}^{n}x_{ij} \quad (j=1,2,\cdots,p) \tag{8-19}$$

$$z_{ij}=x_{ij}-\bar{x}_j \quad (i=1,2,\cdots,n;\ j=1,2,\cdots,p) \tag{8-20}$$

这样得到矩阵

$$\boldsymbol{Z}=\begin{pmatrix} z_{11} & z_{12} & \cdots & z_{1p} \\ z_{21} & z_{22} & \cdots & z_{2p} \\ \vdots & \vdots & & \vdots \\ z_{n1} & z_{n2} & \cdots & z_{np} \end{pmatrix} \tag{8-21}$$

那么，对于变量 x_1，x_2，…，x_p 的协方差矩阵为

$$\boldsymbol{C}=\frac{1}{n}\boldsymbol{Z}^{\mathrm{T}}\boldsymbol{Z} \tag{8-22}$$

式中，矩阵 $\boldsymbol{Z}^{\mathrm{T}}$ 是矩阵 $\boldsymbol{Z}$ 的转置矩阵。

现在问题就归结为寻找一个变换，它能把变量 z_1，z_2，…，z_p（也就是 x_1，x_2，…，x_p）变换成一组互不相关的变量 y_1，y_2，…，y_p。假定这个变换是：

$$y_j=\sum_{j=1}^{p}v_{ij}z_j \quad (i=1,2,\cdots,p) \tag{8-23}$$

或写成矩阵形式：

$$\begin{pmatrix} y_1 \\ y_2 \\ \vdots \\ y_p \end{pmatrix}=\begin{pmatrix} v_{11} & v_{12} & \cdots & v_{1p} \\ v_{21} & v_{22} & \cdots & v_{2p} \\ \vdots & \vdots & & \vdots \\ v_{p1} & v_{p2} & \cdots & v_{pp} \end{pmatrix}\begin{pmatrix} z_1 \\ z_2 \\ \vdots \\ z_p \end{pmatrix} \tag{8-24}$$

其中，矩阵

$$\boldsymbol{V}=\begin{pmatrix} v_{11} & v_{12} & \cdots & v_{1p} \\ v_{21} & v_{22} & \cdots & v_{2p} \\ \vdots & \vdots & & \vdots \\ v_{p1} & v_{p2} & \cdots & v_{pp} \end{pmatrix} \tag{8-25}$$

就是要寻找的变换矩阵。

矩阵 $\boldsymbol{V}$ 把数据矩阵 $\boldsymbol{Z}$ 变成数据矩阵：

$$\boldsymbol{Y}=\begin{pmatrix} y_{11} & y_{12} & \cdots & y_{1p} \\ y_{21} & y_{22} & \cdots & y_{2p} \\ \vdots & \vdots & & \vdots \\ y_{p1} & y_{p2} & \cdots & y_{pp} \end{pmatrix} \tag{8-26}$$

变换的关系式的矩阵形式为

$$\boldsymbol{Y}^{\mathrm{T}}=\boldsymbol{VZ}^{\mathrm{T}} \tag{8-27}$$

因为对于变量 y_1， y_2， …， y_p 的协方差矩阵为

$$\frac{1}{n}\boldsymbol{Y}^{\mathrm{T}}\boldsymbol{Y} \tag{8-28}$$

要 y_1， y_2，…， y_p 是互不相关的变量，也就是要求它们的协方差矩阵是对角形矩阵，即除矩阵的主对角线上元素，其余元素都是零。

也就是说，变换矩阵 $\boldsymbol{V}$ 要满足条件：

$$\mathbf{VCV}^{\mathrm{T}}=\frac{1}{n}\boldsymbol{Y}^{\mathrm{T}}\boldsymbol{Y}=\begin{pmatrix} \lambda_1 & & & \\ & \lambda_2 & & \\ & & \cdots & \\ & & & \lambda_p \end{pmatrix} \tag{8-29}$$

因为

$$\frac{1}{n}\boldsymbol{Y}^{\mathrm{T}}\boldsymbol{Y}=\frac{1}{n}(\boldsymbol{VZ}^{\mathrm{T}})(\boldsymbol{VZ}^{\mathrm{T}})^{\mathrm{T}}=\frac{1}{n}\boldsymbol{VZ}^{\mathrm{T}}\boldsymbol{ZV}^{\mathrm{T}}=\mathbf{VCV}^{\mathrm{T}}$$

另外，为了使变换前后空间中两点距离保持不变，变换 $\boldsymbol{V}$ 应该是正交变换，也就是说，$\boldsymbol{V}$ 应是正交矩阵，即

$$\boldsymbol{V}^{\mathrm{T}}=\boldsymbol{V}^{-1} \tag{8-30}$$

把这两个条件结合起来，变换矩阵 $\boldsymbol{V}$ 应该满足条件：

$$\mathbf{VCV}^{-1}=\begin{pmatrix}\lambda_1 & & & \\ & \lambda_2 & & \\ & & \cdots & \\ & & & \lambda_p\end{pmatrix} \tag{8-31}$$

再把式(8-31)转换为

$$\boldsymbol{CV}^{-1}=\boldsymbol{V}^{-1}\begin{pmatrix}\lambda_1 & & & \\ & \lambda_2 & & \\ & & \cdots & \\ & & & \lambda_p\end{pmatrix} \tag{8-32}$$

这就是说：λ_i 与矩阵 $\boldsymbol{V}^{-1}$ 的第 i 列（$\boldsymbol{V}$ 的第 i 行）满足关系式：

$$(\boldsymbol{C}-\lambda\boldsymbol{I})\begin{pmatrix}v_{i1}\\ v_{i2}\\ \cdots\\ v_{ip}\end{pmatrix}=0 \qquad (i=1,2,\cdots,p) \tag{8-33}$$

式中，I 是 p 阶单位方阵。由此根据线性代数可知，λ_i 是 C 的特征值，（v_{i1}，v_{i2}，…，v_{ip}）是属于 λ_i 的特征向量。

综上所述，变换矩阵 $\boldsymbol{V}$ 可以这样求得

首先解决协方差矩阵的方程式：

$$|\boldsymbol{C}-\lambda\boldsymbol{I}|=0 \tag{8-34}$$

求出 p 个特征值：

$$\lambda_1 \geqslant \lambda_2 \geqslant \cdots \geqslant \lambda_p \geqslant 0 \tag{8-35}$$

把 λ_i 代入式(8-32)，解出单位特征向量：

$$(v_{i1},\ v_{i2},\ \cdots,\ v_{ip}) \qquad (i=1,2,\cdots,p) \tag{8-36}$$

于是就得到变换矩阵：

$$V=\begin{pmatrix}v_{11} & v_{12} & \cdots & v_{1p}\\ v_{21} & v_{22} & \cdots & v_{2p}\\ \vdots & \vdots & & \vdots\\ v_{p1} & v_{p2} & \cdots & v_{pp}\end{pmatrix} \tag{8-37}$$

这就从理论上解决了求 λ_i 与 $\boldsymbol{V}$ 的问题。

当求得 λ_i 及其对应的单位向量：

$$(v_{i1},\ v_{i2},\ \cdots,\ v_{ip}) \quad (i=1,2,\cdots,p)$$

之后，λ_i 就是新变量

$$y_i = v_{i1}z_1 + v_{i2}z_2 + \cdots + v_{ip}z_p \quad (i=1,2,\cdots,p) \tag{8-38}$$

的方差。一般选前 m 个 λ_i 使得

$$\sum_{i=1}^{m}\lambda_i \Big/ \sum_{i=1}^{p}\lambda_i \geqslant 85\% \tag{8-39}$$

确定 m 之后，变量 y_{m+1}，…，y_p 就不需要了，也就是只限 m 个新变量：

$$\begin{aligned} y_1 &= v_{11}z_1 + v_{12}z_2 + \cdots + v_{1p}z_p \\ y_2 &= v_{21}z_1 + v_{22}z_2 + \cdots + v_{2p}z_p \\ &\cdots \\ y_m &= v_{m1}z_1 + v_{m2}z_2 + \cdots + v_{mp}z_p \end{aligned} \tag{8-40}$$

原有的样本中第 i 个样品由新的变量值：

$$(y_{i1},\ y_{i2},\ \cdots,\ y_{im}) \tag{8-41}$$

来描述。其中，

$$y_{ij} = \sum_{k=1}^{p} v_{jk}z_{ik} \quad (i=1,2,\cdots,n;\ j=1,2,\cdots,m) \tag{8-42}$$

以后对这个样本的分析研究，可用式(8-38)提供的数据进行。

8.5.2　实证分析

主成分分析的好处是可以将彼此相关的多个变量用少数几个综合变量(主成分)来表示，剔除多重共线性影响。这几个主成分之间相关系数很小，可以写成原始变量的线性函数(表 8-6)。

表 8-6　变量相关系数(Pearson correlation)

	V_1	V_2	V_3	V_4	V_5	V_6	V_7	V_8	V_9	V_{10}	V_{11}	V_{12}
V_1	1	—	—	—	—	—	—	—	—	—	—	—
V_2	0.882	1	—	—	—	—	—	—	—	—	—	—
V_3	0.57	0.639	1	—	—	—	—	—	—	—	—	—
V_4	0.813	0.825	0.325	1				—	—	—	—	—
V_5	0.775	0.798	0.3	0.931	1	—	—	—	—	—	—	—
V_6	0.901	0.886	0.63	0.896	0.829	1	—	—	—	—	—	—
V_7	0.919	0.866	0.688	0.72	0.637	0.904	1	—	—	—	—	—
V_8	0.869	0.896	0.794	0.759	0.69	0.942	0.945	1	—	—	—	—
V_9	0.759	0.817	0.839	0.604	0.586	0.819	0.86	0.942	1			
V_{10}	0.593	0.671	0.609	0.66	0.647	0.689	0.636	0.775	0.774	1	—	—
V_{11}	0.378	0.465	0.5	0.326	0.414	0.361	0.351	0.492	0.639	0.639	1	—
V_{12}	0.875	0.843	0.795	0.708	0.632	0.927	0.958	0.986	0.921	0.724	0.427	1

续表

	V_1	V_2	V_3	V_4	V_5	V_6	V_7	V_8	V_9	V_{10}	V_{11}	V_{12}
V_{13}	0.425	0.636	0.451	0.542	0.467	0.548	0.497	0.6	0.609	0.556	0.399	0.51
V_{14}	0.878	0.861	0.751	0.793	0.723	0.976	0.933	0.981	0.889	0.716	0.405	0.979
V_{15}	0.621	0.587	0.401	0.819	0.725	0.765	0.611	0.694	0.618	0.784	0.402	0.665
V_{16}	0.478	0.659	0.363	0.644	0.616	0.595	0.5	0.62	0.566	0.717	0.386	0.53
V_{17}	0.54	0.679	0.325	0.718	0.711	0.676	0.473	0.593	0.487	0.561	0.436	0.518
V_{18}	0.786	0.816	0.297	0.975	0.922	0.86	0.698	0.73	0.557	0.679	0.276	0.676
V_{19}	0.733	0.776	0.163	0.934	0.872	0.755	0.61	0.609	0.419	0.575	0.197	0.546
V_{20}	0.908	0.875	0.495	0.761	0.662	0.827	0.912	0.817	0.703	0.534	0.235	0.82
V_{21}	0.784	0.784	0.437	0.903	0.797	0.857	0.792	0.806	0.683	0.764	0.348	0.768
V_{22}	0.645	0.591	0.152	0.738	0.693	0.634	0.606	0.542	0.417	0.48	0.238	0.521
V_{23}	0.855	0.871	0.417	0.957	0.881	0.901	0.793	0.824	0.677	0.682	0.379	0.783
V_{24}	0.805	0.798	0.473	0.901	0.805	0.879	0.817	0.832	0.712	0.785	0.357	0.801
V_{25}	0.873	0.882	0.549	0.896	0.804	0.912	0.883	0.902	0.787	0.808	0.44	0.871
	V_{13}	V_{14}	V_{15}	V_{16}	V_{17}	V_{18}	V_{19}	V_{20}	V_{21}	V_{22}	V_{23}	V_{24}
V_{13}	1	—	—	—	—	—	—	—	—	—	—	—
V_{14}	0.545	1	—	—	—	—	—	—	—	—	—	—
V_{15}	0.548	0.723	1	—	—	—	—	—	—	—	—	—
V_{16}	0.775	0.564	0.58	1	—	—	—	—	—	—	—	—
V_{17}	0.542	0.622	0.512	0.651	1	—	—	—	—	—	—	—
V_{18}	0.507	0.757	0.763	0.645	0.708	1	—	—	—	—	—	—
V_{19}	0.483	0.625	0.677	0.652	0.662	0.964	1	—	—	—	—	—
V_{20}	0.45	0.797	0.556	0.5	0.438	0.75	0.744	1	—	—	—	—
V_{21}	0.621	0.809	0.866	0.646	0.606	0.9	0.834	0.77	1	—	—	—
V_{22}	0.255	0.542	0.573	0.419	0.367	0.74	0.712	0.658	0.73	1	—	—
V_{23}	0.567	0.831	0.754	0.654	0.692	0.944	0.9	0.819	0.913	0.726	1	—
V_{24}	0.569	0.838	0.859	0.628	0.618	0.9	0.819	0.785	0.989	0.753	0.903	1
V_{25}	0.593	0.887	0.815	0.664	0.646	0.889	0.818	0.859	0.956	0.718	0.938	0.964

本书中，通过 25 个变量的相关系数表(表 8-6)，可以看出这 25 个变量之间存在明显的正相关，为此有必要从 25 个变量中提取能够反映样本信息且相对独立的主成分。具体方法：①计算样本协方差矩阵 $\boldsymbol{S}=(r_{ij})_{31*25}$；②求协方差矩阵 $\boldsymbol{S}$ 的特征根 λ，及单位特征向量 $\boldsymbol{T}$，特征根要依大小次序排列；③求相应主成分的特征根 λ 的贡献率和累计贡献率，当前 n 个特征根累计贡献率高于 85%时，我们就认为前 n 个主成分代表了样本的大多数信息(表 8-7)。

表 8-7 各成分的公因子方差表

主成分的序号	协方差矩阵的特征值			因子提取结果		
	各成分的特征值	占总方差的百分比/%	累计百分比/%	各成分的特征值	占总方差的百分比/%	累计百分比/%
1	17.8575	71.4301	71.4301	17.8575	71.4301	71.4301
2	2.24042	8.9617	80.3918	2.24042	8.9617	80.3918
3	1.48209	5.92837	86.3202	1.48209	5.92837	86.3202
4	0.81814	3.27257	89.5928	—	—	—
5	0.70831	2.83323	92.426	—	—	—
6	0.52653	2.10613	94.5321	—	—	—
7	0.30566	1.22264	95.7548	—	—	—
8	0.25827	1.03309	96.7879	—	—	—
9	0.21997	0.87989	97.6678	—	—	—
10	0.17629	0.70516	98.3729	—	—	—
11	0.1012	0.40481	98.7777	—	—	—
12	0.08561	0.34244	99.1202	—	—	—
13	0.07032	0.28128	99.4015	—	—	—
14	0.04551	0.18205	99.5835	—	—	—
15	0.03302	0.13209	99.7156	—	—	—
16	0.02217	0.08866	99.8043	—	—	—
17	0.01942	0.07768	99.882	—	—	—
18	0.01058	0.04233	99.9243	—	—	—
19	0.00633	0.02532	99.9496	—	—	—
20	0.00466	0.01865	99.9683	—	—	—
21	0.00325	0.01301	99.9813	—	—	—
22	0.00244	0.00978	99.991	—	—	—
23	0.00159	0.00635	99.9974	—	—	—
24	0.00057	0.00228	99.9997	—	—	—
25	8.3E-5	0.00033	100	—	—	—

表 8-7 是各成分的公因子方差表，从中可以看出，前三个主成分对应特征根的累计贡献率达到了 86.3202%，大于 85%。所以，我们最终提取 3 个主成分来分析我国区域技术创新能力。这三个主成分相当于三个新变量，用 y_1、y_2、y_3 表示。利用 SPSS12.0 处理后可以得到各区域这三个主成分的最终得分值，如表 8-8 所示。

表 8-8 各区域主成分得分值

	y_1	y_2	y_3		y_1	y_2	y_3
北京	2.4406	4.99407	2.62548	湖北	−0.57136	0.17802	0.17965
天津	1.8405	0.5777	1.18906	湖南	−0.54103	−0.2894	−0.09415
河北	−0.24751	−0.19527	−0.63265	广东	0.88144	−0.14975	2.03222
山西	−0.24983	−0.10073	−0.81802	广西	−0.664	−0.52074	−0.26847
内蒙古	−0.26244	−0.25297	−1.22785	海南	−0.35424	−0.50858	−0.40247
辽宁	0.43845	0.37021	0.19766	重庆	−0.44368	−0.40687	0.31255
吉林	−0.07884	0.09551	−0.69559	四川	−0.58445	−0.47872	1.22725
黑龙江	−0.13872	−0.10028	−0.71334	贵州	−0.87881	−0.53222	−0.09743
上海	3.62017	1.07092	0.95126	云南	−0.65319	−0.4922	−0.84962
江苏	0.32329	−0.27205	1.23249	西藏	−0.76625	−0.65733	−0.52574
浙江	0.64447	−0.20513	−0.25232	陕西	−0.65259	0.45387	1.25967
安徽	−0.66672	−0.48757	−0.18754	甘肃	−0.59467	−0.31346	−0.8349
福建	0.18626	−0.53351	0.40916	青海	−0.39912	−0.24217	−1.06055
江西	−0.67306	−0.27023	0.25925	宁夏	−0.13905	−0.14477	−1.35473
山东	−0.17408	−0.25214	0.22446	新疆	0.00085	0.027	−1.6915
河南	−0.64238	−0.36121	−0.39327	—	—	—	—

为了后文分析需要，我们需要明确三个主成分代表的含义。为此进行主成分载荷分析，本书采用了方差极大值旋转方法进行主成分分析，表 8-9 是删除了较低载荷后得到的载荷分析矩阵。由此，我们可以分析三类主成分分别代表的含义。

表 8-9 旋转后的因子提取结果

	主成分 1	主成分 2	主成分 3		主成分 1	主成分 2	主成分 3
V_1	—	0.875936	—	V_{14}	—	0.95343	—
V_2	—	0.859619	—	V_{15}	0.788967	—	—
V_3	—	0.847659	—	V_{16}	—	—	0.822629
V_4	0.981108	—	—	V_{17}	—	—	0.713849
V_5	0.91207	—	—	V_{18}	0.981361	—	—
V_6	—	0.893269	—	V_{19}	0.952501	—	—
V_7	—	0.956892	—	V_{20}	—	0.827361	—
V_8	—	0.976987	—	V_{21}	0.930978	—	—
V_9	—	0.945319	—	V_{22}	0.799569	—	—
V_{10}	—	—	0.831296	V_{23}	0.960759	—	—
V_{11}	—	—	0.738342	V_{24}	0.930836	—	—
V_{12}	—	0.985102	—	V_{25}	0.924918	—	—
V_{13}	—	—	0.802908	—	—	—	—

(1) 在主成分 1 上有较高载荷的评价指标：每万名就业人员专利申请量、每万人各类图书机构消费额、人均 GDP、就业人员劳动生产率、人均邮电业务量、每万人互联网用户数、每万人移动电话用户数、地区人均储蓄额、每万名 R&D 活动人员向国外转让专利使用费和特许费。所以，主成分 1 主要代表区域的经济、社会、文化环境，为技术创新提供支撑，包括社会生活条件、经济发展状况、技术创新意识、知识获取意识、国际交流意识。

(2) 在主成分 2 上有较高载荷的评价指标有：每万人大专以上学历者占比、每万人在校大学生数、科研与综合技术服务业新增固定资产占全社会新增固定资产比例(科研物质条件)、每万人吸纳技术成果金额、每万人从事研发工作的科技人员数、每万人 R&D 科学家和工程师数、R&D 经费占 GDP 比例、每万人三种专利授权量、每万人技术市场成交额及每万人拥有的卫生人员数。

主成分 2 代表区域在技术创新的人力、物力、财力方面的潜力，以及技术创新的直接产出能力、技术转移能力。

(3) 在主成分 3 上有较高载荷的评价指标有：R&D 经费支出、大型企业技术开发费用占销售额比例、高技术产业增加值占工业增加值比例、高新技术产品出口额占工业制成品出口额比例、新产品销售收入占全部产品销售收入比例。

主成分 3 代表了区域政府和企业对技术创新的支持力度，以及技术创新的间接成果，如技术创新为企业带来的经济利润，高科技产业发展状况。

8.5.3 在主成分基础上的聚类结果

根据表 8-8、表 8-9 中的主成分数据进行样本聚类分析，聚类方法采用 Minkowski 方法，类之间的距离使用最远距离法，结果如图 8-2 所示。

根据图 8-2 可发现，传统的东、中、西部的划分不能反映我国区域技术创新能力的现状分布；本书已经按区域技术创新能力将我国各省(自治区、直辖市)分为 2 类、3 类、4 类进行探讨(邵云飞和唐小我，2004a，2005)，我们认为还可以进一步改进。以 4 类为例，北京、上海以其明显优势自成一类，广东等 5 省(自治区、直辖市)构成第三类，其余 24 省(自治区、直辖市)归入第四类，分析这 24 省(自治区、直辖市)的技术创新能力共性特征没有意义。

同样，我国内地 31 省(自治区、直辖市)划分出的类别也不宜过多。在以往研究中，北京、上海、广东、天津的区域技术创新能力名列前茅，可以将它们并为一类。这样可以将我国区域技术创新能力划分为五类。

第一类：北京、上海、天津、广东。

第二类：福建、山东、辽宁、浙江。

第三类：江苏、四川、陕西。

第四类：安徽、广西、河南、湖南、贵州、云南、甘肃、海南、西藏、江西、重庆、湖北。

第五类：山西、黑龙江、吉林、河北、内蒙古、宁夏、青海、新疆。

我们可以用判别分析来检验这一分类的合理性。

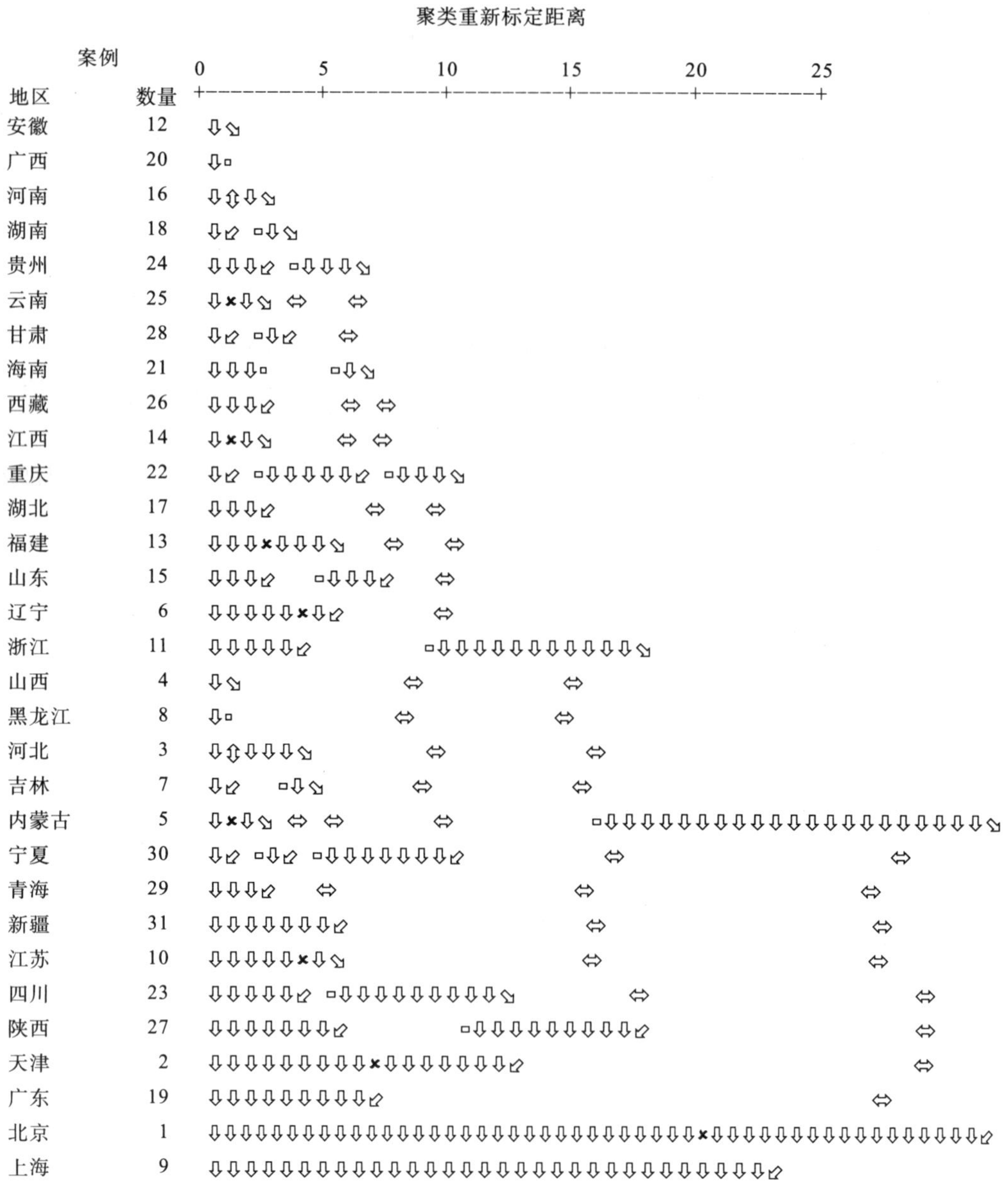

图 8-2 中国区域技术创新能力主成分聚类结果图

8.6 判别分析

判别分析的基本思路是根据已知观测对象的分类和若干表明观测对象特征的变量值构造判别函数，用判别函数来判断各样本的分类是否错判率最小。

判别函数的一般形式是：

$$Z=a_1y_1+a_2y_2+\cdots+a_ny_n \tag{8-43}$$

式中，Z 为判别分数(判别值)；y_1，y_2，…，y_n 为反映研究对象特征的变量，a_1，a_2，…，

a_n 为各变量的系数，也称判别系数。

本书研究中使用的判别函数有两类：Fisher 判别函数和典则判别函数。Fisher 判别函数用来验证分类的正确性；典则判别函数用来绘制各类分布的散点图和区域图，以表明各类之间的相对关系。

8.6.1 Fisher 判别分析

根据前文的分类和表 8-8 中三个主成分变量的数据，用 SPSS12.0 处理所得 Fisher 判别函数的系数如表 8-10 所示。

表 8-10　Fisher 线性判别函数系数表

	分类				
	第一类	第二类	第三类	第四类	第五类
主成分 1	18.1608	2.71229	2.49191	−4.4202	−4.7406
主成分 2	−4.6133	−1.2497	−2.7203	0.87853	2.6338
主成分 3	18.4693	2.60905	9.86619	−3.3357	−9.2355
常数	−33.497	−2.2665	−7.4806	−3.2142	−6.6377

这样，五类区域的 Fisher 判别函数如下：

$$Z_1=-33.4972+18.1608y_1-4.6133y_2+18.4693y_3$$

$$Z_2=-2.26647+2.712287y_1-1.24967y_2+2.609054y_3$$

$$Z_3=-7.48061+2.4919y_1-2.72029y_2+9.86619y_3$$

$$Z_4=-3.21416-4.42025y_1+0.878526y_2-3.33571y_3$$

$$Z_5=-6.63766-4.74064y_1+2.6338y_2-9.23545y_3$$

将各区域的主成分变量值代入上述函数中，比较 5 个函数值，哪个值大就可以判断被检验的区域属于哪一类。检验结果如表 8-11 所示，第四类区域中有三个归类错误。重庆应归入第二类，甘肃、云南应归入第五类。为此进行调整后，区域技术创新能力分类如表 8-12 所示。

表 8-11　判别分析检验结果

		判别样本所属组的判别值					总计
		1	2	3	4	5	
原始计数	1	4	0	0	0	0	4
	2	0	4	0	0	0	4
	3	0	0	3	0	0	3
	4	0	1	0	9	2	12
	5	0	0	0	0	8	8
%	1	100	0	0	0	0	100
	2	0	100	0	0	0	100
	3	0	0	100	0	0	100
	4	0	8.333333	0	75	16.66667	100
	5	0	0	0	0	100	100

表 8-12 中国区域技术创新能力划分

	省(自治区、直辖市)
第一类	北京、上海、天津、广东
第二类	福建、山东、辽宁、浙江、重庆
第三类	江苏、四川、陕西
第四类	安徽、广西、河南、湖南、贵州、海南、西藏、江西、湖北
第五类	山西、黑龙江、吉林、河北、内蒙古、宁夏、云南、青海、新疆、甘肃

经检验，表 8-12 中的分类通过 Fisher 判别。

8.6.2 典则判别分析

典则判别分析可以对各类区域的技术创新能力现状有一个大致的判断。根据表 8-12 中的分类结果及表 8-8 中数据，做典则判别分析。表 8-13 给出了三个典则判别函数的累计贡献率，因为前两个函数累计贡献率达到了 99.9%，所以后文分析中我们只使用典则判别函数 1 和典则判别函数 2。表 8-14 是典则判别函数系数表，据此，可以写出前两个典则判别函数的表达式。

表 8-13 典则判别函数累计贡献率表

函数	特征值	方差	累计百分比	典型相关
1	21.836(a)	94.1	94.1	0.978
2	1.333(a)	5.7	99.9	0.756
3	0.034(a)	0.1	100.0	0.182

注：前 3 个函数的典则判别分析。

两个典则判别函数为

$$\begin{aligned} S_1 &= 1.704 * Y_1 - 0.785 * Y_2 + 1.299 * Y_3 \\ S_2 &= 0.615 * Y_1 + 0.409 * Y_2 - 0.515 * Y_3 \end{aligned} \tag{8-44}$$

图 8-2 是依据典则判别函数做出 31 省(自治区、直辖市)的区域图，五类区域的重心坐标分别为：(9.286，1.307)、(1.107，−0.179)、(3.703，−2.145)、(−1.665，−0.783)、(−3.881，0.914)。

类似可以做出典则判别函数 1 和典则判别函数 2 的区域散点图(图 8-3)。

表 8-14 典则判别系数表

	典则判别函数		
	1	2	3
主成分 1	1.074	0.615	−0.422
主成分 2	−0.785	0.409	1.055
主成分 3	1.299	−0.515	−0.008

根据表 8-12 中的分类结果及表 8-8 中的数据，可求出典则判断函数，并做出 31 个省(自治区、直辖市)的区域图(图 8-3)。

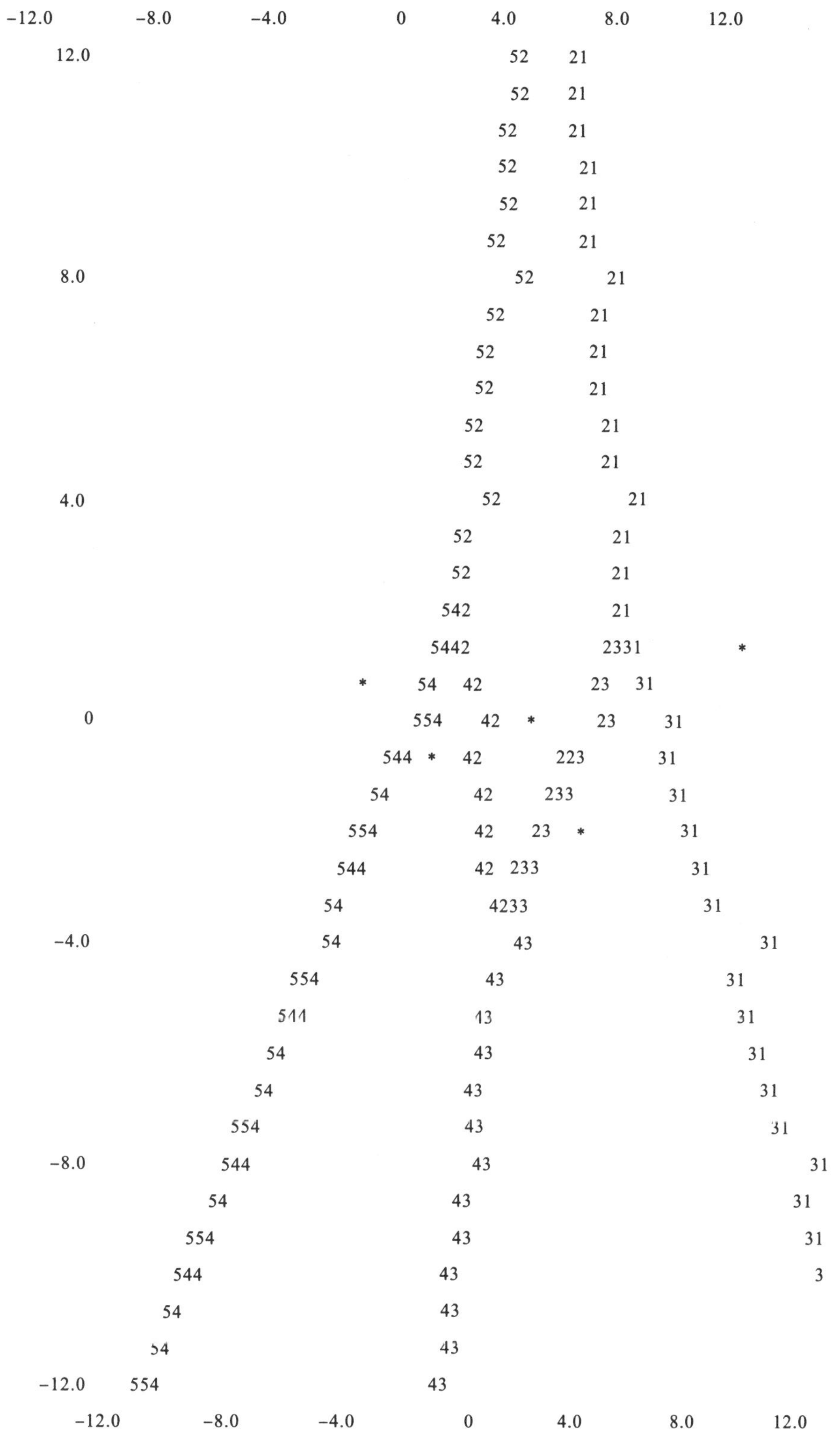

图 8-3　各类数据区域分布图

图 8-3 中，横坐标为第一类典则判别函数，纵坐标为第二类典则判别函数。“1”代表第一类区域，“2”代表第二类区域，“3”代表第三类区域，“4”代表第四类区域，“5”代表第五类区域。“*”代表各类数据的重心。

8.7 研究结论及政策建议

我们知道，聚类分析所得类别间并没有明显的等级之分，但从图 8-2 以及图 8-3 中可看出，第一类区域的重心(central)明显优于其他四类，因此第一类区域的技术创新能力最强。第二类、第三类、第四类、第五类区域的技术创新能力不能直接判断。由表 8-15 可知，典则判别函数 1 和函数 2 的贡献率分别为 94.1%和 5.7%，所以根据后四类区域在散点图中的位置，可以初步判断第二、三类区域的技术创新能力要强于第四类、第五类。我们根据主成分散点图也可以判断出：第一类区域最强，第二类、第三类区域实力相当，第四类、第五类区域弱于其他三类。由于篇幅所限图略。

表 8-15 各类均值与标准差

	第一类				第二类		第三类		第四类		第五类	
	北京	上海	天津	广东	均值	标准差	均值	标准差	均值	标准差	均值	标准差
每万人大专以上学历人数/(人/万人)	100	75.9	53.85	21.39	27.91	11.61	21.5	5.847	17.83	6.137	29.9	9.329
每万人在校大学生数/(人/万人)	100	70.89	77.7	23.68	30.67	6.895	33.14	12.73	20.5	7.686	25.65	7.223
科研与综合技术服务业新增固定资产占全社会新增固定资产比例/%	100	2.24	6.52	6.92	5.09	2.6	15.68	10.71	11.07	12.96	4.175	2.953
每万名就业人员专利申请量/(项/万人)	100	155.1	76.75	49.97	25.91	8.769	12.39	7.91	5.92	3.353	10.04	4.767
每万人各类图书机构消费额/(万元/万人)	100	161.5	86.19	52.03	44.66	8.428	52.58	15.95	28.51	9.536	29.99	9.251
每万人吸纳技术成果金额/(万元/万人)	100	73.96	37.92	10.7	8.56	3.278	4.87	3.317	4.013	3.102	4.794	1.712
每万人从事 R&D 工作的科技人员数/(人/万人)	100	48.42	46.65	24.7	26.5	4.247	22.18	4.448	18.6	1.794	29.49	3.932
每万人 R&D 科学家和工程师数(人/万人)	100	39.73	29.37	13.14	11.09	5.048	11.75	3.879	4.504	2.582	6.09	2.496
R&D 经费占 GDP 比例/%	100	29.87	22.25	19.47	12.34	4.951	26.11	15.22	8.114	3.406	8.675	4.279
R&D 经费支出/亿元	100	50.29	15.76	70.15	29.21	10.8	38.74	17.44	7.487	6.196	6.313	5.745
大型企业技术开发费用占销售额比例/%	100	64.18	47.76	83.58	59.14	17.84	78.61	29.48	46.08	19.63	40.49	14.05
每万人三种专利授权量/(项/万人)	100	34.59	18.8	6.767	7.331	5.738	5.764	1.892	2.632	1.486	6.297	2.235
高技术产业增加值占工业增加值比例/%	100	44.79	113.1	79.57	31.78	15.14	53.2	13.37	27.98	16.75	14.53	8.273
每万人技术市场成交额/(万元/万人)	100	47.6	23.21	5.604	4.508	2.591	2.805	2.309	1.988	2.358	1.597	0.906

续表

	第一类				第二类		第三类		第四类		第五类	
	北京	上海	天津	广东	均值	标准差	均值	标准差	均值	标准差	均值	标准差
每万名 R&D 活动人员向国外转让专利使用费和特许费/(万美元/万人)	100	107.7	14.05	111.2	2.388	2.158	7.062	8.386	2.776	3.74	0.337	0.47
高新技术产品出口额占工业制成品出口额比例/%	100	68.94	116.3	74.48	31.89	21.6	69.46	41.45	10.82	8.701	3.74	3.955
新产品销售收入占全部产品销售收入比例/%	100	112.3	99.27	42.95	50.41	5.248	50.03	18.3	37.87	26.6	17.05	10.09
人均 GDP/(元/人)	100	145.7	82.76	53.69	49.16	9.274	30.89	18.66	20.77	4.587	27.89	5.332
就业人员劳动生产率/(万元/人)	100	188	130.8	76.34	67.81	8.368	44.27	28.43	30.28	9.882	45.17	11.41
每万人拥有的卫生人员数/(人/万人)	100	76.41	76.08	41.53	44.61	13.03	38.82	5.72	33.7	5.992	49.35	7.266
人均邮电业务量/(元/人)	100	86.62	57.11	73.96	38.75	13.75	22.48	7.762	17.28	3.168	25.17	3.716
人均用电总量/[千瓦/小时·人]	100	135.8	94.13	79.54	62.29	15.58	41.54	19.16	26.39	11.03	61.5	27.1
每万人互联网用户数/(人/万人)	100	110.7	68.07	38.93	36.95	16.23	15.57	7.521	11.72	3.57	16.01	6.597
每万人中移动电话用户数/(户/万人)	100	84.33	49.79	66.16	36.49	13.71	24.73	8.402	17.25	3.941	26.98	2.592
地区人均储蓄额/(千元/人)	100	72.24	52.35	51.4	31.19	9.065	21.09	7.08	13.57	4.034	21.96	4.9

本书对 31 个省(自治区、直辖市)的区域技术创新能力进行分类的目的在于分析各类特征，并针对性地提出建议。图 8-3 中给出了各类数据的重心，很明显，第一类数据的重心要高于其他四类，第二类和第三类数据接近，第四类和第五类数据接近，第二类、第三类的数据值要优于第四类、第五类。结合图 8-3 和表 8-15，五类区域的技术创新能力特征、原因、对策分析如下。

8.7.1　第一类区域技术创新能力

第一类区域有四个省(市)：北京、上海、天津、广东。从以往的研究成果和前文分析结果都可以得出结论，这四个省(市)经济实力雄厚，居民生活质量很高，拥有大量的技术创新人才，政府和企业在人力、财力上的投入很大，技术创新成果显著，它们的区域技术创新能力在全国处于领先位置。表 8-15 中的数据也显示，北京、上海、天津、广东的各项指标都要高于其他四类地区的平均水平。

进一步研究表明，四省(市)特点略有不同。北京主成分 2 和主成分 3 的指标数值较大，因此北京的技术创新潜力、投入和直接或间接成果要大于上海、天津、广东。而在主成分 1 的相关指标上，上海的多数指标数值最大，这说明上海的经济、社会、文化环境是最好的，为技术创新能力提供了有力支撑。

技术创新可以通过自主创新和技术引进实现。第一类中的四个省(市)区域技术创新最大的特征是自主创新能力强，区域内企业有很强的实力，产、学、研结合良好，高科技产业发展迅速。如果从区域技术创新网络的角度考虑，北京、上海、天津、广东这四个省(市)应该充当技术创新供应节点，通过技术扩散，提高科研成果到经济效益的转化能力，同时带动周边区域的技术创新能力提高。

8.7.2　第二类区域技术创新能力

第二类区域包括五个省(市)：浙江、福建、山东、辽宁、重庆。这五省(市)的区域技术创新能力要弱于第一类的北京、上海、天津、广东，与第三类区域比较各有长处与不足。从散点图分析，浙江等五省(市)在主成分 1 上普遍要强于处在第三类的江苏、四川，主成分 2 上数值相当，在主成分 3 上明显不如第三类区域。这说明第二类区域的省(市)与技术创新相关联的经济、社会、文化环境较好，不足在于区域自主创新能力不够，研发人力、财力投入略有不足，高科技产业发展缓慢。一个突出例子就是，浙江的技术创新环境在第二类、第三类区域中最好，但在高科技产业发展方面却最弱。分析具体指标，第二类区域经济实力雄厚，人均 GDP 较大；居民生活质量高，用邮、用电、居民储蓄、手机拥有率在全国名列前茅；就业人员劳动生产率很高，居民平均受教育程度良好，技术创新意识强；专利授权量和技术市场成交量高，企业新产品占销售额的比例大。但是，每万人大学生人数、每万人各类图书机构消费额、R&D 经费支出、高技术产业增加值占工业增加值比例、高新技术产品出口额占工业制成品出口额比例等指标都明显低于第三类区域的江苏、四川、陕西。

因此，第二类区域的技术创新能力特征是：技术引进与吸收能力强，区域内企业具有较强实力；创新环境较好，利于人力资本积聚；自主创新能力有待提高，高科技产业比例不大。

针对上述特征，在今后的发展中，浙江、福建、山东、辽宁、重庆五省(市)应努力提高自主创新能力，充分发挥人才优势，加大科研方面的投入，促进高科技产业的迅猛发展，从而使自己的经济实力迈上一个更高台阶。

8.7.3　第三类区域技术创新能力

第三类区域有三个省：江苏、四川、陕西。就全国范围而言，江苏、四川、陕西是我国高校、科研集聚地，有雄厚的人力资源储备，每万人在校大学生数、每万人 R&D 科学家和工程师要多于浙江、福建等第二类区域；整体科研设施齐全，R&D 经费支出较大，R&D 活动人员向国外转让专利使用费和特许费较高；同时，区域高科技产业发展迅速，这一点要远远超过第二类区域平均水平。这些优势在主成分散点图中也有明显表现，江苏、四川、陕西主成分 3 的数值很高。

需要指出的是，四川、陕西、江苏的技术创新能力各有其特点与不足。在主成分 2 上，陕西位置要远高于江苏、四川，因此其技术创新的直接产出能力、技术转移能力更强。

在主成分 1 上，江苏的表现要好于陕西、四川，故其技术创新环境更佳。另外，由于历史原因或地理条件所限，四川和陕西经济总体实力不强，大型企业较少，传统行业创新能力一般，缺乏竞争力。

因此，在努力培育高新产业的同时，营造留住人才、发挥人才潜力的社会环境，加大在传统行业的技术创新方面的投入力度将是第三类区域的最佳选择。

8.7.4 第四类区域技术创新能力

从图 8-3 中各类数据重心位置以及表 8-15 中数据可知，第四类、第五类区域的众多指标数据接近。所以，特征分析时可以将两类进行比较。

第四类区域有安徽、广西、河南、湖南、贵州、海南、西藏、江西、湖北，主要分布于我国的中部和西南地区。与第五类地区相比较，第四类的 9 个省(区)人力资源存量较少，技术创新意识较弱；虽然政府企业对研发的支持力度、高科技产业发展、新产品销售额等方面优于第五类区域，但由于地理位置、资源禀赋的限制，经济总量和居民生活质量明显不如第五类区域。

提升区域技术创新能力，进而促进经济发展，第四类区域任重道远。首要一点应该是充分利用自己的区位优势，加强与邻边“富省”经济、技术方面的交流，大力引进成熟技术的同时加强自己研发能力，优先促进高科技产业的发展。

8.7.5 第五类区域技术创新能力

第五类区域有山西、黑龙江、吉林、河北、内蒙古、宁夏、云南、青海、新疆、甘肃。从地理分布来看，第五类地区除云南，其余都集中在东北、华北、西北。本书实证研究经过变量筛选、数据处理，得出这一结果应该并非偶然。首先分析东北、华北、西北的地理特征，这三个地区拥有丰富的矿产资源。根据中国地质调查局的报告，矿产资源中，石油、天然气主要分布在东北、华北和西北；煤主要分布在华北和西北；铁主要分布在东北、华北和西南；铜主要分布在西南、西北、华东。钨、锡、钼、锑、稀土矿主要分布在华南、华北。可以得出结论，第五类区域的矿产资源最为丰富，地理历史原因的存在对区域技术创新的现状有显著影响。

第五类区域除甘肃、云南，与第四类相比，在主成分 1、主成分 2 上的得分值都较高。但在主成分 3 上，第五类明显不如第四类区域。再对照表 8-12 可得出结论：由于第五类地区拥有大量的矿产资源，在一定程度上带动了经济的发展，第五类地区在经济环境、居民生活质量、人力资源潜力、区域技术创新、知识获取意识、创新直接产出能力等方面要略强于第四类地区。不足之处在于科研基础设施差，政府投入不足，间接产出能力差，高科技产业发展缓慢。

充分利用资源方面的优势，加大与资源开发利用相关联的研发投入将是这类地区的优先选择。

第三篇　区域创新网络与技术创新效率

第九章　区域创新网络及其对技术创新的影响

9.1　创新网络存在缘由

20 世纪中期以来，随着信息技术的持续创新，人类社会迎来了一次新的产业革命。信息技术在国民经济和社会生活各个领域不断扩散，加快了经济结构调整的步伐，推动了人类生产方式和社会方式的转变，促进了工业社会向信息社会的转型。财富的积累、经济的增长、社会的进步和个人的发展越来越依赖知识和信息，一个国家对信息的获取、占有、控制、分配和使用的能力决定着它在世界政治、经济和军事竞争中的地位。OECD 在 1996 年的年度报告《以知识为基础的经济》中指出，知识经济是以知识为基础的经济，它直接依赖知识和信息的生产、传播和应用。随着通信技术的发展，知识和信息的传播和应用达到了空前的规模；知识的生产也比以往任何时候都要快，世界知识总量约每七年要翻一番；知识对经济增长的影响也日益增大，世界主要发达国家的经济发展越来越基于知识和信息，知识已被认为是提高劳动生产率和实现经济增长的引擎。

在这样的知识经济环境下，技术创新环境和技术创新活动越来越复杂，技术创新的难度和风险也大大加强，技术创新模式发生了根本性变化。网络式创新是经历了技术推动模式、需求拉动模式、交互模式、综合模式后的第五代创新模式，也是未来创新研究的主导方向(Rothwell，1992)。最早提出创新网络概念是国外学者 Freeman (1991)，他认为创新网络是为了系统性创新的一种基本制度安排，网络架构的主要联结机制是企业间的创新合作关系，并进一步把创新网络的类型分为合资企业和研究公司、合作 R&D 协议、技术交流协议、直接投资、许可证协议、分包、生产分工和供应商网络、研究协会、政府资助的联合研究项目等，而国内很多学者把区域集群层次的创新称为区域创新网络或区域集群式创新(魏江，2003；王江龙，2004；邵云飞 等，2012；田钢和张永安，2008)。区域创新网络是区域内中小企业创新的一种组织形式，区域内的企业和相关机构(大学、科研机构、中介机构、地方政府等)在特定的地域社会文化环境下，通过彼此间的沟通和交流，建立起来的相对稳定的、能够促进集群内部创新的、正式或非正式联系的总和(邵云飞 等，2012)。

那么，为什么创新网络普遍存在？对此学者们的说法不同，归纳起来有以下几种学说。

1. 生产者和客户交互理论学说

克里斯蒂安·德布雷森(Christian Debresson)在其《经济相互依赖与创新活动》一书中，通过大量创新活动的数据设计、投入产出方法来检验国家和地区创新的特点、种类和创新组织的关系，证明了创新组织之间普遍存在交互作用，这种交互作用影响创新活动的特点，创新组织交互作用的频率会影响创新发生的频率。

2. 交易费用学说

网络组织的一个鲜明特点是“与市场和组织相比是一种截然不同的协调经济活动的形式”(Powell，1990)。它是介于市场组织和企业组织之间的一种非正式组织。交易费用理论认为，三种交易条件，即不确定性、专业化和频率，确定哪种管理形式更加有效率，其中环境不确定性是经济组织的中心问题。因为，环境是几乎不稳定和不可预测的。为了有效地降低行为的不确定性，包括诚信的缺失、机会主义等，必须建立在专业化基础上交易，以提高对交易的可预测性，网络组织的非正式关系使得交易双方机会主义和不调和性大为降低。频率也是很重要的：①接触频率促使隐含知识在特定交易中传递；②频率接触建立了关系和结构的根植性，这是社会适应性、安全交易、有效协调的基础；③频率交易提高了管理机构的成本效率；④一种治理组织或结构的出现和发展，必须是比其他治理形式更加有效地适应、协调和安全交易。根据交易费用理论，Powell 认为：①不确定性和专业化要求网络治理结构；②每次交易不是孤立发生的事情，都是嵌入在此之前关系的历史和更广泛的关系网络中(Ring et al.，1992)。所以，交易与网络是密不可分的关系。一种经济活动选择什么样的治理结构依赖信用、受风险程度。市场与层级制对信任的依赖程度都较低。但是，市场适应低风险的交易，层级制适应高风险的交易。技术创新活动是高度的专业化和不确定的综合，活动参与各方的合作需要高度信任机制。所以，为了降低活动过程的不调和性与机会主义倾向，以信任为基础的网络组织是有利于节省技术创新过程中的交易费用。

3. 技术联盟学说

技术联盟是集成外部组织，降低技术和市场的不确定性(Mitchell and Singh，1992；Roberts，1995)，创造互补技术协同(Olleros and MacDonald，1988；Sinha and Cusumano，1991)。在特殊的产业或地理区域内，长时间大量技术联盟的产生导致了组织之间网络的产生。联盟网络常常发生在生物技术、计算机、汽车等行业。技术联盟网络研究的代表人物是 Nohria、Eccles 及 Grabher，他们连续在 *Research Policy* 和 *Academy of Anangement Journal* 上发表了这方面的论文，阐述了技术联盟网络产生和发展的背景，说明技术联盟是企业应外部技术和市场日益变化的需要，克服单个企业技术常新资源不足、分担创新风险的一种制度安排。

4. 研究学派

像美国硅谷、意大利产业集群网络、日本丰田工业园区、中国台湾新竹、中国北京中关村等以地理位置集中为特征的产业集群网络的成功，引起了大量学者研究产业集群网络的兴趣，他们从实证调研的角度剖析创新网络的产业、发展和作用。实证研究学派还可以进一步分成几种类型：①对某一地理集群的实证研究，如 Dieter Ernst 研究中国台湾企业如何利用外部创新网络弥补内部新知识的不足，王缉慈(1999a)对中关村的创新网络进行探讨等；②研究某一个行业的创新网络。实证学派强调存在的合理性，凡是经济生活中普遍存在的、被证明是成功的现象既是存在的理由，又是存在的原因。

上述理论都是从某个侧面认识创新网络存在的原理。从目前理论进展过程看，短期内不存在形成完整的创新网络学术的可能性，对创新网络的定义和内涵还没有统一的理解，实证研究是该领域最活跃的研究。

9.2　创新网络的内涵与构成

9.2.1　创新网络的内涵

最早真正提出创新网络概念的是 Freeman(1991)在 *Research Policy* 上发表的文章。他完全等价意义地交替使用创新者网络 (networks of innovators)、创新网络(innovation networks)等概念，认为创新网络是应付系统性创新的一种基本制度安排，网络构架的主要联结机制是企业间的创新合作关系，并进而把“创新视野中的网络类型”分为：合资企业和研究公司，合作 R&D 协议，技术交流协议，由技术因素推动的直接投资，许可证协议，分包、生产分工和供应商网络，研究协会，政府资助的联合研究项目，其他网络等类型。在此以后，越来越多的学者开始关注创新网络。

目前，国内外对创新网络概念还没有一个统一的概念，有的关注技术生产联结，有的关注信息的交流，有的关注组织形式，也有的关注创新网络的区域性研究，其中比较有代表性的观点有下面几种。

Lundvall(1992)把区域创新网络分为要素和关系两大类，认为区域创新网络是一个由区域内各参与要素之间相互作用和相互联系所形成的具有创新的各种特征的制度安排，在这个网络中，创新知识的产生、传播、渗透以及各个网络节点内部发生作用是整个网络能够存在和发展的重要特征，他们还强调了网络对于传递可编码的规范化信息和不可编码的隐含信息在实现创新过程中的作用。

Arndt 和 Sternberg(2000) 把创新网络看作不同的创新参与者(制造业中的企业、R&D 机构和服务供应者)的协同群体。它们共同参与新产品的形成、开发、生产和销售过程，共同参与创新的开发，通过交互作用建立科学、技术、市场之间直接和间接、互惠和灵活的关系，参与者之间的这种关系可以通过正式合约或非正式安排形成，而且网络形成的整体创新能力要大于个体创新能力相加之和，即网络具有协同特征。

郭晓川(1998)认为，创新网络是居于企业独立开发和向外购买技术之间的一种开展协作和配套的技术交换方式，它改变了传统企业技术创新的封闭状态，强调与相关企业的密切互动。从综述研究角度出发，王大洲(2005)认为，企业创新网络被看作企业创新活动所引发的网络，即在技术创新过程中围绕企业形成的各种正式与非正式合作关系的总体结构。上述两种对创新网络研究的思路侧重关注与企业之间的联结性。

王缉慈(1999a) 认为，区域创新网络指地方行为主体(企业、大学、科研院所、地方政府等组织及其个人)之间在长期正式或非正式的合作与交流关系的基础上所形成的相对稳定的系统。这种网络系统，从狭义上说，指企业选择性地与其他企业或机构所结成的持久的稳定关系，如战略联盟、合资企业以及和供应商、客商的垂直联结等。广义的创新网络还包括地方行为主体在长期交易中所发生的非正式交流与接触，这些关系也是相对稳定的。

徐华(2000) 认为，中小企业创新网络是指多个中小企业为了获得和分享创新资源而在所达成的共识和默契基础上相互结成的合作创新体系，是 20 世纪 90 年代流行于欧美发达国家的新的技术创新组织形式。

沈必扬和池仁勇(2005)认为，企业创新网络就是一定区域内的企业与各行为主体(大学、科研院所、地方政府、科技中介服务机构等)在交互式的作用当中建立的相对稳定、能够激发或促进创新、具有本地根植性、正式或非正式的关系的总和，他们对创新网络的定义具有区域特色。

邵云飞等(2012)认为，集群创新网络是集群内中小企业创新的一种组织形式，集群内的企业和相关机构(大学、科研机构、科技中介服务机构、地方政府等)在特定的地域社会文化环境下，通过彼此间的沟通和交流，建立起来的相对稳定的、能够促进集群内部创新的、正式或非正式联系的总和。

综合上面的几种描述，本章采用邵云飞等(2012)的描述，认为区域创新网络是创新主体(企业、大学、科研机构、科技中介服务机构、地方政府等)在特定的地域社会文化环境下，通过彼此间的沟通和交流，建立起来的相对稳定的、能够促进区域内部创新的、正式或非正式联系的总和。

9.2.2 创新网络结构特征

目前，创新的模式已经由线性模型发展到链环模型和网络模型，网络状的创新模式即创新网络。在创新网络中，各相关创新主体互相联系、相互作用，共同促进创新的产生，适合特定区域经济发展的集群创新网络在带动区域经济发展中，具有推动区域产业结构升级、形成区域竞争优势、实现区域经济跨越式发展等作用。因此，研究集群创新网络的结构特征与企业创新绩效的关系成为国内外研究的热点。

网络结构研究既包括简单的基础构造研究，如网络规模、节点可达性、节点之间距离的衡量等，也包括异常复杂的特殊结构研究，主要包括度数中心性、亲近中心性和中介中心性等(范柏乃，2003)。另外，还有不少学者关注网络中节点所处位置的重要性、节点的聚集性及互惠作用等相关方面的研究。最早提出网络结构概念的是 Granovetter(1973)，他运用 4 个纬度来测量网络连接的力量：互动的频率、感情力量、亲密程度和互惠交换。Freeman(1991)提出下列三种衡量方式来描述网络的结构：程度性、亲近性和居间性。程度性是计算与主体相连接的数目，数目越多，说明主体权力越大。亲近性通常以该点到其他点最短路径的长度加总来计算。居间性是计算行动者位于其他成对行动者间最短的路径，并连接他们双方，代表一种对他人潜在的控制力量。Tichy 等（1979）认为网络结构特征包括：①规模（网络成员数）；②密度（实际的连接数目与可能连接数的比值）；③群集性（网络中群集的数目）；④公开性（对外部的实际连接数与可能的外部连接数之比值）；⑤稳定性（网络的运作随时间改变的程度）；⑥延伸性（网络中任两个成员的平均连接数目）；⑦集中性（成员的权力大小）。Whetten 和 Rogers（1982）从集中性、复杂性、密度方面衡量网络整体特征，从多样性、稳定性、标准化、正式化、强度、相互性、重复性、重要性、合作、协调性方面来衡量一对一关系联结的特征。

9.3 区域创新网络对技术创新的影响

9.3.1 创新网络与企业知识获取

研究区域企业创新网络，不能回避创新网络内部的知识转移。知识是企业创新网络建设和运转的关键因素。通过与其他行为主体合作获取知识资源，实现资源共享、优势互补，迅速提升自身的创新能力，获得比独立创新更大的创新收益，是创新网络的基本出发点。知识转移是知识接受方与知识提供者之间的互动过程，它不是一个孤立的环节，而是知识接受方通过各种渠道取得所需要的知识，并加以吸收、应用和创新的过程。技术创新对知识的需求变化导致网络联系的产生，进而在技术创新过程中实现网络联系，导致网络结构的产生（Borgatti and Cross，2003）。Frisell（2003）指出当信息的溢出效应和支付效应为正时，跨组织学习就会导致网络的产生。网络化的本质与程度是基于信息交换和跨组织学习的社会过程，因此创新网络的构建基于知识流动与转移（Chell and Baines，2000）。最近几年在知识转移视角上研究创新网络逐渐成为国内学者研究的热点，总体来看属于借鉴国外理论来研究中国问题，研究集中在以下方面。

（1）对企业网络或联盟形成的原因与条件的研究，Mowery 等（1996）认为企业网络的形成原因应该包括：共同承担成本和风险、进入国外市场、形成技术标准、提高市场能力等，其中最重要的原因之一就是获得联盟伙伴新的技能和技术能力。Pfeffer 和 Salncik（1978）、Teece（1981）认为企业的网络结构是知识扩散、学习和技术发展的关键因素。企业加入企业网络的目的主要是为了获取所需资产、学习新技能，增加与其他企业的相互依存性，与竞争者保持平衡。张永宁（2008）讨论知识在企业创新网络中转移的动力因素（知识价值体现、市场利益驱动、政府政策驱动），通过建立微分动力学模型，分析隐性知识在不同组织间转移的过程及其控制，从知识特性、知识发送和接受组织、转移环境等方面分析影响知识转移的因素（被转移的知识、知识发送组织、知识接收组织以及知识转移环境），提出树立共同愿景、重视社会资本、建立学习组织等一系列促进知识转移的思路。在此基础之上，提出构建促进知识转移的企业创新网络的基本原则，以此为主线，辨析企业创新网络的创新战略定位和合作伙伴的选择原则。董瑞华（2009）认为创新网络的产生正是起源于知识流动、整合与生产在创新网络中能以更有效率的方式实现，并从知识传播过程中三个层次的问题(可表达问题、可解读问题以及价值确定问题)的角度，分析了创新网络内部知识流动与整合更有效率的原因。

(2)对企业之间的技术创新、组织间学习等理论、模型和方法的研究。Teece(1981)强调了网络在传播和扩散企业之间互补性的技术能力和组织能力方面的重要性。Teece提出了企业网络中影响知识流动和学习的因素的模型图。以Powell(1990)的研究结论为基础，Simonin(1999)不断补充和完善，得出了图9-1所示的模型，成为研究企业网络的基础模型之一。周素萍(2009)研究了技术创新网络中技术创新的扩散和吸收，分别用传染病模型和香烟模型模拟了技术创新吸收的过程，直观显示了各影响因素之间的关系，并且为今后定量研究此类问题提供了新的思路。

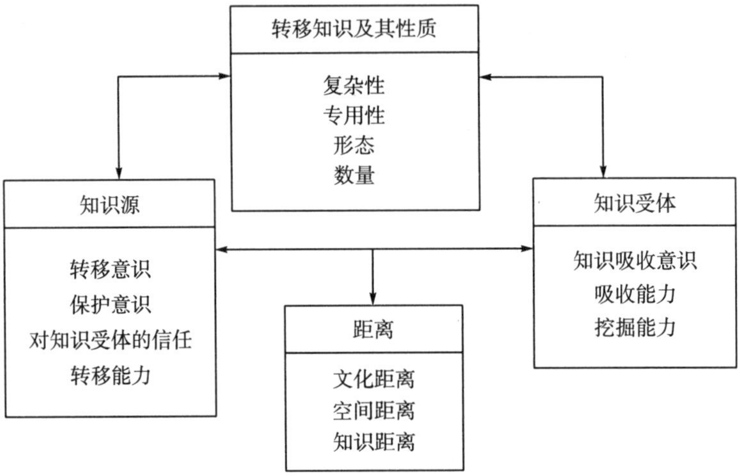

图9-1 企业网络中影响知识流动和学习的因素的模型

(3)企业集群理论中的知识溢出研究。大多数学者认为集群对创新具有积极的影响作用，强调集群竞争优势来源于劳动力市场、专业化供应商和知识溢出。其中，知识溢出被认为是形成集群创新及其繁荣的最主要条件。魏江(2003)基于网络观研究了小企业集群及其创新网络的基本内涵和结构，从集群整体和集群成员两个方面揭示了小企业集群创新网络产生和创新网络中知识溢出的经济性和存在意义，分析了集群知识溢出的途径和影响因素，以及知识溢出的动态控制机制。桂黄宝(2008)通过分析区域创新网络内部的知识溢出效应，提出了知识溢出的市场调节机制，认为在一定的制度安排下，市场将会对知识溢出进行调节，并达到一定的均衡状态，并且这种调节将促进区域创新网络的螺旋式发展，在此基础之上又对知识溢出、知识吸收这一循环过程进行了分析。

9.3.2 网络关系与企业创新模式

创新网络对区域创新的影响体现在：通过网络中的结点(即区域中的组织)之间的联络、交接关系，影响着区域内部信息的流通(交换、利用)方式，从而影响着区域内企业的创新方式和创新效率。基于组织学习的视角，March 将组织的技术创新模式分为探索式创新（explorition innovation）和利用式创新（exploitation innovation）两种模式。综合 March（1991）、Benner 和 Tushman（2003）等学者的研究，探索式创新可以定义为旨在进入新产品市场领域的创新活动，利用式创新定义为旨在改进现有产品市场领域的创新活动（杨学儒 等，2011）。探索式创新为组织带来全新的知识和技术，可以拓展组织知识的广度，而利用式创新主要是对现有知识进行提炼和改进，可以加深组织知识的深度。

网络关系强度作为表现企业网络特征的重要指标，直接影响企业间传递信息的质量和类型。因为强弱关系对知识、信息传递的特征不同，进而影响不同类型的技术创新模式强弱关系与技术创新模式的耦合性（Hansen，1999）。Granovetter（1973）认为关系的强度包括节点之间交流的时间、情感的紧密程度、熟识性和互惠性四个方面。有部分学者认为强关系能够使信息的搜寻者更好地理解和利用新学的知识，能更有效地促进企业的技术创新（Larson，1992；Hansen，1999）。还有学者认为相对于强关系而言，企业间保持较弱的关联可以更好地传递新鲜的知识和信息，通过弱关系流转的异质性信息更有利于企业的技术创新（Granovetter，1985）。

弱关系的优势主要体现在低信息冗余度和低成本两个方面：①弱关系能为企业探索式创新提供异质性的信息。弱关系接触的信息冗余度低，所以增加弱关系就意味着能增加非冗余知识的联结，有利于拓展网络的多样性，进而促进企业的探索式创新。具体体现在，弱关系在不同的群体间同时扮演着信息桥的角色，可以接触不同群体多样化的信息（Granovetter，1973）；弱关系由于其社会开放度大，不仅容易吸收新成员的加入，而且还延伸到企业网络外部，实现跨边界组织的交流与联系，更容易接触、吸收新的观念、视角和方法；弱关系互动频率较低，易于行动者保持独立性，更容易脱离利用已有被大家认可的常规知识去搜寻或实验全新的知识，进行探索式创新（Hansen，1999）。②弱关系能够以相对更低的成本获取信息。具体体现在，维持一段强关系需要大量的维持成本和转换成本，这些成本成为进行探索式创新的障碍（Uzzi，1997）；强关系需要企业间频繁的接触，接触过程中技术交流之外的情感投入也需要企业付出成本；弱关系可以免除关系特定资产投资的风险，区别强弱关系的一个具体标志是企业之间是否具有关系承诺。强关系要求关系承诺，要求为关系的长期发展而提前投资特定的关系资产，而弱关系强调市场化的交易原则，并不要求关系承诺，也不要求为关系的发展投资特定的关系资产。

强关系对利用式创新的影响：在面对不确定性环境时，强关系具有很高的价值，能为企业技术创新提供稳定的信息流，长期的互利关系使得双方愿意加强技术创新的投入，形成共同解决问题的合作模式（Larson，1992； Uzzi，1997）。强关系给企业带来的好处主要有两个方面：①通过强关系可以传递高质量的信息和隐性知识；②强关系产生的企业间信任可以作为社会治理机制的一部分，避免机会主义的出现（Rowley et al.，2000）。国际上通常把隐性的、编码化程度低的、系统嵌套的知识称为复杂知识，而把显性的、编码化程度高的、独立的知识称为简单知识（Hansen，1999）。这么分类的原因是，知识的特点存在内在联系且可以同时存在，如隐性知识往往也是编码化程度低的知识。企业间交流的是简单知识还是复杂知识会影响企业通过强关系或弱关系所获得的收益（Granovetter，1973；Hansen，1999）。Granovetter 认为具有强关系的企业之间交流复杂知识的动力比较强，这是因为复杂知识往往是涉及企业关键技术的系统性知识，不会轻易与关系不够紧密的合伙人分享；复杂知识的传递和吸收需要较强的背景知识和辅助知识，需要频繁接触的企业积累起系统的背景知识和在交流中有效获取、利用复杂知识的能力；非编码的隐性知识需要通过“干中学”边实践边体会，需要通过企业长期接触形成的强关系在解决企业特定的问题中提供方便。从信任角度来看，强关系所建立的企业之间名誉、信任、社会规范有利于社会控制，促进企业之间相互合作（Atkinson and Coleman 1989）。

网络关系强度并不是非强即弱的二分关系，而是一个连续的变量，具有不断弱化或强化的特征（Granovetter，1973）。在网络关系强度发生连续变化的过程中，对企业技术创新的影响也同样发生着变化。因此，强弱关系与技术创新模式不仅存在较好的耦合性，而且从动态来看，网络关系强度与技术创新模式具有协同演化关系（蔡宁和潘松挺，2008），如图 9-2 所示。

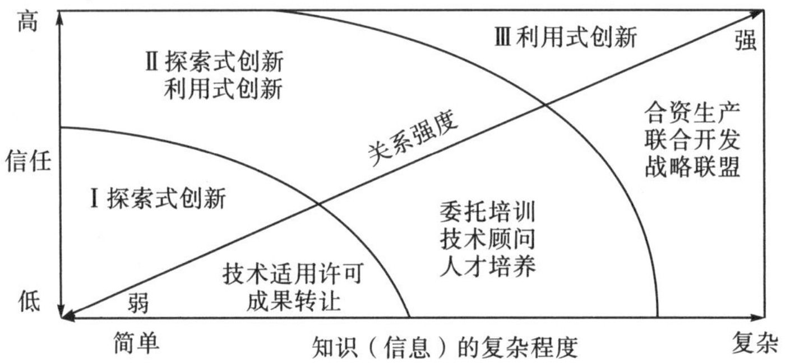

图 9-2 企业强弱关系与技术创新模式的演化

蔡宁和潘松挺（2008）等分析了拥有较大的抗生素、抗肿瘤药物生产基地的上市公司海正药业的网络关系强度与企业技术创新模式的耦合关系。蔡宁等将海正药业 50 年来的技术创新发展历程分为三个阶段。在第一阶段，主要以技术转让的方式与合作的科研机构中大多数保持着较弱的关系，这些弱关系为海正药业带来了全新的技术信息，帮助其进入新的医药领域。在第二阶段，与海正药业合作的大学和科研机构数量大幅度增加，技术创新网络规模扩大，出现了合作开发、入股等多种合作方式，并与欧洲某公司开展了深入的技术合作。该阶段出现了较多的强关系，在进行探索式创新的同时利用式创新逐渐增加。在第三阶段，网络节点进一步多样化，除了国内外优秀的大学、研究机构，还与国际大型制药公司通过合资的方式建立了强关系，关系强度变化显著，出现了博士后流动站、共建实验室、合资、战略联盟等多种合作方式。通过对海正药业的案例进行研究，发现弱关系更加有利于探索式的技术创新，强关系对利用式创新产生的作用比较显著，且强弱关系具有协同演化的特征，关系强度的动态变化会影响技术创新模式，企业选择不同的技术创新模式也需要网络关系强度进行相应的转变。

9.3.3　网络结点关系及创新效率

从区域角度理解，创新网络是地方行为主体(企业、大学、科研机构、地方政府等组织及其个人)间在长期正式或非正式的合作与交流关系的基础上所形成的相对稳定的系统(盖文启，2002b；王缉慈，1999a)。创新网络不是简单的创新合作概念，按照Freeman的定义，创新网络的含义包括企业创新过程中所形成的各种正式与非正式合作关系的总体，因此创新网络的结点是企业。一切创新活动都是发生在企业产、供、销过程中的一些阶段和环节。在这些活动中，企业与外部组织发生的各种关系所形成的网络就是创新网络。因此，一个区域中小企业创新网络是指各结点及其联结的总和，是由大量相关企业、机构在地域亲近，以人脉关系为纽带、以业务合作为价值链，以获取利润为目的，构成既竞争又合作的资源共享体系。区域中小企业创新网络的基本形式是由中小企业、供应商、客户、其他相关企业、大学与科研院所、政府相应部门、科技中介服务机构以及资本市场等结点组成(池仁勇，2007)。

池仁勇(2007)认为，网络属性取决于结点及其联结，而结点的联结是通过关系链条实现的。这些关系链条的类型多种多样、形式各异，他将这些关系链条概括为七种形式。

(1)技术链。主体间基于技术发生的关联方式，技术的链接过程就是技术的创新与扩散过程；涉及技术合作、技术交流、技术引进、合作创新等联结方式；包括单线连接和多线连接；在创新网络形成初期，由于网络规模和企业自身规模较小，科技中介服务机构、科研机构与企业等技术联系不紧密。此时，创新网络的技术链接主要是中小企业间的合作开发和技术交流，例如，一家企业为另一家企业的新产品开发和生产提供外加工协作，或由于上游企业的原材料和部件的改进提高下游企业产品竞争力等，链接的方式也主要是单线的。随着区域创新网络的发展、企业规模的扩大、基础设施和技术转移机构的完善，逐渐促进创新网络的技术链接向多线方向发展，主体间的技术链接紧密度也会不断增强。

(2)亲友关系链。中小企业间的联结大多基于“六缘”(血缘、亲缘、地缘、行缘、业缘、学缘)和“六同”(同宗、同姓、同乡、同学、同好、同会)等紧密的关系连带，是一种纯朴的民间关系链条。

(3)信息传递链。信息传递也是联结网络结点的重要方式。例如，各结点间新产品信息链、人员信息链和技术信息链、市场信息、金融信息、政策信息的互补交流就像蜘蛛丝联结着不同利益主体，使得中小企业、大企业、供应商、客户、科研机构、中介和金融机构、政府等构成一个交流网络，行业协会、技术协会、商会、企业家协会、展览会、交易会、洽谈会、论坛等是网络信息传递的媒介，此外各种非正式聚会等也是网络信息传播渠道。网络中信息传递速度、信息成本决定了创新网络运行效率、功能以及结点的创新能力。

(4)项目合作链。结点间项目合作越频繁、合作越广泛，它们的联结就越紧密(王大洲，2005)。项目合作对网络形成的作用可以概括为促进建立信任和建立利益分配机制。

(5)加工链。加工链是企业间基于产品专业化分工，在产品生产过程中，上下游企业、生产企业与流通企业间发生的分工与合作而产生的联结。两种典型的生产联结形式是“龙头企业带动式”和“中小企业互补式”生产分工。“龙头企业带动式”是指集群内的龙头企业把一些零部件及服务产品分包给中小企业，中小企业成为龙头企业的半成品供应商，并且中小企业之间存在竞争关系。例如浙江乐清低压电器产业集群中，三千多家中小企业围绕正泰、精益等大企业开展分包、分销。“中小企业互补式”是指大量规模差异的加工链有利于缩短新产品开发周期、分散技术创新风险(池仁勇，2007)。

(6)人员流动链。结点间的人员交流会促进它们的联结，在人员的流动过程中，促进了信息的交流、人事关系网的铺设以及技术的交流，有利于创新网络的形成。

(7)资本链。企业间的持股关系、跨国公司等，是一种较稳固、正式的网络联结。

池仁勇(2007)认为上述关系链的强度顺序依次是资本链、亲友关系链、合作项目链、人员流动链、信息传递链。他采用问卷调查的方式获得了2001～2003年264家浙江省中小企业的数据资料，并根据Jonathon等采取的度量节点联结强度的方法，即设计问卷调查，让被调查者对关联机构的联系强度直接打分，统计分析了中小企业创新网络的结点链接强度对创新绩效的影响。实证结论认为，网络结点链接强度对企业销售增长、利润增长、新产品开发都有显著的正影响。但是，中小企业与不同结点联系对创新绩效的影响存在差异，其中，与科研机构联系最为重要。并且，IT、建筑、医药、纺织服装等行业的中小企业创新网络效率相对较高。

9.3.4 创新环境与技术创新绩效

越来越多的理论和实证研究表明，良好的区域创新环境对区域技术创新成果的产出具有重大的影响，它不仅为区域技术创新活动提供资金上的支持，同时为创新活动高效率的进行提供了精神层面的帮助。目前，学术界关于区域创新环境与技术创新的研究主要集中在区域创新环境对区域所有行业技术创新的总体影响理论与实证研究方面，对于从微观的层面研究区域创新环境与个别单独行业的影响研究较少。

赵付民和邹珊刚(2005)根据区域创新环境对技术创新绩效影响的主导因素不同划分，将其分为创新环境政府主导型、创新环境市场主导型以及区域创新文化与价值观三类。其中，区域政府主导的创新环境由区域政府科技投入、政府公共研究机构科研人员数量、区域创新基金以及国外直接投资衡量等指标衡量；市场主导的创新环境由知识与创意的生产、企业R&D投入、区域内知识流动指标、市场对创新的需求以及区域创新的金融环境等指标衡量；价值观与文化环境则由区域内民营企业增长率、新注册企业数量、区域争取到国家创新基金的数量、区域高新技术企业增长率等指标衡量。通过各类指标的构建，并赋予三类创新环境不同的权重，利用SPSS统计软件进行线性回归，结果显示：区域创新环境对区域创新绩效有显著的正影响。营造良好的区域创新环境是提高我国创新绩效的关键。

陈文韬(2008)构建了区域创新环境的评价体系，将创新环境分成基础设施环境、社会文化环境、制度环境、资源环境与组织网络环境。利用我国31个省(自治区、直辖市)的创新活动数据，采用主成分分析法对我国的区域创新环境进行差异的分析；同时利用聚类分析区域创新环境对创新绩效影响的地区差异及动态变化情况。结果表明，区域创新环境相对优越的省(自治区、直辖市)中，创新环境情况对创新绩效的影响较大；区域创新环境相对较差的省(自治区、直辖市)对创新绩效的影响波动幅度较小，相对较为平稳。

岳鹄和张宗益(2008)选取了1997~2006年的省际创新产出的面板数据，以教育水平、经济发展水平、知识流动能力和制度方面的指标来反映区域创新环境因素，以发明专利、实用新型专利、外观设计专利以及三项专利之和衡量地区创新能力。实证检验区域创新环境对以专利为测度的创新产出效率的影响。其中，教育水平由地方政府教育支出费用衡量；经济发展水平由人均GDP衡量；知识流动能力由地区技术市场的交易合同金额衡量；制度方面则由市场化指数来衡量。实证结果表明，区域创新环境因素对区域创新能力具有重要的影响。

白俊红等(2009b)首先利用DEA方法测度2004年全国30个区域创新效率值，其次将创新环境因素分成基础设施、市场环境、劳动者素质、金融环境以及创业水平五类，利用Tobit回归分析五类创新环境因素对区域创新效率的影响。回归结果表明，基础设施、市场环境、金融环境与区域创新效率之间的关系并不显著，劳动者素质与区域创新效率之间存在显著的正相关关系，而创业水平与区域创新效率之间则呈现显著的负相关关系。白俊红等发现，只有劳动者素质才会影响区域创新效率，其他四类环境因素要么出现负面影响，要么则影响不显著，而许多学者则证明区域创新环境对区域创新是有正面影响的作用，本章认为导致结果与现实之间出现相背的原因，主要是研究只使用了一年横截面数据，存在许多宏观经济环境影响因素，也许利用面板数据再进行回归结果的分析，结果则会相对而言较满意。

综上所述，区域创新环境对创新活动的影响基本都是对区域内所有行业总和的影响，并没有细化到微观个别的行业，本章以创新网络视角，着重研究区域创新环境对具体的行业(医药制造业)创新绩效的影响。

第十章　知识流动视角下区域创新网络结构对创新绩效的影响

本章从创新网络产出的角度，即创新网络的创新绩效角度，研究知识流动视角下区域创新网络结构对创新绩效的影响。本章首先介绍创新网络内知识创新、知识存量以及知识流动速率对创新的影响，对区域创新网络的复杂网络拓扑结构进行描述，在此基础之上，通过模型的条件假设，理论推导证明区域创新网络结构对区域网络创新绩效的影响。

10.1　创新网络知识资源对创新的影响

知识是人们在实践中积累起来的经验和理性认识的总和。彼特·德鲁克曾说过“知识作为关键的经济资源，是企业竞争优势的主导性来源，甚至也许是其唯一的来源”。因此，知识作为不可替代的资源，能够为企业创造价值，而知识创造以及知识运用能力是一个企业保持持续竞争优势的最重要源泉。技术创新实质上就是企业利用知识对知识进行加工并创造出新知识，最终实现其市场价值的过程，技术创新的本质是知识和知识创造。知识与技术是密切相关的两个概念，特别是涉及企业的知识与技术更是如此。一般地说，知识是比技术更加宽泛的一个概念。技术仅仅是某个人在他的行动中所使用的知识，因此可以说，技术是一种特定的知识。而知识创新是为了企业的发展、国家经济的繁荣昌盛以及整个社会的进步，创造、发展、交流与应用新的想法，使之转化为市场适销的商品与服务的活动(戴布拉·艾米顿，1998)。这说明知识创新就是科学、技术活动与经济以及社会活动的新组合，既是用知识再造经济，也是用经济再造知识。由此可见，技术创新作为一种特殊的实践活动，其主要内容是知识及知识的流动，技术创新的主要原料是知识。也就是说，技术创新是以知识创新为基础的，技术创新的实质也就是知识创造与应用的过程，是知识创新的延伸与深化。知识创新转化是通过技术创新来实现的，技术创新过程就是知识创新的转化过程。因此，创新网络内部的知识创新能力可以反映出网络技术创新的能力。

对于网络知识创新能力的分析，本节主要从网络内知识存量、知识流动两个方面来进来阐述。

1. 知识存量

知识存量从字面含义理解，是网络内各个创新主体所拥有的知识水平。区域创新网络知识存量既反映内部创新主体有多少可学的内容，同时也能反映网络内可学的知识总量，而技术创新就是通过对知识整合及其运用而发生的一次跨越性的飞跃。因此，网络知识存量以及知识存量的质量是影响创新主体创新能力的主要因素。

2. 知识流动

知识在区域创新网络中的主要流动方式是网络内部人员流动、企业之间以及企业与其他科研机构的合作。这种合作不但可以分担某些领域内巨额的开发费用，还可以达到知识共享、人力资源和技术优势互补的协同效应，对合作双方以及整个集群创新网络的创新能力都是一个极大的促进。知识在区域创新网络内的迅速和大规模的流动会产生一种知识的溢出效应。所谓知识溢出，指的是与生产经营有关的信息、技术、管理方法和企业组织方式等方面的创新和成果会被迅速地共享和仿效(朱秀梅，2006)。Freeman(1991)认为区域内部的知识溢出效应能够促进区域创新网络发展以及区域经济的快速增长，是区域创新产出和生产率提高的源泉。许多学者都认为知识溢出的效应能够对区域网络创新产生重大的影响。Michael 和 Grit (2004) 实证研究了知识溢出能够提高区域企业创新产出；魏江(2003)提出产业集群企业在地理上的集聚效应为形成知识溢出尤其是隐性知识的溢出提供了流通条件，同时企业集群内知识溢出能够提高集群企业的创新产出，进而促进集群创新网络发展。

综上分析可看出，创新网络内部人员流动、企业之间以及企业与其他科研机构的合作等所产生的知识流动，全面激活了区域创新网络企业创新的动力，提高了其创新的速度和效率，保障其源源不断地产生动态的竞争优势，提高了创新网络的创新产出，促进了创新网络的快速发展和繁荣。

10.2　区域创新网络的拓扑描述

考虑一个由 N 个创新主体组成的区域创新网络 G，将创新网络中的创新主体看作结点，有知识流动的结点之间存在连接，则区域创新网络是由结点和结点间的连接组成的复杂网络。根据 Hartmann-Sonntag 等(2004)总结的技术创新网络结构的模型化方法，本章将区域创新网络的拓扑结构描述为一个用对称邻接矩阵所确定的图(图 10-1)。

$$A(G)=\begin{bmatrix} 1 & a_{12} & \dots & a_{1n} \\ a_{21} & 1 & \dots & a_{2n} \\ \vdots & \vdots & & \vdots \\ a_{n1} & a_{n2} & \dots & 1 \end{bmatrix}$$

图 10-1　创新网络的拓扑结构

图 10-1 中，$a_{ij}=a_{ji}$，$a_{ij}\in\{0, 1\}$，当创新主体之间在技术创新过程中存在直接联系时，对应的 $a_{ij}-1$；否则，$a_{ij}-0$。该区域创新网络称为 n 阶的网络。

10.3 模型的条件假设

假设 1：所有区域创新网络所在的创新环境因素是既定的，并且是相同的。

网络式创新活动同时受到创新环境的影响，如社会文化环境、政府政策环境、融资机构支持力度等外部环境因素。社会文化是特定社会的成员共享的相互相传递的知识、态度、习惯行为的模式等的综合，它直接影响人们是否有追求创新的热情，人与人之间能否建立起相互信任、相互合作的关系，同时影响着创新网络的价值和行为习惯的选择。社会文化环境对创新网络的创新行为既起到积极的促进作用，同时具有约束的机制；政府不仅是创新活动的推动者，也是创新政策的制定者。政府通过引导、激励、保护和协调等方式影响企业创新的整个过程。良好的公共基础设施环境以及优惠政策的提供，对集群网络创新优势的发挥起到至关重要的作用；融资公司能为企业提供创新资金支持，同时承担企业创新失败的风险，为企业创新提供新的动力。因此，假设所有区域创新网络所在的环境因素是既定的，并且是相同的。

假设 2：区域网络的创新成果增长率与其内部知识增长率应该成正比关系，其对应的公式表示如下：

$$h_i(t) = bp_i(t), \quad b > 0 \tag{10-1}$$

式中，$h_i(t)$、$p_i(t)$ 分别是单位时刻创新主体 i 的创新成功率和知识增长率。

知识已经替代劳动力、物资、资金、信息而成为第一生产要素，是企业维持长久竞争优势的一切来源，而技术创新正是通过企业内外部知识的识别、获取、流动转化形成的(彼德·德鲁克，1999)。知识作为不可替代的资源能够为企业创造价值，知识创造以及知识运用能力是一个企业保持持续竞争优势的最重要源泉。技术创新实质上就是企业利用知识对知识进行加工并创造出新知识，最终实现其市场价值的过程，技术创新的本质是知识和知识创造。因此区域网络创新必然与其内部的知识增长有一定的关系。因此，本章认为区域网络的创新成果增长率应该与其内部知识增长率成正比关系。

假设 3：区域网络的初始存储量相同，而且知识增长率与区域网络内部知识存储量以及网络的拓扑结构有一定的关系。

区域创新网络知识存量既能反映有多少可学的内容，又能反映网络内创新主体可学的知识量。它的增长应该与集群网络中企业知识的拥有量有一定的关系(Kogut and Zander，1992； Weitzman，1998)。新知识的创造是区域网络中创新主体通过创新合作的一系列活动，整合和改进现有的知识，网络知识存量是决定创新主题创新能力的主要因素，也就是决定知识增长速度的重要因素。当然也与知识传播途径(网络的结构)有一定的关系，所以我们认为知识增长率与现有区域网络知识存储量以及网络的拓扑结构有一定的关系。

假定 4：如果单位时间区域网络中各个创新主体都发生了知识转移的活动，并且相应的知识吸收率为 1，即知识是否发生转移只与网络的拓扑结构相关(如果创新主体 i 与创新主体 j 有创新合作，则他们发生了知识的转移)。结合假设 2 我们得出知识增长量与现有企业知识存储量以及集群网络的拓扑结构的关系如下：

$$\dot{x}_i(t)=\sum_{i=1}^{n}a_{ij}(t)x_j(t) \tag{10-2}$$

即

$$\dot{X}(t)=A(G)*X(t) \tag{10-3}$$

式中，$\dot{x}_i(t)$ 表示 t 时刻的创新主体 i 通过网络而获得的知识量，$x_j(t)$ 为 t 时刻创新主体 j 知识的知识存储量，并且都大于 0，$X(t)$ 表示 t 时刻所有企业知识存储量的向量。

推论：通过 4 个假设，参考矩阵微分方程求解过程分析，本书做出如下的推论：$\lambda_{\max}=\lambda_1\geqslant\lambda_2\geqslant\cdots\geqslant\lambda_n$ 是网络矩阵的特征向量，创新主体的知识增长率随着时间的增长收敛与最大特征值，即单位时间知识增长率与网络拓扑结构的最大特征值成正相关：

$$\lim_{t\to\infty}p_i(t)=\lambda_{\max}\left[G_i(t)\right] \tag{10-4}$$

10.4　推论的证明

通过求解式(10-3)的矩阵微分方程，得出 $x(t)$ 的解析解，如下：

$$x(t)=\sum_{j=1}^{n}c_jv_j\mathrm{e}^{\lambda_j*t} \tag{10-5}$$

式中，c_j 与 $X(0)$ 的初始知识存储量相关，v_j 表示特征向量。

由于

$$a\mathrm{e}^{\lambda_1*t}+b\mathrm{e}^{\lambda_2*t}=a\mathrm{e}^{\lambda_1*t}\left[1+\frac{b}{a}\mathrm{e}^{(\lambda_2\ \ \lambda_1)*t}\right]\sim a\mathrm{e}^{\lambda_1*t} \tag{10-6}$$

可得

$$\begin{aligned}\lim_{t\to\infty}\left[\lambda_{\max}-p_i(t)\right]&=\lim_{t\to\infty}\left[\lambda_{\max}-\frac{\dot{x}_i(t)}{x_i(t)}\right]\\&=\lim_{t\to\infty}\frac{\lambda_{\max}*x_i(t)-\dot{x}_i(t)}{x_i(t)}=\lim_{t\to\infty}\frac{\sum_{j=1}^{n}c_jv_{ji}\mathrm{e}^{\lambda_j*t}(\lambda_{\max}-\lambda_j)}{\sum_{j=1}^{n}c_jv_{ji}\mathrm{e}^{\lambda_j*t}}\\&=\lim_{t\to\infty}\frac{c_2v_{2i}\mathrm{e}^{\lambda_2*t}(\lambda_{\max}-\lambda_2)}{c_1v_{1i}\mathrm{e}^{\lambda_{\max}*t}}=\lim_{t\to\infty}\frac{c_2v_{2i}(\lambda_{\max}-\lambda_2)}{c_1v_{1i}}\mathrm{e}^{-(\lambda_{\max}-\lambda_2)*t}\\&=0\end{aligned} \tag{10-7}$$

证毕。

10.5 结果的分析

网络内部创新主体创新是通过创新主体内外部知识的识别、获取、流动转化形成的，合理的网络结构特征会加快网络内知识转移的速度，促进知识的增长，从而提高网络创新的效率。基于这个思想，在一定的理想假设前提下，假定某一时间段内网络拓扑结构不随时间而发生变化，即研究一个静态的区域网络，得出网络知识增长率与其结构特征(矩阵的特征值)存在正比关系，而知识增长率与创新成果的增长率是一个正比的关系，因此创新成果的增长与网络拓扑结构最大特征值 λ_{max} 存在正相关关系。本章用网络拓扑结构最大特征值 λ_{max} 来测度不同区域网络结构的优劣程度，其值较大，表示结构比较合理。当然，要提高创新成果的数量，提升网络创新能力，不仅需要合理的网络结构，也需要提高网络的知识存储量。如果网络内部的知识存储量比较少，即网络内创新主体所需的知识资源比较缺乏，即使网络结构再合理，也不能弥补其知识资源的不足给网络创新带来的影响。因此我们认为，要想提高区域网络创新成果的数量，需要优化网络结构，加快网络内知识流动速度，进而提高网络知识的存储量。

第十一章　创新环境对区域创新网络创新绩效的影响

本章从创新网络产出的角度，即创新网络的创新绩效，研究区域创新环境对网络创新绩效的影响。首先，探讨区域创新环境的构成及对创新网络的影响，将界定区域创新环境的内涵，并深入分析区域创新环境各个组成部分对区域创新网络创新绩效的影响。其次，利用实例数据，验证区域创新环境各个组成部分对网络创新绩效的影响程度。

11.1　区域创新环境的构成及对创新网络的影响

区域创新环境最早是由欧洲创新小组在 1985 年提出的，他们认为创新环境是一种在一定区域内的主要行为主体通过相互之间的协同作用以及集体学习过程而建立起的非正式复杂社会关系(陈文韬，2008)。对于区域创新环境的概念，不同学者持有观点不同。王缉慈(1999b)认为区域创新环境是地方行为主体在长期正式或非正式的合作与交流的基础上所形成的相对稳定的系统，他把创新环境更多归于一种社会文化环境；贾亚男(2001)从基础层次网络、文化层次网络、组织层次网络和信息层次网络四个层次划分创新环境；盖文启(2002b)认为创新环境由区域的社会文化环境、制度新环境以及劳动力市场环境三部分构成；吴玉鸣(2010)分别从基础设施、金融与创业环境、政府支持、区域产业结构、人力资本以及市场制度环境构建了区域创新环境指标体系。

综合几位学者对于区域创新环境构成的研究，笔者认为区域创新环境主要包括以下 5 个方面：①社会文化环境；②基础设施环境；③市场环境；④政府环境；⑤金融环境。其中，基础设施环境是属于区域创新网络的硬环境；社会文化环境、市场环境、政府环境以及金融环境属于软环境。

1. 社会文化环境及对创新网络的影响

按照美国人类学家林顿的论述，社会文化是特定社会的成员共享的相互传递知识、态度、习惯行为等的模式综合。区域社会文化环境主要包括人们的风俗习惯和价值观念，劳动力的文化水平、心理素质，主流价值观念、社会风气等精神内容的总和。它直接影响人们是否有追求创新的热情，人与人之间能否建立起相互信任、相互合作的关系。国内外许多学者研究证明，硅谷的成功归因于其独特的冒险创新精神，这种精神根植于硅谷地区深层次的不同于传统商业文化的区域创新文化，这种区域创新文化是造就当今硅谷闻名于世的真正源泉，是硅谷企业成功的不竭动力(刘春芝，2005)。Grabbar(1993) 认为经济理论越来越重视社会结构和社会关系对于经济活动的影响，因为创新精神、合作关系不能随意地交易，不能轻易地被转移。社会的影响不再仅仅看作是经济发展的摩擦或障碍，而被看作是支持经济行为的外部力量。

然而，社会文化同时影响着创新网络的价值和行为习惯的选择。这是因为企业对于任何创新技术的选择以及项目的实施必须服从现有的社会文化准则，才能得到社会的认可。因此，社会文化环境对创新网络的创新行为既起到积极促进的作用，同时具有约束的机制。当然创新网络也可选择适合其发展的社会文化环境，只有当社会文化环境提供适合价值的体系时，才能满足创新网络的发展需求，从而促使创新网络形成完善、协调的体系，同时也为创新网络功能的发挥创造良好的条件，提高网络的运行效率。反之，在消极的社会文化环境下，网络创新优势功能的发挥受到抑制，企业创新的行为与成果得不到社会认同，进而使得网络发展速度变得缓慢，甚至会给创新网络造成毁灭性的影响。因此，区域创新网络与其文化环境相互影响、相互作用，并且是相互变化的(图 11-1)。

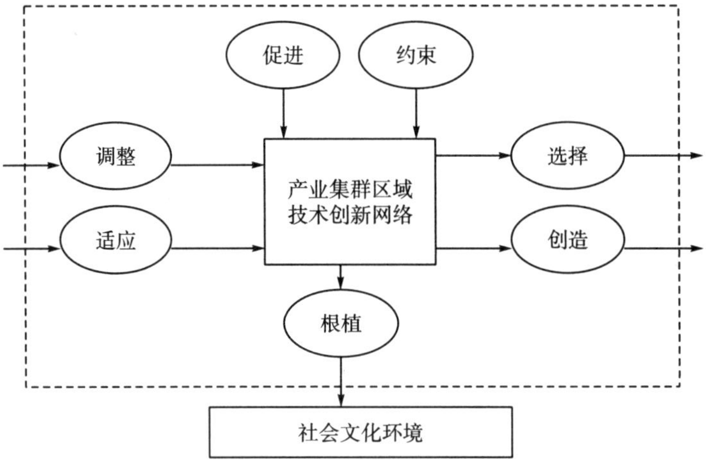

图 11-1　区域创新网络与其社会文化环境的相互作用(刘琼芳，2003)

经上述分析，创新网络的成功运行，必须在一个积极、良好的社会文化环境中。而在一个成功的企业集群创新内，网络联结使得网络内的企业相互联系变得容易，合作变得频繁，彼此了解程度加深，这些网络带来的社会文化特征，使得区域企业具有更大的技术创新优势。

2. 基础设施环境及对创新网络的影响

传统意义上的基础设施环境主要包括交通、通信设施等，本章所讨论的基础设施环境主要是能为区域内创新主体提供信息知识获取与信息知识交流的公共信息平台设施，包括公共图书馆、公共信息数据库以及其他网络信息交流平台等。良好的基础设施环境是创新的基本物质基础，能为创新主体从事创造性学习和研究活动提供一个知识信息的服务平台，降低了创新主体获取创新所需知识信息的时间与人力成本。同时，创新主体通过基础设施环境能够掌握大量的市场信息，明确创新方向，从而降低创新的风险性。因此，基础设施环境能够影响创新网络中创新主体获取知识信息的能力，进而影响创新成果的产出。

3. 劳动者素质环境及对创新网络的影响

劳动者素质环境主要反映一个区域内劳动者拥有的科学文化知识、专业技术水平以及职业道德等方面的情况。高劳动者素质环境不仅能为区域内的创新网络提供科研能力较强的科技人员，同时这些科技人员具有良好的职业道德与心理素质，为科研活动持续长久的进行提供了可靠的保障。研究表明，劳动者素质对区域创新绩效的提高具有重要影响(张莹和张宗益，2009)。

4. 政府环境及对创新网络的影响

政府环境主要是指创新网络所在区域政府为其创新活动提供的一系列的支持，如创新资金的筹集、优惠的税收政策和补贴政策。政府不仅是创新活动的推动者，也是创新政策的制定者。政府通过引导、激励、保护和协调等方式影响着企业创新的整个过程(冯鹏志，2001)。首先，政府可在产业政策以及区域产业安排上起引导作用，它能影响区域企业创新网络的类型，进而影响企业网络以后的发展模式与轨迹；其次，政府可创造激励性的制度与政策环境促进企业创新网络的发展。积极的制度与政策可以激励人们通过合法手段追求财富，同样，消极的制度与政策会错误地引导人们通过非法手段谋取财富。同理，积极的制度与政策会促使企业追求生产更好的产品，消极的制度与政策会抑制创新产品生产的动力。区域企业网络创新，同样需要好的制度与政策来激励与引导。首先要保障与尊重人们通过合法手段获取的成果，确保企业生产的根本动力，同时需要制定优惠的税收政策和补贴政策，鼓励企业进行创新以及合作创新。在企业集群形成后，为了提高集群创新的优势，需要建立行业协会和制定行业的规范，进而鼓励集群企业在创新与研发方面相互学习、合作，把区域网络创新优势发挥到极致；再者，政府可对教育与科研进行持续的投资，鼓励形成与当地产业相适应的教育与科研体系。高质量的教育水平为区域产业提供了熟练的技术人员与工人，使其成为区域网络创新的知识后盾。例如，德国的印刷业与化学工业世界闻名，相应的教育与科研同样闻名，政府为区域网络的发展提供了优良的公共基础设施。良好的公共基础设施可以作为吸引投资的一个重要筹码，恶劣的创新环境只会造成创新资源外流，更别提创新优势。

综上所述，良好的公共基础设施环境以及优惠政策，对区域网络的创新优势的发挥起到至关重要的作用。

5. 金融环境及对创新网络的影响

金融环境主要是指创新网络所在区域内金融机构能为其研究与开发提供资金上的支持。目前，中国市场上主要的融资机构包括银行、创新基金、证券市场、投资公司等，这些融资机构为企业提供资金的支持。由于企业在传统的融资渠道方面比较单一，而创业的资金大多数是靠企业创始人通过其家庭、亲戚和朋友等个人网络的关系募集成的。但是，随着企业规模的不断扩大，进一步的创新以及发展需要大量的资金支持，而依靠个人募集的民间资本不能满足其对大量资金的需求，这时融资机构能提供很大的帮助，尤其是风险资本对企业技术创新活动的作用更是意义重大。金融机构对企业科技创新活动的作用主要表现在以下方面。①能够分担企业创新的风险。风险融资公司在向企业提供创新资金支持的同时，承担企业创新失败的风险，为企业创新提供了新的动力。②融资机构能为企业注入创新的资本。企业技术创新需要大量资金的注入，单凭企业自身的资金积累是远远满足不了其需求的，金融机构的融资是维持企业技术创新的燃料。③融资机构同时还可以为企业提供一系列的资金运营管理方面的指导，使得资金运用更加活跃与自由。

11.2 研究假设

基于 11.1 节对于区域创新环境的构成及对创新网络影响的分析，本节做出如下的假设。

H1：社会文化环境越好，区域创新网络创新绩效越高。

H2：基础设施投入越大，区域创新网络创新绩效越高。

H3：劳动者素质越高，区域创新网络创新绩效越高。

H4：政府环境越好，区域创新网络创新绩效越高。

H5：金融环境越好，区域创新网络创新绩效越高。

11.3 变量选取与样本数据

1. 环境变量的选取

通过研究假设的分析，我们可得知区域创新网络的环境因素会对区域创新网络的创新绩效造成一定的影响。由于对创新环境进行直接测度的指标难以获得，本章借鉴李习保(2007a)的方法，结合区域创新网络的特点，运用简直指标或替代指标来反映环境影响因素，具体如下。

(1) EDU：教育投资占 GDP 的比例。以教育投资占 GDP 的比例衡量区域社会文化环境情况。一个区域内的教育投资越多，说明该地区越重视教育文化事业的建设。通过高质量教育，能够促进区域民众形成良好的价值观，提高民众的心理素质水平。

(2) INF：区域信息化发展指数。以区域信息化发展指数来衡量区域的基础设施情况，信息化发展指数(information development index，IDI)是由全面反映信息化发展水平的五大要素(信息化基础设施、信息化使用、知识水平、发展环境与效果和信息消费)合成的一个复合指标，可作为衡量国家或地区信息化发展的综合评价尺度。因此，信息化发展指数可以衡量区域的基础设施投入的强度。

(3) LABOR：以区域就业人口的平均受教育年限衡量区域劳动者素质水平。一个区域内的就业人口平均受教育水平越高，劳动者通过掌握和运用新知识与新技能进行技术创新的能力就越强。由于信息化发展指数中知识水平指数是由教育指数来衡量的，而教育指数=成人识字率×2/3+平均受教育年限×1/3，同时通过 EViews 6.0 相关系数的分析（表 11-1），发现信息化发展指数与平均受教育年限存在高度的相关性，为了防止变量共线性给实证结果带来的影响，本章基础设施情况与劳动者素质水平以信息化发展指数衡量。

表 11-1 平均受教育年限与信息化发展指数相关系数

	平均受教育年限	信息化发展指数
平均受教育年限	1	—
信息化发展指数	0.777733	1

(4) GOV：创新网络筹集费用中地方政府资金所占政府财政支出的比例。用 GOV 衡量政府对创新网络的支持程度，反映地方政府在财政资源配置中对创新网络科技活动的重视程度。

(5) BANK：创新网络筹集的科技活动经费中来自银行或其他金融机构的贷款资金比例。该指标反映区域的金融机构对于创新网络技术创新活动的支持程度。

2. 创新绩效变量的选取

专利是知识技术创新的体现，是科技创新的最直接成果，与技术创新关系密切，同时专利数据具有易获得性、标准客观性以及变化缓慢性。因此在衡量区域创新绩效时，专利往往是经常被采用的。专利包括发明专利、实用新型和外观设计三种，其中发明专利的技术含量高且申请量受到专利授权机构审查能力的约束较少，因此它是衡量创新成果产出水平的较好指标。本章选用发明专利申请量作为创新网络创新产出的衡量指标。

3. 样本数据的选取

根据《2009 年中国高新技术产业统计年鉴》中的行业标准划分，高技术产业包括医药制造业、航空航天器制造业、电子及通信设备制造业、电子计算机及办公设备制造业、医疗设备及仪器仪表等 5 个主要行业；根据地区标准划分，主要包括 31 个省(自治区、直辖市)。东部地区包括：北京、天津、上海、河北、辽宁、江苏、浙江、福建、山东、广东、广西、海南，共 12 个省(自治区、直辖市)；中部地区包括：山西、内蒙古、吉林、黑龙江、安徽、江西、河南、湖北、湖南，共 9 个省(自治区)；西部地区包括：四川、重庆、贵州、云南、西藏、甘肃、宁夏等 10 个省(自治区、直辖市)，由于样本规模的限制，本章选取了电子及通信设备制造业作为区域创新网络的研究对象，剔除了数据异常及数据缺省过多的西藏与新疆，以 29 个区域作为研究对象，设定样本区间为 2004～2008 年，数据来源于《中国高新技术产业统计年鉴 2009》《中国信息年鉴 2009》《人口和就业统计年鉴(2005～2009 年)》以及《中国统计年鉴(2005～2009 年)》(表 11-2)。

表 11-2 环境变量指标及数据来源

指标类型	变量	指标名称	参考文献	数据来源
环境变量指标	EDU	教育投资占 GDP 的比例	李习保(2007a)	《中国统计年鉴(2005～2009)》
	INF	区域信息化发展指数		《中国信息年鉴2009》
	LABOR	区域就业人口的平均受教育年限	张莹和张宗益(2009)	《人口和就业统计年鉴(2005～2009)》
	GOV	创新网络筹集费用中地方政府资金所占政府财政支出的比例	李习保(2007a)	《中国高新技术产业统计年鉴 2009》、《中国统计年鉴(2005～2009)》
	BANK	创新网络筹集的科技活动经费中，来自银行或其他金融机构的贷款资金比例	杨震宁等(2008)	《中国高新技术产业统计年鉴 2009》
产出指标	INV	专利申请数	Cohen(1990)，邵云飞和唐小我(2003a)、沈能和刘凤朝(2006)、李婧等(2010)	《中国高新技术产业统计年鉴 2009》

11.4 基于面板数据的实证结果

11.4.1 描述性统计

2004～2008 年区域技术创新绩效(INV)、社会文化环境(EDU)、基础设施环境(INF)、劳动者素质(LABOR)、政府环境(GOV)、金融环境(BANK)的描述性统计结果如表11-3所示。

表 11-3 指标的描述性统计结果

2004 年	INV	EDU	INF	LABOR	GOV	BANK
平均	58.48276	0.151243	0.568862	7.699586	0.000188	0.037315
中位数	40	0.150329	0.555	7.6206	0.000114	0.024374
标准差	69.38486	0.023663	0.069267	1.014726	0.000219	0.045653
最小值	1	0.111135	0.466	6.2058	0	0
最大值	298	0.195279	0.807	10.4329	0.001091	0.212902
观测数	29	29	29	29	29	29
2005 年	INV	EDU	INF	LABOR	GOV	BANK
平均	93.37931	0.148763	0.588483	7.440776	0.000123	0.044766
中位数	60	0.15266	0.574	7.428384	8.92E-5	0.024727
标准差	99.50428	0.022148	0.074193	1.106857	0.000107	0.061835
最小值	0	0.111126	0.477	5.628662	0	0

续表

最大值	388	0.188026	0.844	10.59046	0.000382	0.317049
观测数	29	29	29	29	29	29
2006 年	INV	EDU	INF	LABOR	GOV	BANK
平均	82.17241	0.148068	0.608862	7.705817	0.000119	0.10666
中位数	60	0.148987	0.594	7.639812	9.67E-5	0.100732
标准差	86.96349	0.021805	0.076852	1.067828	0.000104	0.07683
最小值	1	0.113553	0.505	6.079619	0	0.000685
最大值	336	0.18697	0.895	10.67918	0.000458	0.291043
观测数	29	29	29	29	29	29
2007 年	INV	EDU	INF	LABOR	GOV	BANK
平均	105.3793	0.174232	0.624517	7.601365	0.000132	0.038765
中位数	68	0.171218	0.605	7.56155	8.87E-5	0.029197
标准差	111.1153	0.022317	0.078102	1.117183	0.00011	0.039479
最小值	0	0.123502	0.52	5.900456	1.29E-5	0
最大值	521	0.21247	0.906	10.7492	0.000413	0.1291
观测数	29	29	29	29	29	29
2008 年	INV	EDU	INF	LABOR	GOV	BANK
平均	135.069	0.172182	0.637241	7.493131	0.000138	0.042223
中位数	71	0.17221	0.616	7.437326	0.000109	0.001346
标准差	179.256	0.024419	0.075016	1.168053	9.43E-5	0.060505
最小值	0	0.12523	0.529	5.717688	0	0
最大值	875	0.218038	0.892	10.81393	0.000349	0.17278
观测数	29	29	29	29	29	29

11.4.2　实证分析与讨论

通过对变量指标的选取，我们得知信息化发展指数指标包含区域就业人口的平均受教育年限，因此基础设施情况与劳动者素质水平以信息化发展指数衡量。根据上述的假设，本章构建了区域环境影响因素面板数据模型：

$$\mathrm{INV}_{it}=c+\beta_1\mathrm{EDU}_{it}+\beta_2\mathrm{INF}_{it}+\beta_3\mathrm{GOV}_{it}+\beta_4\mathrm{BANK}_{it}+\mu_{it} \tag{11-1}$$

式中，i 表示不同的区域，t 表示 2004～2008 年的 5 个时期，c 为模型估计的截距项，β_1、β_2、β_3、β_4 分别是区域环境因素对创新网络创新绩效的影响，μ_{it} 为误差项。

在确定面板数据模型之后，需要用 Hausman 检验进一步确定选择固定效应模型还是随机效应模型，利用 EViews 6.0 软件，得出检验结果如表 11-4 所示。

表 11-4　面板数据的 Hausman 检验

摘要检验	统计量	自由度	P 值
横截面随机	4.819755	4	0.3063

根据检验结果，在5%的显著性水平下接受了Hausman原假设，因此选择随机效应模型。其回归结果如表11-5所示。

表11-5 面板数据回归结果

变量	系数	标准误差	t	p
C	−410.9088***	97.15327	−4.22949	0
EDU	839.5781**	373.1157	2.250182	0.026
INF	579.0493***	164.0829	3.529004	0.0006
GOV	76147.15***	55033.65	3.316155	0.0012
BANK	205.3059**	91.70232	2.23883	0.0267
R^2	0.187104	—	—	—
F-statistic	8.055949	—	—	—

注：*、**、***分别表示估计系数在10%、5%、1%置信度水平显著

观测表11-5中数据，面板数据回归模型具有较好的估计效果，通过回归分析，我们得知我国创新环境中社会文化环境、基础设施水平、劳动者素质、政府环境及金融环境对区域创新网络创新绩效有正面促进作用。其中，社会文化环境、基础设施水平、政府环境及金融环境每增加1%，创新网络创新成果则分别相应提高839.5781、579.0493、76147.15以及205.3059。由于没有对劳动者素质环境的影响进行直接测度，而是通过信息化发展指数来反映，而信息化发展指数对创新绩效的影响是显著的，所以本章同样得出劳动者素质对区域创新网络创新绩效的影响是显著的。

观测2004～2008年我国的情况发现，中央及地方政府加强了社会文化环境的建设，初步形成了国家、省、市、县、乡、村六级覆盖的城乡公共文化服务网络，开展了创建文化先进县活动、知识工程等一系列的文化活动。同时，又根据时代的发展和人民群众的需要，相继实施了全国文化信息资源共享工程、送书下乡工程等一批惠民文化工程，扩大了公共文化服务的覆盖面，进一步提高了我国的公共文化服务能力，使得我国社会文化环境不断优化，进而提高了区域创新网络科技活动人员的社会文化观念。在注重社会文化环境建设的同时，中央及地方也加强了信息化网络的建设，信息化基础环境得到不断完善，在信息化政策法规、标准体系、人才培养、国际合作方面也稳步发展，信息化的发展为区域创新网络科技人员提供了一个方便快捷的知识交流平台，为其获得创新所需知识提供了方便的途径，进而提高了创新成果的产出量。同时，我国加强了科教兴国战略实施力度，对教育的财政支持不断地加大，增加教育基础设施的投资，同时对教育改革的力度也进一步加大，使得教育事业得到了前所未有的发展和重视。教育事业的进步能够满足社会各阶层人士不同层次的教育需求，扩大了区域就业人员的知识面以及职业技能，进而为区域创新网络提供了高素质的劳动力。在科技创新活动的投入方面，观测《中国统计年鉴(2005～2009年)》发现，我国政府近些年不断加大对科技三项费用的投入，增加了创新基金，为区域创新网络重要科研项目提供了资金上的支持。另外，金融机构加强了体制改革，提高了对企业科技创新活动的扶持力度，在资金层面上解决了创新网络内部企业创新活动费用的来源问题。总之，我国的区域创新环境得到了不断的改善，为区域创新网络创新活动提供了良好的外部环境，提高了创新网络的创新绩效。

第十二章　基于投入角度的区域创新网络创新效率评价

本章从区域创新网络创新资源投入的角度，利用 DEA 方法，讨论我国区域医药制造业创新网络创新效率的现状，利用 Malmquist 指数，探讨其创新效率变迁情况。利用实证研究结果，提出提高区域创新网络创新效率的保障措施。

12.1　评价方法的选择

12.1.1　DEA 模型

DEA 全称为数据包络分析(data envelopment analysis)法，它是一种融合了数学、数理经济学以及管理科学等学科的运筹学线性规划方法，其基本思想是将每个决策单元的投入以及产出分成多个不同的方面，即多个不同投入指标以及多个不同的产出指标，通过建立线性规划模型对投入和产出比率进行综合分析，得出投入与产出的最佳比率，从而比较决策单元之间的相对效率，判断每个决策单元的决策信息是否为 DEA 有效。DEA 分析方法能较为客观地测量被评价单元的投入产出效率，全面评估决策单元的现有水平，并通过结果得出决策在投入方面的改进方向；它能充分考虑对于决策单元本身最优的投入产出方案，因而能够更理想地反映评价对象自身的信息和特点；同时适用于多输出-多输入的有效性综合评价问题，在处理多输出-多输入的有效性评价方面具有绝对优势。

数据包络分析的基本模型包括 CCR 和 BCC 两种。CCR 最早是由 Charnes 等(1979)在固定规模报酬假设下提出的一种效率测度法，而 BCC 是 Banker 等(1989)对 CCR 模型一种严谨的修正，他们认为造成技术无效的原因有两个，分别是投入规模未处于最佳状态和生产技术上的低效，在排除规模因素制约的情况下，得到的纯技术效率比 CCR 模型得出的技术效率更能说明所研究对象具有的经营管理水平，因此把将 CCR 模型中的技术效率分解为规模效率和纯技术效率两种，三者之间的关系为：技术效率=规模效率×纯技术效率。本章选取投入-BCC 模型来进行区域创新网络创新效率的测度。BCC 模型的线性规划方程如下：

$$\begin{cases} \text{MIN}\,\theta - \varepsilon(s^{+} + s^{-}) \\ \text{s.t.}\ \sum_{j=1}^{n} \lambda_j x_j + s^{+} = \theta x_0 \\ \sum_{j=1}^{n} \lambda_j y_j - s^{-} = \theta y_0 \qquad (\lambda_j \geqslant 0; j = 1,2,\cdots,n; \\ \qquad\qquad\qquad\qquad\qquad \theta\text{无约束}; s^{+} \geqslant 0, s^{-} \leqslant 0) \\ \sum_{j=1}^{n} \lambda_j = 1 \end{cases} \tag{12-1}$$

式中，ε 为非阿基米德无穷小量，θ 为总体的技术效率，x_j 表示第 j 个区域创新网络的 n 维投入向量，y_j 表示第 j 个地区创新网络的 m 维产出向量。s^{+} 为投入的冗余向量，s^{-} 为产出的冗余向量。

12.1.2 Malmquist 指数

由于投入-BCC 模型只能对决策单元进行单期的效率比较，使用的是横截面的数据，但如果是面板数据，需要考虑时间维度为此带来的影响，即决策单元的单位效率需要随着时间变化，因此在用投入-BCC 模型进行当期的创新效率测度后，需要用 Malmquist 指数来测度技术效率值随时间变化的情况。Malmquist 指数全称为全要素生产率变动，最初由 Malmquist (1953) 提出，Fare 和 Grosskopf (1994) 在其研究的基础之上，构建基于 DEA 的 Malmquist 指数，将全要素生产率变动分为技术变动与技术效率变化，而技术效率变化又可分为规模效率变化与纯技术效率变化，它是用于研究不同时期决策单元效率的演化，即它适合于分析面板数据技术效率变化情况，从而得出其动态变化的规律。Fare 和 Grosskopf (1994) 将 Malmquist 指数记为

$$\begin{aligned} & M_0(x^{t+1}, y^{t+1}, x^t, y^t) \\ &= \left[\left(\frac{D_0^t(x^{t+1}, y^{t+1})}{D_0^t(x^t, y^t)}\right)\left(\frac{D_0^{t+1}(x^{t+1}, y^{t+1})}{D_0^{t+1}(x^t, y^t)}\right)\right]^{1/2} \\ &= \frac{D_0^{t+1}(x^{t+1}, y^{t+1})}{D_0^t(x^t, y^t)} \times \left[\left(\frac{D_0^t(x^{t+1}, y^{t+1})}{D_0^{t+1}(x^{t+1}, y^{t+1})}\right)\left(\frac{D_0^t(x^t, y^t)}{D_0^{t+1}(x^t, y^t)}\right)\right]^{1/2} \end{aligned} \tag{12-2}$$

式中，$\left[\left(\frac{D_0^t(x^{t+1}, y^{t+1})}{D_0^{t+1}(x^{t+1}, y^{t+1})}\right)\left(\frac{D_0^t(x^t, y^t)}{D_0^{t+1}(x^t, y^t)}\right)\right]^{1/2}$ 表示技术水平的改进，记为 TPCH，该指标是衡量最优生产可能性边界移动量。若 TPCH>1，说明生产可能性边界向外移动，即假如最优决策单元在 t 和 t+1 时期具有同样有效规模的投入，t+1 期的产出量比 t 期的产出量多，则创新效率得到了提升。若 TPCH<1，则 t+1 期创新效率不如 t 期。$\frac{D_0^{t+1}(x^{t+1}, y^{t+1})}{D_0^t(x^t, y^t)}$ 表示技术效率的变化，记为 TECH，该指标表示决策单元在 t～t+1 期潜在最优生产可能边界距离的改变量。若 TECH>1，则说明决策单元技术效率在 t+1 期得到了改进，与最优生产可能边界

距离与 t 期相比缩小了。在 BCC 模型中，总体技术效率(TE)=规模效率(PE)×纯技术效率(SE)，所以也可将 TECH 分为规模效率的变化(PECH)与纯技术效率(SECH)的变化。将 M_0 记为 TFPCH，表示的是决策单元在 $t\sim t+1$ 期整体生产率的变化程度。通过分析，我们可得知 Malmquist 指数变化的原因是由技术进步、规模效率变化以及纯技术效率变化共同作用的结果。

12.2　创新效率指标选择及数据来源

用 DEA 方法评价创新网络创新效率的关键在于输入、输出指标的选择，即投入与产出变量的界定。本章在研究与分析相关文献的基础上，构建了区域高新技术创新网络的创新效率评价指标体系(表 12-1)。

表 12-1　区域创新网络创新效率评价指标体系

一级指标	二级指标		
指标类型	变量	指标名称	参考文献
投入指标	X_1	R&D 经费内部支出	刘顺忠和官建成(2002)，池仁勇和唐根年(2004)
	X_2	科技活动经费筹集额	罗彦如等(2010)
	X_3	R&D 活动人员折合全时当量	刘顺忠和官建成(2002)，池仁勇和唐根年(2004)，李婧等(2010)
	X_4	科技活动人员数	史修松等(2009)
产出指标	Y_1	专利申请数	Cohen(1990)，邵云飞(2003a)，刘凤朝和沈能(2006)，李婧等(2010)
	Y_2	新产品产值	鲁新(2010)

对于区域创新网络技术创新的投入指标，本章用技术创新经费投入和技术创新人才投入两个角度来反映区域网络创新的投入强度。从技术创新经费的投入角度，本章选取了区域 R&D 经费内部支出以及科技活动经费筹集额作为衡量指标。区域 R&D 经费内部支出按主体不同，可以分为企业 R&D 经费、科技机构 R&D 经费以及政府 R&D 经费；按 R&D 内容与性质不同，可分为基础研发经费和技术改进经费。企业 R&D 经费，是区域技术开发的重要组成部分，这部分的投入对区域创新成果有直接的促进作用；而基础研发能提高区域技术创新能力的潜能，如果能转化为生产力，将会为区域网络带来巨大的连带收益。所以，R&D 经费投入强度从一定的角度能够反映区域技术研发的规模，一个区域技术研发的经费投入越多，则其研究开发活动规模越大，研究开发成果数量相对而言则会越多。科技活动的经费筹集额按照来源分，主要分为科技活动经费筹集企业金额、科技机构金额、金融机构金额以及政府金额。科技活动经费筹集额从一定的角度能够反映所有科技相关活动金额的来源，进一步反映区域创新网络所有主要利益相关体对创新活动的重视程度，从而衡量

一个区域内所有科技创新相关活动的支出费用。在技术创新人才的投入方面，本章选取 R&D 活动人员折合全时当量与科技活动人员数作为衡量指标。R&D 活动人员折合全时当量是年内从事 R&D 活动的时间占全年工作时间 90%及以上的人员，它体现区域技术创新人员投入的规模，反映了区域科技创新活动的能力。而科技活动人员表明了区域网络创新所有相关活动的人员投入量，包括 R&D 活动直接参与人员以及服务人员等。

对于产出指标，本书从科技成果产出和新产品的价值方面来反映区域网络创新的产出成果。科技成果的产出选取专利申请数作为技术创新科技的产出指标。由于专利是知识技术创新的体现，是科技创新的最直接成果，与技术创新关系密切，同时专利数据具有易获得性、标准客观性以及变化缓慢性，所以专利作为刻画技术创新产出的指标具有一定的说服力。新产品的产值是创新成果商业化应用的结果，是创新网络的实物产出，即产品创新。因此，新产品产值能从经济层面反映技术创新的成果数量。

东部地区包括：北京、天津、上海、河北、辽宁、江苏、浙江、福建、山东、广东、广西等 12 个省(自治区、直辖市)；中部地区包括：山西、内蒙古、吉林、黑龙江、安徽、江西、河南、湖北、湖南等 9 个省(自治区)；西部地区包括：四川、重庆、贵州、云南、西藏、甘肃、宁夏等 10 个省(自治区、直辖市)。本书选取各省(自治区、直辖市)医药产业投入与产出指标作为研究对象，由于西藏与新疆异常及数据缺省过多，将其剔除，以 29 个区域作为研究对象，设定样本区间为 2009～2013 年，数据来源于《中国高新技术产业统计年鉴》《中国信息年鉴》《中国人口和就业统计年鉴》以及《中国统计年鉴》等。

12.3 实证结果分析

12.3.1 创新效率的横截面数据分析——BCC 模型

根据本书选取的样本数据，通过使用 DEAP 2.1 进行 DEA(投入-BCC)分析，得到 29 个省(自治区、直辖市)创新网络的整体技术效率、纯技术效率以及规模效率，结果如表 12-2～表 12-4 所示。

表 12-2 各区域医药产业创新效率值

地区	年份				
	2009	2010	2011	2012	2013
北京	1.000	0.526	0.538	0.953	0.996
天津	0.927	0.489	1.000	0.708	1.000
河北	0.314	1.000	0.472	0.363	0.465
山西	0.764	1.000	0.760	1.000	1.000
内蒙古	0.568	0.494	0.317	0.075	0.031
辽宁	0.688	0.638	0.211	0.379	1.000
吉林	0.373	0.430	0.472	0.585	0.77

续表

地区	年份				
	2009	2010	2011	2012	2013
黑龙江	0.322	0.561	0.508	0.281	0.242
上海	0.748	0.687	0.895	0.906	1.000
江苏	0.962	0.733	0.917	1.000	0.966
浙江	0.733	0.385	0.693	0.632	0.728
安徽	0.245	0.665	0.35	0.336	0.386
福建	0.706	0.576	0.887	1.00	0.611
江西	0.444	0.576	0.72	0.432	0.373
山东	0.818	0.635	0.705	0.515	0.701
河南	0.293	0.449	0.496	0.338	0.504
湖北	0.099	0.138	0.253	0.376	0.842
湖南	0.422	0.382	1.00	1.00	0.842
广东	0.379	0.509	0.697	0.563	0.568
广西	0.567	0.321	0.523	0.452	0.897
海南	1.000	0.87	1.000	1.00	0.699
重庆	0.758	1.00	1.000	0.786	1.00
四川	0.408	0.553	0.458	0.636	0.572
贵州	0.598	0.371	1.000	0.59	0.813
云南	1.000	1.00	1.000	1.000	0.875
陕西	1.000	0.355	0.539	0.772	0.397
甘肃	0.951	0.618	0.779	0.575	0.217
青海	0.891	0.968	1.000	1.000	0.457
宁夏	0.819	1.000	1.000	1.000	1.000
全国	0.615	0.589	0.696	0.664	0.688

表 12-3　各区域医药产业纯技术创新效率值

地区	年份				
	2009	2010	2011	2012	2013
北京	1.000	0.866	0.771	1.000	0.996
天津	1.000	1.000	1.000	0.860	1.000
河北	0.558	1.000	0.716	0.685	0.519
山西	0.793	1.000	1.000	1.000	1.000
内蒙古	0.689	0.494	0.319	0.075	0.032
辽宁	1.000	0.686	0.295	0.544	1.000
吉林	0.481	0.571	0.678	0.882	0.849
黑龙江	0.562	0.662	0.749	0.471	0.243
上海	0.939	0.967	0.997	0.921	1.000

续表

地区	年份				
	2009	2010	2011	2012	2013
江苏	1.000	1.000	1.0000	1.000	1.000
浙江	1.000	0.786	1.000	1.000	1.000
安徽	0.344	0.746	0.448	0.492	0.387
福建	0.732	1.000	0.986	1.000	0.613
江西	0.635	0.946	0.763	0.582	0.374
山东	1.000	1.000	1.000	0.915	1.000
河南	0.437	0.523	0.748	0.696	0.565
湖北	0.145	0.37	0.369	0.556	0.843
湖南	0.559	0.41	1.000	1.000	0.849
广东	0.61	0.985	0.882	1.000	0.693
广西	0.675	0.512	0.54	0.504	0.914
海南	1.000	1.000	1.000	1.000	1.000
重庆	0.966	1.000	1.000	1.000	1.000
四川	0.704	0.609	1.000	0.979	0.573
贵州	0.671	0.371	1.000	0.6	0.821
云南	1.000	1.000	1.000	1.000	0.882
陕西	1.000	0.557	0.665	0.889	0.399
甘肃	1.000	0.621	1.000	0.856	0.219
青海	1.000	1.000	1.000	1.000	1.000
宁夏	0.81	1.000	1.000	1.000	1.000
全国	0.754	0.782	0.825	0.810	0.744

表 12-4 各区域医药产业规模效率

地区	年份				
	2009	2010	2011	2012	2013
北京	1.000	0.608	0.698	0.953	1.000
天津	0.927	0.489	1.000	0.822	1.000
河北	0.562	1.000	0.657	0.530	0.896
山西	0.964	1.000	0.760	1.000	1.000
内蒙古	0.998	0.999	0.992	0.997	0.963
辽宁	0.688	0.931	0.713	0.697	1.000
吉林	0.774	0.754	0.695	0.664	0.907
黑龙江	0.573	0.848	0.678	0.598	0.999
上海	0.796	0.712	0.898	0.984	1.000
江苏	0.962	0.733	0.917	1.000	0.966
浙江	0.733	0.493	0.693	0.632	0.728

续表

地区	年份				
	2009	2010	2011	2012	2013
安徽	0.713	0.891	0.781	0.683	0.999
福建	0.963	0.576	0.899	1.000	0.996
江西	0.699	0.609	0.943	0.743	0.998
山东	0.818	0.635	0.705	0.557	0.701
河南	0.665	0.859	0.662	0.486	0.892
湖北	0.681	0.373	0.685	0.676	0.999
湖南	0.754	0.931	1.000	1.000	0.991
广东	0.621	0.517	0.790	0.563	0.819
广西	0.839	0.627	0.962	0.895	0.981
海南	1.000	0.030	1.000	1.000	0.699
重庆	0.785	1.000	1.000	0.786	1.000
四川	0.58	0.908	0.458	0.650	0.999
贵州	0.891	0.999	1.000	0.982	0.99
云南	1.000	1.000	1.000	1.000	0.993
陕西	1.000	0.637	0.809	0.869	0.993
甘肃	0.95	0.995	0.779	0.671	0.989
青海	0.291	0.968	1.000	1.000	0.457
宁夏	0.955	1.000	1.000	1.000	1.000
全国	0.799	0.762	0.8335	0.808	0.929

表 12-2～表 12-4 给出了 2009～2013 年中国 29 个省(自治区、直辖市)地区及医药产业创新效率、纯技术创新效率、规模效率。从整体医药产业创新技术效率而言，中国只有 21%的省(自治区、直辖市)投入与产出达到整体相对有效水平(有效值=1)，有将近 79%的地区创新资源投入并未得到充分运用，有所冗余。从技术效率构成角度来看，中国平均纯技术创新为 0.75、中国平均产业规模效率为 0.83。当前中国每年的医药研发投入费用仅占医药销售收入的 1.5%左右，美国的研发投入水平为 17%～18%，当前中国医药产业 R&D 经费主要来源于政府机构，企业资金及其他形式资金所占比例少，研发主要集中于试验研究及基础性研究方面，新技术转化研究较少；而且医药产品研发主要集中在对改剂型及仿制等低水平生产重复上，技术创新、产品创新动力不足。由此，纯技术创新效率的低下导致了中国医药产业整体技术创新效率的低下。此外，规模效率从 2009 年的 0.799 上升到 2013 年的 0.929，上升了 16.27%，但是纯技术因素由 2009 年的 0.727 到 2013 年 0.744，上升了 2%，说明纯技术因素的上升空间较大。

从个体区域整体创新效率分析，西部医药产业的技术创新整体效率一直处于全国领先水平，说明医药产业创新效率与医药产业整体发展水平不一定成正比，主要原因有：①R&D 经费内部支出、R&D 活动人员折合全时当量等创新资源投入适当，投入的各类要素在整个产业运行中得到了充分利用，投入的冗余适当，并且创新管理方面也比较有效，从而使得整体的创新效率比其他地区较高；②技术创新效率是一个相对值，医药产业发展水平低，其技术创新投入与产出就小；而投入的冗余少，资源得到充分吸收和利用，因而效率就有可能高。

12.3.2 创新效率的面板数据分析——Malmquist 指数

前文对中国医药产业创新效率进行分析，得出造成技术创新效率非有效的原因，但不能判断创新效率随时间变化的情况，因此进一步对面板数据模型进行 Malmquist 指数的分析。通过 DEAP 2.1 软件，得出中国 29 个省(自治区、直辖市)地区医药产业创新全要素生产率变动及构成因素的结果，并将结果进行平均化，如表 12-5 所示。

表 12-5 中国医药产业创新全要素生产率指数及构成因素均值表

年份区间	Malmquist 指数	技术变化	技术效率变化	规模效率变化	纯技术效率变化
2009～2010	1.303	1.274	1.023	1.163	0.887
2010～2011	0.846	0.671	1.261	1.051	1.201
2011～2012	0.984	1.071	0.918	0.956	0.961
2012～2013	0.789	0.785	1.006	0.862	1.166
均值	0.962	0.921	1.045	1.002	1.043

从总体来看，2009～2013 年中国医药产业技术效率以每年 4.5%的趋势递增，由于技术变化、规模效率变化呈现下降趋势拖累了技术效率的平均增长，Malmquist 指数以年均 3.8%的速度递减。从不同时间段来看，中国医药产业创新效率 Malmquist 指数在 2009～2013 年呈现了高速增长的趋势，主要是由技术变化贡献，技术效率相比而言则增长缓慢。2009～2010、2010～2011 年技术效率分别出现 26.1%、0.3%增长，技术分别却以更快的 32.9%、21.5%速度衰退；技术效率的增长不能抵消技术衰退带来的负面影响，导致总的生产率下降。2011～2012 年，虽然技术得到了进步，但技术效率的衰退导致总生产率下降。2012～2013 年，Malmquist 指数则出现持续衰退的现象，主要是金融危机导致医药原材料、医药产品出口的下降，抑制了企业研发投入，导致医药企业规模效率下降。因此，保证全要素生产指数的持续增长前提是技术进步、技术效率与规模效率变化保持同步增长。

12.3.3 医药产业创新效率分析

对各地区医药产业效率因素进行分析：不同区域间存在一定差异，但技术进步对技术创新效率的提高贡献最大。其中，东部、中部由于市场规模饱和，其增长源自技术进步，而西部地区技术效率的增长是技术效率和技术进步双重作用结果，但主要还是来自技术进步。从不同区域对医药创新效率进行比较：东部地区经济增长效率、技术效率和全要素生产率显著高于中部和西部，但是医药产业创新效率却并没有表现出同样规律；甚至在东、中部，医药产业创新效率均值低于西部地区，这种现象与地区所对应的经济实力不对称。究其原因是：效率是一个相对概念，东部地区虽然经济实力强，其医药创新产出大，但其投入也大，单位规模效率回报小；因此，效率并不一定高于西部地区。此外，产业规模的盲目扩大，资源利用效率不高，容易导致投入冗余。为了更进一步揭示其原因，本书将创新效率分解为纯技术效率与规模效率。研究发现，东部纯技术效率比西部低，而且东部的规模效率也低于西部和中部。随着东部医药产业的创新规模的不断扩大，市场进一步趋于饱和，东部需要充分利用区域优势、资金优势、强化医药产业自主研发能力和自主创新能力，调整产业布局、改善产品结构，扩大产业边界，确保医药产业创新活动持续、健康发展。

运用 DEA 方法中的 BCC 方法对医药产业创新效率进行区域分组测量，表 12-6 中，东、中、西部纯技术效率平均为 0.72 以上，纯技术效率还有提升空间，各区域规模效率普遍都高于纯技术效率，而西部地区规模效率增长明显高于东、中部地区。创新效率东、西地区整体高于中部地区，而且中部地区创新效率低于全国平均水平。主要是因为东部地区在管理、资源配置等方面具有显著的优势，因而技术效率要比中部和西部高，全要素增长率因而也较高。随着时间推移，市场的发展，东部区域市场逐步趋向饱和，技术逐渐向中部和西部扩散，因而出现中、西部技术效率高于东部，此外西部地区高于中部地区也是由于其市场发展空间大，因而经济相对落后地区市场发展空间大，同时技术进步明显。

表 12-6　各地区创新效率、纯技术效率、规模效率值

	地区	2009	2010	2011	2012	2013	年均值
创新效率	东部	0.690	0.605	0.663	0.665	0.770	0.68
	西部	0.628	0.733	0.847	0.794	0.660	0.73
	中部	0.420	0.456	0.611	0.557	0.610	0.53
	全国	0.659	0.669	0.755	0.730	0.715	0.71
纯技术效率	东部	0.843	0.867	0.835	0.843	0.838	0.85
	西部	0.795	0.869	0.958	0.915	0.736	0.85
	中部	0.543	0.698	0.683	0.690	0.660	0.65
	全国	0.727	0.778	0.825	0.816	0.745	0.78
规模效率	东部	0.799	0.707	0.777	0.767	0.926	0.80
	西部	0.806	0.938	0.880	0.870	0.927	0.88
	中部	0.770	0.706	0.858	0.800	0.930	0.81
	全国	0.792	0.784	0.838	0.812	0.928	0.83

虽然，东、中部地区年均规模效率分别约为：0.80、0.81，低于全国平均水平 0.83；但是由于纯技术效率的优势，东部地区创新效率仍然高于全国平均水平，中部地区创新效率相对较低，而西部地区纯技术效率与规模效率保持了同步增长，成为创新效率增长最快

地区；医药产业区域发展不平衡，东部地区因其区位优势、资源优势、技术优势仍然是发展的重心；产业地域分工更加明确，研发要素进一步向东部聚集，制造环节向中部聚集；而西部地区成为产业新的增长点。由于区域技术创新系统规模效率已接近生产前沿，因而扩大规模对提高技术创新效率的作用有限，所以应该适当降低创新资源投入水平，防止投入冗余、有效控制产业规模，加强技术创新、制度创新与管理创新，提高其资源配置能力。

12.4 总结与启示

研究发现，中国医药产业创新活动呈现递减趋势，医药产业创新效率存在区域差异，东部地区虽然在效率上占据一定的相对优势，但是增速相对较低，西部居中，中部相对滞后。创新效率的总体增长贡献主要来自技术进步，资源配置效率不高导致创新效率的增长滞后。当技术进步推动创新效率提高时，总会受到源自资源配置效率下降的束缚。中国区域医药的创新资源投入每年都在增大，技术创新逐步得到重视，但在创新资源配置的合理性以及对创新活动管理的规划方面依然存在问题，所以导致其创新效率相对不高。科技活动有别于简单的物质生产活动，其具有长期积累性、创新风险性以及产出不确定性等特点。因此，虽然近些年我国区域医药产业在创新资源投入方面出现快速增长的趋势，但创新产出却不是与创新资源投入成正比。

通过对创新效率的实质分析，本书认为今后医药产业发展方向为：①把创新资源的管理贯穿整个医药产业创新过程，鼓励采用技术、新设备对医药企业进行技术改造以减少资源浪费，改变以往的做大规模、并购扩张的策略，推动基本药物生产企业的兼并重组，促进基本药物生产向优势企业集中，整合内外部创新优势，加强合作，建立完善的创新资源评价体系等；②政府可以加强产业、企业、科研机构之间的联系，构建一个医药产业协同创新平台，鼓励技术创新，加强技术改造，形成战略联盟和集群优势；③各个省级区域之间要根据自身实际环境，因地制宜、各有侧重地制定不同的政策推动医药产业的发展。东部地区应充分发挥其区位、技术、人才、资本、市场优势，跟踪国际前沿技术，依托医药产业集群优势，重点对科技含量高、产业附加值高、资源消耗低的医药产品进行开发，形成符合国际竞争优势的综合性、规模性的医药生产基地；中部地区应充分发挥其自然资源、人力资源优势，优先发展特色鲜明的专业性医药生产基地，并积极承接东部地区的产业转移；西部地区要充分发挥地区资源优势，依托本地丰富的药材资源，大力深化产业链，形成有特色的医药骨干企业，带动本地区的医药产业发展。

第十三章　基于随机前沿模型的区域技术创新效率研究

13.1　引　　言

为了分析区域的创新能力和效率，学者们从多方面进行了尝试，其中较为新颖的衡量创新效率的方法是随机前沿方法(白俊红　等，2009b；Li，2009；余泳泽，2011)。该方法借鉴了经济学中的技术效率概念，将中国的各个省级区域看成是投入一定的研发创新资源进行创新生产的部门，如果该部门的创新产出与投入的研发资源的潜在产出一致，则认为该部门的创新活动是具备技术效率的，否则认为技术无效。

技术效率概念和生产可能性边界是紧密联系的，生产可能性边界(production frontier)是指在既定的要素投入下能够达到的最大产出所形成的曲线，而技术效率是指在既定要素投入的条件下实现最大产出的能力。SFA(stochastic frontier approach，随机前沿方法)要解决的问题就是度量 n 个部门 t 期的技术效率。

目前评测部门单元技术效率的方法主要有参数法和非参数法两大类。非参数方法以Charnes 等(1979)提出的数据包络分析方法为代表，该方法采用线性规划技术，无须设定函数形式，从而避免了主观设定函数的影响，且在处理多投入多产出的效率度量上具有优势。但 DEA 也由于设定了确定边界，并且不考虑测量误差的存在而具有不足之处(朱有为和徐康宁，2006)。参数方法以 SFA 方法为代表，该方法由 Aigner 等(1977)、Meeusen 和Van Den Broeck(1977)、Battese 和 Corra(1977)提出。SFA 采用计量方法对前沿生产函数进行估计，有更为坚实的经济理论基础。通过估计生产函数对生产过程进行描述，使技术效率估计得到控制，并且 SFA 方法不仅可以测算每个个体的技术效率，而且可以定量分析各种相关因素对个体效率差异的具体影响。

13.2　研究模型设计

本章将中国的各个省(自治区、直辖市)看作是投入一定研发创新资源(人力和财力等)进行创新生产的决策部门，这些资源的投入总量及合理利用决定了一个地区的创新潜力(创新活动的最大产出)。如果一个地区的实际产出与潜力产出相一致，我们就认为这个地区的创新活动是技术有效的，否则为技术无效。研发创新活动的技术效率简称创新效率。关于技术效率，根据 Farrell(1957)的观点，技术效率是与生产可能性边界(production frontier)联系在一起的。考虑单一产出的情况，生产可能性边界即是指在一定要素投入下所能达到的最大产出所形成的曲线。技术效率便是一个生产部门在等量要素投入条件下实际产出与最大产出的比率。本章选用 SFA 方法对中国区域创新过程中的效率情况进行考察。

根据 Kumbhakar 和 Lovell(2000)的总结，随机前沿模型的一般形式为

$$y_{it} = f(x_{it}, t)\exp(v_{it} - u_{it}) \tag{13-1}$$

式中，y_{it} 表示省级区域 i 在时期 t 的实际产出，$f(x_{it}, t)$ 表示生产可能性边界上的确定前沿产出，即具有完全效率时的最大产出，x_{it} 表示一组投入向量，t 为时间趋势，其中 $i = 1, 2, \cdots, n$; $t = 1, 2, \cdots, T$。误差项 $v_{it} - u_{it}$ 为复合结构，v_{it} 服从 $N(0, \sigma_v^2)$，表示随机扰动的影响；u_{it} 为技术非效率项，表示个体冲击的影响。u_{it} 服从非负断尾正态分布，即 u_{it} 服从 $N^+(u, \sigma_u^2)$，且有式(13-2)成立：

$$u_{it} = u_i \exp[-\eta(t - T)] \tag{13-2}$$

式中，参数 η 表示时间因素对技术非效率项 u_{it} 的影响，η >0、η =0 和 η <0 分别表示技术效率指数 $-u_{it}$ 随时间变化递增、不变和递减。v_{it} 与 u_{it} 相互独立。

技术效率 TE 定义为实际产出期望与前沿面产出期望的比值，即

$$TE_{it} = \exp(-u_{it}) \tag{13-3}$$

显然，当 u_{it}=0 时，TE_{it}=1，表示决策单元位于前沿面 $f(x_{it}, t)\exp(v_{it}, u_{it} = 0)$ 上，技术有效；当 u_{it} >0 时，TE_{it} <1，决策单元位于前沿面下方，技术无效。将式(13-1)两边取对数，可得对数形式的随机前沿模型：

$$\ln y_{it} = \ln f(x_{it}, t) + v_{it} - u_{it} \tag{13-4}$$

Battese 和 Coelli(1995)设定了方差参数 $\gamma = \sigma_u^2 / \sigma_u^2 + \sigma_v^2$ 来检验复合扰动项中技术无效项所占的比例，γ 为 0～1，若 γ =0 被接受，则表明实际产出与最大产出之间的距离均来自不可控的纯随机因素，此时无需使用 SFA 技术，直接运用 OLS(ordinary least square，普通最小二乘法)方法即可。

进一步为了解释个体间的技术效率差异，Battese 和 Coelli(1995)在上述模型基础上引入了技术非效率函数：

$$u_{it} = \delta_0 + z_{it}\delta + w_{it} \tag{13-5}$$

式中，z_{it} 为影响技术非效率的因素(亦称环境因素)，δ_0 为常数项，δ 为影响因素的系数向量，若系数为负，说明其对技术效率有正的影响，反之，则有负的影响，w_{it} 为随机误差项。

在具体选择生产函数时，较为常用的有柯布-道格拉斯和超越对数两种形式。前者虽然形式简单，但假定技术中性和产出弹性固定；后者放宽了这些假设(傅晓霞和吴利学，2007)，且在形式上更加灵活，能更好地避免由于函数形式的假设而带来的估计偏差(王争和史晋川，2007)。

由于本章节分析中采用的是面板数据，随着时间的推移，技术是否为中性，产出弹性是否固定，研究中并不能事先确定，因此选用超越对数生产函数的随机前沿模型，具体形式如式(13-6)所示：

$$\ln y_{it} = \beta_0 + \sum_j \beta_j \ln x_{jit} + \frac{1}{2}\sum_j \sum_l \beta_{jl} \ln x_{jit} \ln x_{lit} + v_{it} - u_{it} \tag{13-6}$$

式中，β 为待估计变量的系数，j 和 l 代表第 j 和 l 个投入变量，其余变量和误差项定义与前文相同。

13.3　数据与变量

本章节所使用的基础数据来源于 2004~2012 年的《中国统计年鉴》和《中国科技统计年鉴》。本书研究对象为中国内地的 28 个省级区域，而辽宁、黑龙江和西藏由于数据不全，分析中暂时不予考虑。我们选取的 28 个省级区域的研发投入产出数据均不为零，这也保证了在建立生产函数时可以对其做对数处理。此外，为了研究的需要，我们沿袭中国传统的东、中、西部划分，对三大地区的研发创新效率状况进行比较，以考察研发创新与经济发展的结合程度。

13.3.1　投入和产出变量

有关研发创新活动的投入，本书选择按 12.5%的退化率计算专利存量(patent stock quantity，PSQ)。

在衡量创新过程的产出时，文中选取发明专利授权量(patent acquisition quantity，PAQ)作为考核指标。

13.3.2　影响因素

理论上讲，任何与创新活动相关的因素都可能对创新效率造成影响，本书主要基于系统角度，考察区域创新系统内企业、大学、科研机构、地方政府、金融机构等主体要素对创新效率的影响。同时为了研究的方便，我们将主体要素分为直接主体和间接主体。直接主体主要包括企业、大学和科研机构，它们直接参与研发创新活动；而间接主体主要是指政府和金融机构等公共组织，它们主要是在制度建设、资金调配上对创新活动予以支持。

对于直接主体而言，大学和科研机构主要从事基础性和应用性研究，为企业提供所需的基础知识，而企业与市场直接接触，其研发活动主要集中在应用与开发领域。而对于地方政府而言，由于其是研发创新活动有效开展的重要支持机构，在区域创新系统中扮演着重要的角色。同时，地方政府通过建立和实施促进创新有效发展的机制和法律法规，改善地区基础设施条件等措施营造良好的创新环境，更为直接地通过财政科技拨款、税收优惠及政府采购等渠道对创新活动进行直接资助。综上所述，我们选择“科技活动的政府资金(government fund)”和“科技活动的企业资金(enterprise fund)”来作为描述政府和企业创新能力的指标。

13.3.3 其他控制变量

为准确地估计区域创新系统主体要素对创新效率的影响，我们对其他一些相关变量进行了控制。此变量包括：地区劳动者素质，用每百万人在校大学生数来表征；地区的基础设施水平，用非农业人口从业数来表示；地理区位特征，用地区虚拟变量来表征(1表示东部地区，0表示中西部地区)。

综上所述，在本书选取的创新活动投入产出指标框架内，可建立如下超越对数生产函数随机前沿经验模型：

$$\ln y_{it} = \beta_0 + \beta_k \ln K_{it} + \frac{1}{2}\beta_{kk}(\ln K_{it})^2 + v_{it} - u_{it} \tag{13-7}$$

$$u_{it} = \delta_0 + \delta_1 \mathrm{GOV} + \delta_2 \mathrm{Enterprise} + \delta_3 \mathrm{Labor} + \delta_4 \mathrm{Base} + \delta_5 \mathrm{Geog} + w_{it} \tag{13-8}$$

式中，y_{it}、u_{it} 分别为 i 省级区域 t 期的专利产出、专利存量，β 为回归系数。其中，专利存量按12.5%的退化率计算，表示退化率为12.5%的情况下的专利存量。式(13-8)中，GOV表示政府对创新活动的资助，用科技活动的政府资金代表；Enterprise 表示企业对创新活动的支持，用科技活动的企业资金代表；而Labor、Base、Geog分别为控制变量劳动者素质、基础设施和地理区位的其他控制变量。

本节中使用的变量及其定义如表13-1所示，而对这些变量的描述性统计结果如表13-2所示。

表13-1　变量定义

变量	符号	定义
产出变量/项	y	专利授权量(PAQ)
投入变量/项	k	按12.5%的退化率计算的专利存量(PSQ-12.5%)
人员投入/(人/年)	L	高技术从业人口(HTP)
地方政府投入/万元	GOV	科技活动的政府资金(*GF*)
企业投入/万元	Enterprise	科技活动的企业资金(*EF*)
劳动者素质/(人/年)	Labor	大学生毕业人数(UGP)
基础设施/(人/年	Base	非农业人口从业数(NAP)
地理区位	Geog	用地区虚拟变量来表征，1表示东部，0表示中西部

表13-2　变量的描述性统计结果

指标	个数/个	均值	标准差	最大值	最小值
y	252	16920.6	32978.14	269944	70
k	252	30320.78	58273.54	402474	79
L	252	10183.9	13535.13	92577	286
GOV	252	371023.5	632192.6	4208980	8814
Enterprise	252	16499.18	24541.88	141950	3

续表

指标	个数/个	均值	标准差	最大值	最小值
Labor	252	167209.3	110765.4	478868	5802
Base	252	1519.923	1075.916	4547.6	128.4
Geog	252	0.392857	0.489357	1	0

13.4　实证结果与建议

表 13-3 显示了在未考虑效率影响因素时随机前沿模型极大似然法估计结果。从估计结果来看，该模型的σ^2和γ均通过了显著性水平为1%的检验，表明技术非效率在各地区的创新生产过程中是显著存在的，同时印证了本书采用 SFA 技术的合理性。

表 13-3　不考虑效率影响因素的估计结果

代号	相关系数	标准差	t检验值
常数项	−1311.9402	1140.2464	−1.1505761
$\ln K$	0.53164329	0.012462892	42.6581
$(\ln K)^2$	−0.2013041	0.21434982	−0.93913815
σ^2	72796648	1	72803036
γ	0.05232537	0.036578023	0.74257129
log 函数值	—	−2634.5084	—

除了上面的简单分析，我们更关心传统的柯布-道格拉斯知识生产函数是否适宜于拟合样本数据，是否适应于表达中国这样一个快速发展的国家的知识生产过程。为此，我们建立了原假设H_0，即令超越对数生产函数式(13-7)中二次项系数β_{kk}为零，也即柯布-道格拉斯知识生产函数适宜拟合样本数据，并用广义似然率统计量对原假设进行检验，检验结果如表(13-4)所示。其中，广义似然率由式(13-9)给出。式中$L(H_0)$和$L(H_1)$分别是前沿模型在零假设H_0和备择假设H_1下的似然函数值。若零假设成立，则检验统计量服从混合卡方分布，自由度为受约束变量的数目。

表 13-4　假设检验结果

$L(H_0)$	广义似然率λ	临界值	检验结论
−314.246	158.357	5.289	拒绝

$$\lambda = -2\ln\left[L(H_0)/L(H_1)\right] \tag{13-9}$$

表 13-5 给出了在考虑效率影响因素情形下随机前沿模型的估计结果。通过该表可以看出，γ在 1%的显著性水平下显著，表明技术非效率是创新生产未达到前沿面产出水平的重要原因。下面我们就表 13-5 中的结果做进一步分析。

表 13-5 考虑效率影响因素的估计结果

代号	相关系数	标准差	t
	前沿函数估计		
常数项	210.35802	1.0031641	209.69451
ln$K$	0.53253439	0.011392929	46.742536
$(\ln K)^2$	−0.20863501	0.20854399	−1.0004364
	效率影响因素估计		
GOV	0.000932188	0.004441889	0.20986286
Enterprise	0.094849799	0.032800997	2.8916743
Labor	−0.014814365	0.009450088	−1.5676431
Base	−0.06979954	1.0058379	−0.06939442
Geog	−412.7191	1.0002085	−412.63308
σ^2	72803036	1	72803036
γ	0.042301984	0.05855586	0.72242102
log 函数值	—	−2634.5919	—

13.4.1 政府资助对创新效率的影响及其建议

GOV 在模型中的回归估计系数都显著为正，表明政府资助对创新效率的提高并没有促进作用，反而有显著的负面影响。

政府进行科技资助的目的主要是引导企业研发投入的方向，降低企业的研发成本，克服由于技术外溢而带来的私人投资与收益不对等问题。但政府资助同样是一把“双刃剑”，政府资助在提高企业研发积极性的同时也会产生一些不利的影响。一方面，如果政府介入了本可以由企业自身完成，或者说是政府不投入企业也会自发投入的研发领域，那么政府的资助并没有增加总的 R&D 供给，反而挤出了企业投资；另一方面，政府资助会增加企业对 R&D 资源(如 R&D 人员)的需求量，这样在短期内 R&D 资源供给缺乏弹性的条件下，R&D 资源的价格(如 R&D 人员的工资)就会上升，提高了企业的研发成本，进而可能使企业转向其他的盈利项目，同样也挤出了企业的研发投资。正如 Goolsbee(1998)的研究所显示的：“由于 R&D 支出的很大一部分都是用来支付 R&D 人员的工资，而且由于这部分人的科研能力供给缺乏弹性，政府科技资助的效果仅仅是提高了研发人员的工资而已，对研发活动的质量改善并没有多大帮助。”事实上，以 2006 年为例，中国 R&D 经费按来源划分，政府资金所占的比例仅为 24.7%，这一比例尚低于同期像美国（29.3%）、英国(31.9%)、法国(38.4%)及德国(28.4%)等实行自由市场经济的西方发达国家的投入比例。

因此，中国政府在科技资助时更需要合理化投入结构，将这部分资金投入到社会效益高的研究领域，尽量减少对企业资本的挤出，另一方面也需建立有效的监督机制，以确保研发创新活动的有效进行和质量改善。

13.4.2　企业资助对创新效率的影响及其建议

通过表 13-5 可以发现，企业资助支持变量同政府科技资助一样，在模型中回归估计系数均显著为正，表明其对创新效率亦产生负面的影响，即表明：企业参与的强度越大，创新效率反而越低。这一结论似乎有悖于常理。我们认为，出现这一结论的原因可能与近年来研发经费的分配与发明专利的产出情况有关。下面我们以 2006 年为例，给出笔者的一些观点和看法。

2006 年，中国研发经费内部支出中企业支出为 1630.2 亿元，科研院所与高等院校共支出 844.1 亿元，企业研发经费占了全部支出的 65.9%，但从其产出来看，这一年企业共获得发明专利授权量 9933 件，科研院所和高等院校获得发明专利授权量 8751 件，企业的专利产出占据全部产出的 51.9%，投入与产出并不成比例。造成这一现象的原因可能与专利作为考核指标有关。企业参与研发创新，是为了通过研发创新而获得市场竞争优势，申请专利只是使其知识产权得到保护的一种途径，并不是企业的终极目标，而且为了使技术知识不被外漏，企业往往更愿意采取技术保密的方法来维护其技术垄断地位。因此，在与科研院所、高等院校的比较研究中，如果以专利产出作为衡量创新绩效的标准，企业不占上风也是在情理之中。另一方面，一些企业在引进技术时更多地注重技术的先进性而并不考虑技术的适宜性，加上由于人才队伍及能力不能及时跟上，引进的技术并不能被企业消化和吸收，进而转化为生产力，造成企业的“有效需求”不足(丁同玉，2003)。供给与需求的不对称可能是造成主体间联结负效应的重要原因。

因此，进一步完善大学、科研机构科技成果评价体系，引导企业转化观念，合理选取适宜技术，应是今后产、学、研结合提高创新效率的重要工作之一。

13.4.3　其他控制变量对创新效率的影响及其建议

在其他控制变量中，代表劳动者素质的 Labor 变量，代表基础设施的 Base 变量在该随机前沿模型中回归系数均显著为负，表明其对创新效率存在显著的正向效应，也即意味着一个地区的劳动者素质越高，基础设施越完备，创新效率就会越高。地区虚拟变量系数 Geog 也显著为负，表明中国三大地区的创新效率存在显著差异，且东部地区的创新效率要高于中西部，这与各地区的经济发展水平是相一致的。在中国，东部地区经济实力较强，这就增强了其在创新基础设施建设、创新人才培养等方面的能力，进而也有利于研发效率的提高。而中西部地区由于经济实力较弱，削弱了其在创新环境建设方面的能力，创新发展缓慢。

本书研究发现：由于区域创新系统内部各主体及主体之间的联结并不理想，导致各区域的创新效率处于较低的水平。具体来讲，无论是作为创新支持变量的政府资助和金融支持，还是作为创新直接主体的企业、高校、科研机构都对创新效率产生显著的负面影响。因此，进一步完善区域创新系统支持体系，理顺各主体间的内在关系是摆在当前政策制定者面前的一项重要任务。

参 考 文 献

安同良，2002．企业技术能力：超越技术创新研究的新范式[J]．当代财经，(1)：63-67.

巴顿，1984. 区域经济理论与政策[M]．北京：商务印书馆.

白俊红，江可申，李婧，2009a. 应用随机前沿模型评测中国区域研发创新效率[J]. 管理世界，(10)：51-61.

白俊红，江可申，李婧，等，2009b. 区域创新效率的环境影响因素分析———基于 DEA Tobit 两步法的实证检验[J]. 研究与发展管理，(4)：96-101.

保罗·萨缪尔森，威廉·诺德豪斯，1992. 经济学[M]. 北京：中国发展出版社.

彼德·德鲁克，1999. 知识管理[M]. 杨开峰译. 北京：中国人民大学出版社.

蔡宁，杨闩柱，2003. 基于企业集群的工业园区发展研究[J]. 中国农村经济，(1)：53-59.

蔡宁，杨闩柱，2004. 企业集群竞争优势的演进：从“聚集经济”到“创新网络”[J]. 科研管理，25(4)：104-109.

蔡宁，潘松挺，2008. 网络关系强度与企业技术创新模式的耦合性及其协同演化——以海正药业技术创新网络为例[J]. 中国工业经济，(4):137-144.

曹崇延，王淮学，1998. 企业技术创新能力评价指标体系研究[J]. 预测，(2)：66-68.

察志敏，杜希双，关晓静，2004. 我国工业企业技术创新能力评价方法及实证研究[J]，统计研究，(3)：12-16.

陈傲，柳卸林，吕萍，2010. 创新系统各主体间的分工与协同机制研究[J]. 管理学报，7(10)：1455.

陈菲琼，任森，2011. 创新资源集聚的主导因素研究：以浙江为例[J]. 科研管理，32(1)：89-96.

陈光，王永杰，1999. 区域技术创新系统研究论纲——兼论中国西部地区的技术创新[J]. 中国软科学，(2).

陈光，王永杰，段清海，2000. 技术创新：一种新的区域发展战略——兼论成都市技术创新体系的现状的对策[J]. 西南交通大学学报，1(4)：6-9.

陈光，王永杰，2001．区域技术创新系统的动力分析[J]．电子科技大学学报(社科版)，3(1)：90-92.

陈劲，1995．从长飞公司看国家创新系统的构成与作用[J]．科研管理，(3)：33-38.

陈琪，2008. 关于中部区域创新体系建设的思考[J]. 中国软科学，(5)：148-151.

陈文韬，2008. 区域创新环境的地区差异及其对创新绩效的影响[D]. 长沙：湖南大学.

陈向东，王磊，2007. 基于专利指标的中国区域创新的俱乐部收敛特征研究[J]. 中国软科学，(10)：76-85.

陈英，2004. 技术创新与经济增长[J]. 南开经济研究，(5)：34-37.

陈子凤，官建成，2009. 我国制造业技术创新扩散模式的演化[J]. 中国软科学，(2)：20-27.

陈自芳，2000．德国的技术中心及其借鉴意义[J]．外国经济与管理，(11)：28-32.

池仁勇，2007. 区域中小企业创新网络的结点联结及其效率评价研究[J]. 管理世界，(1)：105-112.

池仁勇，唐根年，2004. 基于投入与绩效评价的区域技术创新效率研究[J] 科研管理，(7)：24-27.

戴布拉·艾米顿，1998. 知识经济的创新战略：智慧的觉醒[M]. 北京：新华出版社.

丁焕峰，2001. 论区域创新系统[J]. 科研管理，22(6)：1-8.

丁同玉，2003. 产学研合作创新中存在的问题及对策分析[J]. 南京财经大学学报，(3)：37-39.

董秋玲，常玉，庄宇，2005. 科技园区区域技术创新能力综述[J]. 科学管理研究，(6)：20-24.

董瑞华，2009. 创新网络内知识流动机制研究[D]. 天津：南开大学.

杜丽娟，刘家顺，2002. 区域技术创新发展战略选择[J]. 河北理工学院学报(社会科学版)，2(2)：16-21.

范柏乃，2003. 城市技术创新透视——区域技术创新研究的一个新视角[M]. 北京：机械工业出版社.

范柏乃，2004. 城市技术创新透视[M]. 北京：机械工业出版社.

范柏乃，余钧，2014. 三重螺旋模型的理论构建、实证检验及修正路径[J]. 科学学研究，32(10)：1552-1558.

方世建，2001. 技术创新扩散的随机过程模型[J]. 数量经济技术经济研究，(3)：70-73.

方旋，刘春仁，邹珊刚，2000. 对区域科技创新理论的探讨[J]. 华南理工大学学报(自然科学版)，28(9).

冯楚建，蒋艳辉，2014. 引入“在线社会网络”的三重螺旋创新系统模型研究[J]. 科研管理，35(11)：84-91.

冯鹏志，2001. 迈向知识经济的产生条件与形成机制[J]. 自然辩证法，(4)：46-52.

傅家骥，1998. 技术创新学[M]. 北京：清华大学出版社.

傅晓霞，吴利学，2007. 前沿分析方法在中国经济增长核算中的适用性[J]. 世界经济，(7)：56-66.

盖文启，2002a. 创新网络——区域经济发展新思维[M]. 北京：北京大学出版社.

盖文启，2002b. 论区域经济发展与区域创新环境[J]. 学术研究，(1)：60-63.

盖文启，王缉慈，1999. 论区域的技术创新型模式及其创新网络——以北京中关村地区为例[J]. 北京大学学报(哲学社会科学版)，36(5)：29-35.

高建，1999. 中国企业技术创新分析[M]. 北京：清华大学出版社.

高勇，2006. 区域创新网络形成的机理研究[J]. 科技管理研究，26(5)：166-168.

古利平，张宗益，康继军，2006. 专利与 R&D 资源：中国创新的投入产出分析[J]. 管理工程学报，(1)：147-151.

顾韦见，朱金生，2003. 武汉市经济增长因素实证分析[J]. 科技进步与对策，(8)：66-67.

顾新，2002. 区域创新系统论[D]. 成都：四川大学.

桂黄宝，2008. 区域创新网络系统内部知识溢出的市场调节机制及溢出效率分析[J] 科学学与科学技术管理，(4)：107-111.

郭晓川，1998. 企业网络合作化技术创新及其模式比较[J]科学管理研究，(10)：13-17.

韩先锋，惠宁，宋文飞，2014. 信息化能提高中国工业部门技术创新效率吗[J]. 中国工业经济，(12)：70-82.

胡国良，张丽，2004. 新疆经济增长因素的实证分析[J]. 新疆财经，(1)：10-16.

胡志坚，2000. 中国创新系统——理论分析与国际比较[M]. 北京：社会科学文献出版社.

胡志坚，苏靖，1999. 区域创新系统理论的提出与发展[J]. 中国科技论坛，(6)：20-23.

黄鲁成，2000a. 关于区域创新系统研究内容的探讨[J]. 科研管理研究，(2)：43-47

黄鲁成，2000b. 关于我国技术创新研究的思考[J]．中国软科学，(3).

黄鲁成，2002a．宏观区域创新体系的理论模式研究[J]．区域经济，(1).

黄鲁成，2002b．区域技术创新系统研究：生态学的思考[J]．科学学研究，(2)

黄鲁成，2003．区域技术创新生态系统的特征[J]．中国科技论坛，(1).

黄鲁成，2004．创新群落及其特征[J]．科学管理研究，22(4)：4-6.

贾亚男，2001. 关于区域创新环境的理论初探[J]. 地域研究与开发，20 (1)：5-8.

蒋伏心，王竹君，白俊红，2013. 环境规制对技术创新影响的双重效应——基于江苏制造业动态面板数据的实证研究[J]. 中国工业经济，(7)：44-55.

康荣平，柯银斌，1999．核心能力论在中国的应用[J]．科研管理，(5)：1-5.

李婧， 谭清美，白俊红，2010. 中国区域创新生产的空间计量分析——基于静态与动态空间面板模型的实证研究[J]. 管理世界，7：43-53.

李习保，2007a. 区域创新环境对创新活动效率影响的实证研究[J]. 数量经济技术经济研究，(8)：13-24.

李习保，2007b. 中国区域创新能力变迁的实证分析：基于创新系统的观点[J]. 管理世界，(12)：18-30.

李学军，2004．构建区域技术系统的地方政府行为研究[D]. 杭州：浙江大学.

李垣，汪应洛，1994. 企业技术创新动力机制构成要素的探讨[J]. 科学管理研究，(4)：43-45.

李正风，曾国屏，1999．中国创新系统研究——技术、制度与知识[M]．北京：经济管理出版社.

厉以宁，2000，区域发展新思路[M]，北京：经济日报出版社.

廖志高，徐玖平，2007. 一类技术创新扩散模型的稳定性及其应用[J]. 系统工程理论与实践，27(8)：65-74.

刘爱芹，2009. 技术创新对区域经济发展的影响效应研究[D]. 天津：天津大学.

刘春芝，2005. 集群式创新——以辽宁装备制造业发展为例[M]. 北京：中国社会科学出版社.

刘凤朝，沈能，2006. 基于专利结构视角的中国区域创新能力差异研究[J]. 管理评论，18(11):43-47.

刘军，徐康宁，2010. 产业聚集、经济增长与地区差距——基于中国省级面板数据的实证研究[J]. 中国软科学，(7)：91-102.

刘坤，2017. 建设创新型国家的目标之一 争当国际标准的引领者[N]. 光明日报. 2017-11-1(6).

刘琼芳，2003. 产业集群区域技术创新网络研究[D]. 长沙：中南大学.

刘顺忠，官建成，2002. 区域创新系统创新绩效的评价[J]. 中国管理科学，1(10)：75-78.

刘耀彬，王启仿，宋学锋，2004. 转型时期中国区域技术创新能力评价与分析[J]. 科技进步与对策，(9)：13-15.

刘友金，李洪铭，叶俊杰，2001．基于聚类分析的区域创新能力差异研究[J]．哈尔滨学院学报，22(2)：24-29.

柳卸林，2000．促进高技术产业开发区发展的 7 大要素[J]．中国科技论坛，(5)：18-23.

卢纹岱，2000．SPSS for Windows[M]. 北京：电子工业出版社.

鲁新，2010. 创新网络形成与演化机制研究[D]. 武汉：武汉理工大学.

鲁兴启，王琴，2004. 沿海开放区域技术创新模式研究[J]. 商业研究，(17)：40-43.

路甬祥，1998. 创新于未来——面向知识经济时代的国家创新体系[M]. 北京：科学出版社.

罗守贵，甄峰，2000. 区域创新能力评价研究[J]. 南京财经大学学报，1(3)：31-35.

罗炜，唐元虎，2000. 国内外合作创新研究述评[J]. 科学管理研究，(4)：14-19.

罗彦如，冉茂盛，黄凌云，2010. 中国区域技术创新效率实证研究——三阶段 DEA 模型的应用[J]. 科技进步与对策，(7)：21-27.

马克思，恩格斯，1975. 马克思恩格斯全集[M]. 北京：人民出版社.

马歇尔，1964. 经济学原理[M]. 北京：商务印书馆.

聂荣，钱克明，潘德惠，2006. 基于 Logistic 方程的创新技术传播模式及其稳定性分析[J]. 管理工程学报，(1)：41.

牛盼强，谢富纪，2009. 创新三重螺旋模型研究新进展[J]. 研究与发展管理，21(5)：94-100.

齐亚伟，陶长琪，2014. 环境约束下要素集聚对区域创新能力的影响——基于 GWR 模型的实证分析[J]. 科研管理，35(9)：17-24.

齐中英，苏树林，张建军，2001. 关于资源型城市区域技术创新战略的思考[J]. 数量经济技术经济研究，(12):31-33.

邱国栋，马鹤丹，2010. 创新孵化与风险投资互联的区域创新系统研究[J]. 中国软科学，(2)：97-106.

任翔，2001. 技术创新的主要投入因素对创新成果的影响[J]. 数量经济技术经济研究，(11)：19-22.

森谷正规，1985. 日本的技术[M]. 上海：上海翻译出版公司.

尚勇，朱传柏，1999. 区域创新系统的理论与实践[M]. 北京：中国经济出版社.

邵云飞，2006. 区域技术创新能力的形成机理及评价研究[D]. 成都：电子科技大学.

邵云飞，唐小我，2003a. 中国区域技术创新能力的聚类实证分析[J]. 中国软科学，(5)：113-118.

邵云飞，唐小我，2003b. 论我国技术创新主体的转型[J]. 工业技术经济，(1)：89-91.

邵云飞，唐小我，2003c. 让中国企业成为技术创新的主体[J]. 经济体制改革，(增刊)：76-79

邵云飞，唐小我，2004a. 中国区域技术创新能力的差异分析与对策[J]. 管理评论，(4)：28-32.

邵云飞，唐小我，2004b. 论人力资源向人力资本转变[J]. 软科学，(4)：78-81.

邵云飞，唐小我，2005. 中国区域技术创新能力的主成分实证研究[J]. 管理工程学报，19(3)：71-77.

邵云飞，谭劲松，2006. 区域技术创新能力形成机理探析[J]. 管理科学学报，(4)：l-11.

邵云飞，唐小我，2006. 中国区域技术创新能力的线性实证分析[J]，管理评论，(4).

邵云飞，唐小我，范群林，等，2012. 产业集群自主创新的动力机制与增长研究[M]. 北京：科学出版社.

沈必扬，池仁勇，2005. 企业创新网络：企业技术创新研究的一个新范式[J]. 科研管理，(3)：70-76.

沈能，刘凤朝，2006. 基于专利结构视角的中国区域创新能力差异研究[C]. 中国科协年会.

施星国，张丹，包振强，等，2009. 基于知识情境的知识重用与创新机制研究[J]. 管理工程学报，23(2)：7-10.

石定寰，柳卸林，1999. 国家创新系统：现状于未来[M]. 北京：经济管理出版社.

史修松，赵曙东，吴福象，2009. 中国区域创新效率及其空间差异研究[J]. 数量经济技术经济研究，(3)：45-55.

宋刚，张楠，2009. 创新 2.0：知识社会环境下的创新民主化[J]. 中国软科学，(10)：60-66.

孙建，2010. 中国区域创新能力收敛性研究[J]. 科学学与科学技术管理，31(2)：113-117.

孙丽杰，刘希宋，2005. 区域技术创新体系评价模型研究[J]. 物流科技，28(3)：16-19.

孙细明，杨娟，张金隆，2003. 基于过程的企业技术创新能力的综合评价[J]，武汉化工学院学报，25(3)：44-48.

唐未兵，傅元海，王展祥，2014. 技术创新、技术引进与经济增长方式转变[J]. 经济研究，(7)：31-43.

田钢，张永安，2008. 集群创新网络演化的动力和合作机制研究[J]. 软科学，22(8)：91-96.

涂俊，吴贵生，2006. 三重螺旋模型及其在我国的应用初探[J]. 科研管理，27(3)：75-80.

汪红，汪军，仲维清，2004. 阜新市经济增长的计量分析[J]. 辽宁工程技术大学学报，6(4)：358-360.

汪少华，汪佳蕾，2007. 浙江产业集群高级化演进与区域创新网络研究[J]. 科学学研究，25(6)：1244-1248.

王成军，2006. 官产学三重螺旋创新系统模型研究[J]. 科学学研究，24(2)：315-320.

王春法，2003. 关于国家创新理论体系的思考[J]. 中国软科学，(5)：99-104.

王大洲，2005. 我国企业创新网络发展现状分析[J]. 哈尔滨工业大学学报(社会科学版)，7(3)：67-73.

王德禄，1999. 区域创新——中关村走向未来[M]. 济南：山东教育出版社.

王海山，1993. 技术创新评价指标研究[J]. 科学学研究，(2)：41-48.

王缉慈，1999a. 北京中关村高新技术企业的聚集与扩散[J]地理学报，(11)：481-488.

王缉慈，1999b. 知识创新和区域创新环境[J]. 经济地理，19(1)：11-14.

王缉慈，2001. 创新的空间———企业集群与区域发展[M]. 北京：北京大学出版社.

王缉慈，2004. 关于地方产业集群研究的几点建议[J]. 经济经纬，(2)：53-57.

王稼琼，绳丽惠，陈鹏飞，1999. 区域创新体系的功能与特征分析[J]. 中国软科学，(2)：53-56.

王江龙，2004. 基于创新网络的产业集群内技术创新过程模式研究[D]. 杭州：浙江大学.

王瑾，2003. 技术创新促进区域经济增长的机理研究[J]. 经济纵横，(11)：26-28.

王立军，2003. 沪苏浙联手共建长江三角区域创新体系研究[J]. 中国科技论坛，(5)：45-48.

王晓林，2001. 统计学[M]. 北京：经济科学出版社.

王争，史晋川，2007. 转型时期中国工业生产绩效的地区差异及波动性的解释——基于随机前沿生产函数的分析[J]. 世界经济文汇，(4)：33-49.

韦伯，1997. 工业区位论[M]. 李刚剑，等译. 北京：商务印书馆.

魏江，2002. 企业技术能力论[M]. 北京：科学出版社.

魏江，2003. 小企业集群创新网络的知识溢出效应分析[J]. 科研管理，24(4)：54-60.

温新民，2003. 区域技术创新体系中的政府职能研究[D]. 大连：大连理工大学.

温新民，刘则渊，薛静，2002. 基于技术群、产业群的区域技术创新体系建设[J]. 科学管理研究，20(3)：1-4.

吴传清，刘方池，2003. 技术创新对去医院经济发展的影响[J]. 科技进步与对策，4(1)：37-38.

吴贵生，2000. 技术创新管理[M]. 北京：清华大学出版社.

吴贵生，王毅，2002. 关于北京区域技术创新战略的思考和建议[J] . 科学学研究，20(3)：276-280.

吴贵生，王瑛，王毅，2002. 政府在区域技术创新体系建设中的作用——以北京技术创新体系为例[J]. 中国科技论坛，(1)：30-35.

吴贵生，王毅，杨德林，2003. 北京区域技术创新体系的缺陷与对策[J]. 中国科技论坛，(2)：36-40.

吴玉鸣，2010. 大学知识创新与区域创新环境的空间变系数计量分析[J] 科研管理，(9)：115-119.

肖家祥，黎志成，2005. 基于组合赋权法的产业集群竞争力评价[J]. 统计与决策，(4)：45-47.

肖文，林高榜，2014. 政府支持、研发管理与技术创新效率——基于中国工业行业的实证分析[J]. 管理世界，247(4)：71-80.

徐华，2000. 中小企业创新网络：构建动因与策略. 科学学与科学技术管理，(2)：44-45.

徐华，2001. 论工业衰退地区创新网络的构建[J]. 中国经济问题，(4).

徐玖平，陈学志，2001. 旱育秧技术扩散模型与实证分析[J]. 管理工程学报，15(1)：14-18.

徐莉，2004. 新时期的企业技术创新能力[J]，科技与经济，17(1)：28-30.

徐宁，徐向艺，2012. 控制权激励双重性与技术创新动态能力——基于高科技上市公司面板数据的实证分析[J]. 中国工业经济，(10)：109-121.

徐强，郭本海，2005. 区域可持续发展与区域形象设计[M]. 南京：东南大学出版社.

徐维祥，楼杏丹，余建形，等，2005. 高新技术产业集群资源整合提升区域创新系统竞争能力的对策研究[J]. 中国软科学，(4)：87-90.

徐晓刚，刘伟，陈亚华，等. 2001. 产品开发过程重构与实践[J]. 汽车工业研究，(6)：25-28.

许庆瑞，2000. 研究、发展与技术创新[M]. 北京：高等教育出版社.

许玉明，2004. 重庆市区域技术创新系统研究建设研究[J]. 中国科技论坛. (4)：49-52.

亚当·斯密，1983. 国民财富的性质和原因的研究(中译本)[M]. 北京：商务印书馆.

颜晓峰，2000. 试论国家创新能力[J]. 中国特色社会主义研究，(3)：23.

杨宏进，1998. 企业技术创新能力指标的实证分析[J]. 统计研究，(1)：53-58.

杨家栋，2005. 区域经济与可持续发展探索[M]. 北京：社会科学文献出版社.

杨剑，梁樑，2006. 基于生命周期理论的区域创新系统研究[J]. 中国科技论坛(1)：41-45.

杨学儒，李新春，梁强，等，2011. 平衡开发式创新和探索式创新一定有利于提升企业绩效吗[J]. 管理工程学报，25(4)：17-25.

杨迅周，杨延哲，蔡建霞，2001. 产业群与区域技术创新体系建设[J]. 地域研究与开发，(2)：6-9.

杨亚平，成达建，2004. 技术进步对深圳经济增长作用的测算和分析[J]. 科技进步与对策，(7)：96-97.

杨震宁，吕萍，王以华，2008. 科技园的创新环境对园内企业绩效的影响[J]. 科学学与科学技术管理，(7)：102-106.

杨忠敏，2004. 企业技术创新能力的理论与方法综述[J]，科技进步与对策，(3)：138-140.

姚立中，2003. 资本与技术对经济增长的影响分析[J]. 天津社会科学，(2)：99-102.

易将能，孟卫东，杨秀苔，2005. 区域创新网络演化的阶段性研究[J]. 科研管理，26(5)：24-28.

殷尹，梁梁，2001. 区域技术创新能力短期评估[J]. 中国软科学，(1)：71-74.

余晓，2001. 英国科技中介服务机构的现状、主要做法与经验[J]. 全球科技经济瞭望，(2)：32-34.

余泳泽，2011. 创新要素集聚、政府支持与科技创新效率——基于省域数据的空间面板计量分析[J]. 经济评论，(2)：93-101.

余周，童昕，2004. 国际直接投资的新发展与外商对华直接投资研究[M]. 北京：人民出版社.

喻子达，李垣，2006. 中美企业全员创新管理模式比较——海尔模式与GE模式[J]. 管理工程学报，20(1)：112-117.

喻子达，李垣，许庆瑞，等，2006. 全员创新能力构成要素及其实证研究[J]. 管理工程学报，20(2)：97-100.

远德玉，1994. 企业技术创新能力的综合评价和动态分析[J]. 科学管理研究，12(2)：50-52.

约瑟夫·熊彼特，1991. 经济发展理论[M]. 北京：商务印书馆.

岳鹄，张宗益，2008. R&D投入、创新环境与区域创新能力关系研究：1997～2006[J]. 当代经济科学，(6)：110-116.

张明，2005. 区域技术创新体系中的政府支持系统研究[D]. 广州：暨南大学.

张莹，张宗益，2009. 区域创新环境对创新绩效影响的实证研究——以重庆市为例[J]. 科技管理研究，2：104-106.

张永宁，2008. 基于知识转移的企业创新网络研究[D]. 武汉：武汉理工大学.

赵付民，邹珊刚，2005. 区域创新环境及对区域创新绩效的影响分析[J]. 统计与决策，(4)：17-18.

赵红洲，1984. 科学能力学引论[M]. 北京：科学出版社.

赵立龙，2004. 基于区域技术创新系统理论的大学科技园区发展战略研究[D]. 昆明：昆明理工大学.

赵强，杨锡怀，孙琦，2006. 产业集群创新环境的灰色层次综合评[J]. 东北大学学报，(1)：103-106.

赵修卫，2000. 建设区域技术创新体系，促进区域经济发展[J]. 科技管理研究，(4)：23-25.

甄峰，黄朝永，罗守贵，2000. 区域创新能力评价指标体系研究[J]. 科学管理研究，18(6)：6.

郑春东，和金生，陈通，1999. 企业技术创新能力评价研究[J]，中国软科学，(10)：108-110

郑刚，朱凌，金瑶，2008. 全面协同创新：一个五阶段全面协同过程模型——基于海尔集团的案例研究[J]. 管理工程学报，22(2)：24-29.

中国科技发展战略研究小组，2005. 中国区域创新能力报告2004—2005[M]. 北京：知识产权出版社.

周春彦，亨利·埃茨科威兹，2006. 双三螺旋：创新与可持续发展[J]. 东北大学学报(社会科学版)，8(3)：170-174.

周素萍，2009. 基于技术创新网络的技术创新扩散吸收模型研究[J]. 软科学，(10)：74-77.

周文，1999. 产业空间集聚机制理论的发展[J]. 经济科学，(6)：96-101.

朱利民，戚昌文，2004. 基于经济计量学方法的企业技术创新能力评价体系[J]，经济师(9)：154-156.

朱秀梅，2006. 知识溢出、吸收能力对高技术产业集群创新的影响研究[D]. 长春：吉林大学.

朱有为，徐康宁，2006. 中国高技术产业研发效率的实证研究[J]. 中国工业经济，(11)：38-45.

邹秀萍，徐增让，胥彦玲，2014. 德国风电技术创新集群的空间演化机制分析[J]. 科研管理，35(12)：69-75.

Abraham B P，Moitra S D，2001. Innovation assessment through patent analysis[J]. Technovation，21：245-252.

Acs Z J，Audretsch D B，Braunerhjelm P，et al.，2012. Growth and entrepreneurship[J]. Small Business Economics，39(2)：289-300.

Acs Z，Anselin L，Varga A，2002. Patents and innovation counts as measures of regional production of new knowledge[J]. Research Policy 31(7)：1069-1085.

Acs Z，Audretsch D，1989. Patents as a measure of innovative activity[J]. Kyklos，42：171-180.

Aghion P，Howitt P，1992. A model of growth through creative destruction[J]. Econometrica，60(2)：323-351.

Agrawal A，Cockburn I，2003. The anchor tenant hypothesis：Exploring the role of large，local，R&D-intensive firms in regional innovation systems[J]. International Journal of Industrial Organization，21(9)：1227-1253.

Aigner D，Lovell C A K，Schmidt P，1977. Formulation and estimation of stochastic frontier production function models[J]. Journal of econometrics，6(1)：21-37.

Albuquerque E M，2000. Domestic patents and developing countries：Arguments for their study and data from Brazil(1980–1995)[J]. Research Policy(29)：1047-1060.

Alston J M，Craig B，Pardey P G，1998. Dynamics in the creation and depreciation of knowledge and the return to research[R]. IFPRI，EPTD Discussion Paper NO. 35，Washington D.C.

Andergassen R，Nardini F，2002. Endogenous innovation waves and economic growth[J]. Structural Change and Economic Dynamics，16(4)：522-539.

Anderson A E，Anderstig C，Harsman B，1990. Knowledge and communications infrastructure and regional economic growth[J]. Regional Science and Urban Economics，20(3)：359-376.

Andersson M，Karlsson C，2002. Regional innovation systems in small & medium-sized regions：A critical review & assessment[C]. JIBS Working Paper Series，(2).

Anselin L，Varga A，and Acrs Z，1997. Local geographic spillovers between university research and high technology innovations[J]. Journal of Urban Economics，42：422-48.

Antonelli C，Quéré M，2002. The governance of interactive learning within innovation systems[J]. Urban Studies，39(5-6)：1051-1063.

Archibugi D，Pianta M，1996. Measuring technological change through patents and innovation surveys[J]. Technovation. 16(9)，451-519.

Archibugi D，Michie J，1997. Technological globalization or national systems of innovation[J]. Futures，29(2)：121-137.

Archibugi D，Coco A，2005. Measuring technological capabilities at the country level：A survey and a menu for choice[J]. Research Policy，34(2)：175-194.

Arndt O，Sternberg R，2000. Do manufacturing firms profit from intraregional innovation linkages an empirical based[J]. Answer European Planning Studies，8(4).

Arrow K，1962a. The Economics of Technological Change[M]. Harmondsworth：Penguin.

Arrow K，1962b. The economic implications of learning by doing[J]. Review of Economic Studies：155-173.

Arundel A，2001. The relative effectiveness of patents and secrecy for appropriation[J]. Research Policy，30(4)：611-624.

Asheim B T，1998. Learning regions as development coalitions：Partnerships as governance in European Welfare States[R]. Paper to 2nd European Urban and Regional Studies Conference on Culture，Place and Space in Contemporary Europe，University of Durham，UK：17-20.

Asheim B T，Isaksen A，1997. Location，agglomeration and innovation：Towards regional innovation systems in Norway[J]. Europe Planning Studies，5(3)：299-330.

Asheim B T，Coenen L，Svensson-Henning M，2003. Nordic SMEs and regional innovation systems[OL]. http://www.keg.lu.se/forska/projekt/ nordic-final-report.pdf.

Ashton W B，Sen R K，1988. Using patent information in technology business planning—I[J]. Research-Technology Management，31(6)：42-46.

Atkinson M M，Coleman W D，1989. Strong states and weak states：Sectoral policy networks in advanced capitalist economies[J]. British Journal Of Political Science，19(1)：47-67.

Baier B，Griessler E，Martinsen R，2000. European biotechnology innovation system：National case study of Austria[J]. Institute of Advanced Study.

Banker R D，Charnes A，Cooper W W，et al.，1989. Constrained game formulations and interpretations for data envelopment analysis[J]. European Journal of Operational Research，40(3)：299-308.

Barton D L，1992. Core capabilities and core rigidities：A paradox in managing new product development[J]. Strategic Management Journal，13(1)：111-125.

Basberg B L. 1987. Patents and the measurement of technological change：A survey of the literature[J]. Research Policy，16(2-4)：131-141.

Bass S J，1998. Japanese research parks：National policy and local development[J]. Regional Studies，32(5)：391-403.

Battese G E，Coelli T J，1995. A model for technical inefficiency effects in a stochastic frontier production function for panel data[J]. Empirical Economics，20(2)：325-332.

Battese G E，Corra G S，1977. Estimation of a production frontier model：With application to the pastoral zone of Eastern Australia[J]. Australian Journal of Agricultural Economics，21(3)：169-179.

Beise M，Cooke P，1997. Regional innovation system：Public Research and industrial institutional and organizational dimension[J]. Research policy，26：475-491.

Beise M，Stahl H，1999. Research and industrial innovations in Germany[J]. Research policy，28：397-422.

Benner M J，Tushman M L，2003. Exploitation，exploration，and process management：The productivity dilemma revisited[J]. Academy of Management Review，28(2)：238-256.

Bergman E M，Maier G，Toidtling F，1991. Regions reconsidered：Economic networks，innovation and local development in industrialized countries[R]. New York：Mansell.

Beveren I V，2007. Total factor productivity estimation：A practical review[J]. LICOS Discussion Papers，26(1)：98-128.

Borgatti S P，Cross R，2003. A relational view of information seeking and learning in social networks[J]. Management Sci.，49(4)：432-445.

Bosworth D L，1984. Foreign patent flows to and from the United Kingdom[J]. Research Policy 13：115-124.

Boudeville J R，1966. Problems of Regional Economic Planning[M]. Edinburgh：Edinburgh UP.

Boyer M，Lasserre P，Mariotti T，et al.，2004. Preemption and rent dissipation under price competition[J]. International Journal of Industrial Organization，22(3)：309-328.

Buesa M，Heijs J，Pellitero M M，et al.，2006. Regional systems of innovation and the knowledge production function：The Spanish case[J]. Technovation，26(4)：463-472.

Burgleman R A，Maidique M A，1988. Strategic management of technology and innovation[R]. Hoomwood，IL：Irwin.

Burgelman R A，Maidique M A，Wheelwright S C，1996. Strategic Management of Technology and Innovation[M]. Chicago：Irwin.

Burt R S，1980. Models of network structure[J]. Annual Review of Sociology，6(1)：79-141.

Carlsson B，Stankiewicz R，1991. On the Nature，Function and Composition of Multinational Enterprise[M].Cambridge：Ballinger.

Cassiolato J E，Lastres H M M，1999. Local systems of innovation in the mercosur countries，innovation group of the economics institute[J]. Federal University of Rio de Janeiro，IE/UFRJ.

Chang C，Oxley L，2009. Industrial agglomeration，geographic innovation and total factor productivity: The case of Taiwan[J]. Mathematics and Computers in Simulation，79(9)，2787-2796.

Charnes A，Cooper W W，Rhodes E，1979. Short communication：Measuring the efficiency of decision making units[J]. European Journal of Operational Research，3(4)：339.

Chell E，Baines S，2000. Networking，entrepreneurship and microbusiness behaviour[J]. Entrepreneurship & Regional Development，12：195-215.

Chen E K Y，1983. Multinational corporations and technology diffusion in Hong Kong manufacturing[J]. Applied Economics，15(3)：309-321.

Childs P D，Ott S H，Triantis A J，1998. Capital budgeting for interrelated projects：A real options approach[J]. Journal of Financial and Quantitative Analysis，33(3)：305-334.

Choung J Y，1998. Patterns of innovation in Korea and Taiwan[J]. IEEE Transactions on Engineering Management，45(4)：357-365.

Cohen L，1990. Absorptive capability：Perspective on learning and innovation[J]. Administrative Quarterly，35：128-152.

Cooke P，Uranga M G，1992. Regional innovation system：Institutional and organization dimensions[J]. Research Policy：26.

Cooke P，Hans-Joachim B，Heidenreich H J et al.，1996. Regional Innovation System：The Role of Governance in the Globalized World[M]. London：UCL Press.

Cooke P，Uranga M G，Etxebarria G，1997. Regional innovative systems: Institutional and organisational dimensions[J]. Research Policy，26(5)：475-491.

Cooke P，1998. Regional Innovation System：The Role of Governance in a Globalized World[M]. UK：UCL Press Limited.

Cooke P，Roper S，Wylie P，2003. The golden thread of innovation' and Northern Ireland' s evolving regional innovation system[J]. Regional Studies，37(4)：365-379.

Cottrel T，Sick G，2001. First mover (dis)advantage and real options[J]. Journal of Applied Corporate Finance，14(2)：41-51.

Cuddington J T， Moss D L， 2001. Technological change， depletion， and the U. S. petroleum Industry[J]. American Economic Review， 91(4)：1135-1148.

Davidson W H， McFetridge D G， 1985. Key Characteristics in the choice of international technology transfer mode[J]. Journal of International Business Studies， 16(2)：5-21.

Debresson C， Andersen E S， 1996. Economic ineardependece and innovative activity：an input-output analysis[M]. Edward Elgar.

Denison E F， 1974. Accounting for United States Economic Growth：1929-1969[M]. Washington：The Brooking Institution.

Dodgson M， Bessant J R， 1996. Effective Innovation Policy[M]. Faridabad：International Thomson Business Press.

Doloreux D， Parto S， 2004. Regional innovation systems：A critical synthesis[J]. United Nations University， INTECH Discussion Paper， 17.

Dunning J H， 1993. The Theory of Transnational Corporations[M].New York：Routledge.

Durand T， 1997. Strategizing for innovation：Competence analysis in assessing strategic change[J]. Competence-based Strategic Management：127-150.

Economides N， 1994. The economics of networks[C]. Plenary Address， EARIE Conference， Discussion paper NOEC-94-24， Stern school of Business， New York University.

Edquist C， 1997. System of Innovation Approaches：Their Emergence and Characteristics[M]. Linköping：Linkoping University.

Esposti R， Piearni P， 2003. Building the knowledge stock：Lags， depreciation， and uncertainty in R&D investment and link with productivity growth[J]. Journal of Productivity Analysis， 19：33-58.

Etzkowitz H， de Mello J M C， Almeida M， 2005. Towards “meta-innovation” in Brazil：The evolution of the incubator and the emergence of a triple helix[J]. Research Policy， 34(4)：411-424.

Etzkowitz H， Peters L， 1991. Profit from knowledge：Organizational innovation and normative change in American University[J]. Minerva：47-51.

Evans D， 2003. The antitrust economics of multi sided platform markets[J]. Yale Journal of Regulation(forthcoming)：20：325.

Fare R， Grosskopf S， 1994. Productivity growth， technical progress and efficiency change in industrialized countries[J]. American Economic Revies， (84)；66-83.

Farrell M J， 1957. The measurement of productive efficiency[J]. Journal of the Royal Statistical Society: Series A (General)：120(3)：253-281.

Feldman M P， Florida R， 1994. The geographic sources of innovation：Technological infrastructure and product innovation in the United States[J]. Annals of the Association of American Geographers， 84(2)：210-129.

Fornahl D， Menzel M P， 2009. Cluster life cycles—dimensions and rationales of cluster evolution[J]. Industrial and Corporate Change， 19(1)：205-238.

Freeman C， 1982. The Economics of Industrial Innovation[M]. London：Frances Pinter.

Freeman C， 1987. Technology Policy and Economic Performance：Lessons from Japan[M]. London：Pinter.

Freeman C， 1991. Networks of innovators：A synthesis of research issues[J]. Research Policy， 20(5)：499.

Freeman C，1995. Thenational system of innovation in historical perspective[J]. Cambridge Jounral of Economics，19(1)：5-24.

Frisell L，2003. On the interplay of informational spillovers and payoff externalities[J]. RAND Journal of Economics，34(3)：582-592.

Fundeanu D D，Badele C S，2014. The impact of regional innovative clusters on competitiveness[J]. Procedia-Social and Behavioral Sciences，124：405-414.

Gee S，1981. Technology Transfer，Innovation and International Competitiveness[M]. New York：Wiley.

Gibson D V，Smilor R W，1991. Key variables in technology transfer：A field-study based empirical analysis[J]. Journal of engineering and Technology Management，8(3-4)：287-312.

Glinow M A V，Teagarden M B，1988. The transfer of human resource management technology in sino-US cooperative ventures：Problems and solutions[J]. Human Resource Management，27(2)：201-229.

Goolsbee A，1998. Does government R&D policy mainly benefit scientists and engineers[R]. National Bureau Of Economic Research.

Grabbar G，1993. The embedded firms：On the social-economics of industrial networks[J]. London：EC4P 4EE.

Grandstand O，2004. Economics，law，and intellectual property[R]. Boson：Kluwer.

Granovetter M S，1973. The Strength of weak ties[J]. American Journal of Sociology，78，(6)：1360-1380.

Granovetter M S，1985. Economic action and social structure：The problem of embeddedness[J]. American Journal of Sociology，91(3)：481-510.

Griliches Z，1990. Patent statistics as economic indicators：A survey[J]. Journal of Economic Literature，XXVIII：1661-797.

Griliches Z，1991. The search for R&D spillovers[R]. National Bureau of Economic Research.

Griliches Z，1994. Productivity，R&D，and the data constraint[J]. American Economic Review，84(1)：1-23.

Groot H L F D，Mulder P，Soest D P V，2003. Subsidizing the adoption of energy-saving technologies：Analyzing the impact of uncertainty，learning and maturation[J]. SSRN Electronic Journal.

Guerrero D C，Sero M A，1997. Spatial distribution of patents in Spain：Determining factors and consequences on regional development[J]. Regional Studies，31(4)：381-390.

Hansen M T，1999. The search-transfer problem：The role of weak ties in sharing knowledge across organization subunits[J]. Administrative Science Quarterly，44(1)：82-111.

Harmaakorpi V，2004. Building a competitive regional innovation environment – the regional development platform method as a tool for regional innovation policy[D]. Helsinki：Helsinki University of Technology：25.

Hartmann-Sonntag I，Scharnhorst A，Ebeling W，2004. Modelling self-organization and innovation processes in networks[J]. Arxiv Preprint Cond-mat/0406425.

Harland C.M, 1996. Supply chain management：relationships, chains and networks[J]. British Journal of management, 7(s1)：S63-S80.

Hassink R，Wood M，1998. Geographic 'clustering' in the German opto electronics industry：Its impact on R and D collaboration and innovation[J]. Entrepreneurship & Regional Development，10(4)：277-296.

Hiau L K，Chen D H C，2005. A Model on Knowledge and Endogenous Growth[M]. New York: The World Bank，3935.

Hu A，Jaffe A，2001. Patent citations and international knowledge flow: The Cases of Korea and Taiwan[N]. Nber working paper series，8528.

Huisman K，Kort P M，Pawlina G，et al.，2003. Strategic investment under uncertainty：Merging real options with game theory[N]. Center Discussion Paper，2003：1-22.

Hwang J，Hoc S，2000. Characteristics and development of industrial districts：The case of software clusters in Seoul[R]. IGU Commission on the Organization of Industrial Space，Dongguan，China，2000.

Ingham M，Mothe C，1998. How to learn in R&D partnerships[J]. R&D Management，28(4)：249-261.

Interreg J，1995. A Technology Policy Concept for Steiermark[M]. Graz：Joanneum Research（in German）.

Jaffe A B，1989. Real effects of academic research[J]. American Economic Review，79：957-70.

Jongwanich J，Kohpaiboon A，Yang C H，2014. Science park，triple helix，and regional innovative capacity：Province-level evidence from China[J]. Journal of the Asia Pacific Economy，19(2)：333-352.

Jorgenson D W，Griliches Z，1967. The explanation of productivity change[J]. Review of Economics Study，34(3)：249-283.

Jorgenson D W，Nishimizu M，1978. US and Japanese economic growth，1952-1974：An international comparison[J]. The Economic Journal，88(352)：707-726.

Jung S，Imm K Y，2002. The patent activities of Korea and Taiwan：A comparative case study of patent statistics[J]. World Patent Information，24(4)：303-311.

Jungmittag A，2006. Innovation dynamics in the EU：Convergence or divergence? A cross-country panel data analysis[J]. Empirical Economics，31(2)：313-331.

Katz M L，Shapiro C，1986. How to license intangible property[J]. Quarterly Journal of Economics（August)：567-589.

Kauffman R J，Li X，2005. Technology competition and optimal investment timing：A real options perspective[J]. IEEE Transactions on Engineering Management，52(1)：15-29.

Kesler M，Kolstad D，Clarke W E，1993. Third generation R&D：The key to leveraging core competencies[J]. Columbia Journal of World Business，28(3)：34-45.

Kim L，1987. Technological transformation in Korea：Progress achieved and problems ahead，a paper prepared for the world institute for development economic research[J]. The United Nations University，Helsinki，Finland.

Kim L，1991. Technology Transfer in International Business[M]. Oxford：Oxford University Press.

Klein J L，Laurin S，1999. Conscience territoriale et formation du citoyen[J]. Sainte-Foy，Presses de l' Université du Québec：34-70.

Klein J L，1998. Mondialisation et État-nation：La restructuration territoriale du systèmemonde[J]. Éducation Géographique：Formation du Citoyen Et Conscience Territoriale：55.

Kline S，Rosenberg N，1986. The Positive Sum Strategy[M]. Washington：National Academy Press.

Kodama F，1986. Japanese studies on technology transfer to developing countries：A survey[J]. Developing Economics：333-354.

Kogut B，Zander U，1992. Knowledge of the firm，combinative capabilities，and the replication of technology[J]. Organization

Science，3(3)：383-397.

Kondo M，1999. R&D dynamics of creating patents in the Japanese industry[J]. Research Policy，28：587-600.

Kortum S，1997. Research，patenting，and technological change[J]. Econometrica：Journal of the Econometric Society：1389-1419.

Kumbhakar S C，Lovell C A K，2000. Stochastic Production Frontier[M]. Cambridge：Cambridge University Press.

Lach S，1995. Patents and productivity growth at the industry level：A first look[J]. Economics Letters，49：101-108.

Larson A，1992. Network dyads in entrepreneurial settings：A study of the governance of exchange relationships[J]. Administrative Science Quarterly，37(1).

Lewis W A. 1955. The theory of eco nomic growth[J]. London：Allen，Un win.

Leydesdorff L，Etzkowitz H，1998. The Triple Helix as a model for innovation studies[J]. Science and Public Policy，25 (3)：195-203.

Leydesdorff L，Etzkowitz H，2003. Can'the public' be considered as a fourth helix in university-industry-government relations? Report on the Fourth Triple Helix Conference，2002[J]. Science and Public Policy，30(1)：55-61.

Li X，2009. China's regional innovation capacity in transition：An empirical approach[J]. Research Policy 38(2)：338-357.

Lindsey C W，1986. Transfer of technology to the ASEAN region by US transnational corporation [C]. ASEAN Economic Bulletin. 3(11)：225-247.

Liu S，Shyu J，1997. Strategic planning for technology development with patent analysis[J]. International Journal of Technology Management，13：661-680.

Lundvall B，1985. Product innovation and user-producer interaction[J]. The Learning Economy and the Economics of Hope：19.

Lundvall B，1988. Innovation as an Interactive Process：From User-Producer Interaction to The National System of Innovation[M]. London：Pinter：349-369.

Lundvall B，1992. National Systems of Innovation[M]. London：Pinter.

Lundvall B，Christensen J L，1999. Extending and deepening the analysis of innovation systems with empirical illustrations from the DISKO-project[J]. Paper for DRUID Conference on National Innovation Systems，Industrial Dynamics and Innovation Policy，Rebuild.

Malecki E，1981. Federal R&D spending in the United States of America：Some impacts on metropolitan economies[J]. Regional Studies. 26：123-136.

Malecki E，1991. Technology and economic development：The dynamics of local，regional，and national change[R]. Essex：Longman Scientific，Technical.

Malmquist S，1953. Index numbers and indifference surfaces[J]. Trabajos de Estadistica y de Investigacion Operativa，4(2)：209-242.

Mansfield E，1984. R&D and Innovation：Some Empirical Findings[M]//R&D，Patents，and Productivity. Chicago：University of Chicago Press.

Mansfield E，1988. The speed and cost of industrial innovation in Japan and the United States：External vs. internal technology[J]. Management Science，34(10)：1157-1168.

Mansfield E，Romeo A，1980. Technology transfer to overseas subsidiaries by US-based firms[J]. The Quarterly Journal of Economics，95(4)：737-750.

Marceau J，2001. Innovation in Australia：Where to now[J]. Reshaping Australia' s Economy：Growth with Equity and Sustainability：145.

March J G，1991. Exploration and exploitation in organizational learning[J]. Organization Science，2(1)：71-87.

Markusen A，Hall P，Glasmeier A，1986. High Tech America：The What，How，Where，and Why of Sunrise Industries[M]. Boston：Allen and Unwin.

Marshall A. 1922. The Principles of Economics[M]. London：Macmillan.

Maskell P，2001. Towards a knowledge - based theory of the geographical cluster[J]. Industrial and Corporate Change，10(4)：921-943.

Meeusen W，Van Den Broeck J，1977. Efficiency estimation from Cobb-Douglas production functions with composed error[J]. International Economic Review，18(2)：435-444.

Michael F，Grit F，2004. Innovation，regional knowledge spillovers and R&D cooperation[J]. Research Policy，(2)：245-255.

Mitchell W，Singh K，1992. Incumbents use of pre-entry alliances before expansion into new technical subfields of an industry[J]. Journal of Economic Behavior and Organization，18(3)：347-372.

Mogee M E，1991. Using patent data for technology analysis and planning[J]. Research-Technology Management，34：43-49.

Morales M F，2004. Research policy and endogenous growth[J]. Spanish Economic Review，6(3)：179-209.

Moretto M，2000. Irreversible investment with uncertainty and strategic behavior[J]. Economic Modelling，17(4)：589-617.

Mowery D C，Oxley J E，Silverman B S，1996. Strategic alliances and interfirm knowledge transfer[J]. Strategic Management Journal，(17)：77-91.

Muller E，Gundrum U，Koschatzky K，1997. Methods for Ascertaining Firms' Needs for Innovation Services[M]. Heidelberg：Physica-Verlag HD：245-262.

Muller E，Zenker A，2001. Business services as actors of knowledge transformation：The role of KIBS in regional and national innovation systems[J]. Research Policy，30(9)：1501-1516.

Murto P，2007. Timing of investment under technological and revenue-related uncertainties[J]. Journal of Economic Dynamics and Control，31(5)：1473-1497.

Murto P，Keppo J，2002. A game model of irreversible investment under uncertainty[J]. International Game Theory Review，4(2)：127-140.

Nelson R R，1993. National System of Innovation：A Comparative Study[M]. Oxford：Oxford University Press.

Niosi J，Bas T G，2003. Biotechnology megacentres：montreal and toronto regional systems of innovation [J]. European Planning Studies，11(7)：789-804.

OECD，1997. National Innovation System[R]. Paris：10.

Olleros F J，MacDonald R，1988. Strategic alliances：Managing complimentarily to capitalize on emerging technologies[J].

Technovation，7：155-176.

Paci R，Sassu A，1997. International patents and national technological specialization[J]. Technovation，17(1)：25-38.

Park S C，Seong-Keun L，Lee K R，2003. A comparative study on regional innovation systems in Sweden and South Korea[J]. Korea Observer，34(1)：113.

Patel P，Pavitt K，1994. National innovation of systems：Why they are important，and how they might be measured and compared[J]. Economics of Innovation and New Technology，(3)：79.

Patel P，Pavitt K，1995. Australia' s technological capabilities：An analysis using US patenting statistics[J]. SPRU，STEEP Discussion Paper No. 25，Brighton.

Pavitt K，1984. Sectoral patterns of technical change[J]. Research Policy，13：343-373.

Pavitt K，Robson M，ownsend J，1987. Size distribution of innovating firms in the UK：1945-1984[J]. Journal of Industrial Economics. 55：291-316.

Paxson D，Pinto H，2003. Competition games in duopoly settings with two stochastic factors[C]. Realoptions Conference.

Penrose E T，1951. The Economics of the International Patent System[M]. Baltimore：Johns Hopkins Press.

Peretto P F，1999. Cost reduction，entry，and the interdependence of market structure and economic growth[J]. Journal of Monetary Economics，43(1)：173-195.

Perroux F，1971. Economics Policy for Development：Selected Residings[M]. Harmondsworth：Peguin.

Pfeffer J，Salncik G R，1978. The External Control of Organization：A Resource Dependence Perspective[M]. New York：Harper&Row.

Porter M E，1998. Clusters and the new economics of competition[J]. Harvard Business Review，76(6).

Porter M E，1990. The Competitive Advantage Of Nations：With a New Introduction[M]. New York：The Free Press.

Powell W W，1990. Neither Market Nor Hierarchy：Network forms of Organization[J]. In Research in Organizational Behavior，1990. 12：295-336.

Prahalad C K，Hamel G，1990. The core competence of the corporation[J]. Harvard Business Review，68.

Pyke F，Becattini G，Sengenberger W，1990. Industrial Districts and Inter-firm Co-operation in Italy[M]. Geneva：international Institute for Labour Studies.

Radosevic S，2002. Regional innovation systems in central and Eastern Europe：Determinants，organizers and alignments[J]. Journal of Technology Transfer，27：87-96.

Reveiu A，Dardala M，2013. Empirical evidence from Romania[J]. Procedia-Social and Behavioral Sciences，93：555-559.

Riba V M，Leydesdorff L，2001. Why Catalonia cannot be considered as a regional innovation system[J]. Sciento-metrics，50(2)：215-240.

Riddel M，Schwer R K，2003. Regional innovative capacity with endogenous employment：Empirical evidence from the U. S.[J]. The Review of Regional Studies，33(1)：73-84.

Ring P S，Andrew H，Van De Ven，1992. Structuring cooperative relationships between organizations[J]. Strategic Management

Journal，13(7)：483-498.

Rivera-Batiz L A，Romer P M，1991. Economic integration and endogenous growth[J]. The Quarterly Journal of Economics，106(2)：531-555.

Roberts E B，1995. Benchmarking the strategic management of technology[J]. Research Technology Management，(1-2)：44-56.

Rogers E M，1995. Diffusion of Innovation (4th Edition) [M]. New York：The Free Press.

Rogers E M，Valente T W，1991. Technology Transfer in High-technology Industries[M]//Technology Transfer in International Business. Oxford：Oxford Press.

RoMeo A, Mansfield E. 1980. Technology transfer to overseas subsidiaries by V.S.-Based Firms[J]. Quarterly Journal of Economics，95(4)：737-750.

Romer P M，1990. Endogenous technological change[J]. Journal of Political Economy，98(5)：71-102.

Romijn H，Albaladejo M，2000. Determinants of innovation capability in small UK firms：An empirical analysis[J]. QEH Working Paper Series，University of Oxford.

Rosen S，1972. Learning by experience as joint production[J]. Quarterly Journal Economics：366-382.

Rosenberg N，1982. Inside the Black Boxes[M]. London：Cambridge University Press.

Rosenberg N，2000. Schumpeter and the Endogenously of Technology：Some American Perspectives [M]. London：Rutledge Press.

Rothwell R，1992. Successful industrial innovation：Critical factors for the 1990’s[J]. R&D Management，22(3)：221-224.

Rowley T，Behrens D，Krackhardt D，2000. Redundant governance structures：An analysis of structural and relational embeddedness in the steel and semiconductor industries[J]. Strategic Management Journal，21(3)：369-386.

Sakakibara M，1997. Heterogeneity of firm capabilities and cooperative research and development：An empirical examination of motives[J]. Strategic Management Journal，18(S1)：143-164.

Saxenian A，1994. Regional networks：Industrial adaptation in Silicon Valley and route 128[J]. California Management Review.

Schiffel D，Kitti C，1978. International patent comparisons[J]. Research Policy，7：324-330.

Schmookler J，1966. Invention and Economic Growth[M]. Cambraige：Harvard University Press.

Schumpeter J A. 1934. The Theory of Economic Development，An Inquiry Into Profits，Capital，Credit，Interest，and the Business Cycle[M]. New Jersey：Transaction Books.

Shapiro M，2007. The triple helix paradigm in Korea：A test for new forms of capital[J]. International Journal of Technology Management，Sustainable Development，6(3)：171-191.

Simonin B L，1999. Ambiguity and the process of knowledge transfer in strategic alliances[J]. Strategic Management Journal，20(7)：595-624.

Sinha K D，Cusumano M A，1991. Complementary resource and cooperative research：A model of research joint ventures among competitors[J]. Management Science，37(9)：1091-1106.

Sivitanidou R，Sivitanides P，1995. The intrametropolitan distribution of R&D activities; theory and empirical evidence[J]. Journal of Regional Science，35：391-415.

Smilor R W, Gibson D V. 1991. Technology transfer in multi-organizational environments：the case of R&D consortia[J]. IEEE Transactions on Engineering Management，38(1)：3-13.

Smit H T J，Trigeorgis L，2012. Strategic Investment：Real Options and Games[M]. Princeton：Princeton University Press.

Smith C H，1980. Japanese Technology Transfer to Brazil[M]. London：UMI Research Press.

Smith K W，Triantis A J，2001. The Value of Options in Strategic Acquisitions[M]// Classical Readings And Recent Contributions Cambridge：MIT Press.

Solow R M，1956. A contribution to the theory of economic growth[J]. The Quarterly Journal of Economics，70(1)：65-94.

Solow R M，1957. Technical change and the aggregate production function[J]. Review of Economics and Statistics，39(3).

Stern S，Porter M E，Furman J L，2000. The determinants of national innovative capacity[J]. National Bureau of Economic Research Working Paper 7876：Cambridge，MA.

Sternberg R，Tamasy C，1999. Munich as Germany’s No. 1 high technology region：Empirical evidence，theoretical explanations and the role of small firm/ large firm relationships[C]. Regional Studies，33(4)：367-377.

Stohr W，1986. Regional innovation complexes[R]. Papers of the Regional Science Association，59：29-34.

Stoneman P，1983. The Economics of Technology Change[M]. Oxford：Oxford University Press.

Sun X M，Zhang J L，2002. Study on enterprises technological innovation a bility Index based on complexity analysis[J]. USA China Business Review，(3)：63-66

Taylor C T，Silberston Z A，1973. The Economic Impact of the Patent System：A Study of the British Experience[M]. Cambridge：CUP.

Teece D J，1981. The multinational enterprise：Market failure and market power considerations[J]. Sloan Management Review，22：3-17.

Teece D J，2005. Technology and technology transfer：Mansfieldian inspirations and subsequent developments[J]. Journal of Technology Transfer，30(1/2)：17-33.

Thompson E R，2003. Technology transfer to China by Hong Kong’s cross-border garment firms[J]. The Developing Economies，XLI-1：88-111.

Tichy N M，Tushman M L，Fombrun C，1979. Social network analysis for organizations[J]. Academy of Management Review，(4)：507-519.

Tiedoman K J，1982. A new model of innovation process[J]. Research Management，3.

Tinbergen J，1942. Zur theorie der langfristigen wirtschaftsentwicklung[J]. Weltwirtschaftliches Archiv，(1)：511-549.

Trajtenberg M，2001. Innovation in Israel 1968-1997：A comparative analysis using patent data[J]. Research Policy，(30)：363-389.

Tura T，Harmaakorpi V，2003. Social capital in building regional innovative capability：A theoretical and conceptual assessment[C]. The 43rd Congress of European Regional Science Association(ERSA)：27-31.

Tura T，Harmaakorpi V，2005. Measuring regional innovative capability[C]. 45th Congress of the European Regional Science Association Amsterdam，Netherlands，8：23-27.

Uzzi B，1997. Social structure and competition in interfirm networks：The paradox of embeddedness[J]. Administrative Science Quarterly，42(2)：35-67.

Weitzman M L，1998. Recombinant growth[J]. The Quarterly Journal of Economics，113 (2)：331-360.

Westphal L，1981. Empirical Justification for Infant Industry Protection[M]. New York：The World Bank.

Whetten D A，Rogers D L，1982. Interorganizational Coordination：Theory，Research，and Implementation[M]. Iowa City：Iowa State University Press.

Wiig H，Wood M，1995. What comprises a regional innovation system? An empirical study[OL]. http：/ / web. sol. no/ step/ 195/195. htm.

Wilkerson C，2002. How high-tech is the 10th district[J]. Federal Reserve Bank of Kansas City，Economic Review，87(2)：27-53.

索　　引